Heß · Wiederverwendung von Software

Helge Heß

Wiederverwendung von Software

Framework für betriebliche Informationssysteme

Die Deutsche Bibliothek – CIP-Einheitsaufnahme

Heß, Helge:
Wiederverwendung von Software : Framework für betriebliche
Informationssysteme / Helge Heß. - Wiesbaden : Gabler, 1993
(Schriften zur EDV-orientierten Betriebswirtschaft)
Zugl.: Saarbrücken, Univ., Diss., 1992
ISBN 978-3-409-13879-6   ISBN 978-3-663-12876-2 (eBook)
DOI 10.1007/978-3-663-12876-2

Abonnenten von „Management & Computer – Zeitschrift für EDV-orientierte Betriebswirtschaft" erhalten auf die in den „Schriften zur EDV-orientierten Betriebswirtschaft" veröffentlichten Bücher 10% Rabatt.

Geleitwort

Obwohl es wenige Bereiche gibt, in denen Theorie und Praxis soweit auseinanderklaffen wie bei der Softwareentwicklung, werden doch unermüdlich von Seiten der Wissenschaft Vorschläge und Konzepte unterbreitet, um die Effizienz der Realisierung von Softwaresystemen zu steigern. Andererseits offenbart eine Betrachtung der letzten Jahrzehnte, daß in sehr vielen Punkten der Fortschritt vom industriellen Angebot an Implementierungswerkzeugen bestimmt wird und die methodische Etablierung in den vorgelagerten Phasen des Fach- und DV-Konzeptes zeitversetzt hinterher hinkt.

Ungeachtet all der Ursachen für diese Divergenz stellt sich jedoch eine Zielsetzung als zunehmend zentral sowohl für das pragmatische Vorgehen des Praktikers als auch innerhalb der wissenschaftlichen Diskussion heraus: Eine Reihe von Merkmalen von Software fordert dazu heraus, nicht jedesmal von Null zu beginnen, sondern existierende und erprobte Komponenten zur Grundlage einer Entwicklung zu machen und somit die Wiederverwendung von Software zu einem zentralen Paradigma werden zu lassen. Dies trifft sich auf der Ebene des Fachkonzeptes mit der zunehmenden Forderung nach Einsatz von Referenzmodellen bei der Modellierung, um auch hier auf Erfahrungswissen zurückzugreifen.
Daß es trotzdem bisher nicht gelungen ist, das Prinzip der Wiederverwendung bei der Softwareentwicklung umfassend zu verwirklichen, hat mit der Vielschichtigkeit dieses Problems zu tun.

Das vorliegende Buch zeigt Wege zur Realisierung dieser ambitionierten Zielsetzung auf, wobei neben der Behandlung der technischen Aspekte auch die notwendigen organisatorischen Rahmenbedingungen bei der Etablierung der Wiederverwendung von Software untersucht werden. Dabei bietet der verfolgte objektorientierte Ansatz besonders erfolgversprechende Voraussetzungen.
Dem Ansatz der Wirtschaftsinformatik mit starkem Bezug zur praktischen Umsetzbarkeit der erzielten Ergebnisse wird Folge geleistet, indem die Anwendbarkeit der Konzeption auf die Softwareentwicklung für zentrale Bereiche eines Industrieunternehmens (Materialwirtschaft und Beschaffung) demonstriert wird.

August-Wilhelm Scheer

Vorwort

Die Wiederverwendung wird seit einiger Zeit als einer der erfolgversprechensten Ansätze zur Lösung der Probleme angesehen, die mit der vielbeschriebenen Softwarekrise verbunden sind.

Unter der Vielzahl der Veröffentlichungen zu diesem Themenkomplex zieht dieses Buch seine Berechtigung aus Erweiterungen an mehreren Stellen: Die Untersuchung des Ansatzes der Wiederverwendung von Software bleibt nicht auf die Ebene der Implementierung beschränkt, sondern schließt ganz ausdrücklich auch die vorgelagerten Phasen der Entwicklung mit ein, da davon besondere Effizienzsteigerung erwartet werden kann. Das Scheitern vieler praktischer Bemühungen zur Realisierung der Wiederverwendung hat deutlich gemacht, daß es nicht ausreicht, die technischen Aspekte zu behandeln; Lösungen zu Fragen der Aufbauorganisation, der Verwaltung der Softwarebausteine bis hin zu den Methoden des Projektmanagements sind unerläßlich. Darüberhinaus war eine Zielsetzung dieses Buches zu zeigen, daß nicht nur die immer wieder gleichen Anwendungsbereiche betroffen sind, sondern auch das große Gebiet der betrieblichen Informationssysteme ein sinnvolles Einsatzfeld zur Wiederverwendung von Software ist. Dies macht es hoffentlich auch vielen eher praktisch Interessierten lesenwert.

Die Arbeit entstand während meiner Tätigkeit am Institut für Wirtschaftsinformatik (IWi) an der Universität des Saarlandes. Mein besonderer Dank gilt Herrn Prof. Dr. August-Wilhelm Scheer für seine Unterstützung und die wissenschaftliche Betreuung der Arbeit. Ebenso danke ich Herrn Prof. Dr. Günter Schmidt für die Übernahme des Koreferats.

Darüberhinaus sei meinen Projektmitarbeitern Petra Hirschmann, Ulrich Nikolaus und Kalin Todorov gedankt, die mit ihrem Engagement wesentlich dazu beigetragen haben, daß die hier vorgestellten Ergebnisse in einer praktischen Realisierung evaluiert werden konnten. Neben all meinen Kollegen, die für eine motivierende Arbeitsumgebung sorgten, danke ich insbesondere Christian Houy für das sorgfältige Korrekturlesen des Manuskripts. Moralische Unterstützung erfuhr ich zu allen Zeiten von meinen Eltern sowie meiner Freundin Anette Stürmer, die darüberhinaus mit vielen Vorschlägen zur Verbesserung des Textes beigetragen hat.

Helge Heß

Inhaltsverzeichnis

Abkürzungsverzeichnis

ACM	Association for Computing Machinery
ARIS	Architektur integrierter Informationssysteme
CASE	Computer Aided Software Engineering
CIM	Computer Integrated Manufacturing
CIM-OSA	Computer Integrated Manufacturing - Open System Architecture
ECOOP	European Conference on Object-Oriented Programming
EDV	Elektronische Datenverarbeitung
EG	Europäische Gemeinschaft
ERM	Entity-Relationship-Modell
ESPRIT	European Strategic Programme for Research and Development in Information Technology
GI	Gesellschaft für Informatik
GOOD	General Object-Oriented Software Development
HOOD	Hierarchical Object-Oriented Design
IC	Integrated Circuit
IEEE	Institute of Electrical and Electronics Engineers
OOA	Object-Oriented Analysis
OOD	Object-Oriented Design
OOP	Design Method for Object-Oriented Programming
OOPSLA	Object-Oriented Programming Systems, Languages, and Applications
OOSD	Object-Oriented Structured Design
o.V.	ohne Verfasser
PPS	Produktionsplanung und -steuerung
SA	Structured Analysis
SA/RT	Structured Analysis / Real-Time
SERM	Strukturiertes Entity-Relationship-Modell
SIGPLan	Special Interest Group on Programming Languages
SOM	Semantisches Objektmodell
TOOLS	Technology of Object-Oriented Languages and Systems
VLSI	Very Large Scale Integration

Abbildungsverzeichnis

1 Einführung

Das Schlagwort von der *Softwarekrise* skizziert die seit Mitte der Sechziger Jahre gereifte Erkenntnis, daß die bei der Softwareentwicklung verwendeten Konzepte, Methoden und Werkzeuge nicht ausreichend sind, um die anstehenden Aufgaben termingerecht und im Rahmen des genehmigten Budgets zu bewältigen sowie gleichzeitig das angestrebte Qualitätsniveau zu gewährleisten (vgl. Nagl 1990, 1-3). Symptome, die diese Erkenntnisse belegen, finden sich in einer Reihe früher empirischer Untersuchungen, die als ein wesentliches Ergebnis das prozentuale Anwachsen des Softwarekostenanteils an EDV-technischen Lösungen von unter 20% im Jahre 1955 auf über 60% im Jahre 1976 ausweisen - eine Tendenz, die bis heute, wenn auch in nun langsam abgeschwächter Form anhält (vgl. Boehm 1976; Knöll, Busse 1991, 13). Abb. 1.1 stellt die Entwicklung der Softwarekosten (weltweit, innerhalb der USA sowie innerhalb des Verteidigungsetats der USA) dar und extrapoliert die Zahlen unter Annahme der aktuellen jährlichen Wachstumsrate von 12% bis zum Jahr 2000. Parallel zu dieser Kostenexplosion ist eine enorme Ausweitung der erforderlichen Softwarewartungsmaßnahmen zu beobachten - eine als Anwendungsstau sich auswirkende Konstellation, die immer mehr Entwickler bindet und von ihren eigentlichen Aufgaben abhält.

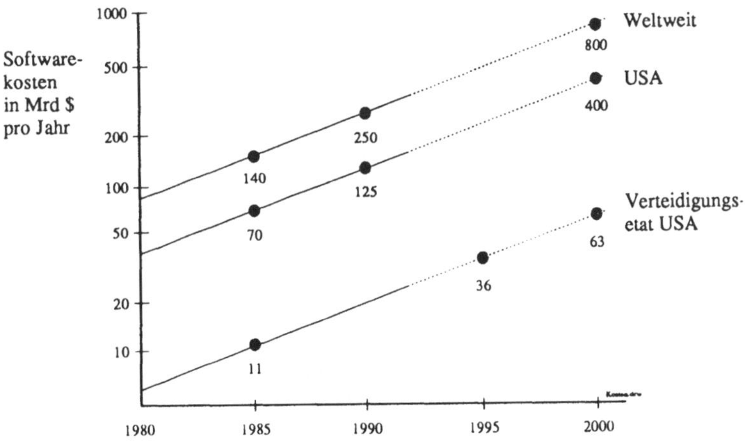

Abb. 1.1:   Entwicklung der Softwarekosten (Quelle: Boehm 1987, 44)

Die für diese krisenhafte Entwicklung identifizierten Ursachen, wie etwa fehlende Organisation des Projektablaufs oder unpassende Hilfsmittel, wurden in den letzten Jahrzehnten durch eine Reihe umfangreicher Vorschläge und Maßnahmen (z.B. Entwicklung von Lifecycle-Modellen, Definition höherer Programmiersprachen, Konzepte der Strukturierten Programmierung) bekämpft. Die enorme Ausweitung der Aufgaben und Komplexität von EDV-Systemen hat jedoch verhindert, daß ähnliche Rationalisierungserfolge wie auf dem Hardwaresektor erzielt werden konnten, so daß die generellen Probleme der Softwareentwicklung weiterhin bestehen, wenn auch auf höherem Anspruchsniveau. Abb. 1.2 belegt den Komplexitätszuwachs von Softwaresystemen mit einem Vergleich des Umfangs an Software zur Realisierung von fünf Generationen der amerikanischen bemannten Raumfahrt; Planungen zur Realisierung einer bemannten Raumstation lassen einen mehr als fünfzigfachen Aufwand gegenüber dem Anfang der Sechziger Jahre durchgeführten Mercury-Projekt erwarten.

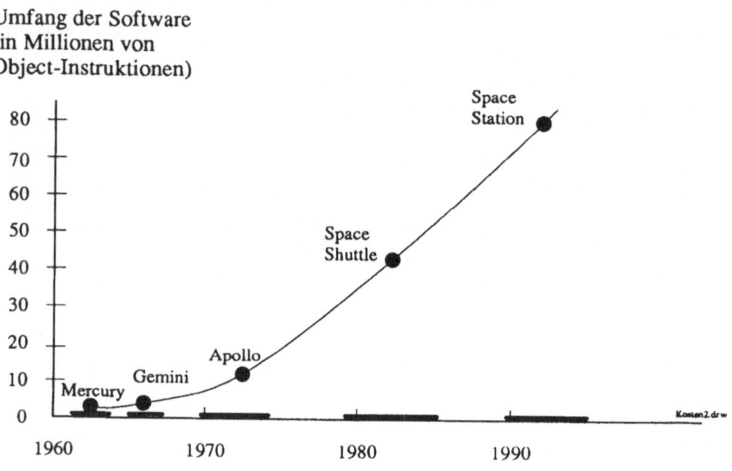

Abb. 1.2:   Vergleich des Aufwands von Softwareprojekten bei der amerikanischen bemannten Raumfahrt (Quelle: Boehm 1987, 45)

1.1   Tendenzen der Entwicklung betrieblicher Informationssysteme

Die skizzierten Symptome der gegenwärtigen Softwarekrise treffen in analoger Weise auch auf die Entwicklung betrieblicher Informationssysteme zu.[1] Gerade diese Anwendungen bilden in sehr vielen Fällen komplexe Gesamtkonzeptionen eines Unternehmens ab (CIM für Industriebetriebe, Warenwirtschaftssysteme für Handelsunternehmen, Electronic

---

1   Der Begriff des (*betrieblichen*) *Informationssystems* wird nachfolgend im Sinne von Scheer verstanden, der dies als Oberbegriff zu Administrations-, Dispositions-, Management-Informations- und Planungssystem definiert (vgl. Scheer 1990a, 8).

Banking für Banken) (vgl. Scheer 1992, 2), so daß die notwendigerweise komplexen Strukturen häufig noch zu einer Verschärfung der generell bei der Softwareentwicklung zu beobachtenden Probleme führen.

Frühe Entwicklungen betrieblicher Informationssysteme waren im wesentlichen Ergebnis der Anwendung von Programmiersprachen auf reale Aufgabenstellungen, so daß Softwareentwicklung sich primär als Codierungsproblem darstellte. Die Programme waren ein Konglomerat aus Verarbeitungslogik und Datenstrukturdefinitionen, die grundsätzlich festverdrahtet in die Applikationen eingebunden waren.

Zwei wesentliche Entwicklungen brachten eine Änderung dieser Architektur: Zum einen führten die auf Programmiersprachen der dritten Generation basierenden Konzepte der Strukturierten Entwicklung dazu, daß allmählich auch über die der Implementierung vorgelagerten Phasen des Softwareentwicklungsprozesses nachgedacht wurde und Lifecycle-Modelle zur Beschreibung des organisatorischen Ablaufs der Entwicklung definiert wurden. Zum anderen brachte der Einsatz von Datenbanken eine wesentliche Erhöhung der Flexibilität der Anwendungen mit sich, da damit die technischen Voraussetzungen geschaffen waren, Daten als selbständige Einheiten eines Anwendungsbereichs zu definieren. Insbesondere durch die Standardisierung von Datenbankzugriffssprachen konnten Daten und Verarbeitungslogik größtenteils unabhängig voneinander entwickelt werden, was neben einer Vielzahl von positiven auch einige negative Folgen (z.B. die semantische Lücke zwischen den Repräsentationsformen) mit sich brachte. Das aufkommende Bewußtsein für die Wichtigkeit und Stabilität der Datenstrukturen eines Unternehmens führte zu einer Reihe von Aktivitäten im Bereich der Datenmodellierung, die sowohl die methodische Fundierung als auch deren Anwendung betrafen. Als wesentliche Anwendungsergebnisse können Unternehmensdatenmodelle für verschiedene Unternehmenstypen genannt werden (vgl. Scheer 1989), die sowohl wertvolle Unterstützung bei der Dokumentation existierender Anwendungen leisten, als auch als Grundlage bei der Neuentwicklung verwendet werden und den Übergang vom Objekt der akademischen Forschung hin zu einem Gegenstand der unternehmerischen Praxis längst gefunden haben. Diese Tendenz findet ihre Fortsetzung in der Entwicklung von Bereichsdatenmodellen, die in detaillierterer Form die Datenstrukturen von Teilbereichen eines Unternehmens abbilden.

Ein neuer Aspekt bei der Erforschung der Entwicklung betrieblicher Informationssysteme begründet sich in dem Unbehagen gegenüber dem immer undurchschaubarer werdenden Methodenwirrwar, der die Definition von Lifecycle-Modellen begleitet: Die einsetzende Diskussion über die grundsätzliche Architektur betrieblicher Informationssysteme hat zum Ziel, die Frage über die Notwendigkeit der Methodenvielfalt neu zu stellen und Vorschläge zur optimalen, hinreichenden Beschreibung der Systeme zu liefern. Zwei der wesentlichen Ergebnisse der Diskussion seien kurz umrissen:

☐ Zielsetzung der Arbeiten im Rahmen des von der EG unterstützten ESPRIT-Forschungsprojektes CIM-OSA (Open System Architecture for CIM) war es, eine Architektur für Informationssysteme zu entwerfen, die die Entwicklung und Anwendung von Referenzmodellen erleichtert und standardisiert (vgl. Kosanke, Vlietstra 1989). Der als Würfel darstellbare, resultierende CIM-OSA Framework beschreibt entlang seiner drei Dimensionen die Phasenzuordnung der Modelle (Requirements Definition, Design Specification und Implementation Description), die schrittweise Instantiierung von Modellen (von allgemeinen, generischen Modellen über Branchenlösungen bis hin zu unternehmensspezifischen Modellierungen) sowie die möglichen Sichten auf ein Informationsmodell (Function View, Information View, Resource View, Organisation View). Metamodelle spezifizieren die grundsätzlich für die einzelnen Sichten anwendbaren Konzepte.

☐ Scheer leitet eine Architektur integrierter Informationssysteme (ARIS) aus der Betrachtung betriebswirtschaftlicher Vorgangsketten ab und kommt zu einer Struktur, die zunächst zur Redundanzreduzierung die Daten-, Funktions- und Organisationssicht unterscheidet, deren Verbindung aber in einer eigens definierten Steuerungssicht wieder eingeführt wird (vgl. Scheer 1992). Jede dieser Sichten wird nach dem Kriterium der Nähe zur Ressource Informationstechnik in die Beschreibungsebenen Fachkonzept, DV-Konzept und Implementierung unterteilt. Die Diagrammdarstellung des Entity-Relationship-Modells (ERM) wird als durchgängiges Beschreibungsmittel auf der Metaebene eingesetzt, um die abbildbaren Konzepte jedes Bausteins und ihre Beziehungen festzulegen (siehe hierzu auch die ausführlichere Darstellung in Kapitel 4.1.2).

Die Architekturen von Informationssystemen sind nicht allein Gegenstand theoretischer Betrachtungen, sondern haben im Rahmen der EDV-Unterstützung des Softwareentwicklungsprozesses große Auswirkungen auf die Struktur der hier mit hohen Zielsetzungen angebotenen CASE-Systeme (Computer Aided Software Engineering): Die zugrundegelegten Architekturen liefern die Metastrukturen der in solchen CASE-Systemen abbildbaren Modelle, so daß damit ein großer Teil der Funktionalität dieser Systeme bestimmt wird. Ein wesentlicher Aspekt von CASE-Systemen besteht nun darin, nicht nur eine durchgängige EDV-gestützte Entwicklung über alle Phasen hinweg zu ermöglichen, sondern auch bereits vorliegende betriebliche Daten- und Funktionsmodelle verfügbar und in effizienter Weise für die anstehenden Entwicklungen nutzbar zu machen (vgl. hierzu die CIM-OSA-Konzeption oder auch die Zielsetzungen des Repositorys innerhalb des AD/Cycle-Konzeptes von IBM (vgl. Andexer 1991)).

1.2   Zielsetzung dieses Buches

Die skizzierte Chronologie der Entwicklung betrieblicher Informationssysteme hat deutlich gemacht, daß Referenzmodelle mehr und mehr im Mittelpunkt einer EDV-gestützten Softwareentwicklung stehen, da man sich von der Verwendung anerkannter und getesteter Modelle eine signifikante Effizienzsteigerung der Entwicklung verspricht. Allerdings ist in vielen Fällen überhaupt nicht klar, auf welchem Abstraktionsgrad sie am sinnvollsten zu verwenden sind und wie die damit vorliegenden Informationen in den Softwareentwicklungsprozeß einfließen sollen. Daraus wird deutlich, daß nicht nur die pragmatischen Wünsche von Programmierern, sondern auch eine zunächst theoretische und abstrahierende Betrachtung der Problematik der Softwareentwicklung rasch die Fragestellung aufwirft, die dem vorliegenden Buch zugrunde liegt:

Wie sollen die technischen und organisatorischen Probleme, die mit der Wiederverwendung[2] von Software verbunden sind, gelöst werden, um mit diesem Ansatz die Produktivität und Qualität der Entwicklung von Informationssystemen wesentlich zu steigern?

Die Fragestellung soll dabei nicht nur auf die Wiederverwendung von Quellcode abzielen, sondern ganz ausdrücklich alle Objekte umfassen, die als Ergebnis von Teilaktivitäten des Softwareentwicklungsprozesses resultieren. Ein wesentlicher Bestandteil der Untersuchung wird dabei sein zu zeigen, wie die Realisierung der Wiederverwendung von Software auch auf die Entwicklung betrieblicher Informationssysteme ausgedehnt werden kann. Da der Erfolg dieses Ansatzes nicht nur von der Verfügbarkeit geeigneter Softwarekomponenten abhängt, muß auch untersucht werden, wie die Wiederverwendung von Software in die traditionellen Abläufe der Softwareerstellung integriert werden kann und welche organisatorischen Rahmenbedingungen dazu Voraussetzung sind.

---

2   Je nach dem Zusammenhang werden im folgenden die Begriffe *Wiederverwendbarkeit* bzw. *Wiederverwendung* benutzt, wenn der Schwerpunkt der Betrachtung auf der wiederzuverwendenden Komponente liegt bzw. der Prozeß an sich gemeint ist.

1.3   Vorgehensweise und Inhaltsübersicht

In Kapitel 2 wird zunächst der Begriff der Wiederverwendung von Software genauer abgegrenzt, um darauf aufbauend die verschiedenen Aspekte der Wiederverwendung deutlich zu machen. Es bieten sich eine Reihe von Möglichkeiten der Klassifizierung der Wiederverwendungsbestrebungen an, die alternativ zueinander aufgezeigt werden. Es werden dann die wesentlichen Forschungsergebnisse zu den mit der Wiederverwendung von Software verbundenen Teilaufgaben vorgestellt, um aus den hierbei identifizierten Mängeln die grundsätzlichen Anforderungen an die Vorgehensweise zur Realisierung der Wiederverwendung von Software abzuleiten. Diese fließen ein in den der gesamten Untersuchung zugrundegelegten Wiederverwendungsansatz, dessen Grobstruktur am Ende von Kapitel zwei vorgestellt, als Ausprägung des bekannten Ansatzes der *Building-Blocks* charakterisiert und mit seinen grundsätzlichen Merkmalen kurz skizziert wird.

Objektorientierte Entwicklung als dasjenige Paradigma der Softwareentwicklung, das Wiederverwendbarkeit am weitestgehensten unterstützt, ist Gegenstand des dritten Kapitels, in dem die für den nachfolgenden Zusammenhang wichtigen Konzepte objektorientierter Entwicklung behandelt und die daraus resultierenden Vorteile aufgezeigt werden. Das Niveau der Beschreibung der wiederverwendbaren Bausteine hat zusammen mit ihrer Gesamtstruktur einen großen Einfluß auf die Effizienz der beabsichtigten Nutzung. Als die beiden Alternativen werden einander die Realisierung als *Klassenbibliothek* bzw. als *Framework* gegenübergestellt, wobei deutlich wird, daß die Konzeption des Frameworks besonders geeignet ist, das Ziel des Einsatzes der Wiederverwendung bereits auf der Designebene zu unterstützen. Die Verwendung eines Frameworks muß dabei nicht als Zusammenbau einer Applikation aus einer Menge von Einzelbausteinen verstanden werden, sondern zeigt sich im wesentlichen als Ableitung eines konkreten Systems auf der Basis eines vorskizzierten, abstrakten Designs einer Domäne. Eine sich anschließende Übersicht über existierende Klassenbibliotheken bzw. Frameworks macht deutlich, daß betriebswirtschaftliche Informationssysteme bisher als Zieldomäne bei der Entwicklung wiederverwendbarer Komponenten fast vollkommen vernachlässigt wurden.

Eine geeignete Beschreibungssprache ist unabdingbar, um dem Anwendungsentwickler die zur Verfügung stehenden Komponenten in verständlicher Form zu präsentieren. Ein Vergleich objektorientierter Designmethoden resultiert in Kapitel 4 in der Wahl der Notation der Methode Object-Oriented Design (vgl. Booch 1991), die nachfolgend durchgängig zur Modellierung der ausgewählten Domäne verwendet wird. Da die Akzeptanz eines definierten Frameworks wesentlich von der Qualität der zugehörigen Komponenten bestimmt wird, ist es dringend notwendig, sich vor der eigentlichen Modellierung über die grundsätzlichen Anforderungen an wiederverwendbare Bausteine klar zu werden und die daraus ableitbaren Designrichtlinien zu formulieren. Dies ist Gegenstand des zweiten Teils von Kapitel 4.

Eine selbstverständliche Voraussetzung für eine effektive Wiederverwendung ist das Vorhandensein geeigneter Bausteine. Da hier die Anwendbarkeit des Wiederverwendungsgedankens insbesondere hinsichtlich der Entwicklung betrieblicher Informationssysteme - einer Domäne, in der Wiederverwendung in der angestrebten Art und Weise bisher nicht realisiert werden konnte - gezeigt werden soll, wird in Kapitel 5 exemplarisch ein objektorientierter Framework für die ausgewählten Bereiche Materialwirtschaft und Beschaffung entwickelt, der den zuvor definierten Richtlinien entspricht. Das Design der hierzu definierten Klassen und Strukturen wird mit Hilfe der Notation der Methode Object-Oriented Design beschrieben. Kapitel 5 zeigt auch exemplarisch, wie eine Nutzung des Frameworks aussehen kann und unterschiedlichen Anforderungen genügende Softwaresysteme auf der Grundlage des Frameworks in sehr einfacher Weise als Spezialisierung dieses abstrakten Designs abgeleitet werden können.

Alle notwendigen Aktivitäten, die angestrebte Form der Wiederverwendung in den Softwareprozeß zu integrieren, sind Gegenstand des Kapitels 6. Es wird zunächst beschrieben, welche aufbauorganisatorischen Konsequenzen zu ziehen sind, um sowohl die Entwicklung als auch die Verwendung wiederverwendbarer Softwarekomponenten mit den Strukturen von Entwicklungsabteilungen in Einklang zu bringen. Im Rahmen der ablauforganisatorischen Anpassungen werden Software-Lifecycle-Modelle unter Berücksichtigung dieser beiden Aspekte dargestellt. Der Notwendigkeit, einem Anwendungsentwickler die verfügbaren Komponenten in effizienter Weise zugänglich zu machen, trägt die Diskussion über die Art und Weise der Verwaltung der Bausteine Rechnung. Die Untersuchung, inwieweit die Methoden des Managements der Softwareentwicklung modifiziert werden müssen, schließt sich an.

Das siebte (und abschließende) Kapitel dieses Buches faßt die Ergebnisse der vorangehenden Kapiteln nochmals zusammen, nimmt eine Abwägung der praktischen Realisierbarkeit des vorgestellten Gesamtkonzeptes vor und zeigt die zukünftig anstehenden Aufgaben auf.

2 Wiederverwendung als Ansatz zur Lösung der Softwarekrise

Die Wiederverwendung von Software wird seit einiger Zeit als einer der erfolgversprechensten Ansätze zur Lösung der Probleme angesehen, die mit der Softwarekrise verbunden sind. In diesem Kapitel wird zunächst definiert, was unter Wiederverwendung von Software verstanden werden soll, um dann die existierenden Ansätze zur Verwirklichung dieser Zielsetzung zu präsentieren. Dies führt zu einer Zusammenfassung der augenblicklich in diesem Bereich bestehenden Probleme. Die Vorstellung der Grobstruktur des dieser Untersuchung zugrundegelegten Wiederverwendungsansatzes bildet den Abschluß des Kapitels.

2.1 Erwartungen an die Wiederverwendung von Software

Um zunächst einen Überblick über alle Bemühungen zur projektübergreifenden Nutzbarmachung von Ergebnissen des Softwareentwicklungsprozesses zu erhalten, ist es nötig, den Begriff der *Wiederverwendung* möglichst umfassend zu definieren, was zum einen die Objekte der Wiederverwendung und zum anderen die Realisierung dieses Zieles betrifft. So kann die Definition nach Endres,

> "Unter Wiederverwendung wollen wir einen Entwicklungsprozeß verstehen, der nicht jedesmal am Punkt Null aufsetzt, sondern davon ausgeht, daß vorhandene Software dafür verwendet werden kann, um ein neues Softwareprodukt zu entwickeln." (Endres 1988, 86),

noch erweitert werden, um deutlicher zu machen, daß nicht nur Programmcode Gegenstand des Interesses ist und neben der effizienter gestalteten Entwicklung auch die verbesserte Wartbarkeit zu den Zielsetzungen gehört. Grundlage der nachfolgenden Betrachtungen soll daher die sehr allgemeine Definition von Biggerstaff, Perlis sein:

> "Software reuse is the reapplication of a variety of kinds of knowledge about one system to another similar system in order to reduce the effort of development and maintenance of that other system. This reused knowledge includes artifacts such as domain knowledge, development experience, design decisions, architectural structures, requirements, designs, code, documentation, and so forth." (Biggerstaff, Perlis 1989, xv)

Daß an die Wiederverwendung so hohe Erwartungen geknüpft werden, beruht auf den grundsätzlichen, inhärenten Eigenschaften von Software:

☐ Software unterliegt keinem Verschleiß, so daß generell eine beliebig häufige Wiederverwendung möglich ist.

❏ Zum anderen ist der eigentliche Vervielfältigungsvorgang technisch so trivial, daß hierdurch keine Restriktionen entstehen (vgl. Endres 1988, 86).

❏ Die erwartet hohen Einsatzmöglichkeiten lassen sich im wesentlichen durch die Tatsache begründen, daß reale Problemstellungen auf immer wieder gleiche Lösungsstrategien zurückgeführt werden können. Jones faßt einige empirische Untersuchungen in der Einschätzung zusammen, daß weniger als 15% des 1983 geschriebenen Codes neu und applikationsspezifisch waren, so daß die restlichen 85% als allgemein und somit potentiell wiederverwendbar angesehen werden können (vgl. Jones 1984, 488). Diese Beurteilung wird auch von Lanergan, Grasso geteilt, die von einer Studie an der Raytheon Missile Systems Division berichten, in der Cobol-Programme auf ihre Ähnlichkeit untersucht wurden und eine auf die Möglichkeit zur Standardisierung hinweisende Redundanz von 40%-60% des Programmcodes festgestellt wurde (vgl. Lanergan, Grasso 1989, 192-194).

Quantitative Abschätzungen über die erzielbaren Produktivitätszuwächse basieren i.a. auf recht einfachen, nicht ganz der Praxis gerecht werdenden, mathematischen Modellen, geben aber dennoch ein Gefühl für die Verbesserungen, die durch die Wiederverwendung von Software zu erreichen sind: Der in die Berechnungen eingehende Grad der Wiederverwendung bezeichnet dabei den prozentualen Anteil am Umfang eines zu entwickelnden Produktes, der auf schon existierender Software basiert. Jones stellt dazu eine Erhebung vor, die für eine Entwicklung, die 10.000 Zeilen Cobol-Code umfaßt und in der ein Wiederverwendungsgrad von 25% bzw. 50% realisiert werden konnte, eine Einsparung (gemessen in Mitarbeiter-Monaten) von 43% bzw. 61% ausweist (vgl. Jones 1986). Eine Extrapolation dieser Ergebnisse auf eine Entwicklung mit 75% Wiederverwendbarkeitsanteil steigert die Einsparung auf 82%.

Ein von Endres entwickeltes mathematisches Modell bringt die zu erzielende (relative) Produktivitätsteigerung (Quotient aus Produktivität bei Wiederverwendung (P_W) und Produktivität ohne Wiederverwendung (P_o)) in Abhängigkeit vom Grad der Wiederverwendung r und den relativen Kosten der Wiederverwendung k_W, die sich als Quotient der Entwicklungskosten mit Wiederverwendung K_W (als Summe aus Kosten zur Verallgemeinerung und Anpassung existierender Software) und der Kosten ohne Wiederverwendung K_E ergeben (vgl. Endres 1988, 87). Die jeweilige Produktivität kennzeichnet das Verhältnis von Produktumfang U und den dabei entstehenden Kosten:

$$k_W = K_W / K_E$$
$$P_o = U / K_E$$

$$P_W \quad = U / ((1 - r) * K_E + r * K_W)$$
$$\quad = U / ((1 - r) * K_E + r * k_W * K_E)$$
$$P_W \quad = P_o / (1 - r + r * k_W)$$
$$P_W/P_o = 1 / (1 - r + r * k_W)$$

Auch diese Überlegungen zeigen, daß Produktivitätssteigerungen von über 100% (etwa 111% bei $r = 0{,}7$ und $k_W = 0{,}25$) durchaus im Bereich realistischer Erwartungen liegen und es somit Sinn macht, über die Wege hin zu solchen Wiederverwendungsraten und -kosten nachzudenken.

2.2 Existierende Ansätze und Klassifizierungen der Wiederverwendung

Lange Zeit beschränkten sich die Anstrengungen bezüglich der Wiederverwendung von Software auf die Nutzung von Unterprogrammbibliotheken, die für viele Programmiersprachen, aber fast ausschließlich zur Unterstützung mathematischer und statistischer Probleme angeboten wurden. Erst seit Beginn der Achtziger Jahre konnte sich dieses Thema als ein Schwerpunkt der wissenschaftlichen Diskussion im Bereich Software Engineering etablieren, was eine Erweiterung der bisher verwendeten Techniken und des damit verbundenen Anspruchs mit sich brachte. Um einen Überblick über den aktuellen Stand der Forschung zu geben, sollen im folgenden zunächst die Möglichkeiten hinsichtlich der Klassifizierung der unterschiedlichen Ansätze zur Wiederverwendung aufgezeigt werden, um dann die wesentlichen Ergebnisse bzgl. der Definition, der Repräsentation und der Verwaltung wiederverwendbarer Bausteine vorzustellen. Dabei liefern die aus der Literatur stammenden Klassifizierungen der Wiederverwendungsbestrebungen in der Summe natürlich kein orthogonales Klassifizierungsschema, vielmehr ist es Zielsetzung dieser Zusammenstellung, die unterschiedlichen Aspekte der Software-Wiederverwendung aufzuzeigen. Folgende Kriterien werden zur Klassifizierung verwendet:

- die Natur der wiederzuverwendenden Bausteine,
- die Planung der Wiederverwendung,
- die verwendete Technik,
- die zugrundeliegenden Paradigmen,
- die Komplexität des Einsatzes,
- die Objekte der Wiederverwendung,
- die Abstraktionsebenen der Wiederverwendung sowie
- die Möglichkeit zur Anpassung der Komponenten.

Natur der wiederzuverwendenden Bausteine

Biggerstaff, Perlis wählen bei der Einordnung der Forschungsarbeiten als Kriterium die Natur der wiederzuverwendenden Komponenten und unterscheiden in die beiden großen Kategorien *Reusable Building-Blocks* und *Reusable Patterns*, eine Klassifizierung, die auch von vielen nachfolgenden Arbeiten als Grundlage verwendet wird.[1] *Reusable Building-Blocks* sind dabei als atomare, passive Bausteine zu verstehen, die nach wohldefinierten Regeln zu Applikationen zusammengesetzt werden können. *Reusable Patterns* dagegen sind aktive Komponenten, die als Generatoren oder Transformationssysteme die Zielapplikationen erzeugen (vgl. Biggerstaff, Perlis 1984).[2]

Planung der Wiederverwendung

Endres unterscheidet zunächst danach, ob bei der Entwicklung von Komponenten schon daran gedacht wird, daß diese später in anderen Projekten ebenfalls sinnvoll eingesetzt werden können oder ob eine solche Planung bei der Entwicklung noch keine Rolle spielt, so daß sich die Klassen der geplanten und der nicht-geplanten Wiederverwendung ergeben (vgl. Endres 1988, 86).

Verwendete Technik

Bei der Strukturierung der Ansätze zur geplanten Wiederverwendung legt Endres in erster Linie die verwendete Technik zugrunde und kommt zu der Einteilung in Programm-Portierung (Übertragung eines Programms in eine neue Umgebung (z.B. ein anderes Betriebssystem)), Programm-Adaptierung (Modifikation eines Programms an vorgesehenen Stellen zur Anpassung an neue Anforderungen), Schablonen-Technik (individuelles Füllen eines Programmgerippes) und Baustein-Technik (möglichst unveränderte Verwendung von Bausteinen oder Modulen in Programmen) (vgl. Endres 1988, 88-90). Diese Einteilung kann als Detaillierung der obigen Klassifizierung nach Biggerstaff, Perlis angesehen werden.[3]

Zugrundeliegende Paradigmen

Eine frühe Strukturierung der Wiederverwendbarkeitsansätze Wegners basiert auf der Nutzung grundlegender Paradigmen, wobei er in diesem Zusammenhang die folgenden als relevant erachtet: die Reduzierbarkeit (die Lösung des Problems A läßt sich auf die Lösung

---

[1]   Eine analoge Unterteilung findet sich bei Witt, der in *Wiederverwendung von einzelnen Teilen* und *Wiederverwendung von Verfahren zur Herstellung von Software* differenziert (vgl. Witt 1989, 58).

[2]   Biggerstaff, Richter geben eine Beschreibung der diesen Kategorien zuzuordnenden Techniken *Komposition* bzw. *Generierung* (vgl. Biggerstaff, Richter 1987, 41-42).

[3]   Hinweise auf die mit Hilfe dieser Techniken erzielten Erfolge finden sich bei Endres 1988, 90-92.

des Problems B zurückverfolgen), die Äquivalenzklassenbildung (eine Äquivalenzklasse enthält Probleme, deren Lösung zur Lösung aller anderen Probleme der Klasse verwendet werden kann), die Modellbildung (abstrakte Darstellung eines komplexen Sachverhalts), die Abstraktion/Spezialisierung, die Invarianten (eine immer zutreffende Aussage - hier über einen Programmablauf - die zur Verifikation verwendet werden kann), die Mustererkennung sowie die Regularität (die Beschreibung von Sachverhalten mit Hilfe regulärer Ausdrücke) (vgl. Wegner 1987).

Komplexität des Einsatzes

Das Kriterium der Komplexität des Einsatzes wiederverwendbarer Bausteine veranlaßt Wegner zur Unterscheidung der existierenden Ansätze in Interapplication Reusability (Wiederverwendung von Komponenten in einer Vielzahl von Applikationen), Development Reusability (Wiederverwendung von Komponenten in aufeinanderfolgenden Versionen eines Programmes), Program Reusability (Wiederverwendung eines Programmes in aufeinanderfolgenden Ausführungen mit unterschiedlichen Eingabedaten) und Code Reusability (Wiederverwendung von Code in einer einzigen Ausführung eines Programmes), wobei nur die beiden ersten Klassen die Wiederverwendung während des Entwicklungsprozesses betreffen (vgl. Wegner 1990, 17).

Nicht alle weiteren Klassifizierungsbemühungen decken das gesamte Spektrum der Wiederverwendung von Software ab, in vielen Einteilungen liegt der Ansatz der *Building-Blocks* zugrunde:

Objekte der Wiederverwendung

Ein wesentliches Kriterium zur Einordnung der Arbeiten in diesem Bereich der Wiederverwendbarkeit von Software sind dabei die Objekte, deren Wiederverwendung angestrebt wird: Meyer unterscheidet hier als die wesentlichen Ausprägungen die Wiederverwendung von Quellcode, von Designergebnissen und von Personal, was im wesentlichen durch Mitarbeitertausch zwischen Projekten realisiert wird (vgl. Meyer 1987, 54). Jones geht einen Schritt weiter und identifiziert als Klassen (bzw. als relevante Aspekte des Problems) die Suche nach einem Standard-Datenaustauschformat (Reusable Data), einem generell verwendbaren Architekturschema für wiederverwendbare Programme (Reusable Architecture), Designprinzipien für die wesentlichen Anwendungsbereiche (Reusable Designs), wiederverwendbare Implementierung (Reusable Programs and Common Systems) und das Bemühen um die effiziente Verwaltung von Modulpaketen (Reusable Modules) (vgl. Jones 1984, 488-489). Börstler verallgemeinert die Unterteilung bzgl. dieses Kriteriums und differenziert in Softwaredokumente, Wissen und Erfahrung, wobei als Softwaredokumente alle Teilergebnisse verstanden werden, die im Entwicklungsprozeß anfallen (Anforderungsdefinition, Entwurfsspezifikation, Programmcode, technische Dokumentation u.a.). Als Formen der Verwendung von Programmcode wird noch einmal nach der Komplexität in Programmfragmente, Muster/Schablonen, Prozeduren/Funktionen, Module und Teilsysteme unterschieden (vgl. Börstler 1989, 4-5).

Abstraktionsebenen der Wiederverwendung

Eng verbunden mit der Klassifizierung nach der Art der wiederzuverwendenden Komponenten ist die Unterscheidung der Forschungsarbeiten nach der Abstraktionsebene der Objekte. Dies wird in erster Linie durch die Phasen des Software-Lifecycles bestimmt, in denen Wiederverwendung einsetzt. Coad fordert die Realisierung der Wiederverwendung nicht nur auf Programmiersprachenniveau, sondern auch im Rahmen der Analyse und des Designs eines Systems, um die strategischen und wirtschaftlichen Vorteile voll auszunutzen (vgl. Coad 1991b, 74).

Möglichkeit der Anpassung der Komponenten

Je nachdem ob wiederverwendbare Bausteine an die aktuellen Bedürfnisse angepaßt werden können, unterteilt Wasserman die Formen der Wiederverwendung in Black-Box-Reuse (Anpassung ist nicht möglich) und White-Box-Reuse (Anpassung ist möglich) (vgl. Wasserman 1991, 57), eine Klassifizierung, der auch Bieman mit der Definition der Kategorien Verbatim- bzw. Leveraged Reuse folgt (vgl. Bieman 1991, 3-4).

Zur Wertung der Ansätze soll an dieser Stelle schon gesagt werden, daß aufgrund der mittlerweile existierenden systemtechnischen Voraussetzungen der Ansatz der *Reusable Building-Blocks* ein weitaus höheres Erfolgspotential als die Verwendung von *Reusable Patterns* verspricht. Diese Aussage beruht insbesondere darauf, daß mit der Verfügbarkeit objektorientierter Programmiersprachen und Datenbanken auf einer umfangreichen Palette von Hardwareplattformen und den zugehörigen Methoden für die der Codierung vorgelagerten Phasen mittlerweile eine Technik zur Softwareentwicklung erwachsen ist, die eine optimale Unterstützung des *Reusable Building-Block*-Ansatzes erlaubt (vgl. Kapitel 3). Um die augenblicklich noch bestehenden Schwierigkeiten bei der Realisierung der Wiederverwendung von Software herauszuarbeiten, sollen die wichtigsten Ergebnisse der Arbeiten im Rahmen des *Building-Block*-Ansatzes, der in diesem Buch verfolgt wird, vorgestellt werden, wobei objektorientierte Konzepte zunächst nur am Rande berücksichtigt werden, da sie Gegenstand der nachfolgenden Kapitel sind. Es wird in die Teilbereiche Definition und Repräsentation von wiederverwendbaren Bausteinen sowie deren Verwaltung unterschieden.

2.2.1 Definition und Repräsentation wiederverwendbarer Bausteine

Zahlreiche Projekte haben sich mit der Aufgabe beschäftigt, für verschiedene Programmiersprachen Sammlungen wiederverwendbarer Bausteine zu entwickeln. Wie die nachfolgende Übersicht zeigt, beschränken sich jedoch fast alle Arbeiten auf Standarddatentypen sowie Bausteine, die eher systemnahen Entwicklungen zuzurechnen sind. Insbesondere sind bisher keine Kataloge verfügbar, die speziell für die Entwicklung betrieblicher Informationssysteme Unterstützung liefern könnten.

Seit 1982 beschäftigt sich das IBM Labor Böblingen mit dem Problem der Wiederverwendung von Software und hat als ein Ergebnis die sogenannten "Böblinger Bausteine" entwickelt (vgl. Endres 1989, 13-17). Diese Sammlung von etwa 30 Komponenten deckt im wesentlichen die oben skizzierte enge Domäne ab und liefert Realisierungen für grundlegende abstrakte Datentypen wie *Liste*, *Keller*, *Menge* und *Baum* inklusive der zugehörigen Operationen. Weiterhin wird Hilfestellung bei einigen systemnahen Aufgaben, wie z.B. der Speicherverwaltung oder der Realisierung von Datenbankzugriffen, geboten (vgl. Wolf, Schmid 1985, 164-167). Endres unterscheidet hierbei zwischen den drei Komponentenklassen der generell einsetzbaren, der betriebssystemspezifischen und der produktspezifischen Bausteine (vgl. Endres 1989, 14). In einem Begleitprojekt wurden vom Forschungszentrum Informatik (FZI) in Karlsruhe für die - häufig als objektbasiert bezeichnete (vgl. Kapitel 3.1) - Programmiersprache Ada ein Katalog wiederverwendbarer Bausteine realisiert, der jedoch auch keine wesentlichen inhaltlichen Ergänzungen liefert, sondern lediglich die Liste der Standarddatentypen etwas erweitert und u.a. Realisierungen der systemnahen Utilities *Semaphor* und *Monitor* anbietet (vgl. Kleine 1986).
Die von Booch definierten, ebenfalls auf Ada basierenden Komponenten decken eine fast identische Menge abstrakter Datentypen ab und unterscheiden sich lediglich in der Ergänzung um einige kleinere Zusatzfunktionalitäten, wie z.B. Mustererkennung und Suchen in verschiedenen Datenstrukturen (vgl. Booch 1987; Booch, Vilot 1990).

Die gemessen am Umfang des Quellcodes umfangreichste Sammlung wiederverwendbarer Bausteine entstand seit dem Jahre 1984 bei der White Sands Missile Range, einer Dienststelle der US-Army in New Mexico, mit dem Ada Software Repository (vgl. Tonndorf 1989). Über zwei Millionen Zeilen Ada-Code (inklusive Dokumentation), die auf einem SIMTEL20-Rechner installiert wurden, sind hier öffentlich und grundsätzlich kostenlos zugänglich mit den Zielen, die Verbreitung und Wiederverwendung von Ada-Programmen zu unterstützen und die Kenntnisse und Erfahrungen mit dieser Programmiersprache zu fördern. Einen Überblick über die hier angebotene Software vermittelt der *Ada*

Software Repository Master Index, aktuelle Informationen liefern die in regelmäßigen Abständen erscheinenden Publikationen *Ada Software Repository Release Notes* und *Ada Software Repository Newsletters*. Inhaltlich liefert diese Bibliothek neben schon erwähnten Bausteinen und mathematischen Funktionen auch eine Reihe von Werkzeugen, die etwa die Masken- und Druckbilderstellung oder die Analyse von Ada-Programmen unterstützen, aber auch die Realisierung von Schnittstellen zu relationalen Datenbanken und Graphiksystemen erleichtern.

Eine ganze Reihe von Arbeiten beschäftigt sich mit der Frage, wie Softwarebausteine mit Hilfe von Spezifikationssprachen sinnvollerweise repräsentiert werden sollten, um ihre Verwendung zu unterstützen. Sie tragen der Beobachtung Rechnung, daß reiner Programmcode - wenn auch dokumentiert - viel zu detailliert und wenig verständlich ist:

> "Softwarekomponenten, die in vielen, verschiedenen Situationen verwendbar sein sollen, müssen auf einem hohen Abstraktionsniveau beschrieben werden können. Ebenso müssen sich solche Komponenten leicht und zuverlässig in neu zu entwickelnde Softwaresysteme einfügen lassen. Um diese beiden Forderungen zu erfüllen, ist häufig die Verwendung formaler Beschreibungstechniken empfohlen worden." (Franzen 1989, 31)

Eine Vielzahl von Formalismen findet in der Praxis Anwendung, von denen einige Ansätze kurz vorgestellt werden sollen:

Franzen definiert die Anforderungen an Spezifikationsformalismen, die die Implementierung in imperativen Programmiersprachen unterstützen (vgl. Franzen 1989). Die drei Spezifikationssprachen COLD, LARCH und ANNA werden miteinander verglichen, wobei als Kriterien das zugrundeliegende Komponentenmodell, die Relationen zwischen Komponenten verschiedener Abstraktionsebenen, die Zielsprachenabhängigkeit, die verfügbaren Strukturierungsmechanismen, die Lesbarkeit sowie die Möglichkeit zur Definition partieller Funktionen und nebenläufiger Prozesse herangezogen werden.

Eine Reihe weiterer Arbeiten beschäftigt sich mit der Definition und Anwendung von Spezifikationsverfahren: Goguen verwendet die Spezifikationssprache OBJ, um sowohl den Code von Programmmodulen als auch die Funktionalität der Zielapplikationen auf einer höheren abstrakteren Ebene darzustellen (vgl. Goguen 1984). Auch Litvintchouk und Matsumoto verfolgen mit Hilfe der Spezifikationssprache CLEAR den Ansatz, den Softwareentwicklungsprozeß als eine Kombination von auf hohem Abstraktionsniveau beschriebenen Black-Box-Komponenten zu verstehen (vgl. Litvintchouk, Matsumoto 1984). Sie zeigen, wie die Möglichkeit zur algebraischen Spezifikation von Ada-Komponenten in eine umfassende Entwicklungsumgebung für diese Programmiersprache eingebettet werden kann. Pepper verwendet algebraische Spezifikationen zur Beschreibung von Vor- und Nachbedingungen von Prozeduren einer Programmiersprache, um mit deren Übereinstimmung die Ähnlichkeit zwischen Software zu definieren (vgl. Pepper 1989). Er erkennt jedoch das Problem, daß solche Beschreibungen nicht geeignet sind, den Suchprozeß nach wiederverwendbaren Bausteinen zu unterstützen, so daß die Lösung darin gesehen wird, Spezifikationen um den Begriff der Transformationen zu ergänzen, die nicht das Produkt selbst, sondern den Prozeß seiner Erstellung beschreiben und ebenfalls (als Reusable Patterns) Gegenstand der Wiederverwendung sein können. Der von Pepper vorgeschlagene Umgang mit Softwarebausteinen scheint jedoch aufgrund der Komplexität algebraischer Spezifikationen auch nur für den eingeschränkten Bereich der mathematischen Anwendungen und der Realisierung von Standarddatentypen in der Praxis einsetzbar.[4]

Um eine höhere Flexibilität und Benutzerfreundlichkeit zu erreichen, schlägt Riebisch vor, halbformale Beschreibungsmittel zur Spezifikation von Softwarekomponenten einzusetzen (vgl. Riebisch 1992). Die verwendeten informalen Ausdrücke sind größtenteils automatisch auszuwerten und umfassen Eigenschaften, wie z.B. die Funktionalität, die Komponenten- struktur, die verwendete Programmiersprache oder den zu erwartenden Zeit- und Ressourcenbedarf. Die Beschreibungen der Komponenten wird in einer Bibliothek abgelegt und einem Retrieval zugänglich gemacht, wozu ein Werkzeug entwickelt werden soll, das die Klassifikation, Bewertung und Auswahl der Software unterstützt. Dieser Ansatz kann als Versuch verstanden werden, die sehr formale Vorgehensweise einer Facettenklassifizierung oder algebraischer Spezifikationen zu relativieren und um natürlichsprachliche Beschreibungselemente zu ergänzen, die einen leichteren Zugang und auch eine bessere Verständlichkeit der Spezifikationen erwarten lassen.

2.2.2 Verwaltung wiederverwendbarer Bausteine

Zur Verwaltung von Softwarekomponenten existiert eine Reihe von Vorschlägen, die im wesentlichen zum Ziel haben, dem Entwickler Hilfestellung bei der Suche nach geeigneten Bausteine zu bieten, da allen Ansätzen die Annahme einer großen, nicht einfach zu überschauenden Menge von Bausteinen zugrunde liegt. Die grundsätzliche Vorgehensweise sieht in der Mehrzahl der Ansätze zunächst eine in irgendeiner Weise formalisierte Beschreibung der gewünschten Komponente vor, die dann mit den vorliegenden Spezifikationen existierender Bausteine abgeglichen wird.

Burton et al. stellen die Architektur eines Systems vor, das auf der Basis einer Datenbank die Verwaltung von wiederverwendbaren Quellcodekomponenten einer beliebigen

---

[4] Zu den notwendigen Einschränkungen beim Einsatz algebraischer Spezifikationen für die Beschreibung wiederverwendbarer Module, vgl. auch Gaube, Lockemann, Mayr 1986.

Programmiersprache (allerdings bevorzugt Ada) ermöglicht (vgl. Burton et al. 1987). Das Bibliotheksverwaltungssystem ermöglicht die natürlichsprachliche Formulierung (in Englisch) von Suchanfragen und greift zur Auswertung zu auf in der Datenbank zu jeder Komponente abgelegte Attribute, wie z.B. Name des Autors, zugrundeliegender Algorithmus, letzter Update oder funktionale Kategorie. Dieses Verwaltungssystem ist um weitere Teilkomponenten erweitert, die die Retrievalmöglichkeiten komfortabler gestalten bzw. das Design eines neuen Systems auf der Basis gefundener Bausteine graphisch unterstützen.

Prieto-Diaz verwendet Techniken der Facettenklassifikation[5], um Softwarebausteine in möglichst zueinander orthogonalen Deskriptorklassen bezüglich ihrer Funktionalität, der zugehörigen Umgebung und anderen Implementierungsdetails zu beschreiben, so daß etwa Facetten wie Funktion, Objekte, Medium, Systemtyp, Funktions- und Anwendungsbereich sinnvoll Anwendung finden können (vgl. Prieto-Diaz 1989). Eine Spezifikation besteht dann also aus der Zuordnung je eines Attributwertes jeder zur Klassifizierung verwendeten Facette. Eine wertvolle Unterstützung des Suchprozesses kann durch das Konzept der 'konzeptuellen Nähe' erreicht werden: In einem azyklischen, gerichteten Graphen, dessen Blätter die Attribute jeder Facette bilden, wird die inhaltliche Nähe zwischen den verschiedenen Ausprägungen einer Facette abgebildet, die als kürzeste Entfernung zwischen zwei Knoten entlang den gewichteten Kanten des Graphs berechnet werden kann. Dieses Vorgehen erlaubt es, bei der Suche nicht nur vollständige Übereinstimmungen mit der Zielspezifikation zu ermitteln, sondern auch Kandidaten zu liefern, die möglichst nahe an die gewünschte Funktionalität heranreichen. Eine wesentliche Interaktion des Systembenutzers besteht in der Möglichkeit, Queries durch Verwendung und Ersetzung von 'wild cards' zu verallgemeinern bzw. zu spezialisieren, um die Kandidatenmenge auf eine vernünftige Größe zu beschränken. Die endgültige Auswahl der zu verwendenden Bausteine wird weiterhin durch einen Evaluierungsmechanismus unterstützt, der mit Hilfe von Fuzzy Logic und Metriken zur Güte der Ähnlichkeit eine Bewertung und damit eine Rangfolge der Kandidaten ermöglicht. Alle Komponenten dieses Ansatzes sind in einem prototyphaften System realisiert (vgl. Prieto-Diaz 1989; Prieto-Diaz 1991).

Ein sehr ähnliches Suchverfahren stellt Beutler vor, dessen Klassifizierungssystem aus neun Hauptfacetten besteht, die hier allerdings noch einmal in hierarchisch zugeordnete Unterfacetten unterteilt werden können. Als Erweiterung zu dem vorherigen Ansatz sind in erster Linie Überlegungen zur automatischen Generierung und Strukturierung des Indexvokabulars in Facetten und Unterfacetten als auch zur automatischen Klassifizierung

---

5   Vickery beschreibt die Grundlagen der Facettenklassifikation (vgl. Vickery 1969).

bei schon vorliegendem Klassifikationssystem zu nennen. Auch hier wird versucht, das Wiederverwendbarkeitspotential einer Komponente in dem Maß der Ähnlichkeit zwischen Such- und Zielbaustein zu bemessen, wobei sich dieser Wert aus der Ähnlichkeit in jeder Hauptfacette und der darüber aggregierten Gesamtähnlichkeit ergibt. Dieses Verfahren der 'Umschreibenden Suche' war Grundlage der Recherchekomponente des Systems PROJEKT-ADVISOR zur rechnergestützten Wiederverwendung von Erfahrungswissen und Wissen aus Projektdatenbanken abgeschlossener Projekte im Rahmen des BMFT-Verbundprojektes PROSYT (vgl. Beutler 1989).

Aus dem gleichen Projekt stammt der Versuch, die Vorgehensweise bei der Suche nach Entwurfsspezifikationen zu verbessern, indem die Möglichkeit geschaffen wird, die Suche nach einem bestimmten Begriff auf alle damit semantisch in Verbindung stehenden Ausdrücke zu erweitern. Die dazu entwickelte Suchbeschreibungssprache PROSA erlaubt es, mit Hilfe von vier unterschiedlichen Beschreibungsformaten die dazu notwendigen Informationen in sehr formalisierter Art und Weise darzustellen. Neben der Definition von Begriffen und Begriffszusammenhängen in Form eines Kontextbaumes (mit gewichteten Kanten) können komplexe Suchanfragen formuliert, projektübergreifende Informationen dargestellt und Facettenklassifikationsschemata (vgl. Beutler 1989) definiert werden. Das gesamte vorgestellte Verfahren der umfeldorientierten, wissensbasierten Suche setzt sich dann zusammen aus dem Einsatz eines Expertensystems zur Eingrenzung eines häufig nur unscharf definierten Suchziels, einer Formulierung der Suchanfrage, der Durchführung der Suche und eventuellen Einschränkungen bzw. Erweiterungen zur Veränderung des Detaillierungsgrades der Ergebnisse (vgl. Seckler 1989).[6]

Die Kombination von Klassifizierungssystemen und wissensbasierten Systemen ist eine Technik, die in weiteren Ansätzen zur Verwaltung von Softwarebausteinen zum Einsatz kommt: Das am Forschungszentrum Informatik (FZI) in Karlsruhe entwickelte Expertensystem SESMOD unterstützt die Auswahl von Softwaremodulen aus einer Bibliothek. Ein Schwerpunkt liegt dabei auf der interaktiven Gestaltung des Auswahlverfahrens, so daß der Benutzer seine Anforderungen an die gesuchten Module durch Auswahl von angebotenen Alternativen zusammenstellt, wobei Konsistenzbedingungen automatisch vom System beachtet werden. Die eigentliche Modulbeschreibung ist flexibel erweiterbar und basiert im wesentlichen auf einer Taxonomie, die für jedes Modul Eigenschaften bezüglich der Charakterisierung der Datenstruktur, der auf der Struktur definierten Operationen sowie der Effizienz dieser Operationen und des Speicherbedarfs beinhaltet. Die wesentliche Leistung des Expertensystems besteht nun darin, eine für jede Sitzung individuelle

---

[6] Lauber gibt weitere Hinweise zur Anwendung des Wiederverwendungsberaters und erläutert die mögliche Integration in eine CASE-Umgebung (vgl. Lauber 1991).

Fragenfolge zu entwickeln, die einer gewissen, wählbaren Strategie folgt und die insgesamt notwendige Dauer des Dialog- und des auf dem Ausschlußverfahren basierenden Suchvorgangs minimiert (vgl. Zimbel, Weber 1989).

Das Expertensystem LaSSIE, das als Softwareinformationssystem, aber auch als Verwaltungssystem einer Menge wiederverwendbarer Komponenten verstanden werden kann, verfolgt einen ähnlichen Ansatz. Die Taxonomie, die mit Hilfe der Wissensrepräsentationssprache KANDOR realisiert wurde, zerfällt in die Bereiche Action, Object, Doer und State, womit insbesondere die dynamischen Aspekte eines Systems spezifiziert werden können. Um die recht komplexe Querysyntax einem darin ungeübten Benutzer zugänglich zu machen, wurde eine natürlichsprachliche Benutzerschnittstelle entwickelt, die es ermöglicht, Anfragen in englischer Sprache zu formulieren. Trotz dieser Erweiterung bleibt das System im wesentlichen auf Anfragen über die Funktionalität einer Komponente beschränkt und kann nicht den Anspruch erheben, über alle Teilbereiche eines Softwarebausteins Auskunft zu geben (vgl. Devanbu et al. 1991).

Maarek, Berry und Kaiser beschreiben die Verwendung von Information Retrieval-Techniken, um aus einer Menge unorganisierter Softwarekomponenten automatisch eine Bibliothek zu erstellen, die insbesondere Hilfestellung beim Auffinden von Bausteinen liefern kann, die der Suchanforderung funktional möglichst nahe kommen. Der Aufbau der Bibliothek vollzieht sich im wesentlichen in zwei Schritten: Zunächst wird für jede zu speichernde Komponente automatisch durch Analyse der natürlichsprachlichen Beschreibung ein Profil als Zusammenfassung charakterisierender Attribute erstellt, um darauf aufbauend die Objekte nach gemeinsamen Eigenschaften in Klassen zu bündeln. Dies eröffnet die Möglichkeit zur intelligenten Suche unter Verwendung natürlichsprachlicher Anfragen. Diese Vorgehensweise spiegelt sich in dem Tool GURU wider, das verwendet wurde, um eine Bibliothek von AIX-Anwendungen zu erstellen (vgl. Maarek, Berry, Kaiser 1991).

2.3 Schwierigkeiten des Einsatzes wiederverwendbarer Bausteine

Die Mehrzahl der vorgestellten Ansätze versucht, Lösungen für die technischen Aspekte der Wiederverwendung zu liefern. Es ist jedoch klar, daß sowohl die technischen als auch die organisatorischen Voraussetzungen gegeben sein müssen, um die Wiederverwendung als grundlegendes Paradigma im Softwareentwicklungsprozeß zu etablieren. Die Wichtigkeit der unterschiedlichen Problemkreise wird von Experten nicht einheitlich beurteilt: Die meisten Autoren sehen die Lösung der technischen Probleme als gravierender und als der Anpassung der Organisation der Entwicklung vorgelagert an:

> "In my opinion, these issues [the nontechnical reasons] are only the tip of the iceberg; the main roadblocks are technical." (Meyer 1987, 51)

Andere betrachten organisatorische Veränderungen als Schlüsselfaktor zum Erfolg:

> "... having better technology might well be less critical to success than convincing management that organizational breakthroughs and focused investment are the key missing ingredients needed for success." (Standish 1984, 496)

Die technische Problematik wird in erster Linie darin gesehen, daß

- es sehr schwierig ist, ein Design für wiederverwendbare Komponenten zu finden. Dies beruht insbesondere darauf, daß bei der Verwendung i.a. nicht genau die gleichen, sondern etwas abgeänderte Anforderungen vorausgegangener Projekte zu erfüllen sind, so daß die Zielsetzung darin bestehen muß, die wesentlichen Gemeinsamkeiten von Anwendungen zu spezifizieren (vgl. Meyer 1987, 51), und daß

- als Folge hiervon zuwenige wiederverwendbare Bausteinsammlungen existieren:

> "A second major problem in code reuse is the lack of a set of reusable components, despite the large amount of software that already exists in the portfolios of many software producers." (Caldiera, Basili 1991, 61)

  Diese Behauptung muß allerdings nach den verschiedenen Domänen der Software differenziert werden (vgl. hierzu Kapitel 3.3).

- Zudem sind die Retrievalmöglichkeiten noch nicht ausgereift genug, um wiederverwendbare Bausteine in annehmbarer Zeit ausfindig zu machen (vgl. Meyer 1987, 51).

Als die wesentlichen nichttechnischen Gründe, die die Realisierung der Wiederverwendung erschweren, werden angeführt, daß

- die Anleitung zur Wiederverwendung von Software in der Regel nicht Bestandteil der Ausbildung zum Softwareentwickler ist (vgl. Gryczan, Wegge 1990, 446) und Entwickler daher eine Menge kognitiver Schwierigkeiten haben, die an sie gestellten Anforderungen bei der Realisierung der Wiederverwendung zu bewältigen (vgl. Fischer 1987, 61; Wagner 1992),

- bei Softwareentwicklern i.a. ein großes Unbehagen bei der Verwendung nicht selbst geschriebener Software zu erkennen ist, ("the Not Invented Here Syndrom") (vgl. Coad 1991d, 64; Wasserman 1991, 57),

- Wiederverwendung dem wirtschaftlichen Bestreben, noch möglichst viele Nachfolgeprojekte anschließen zu können, zuwider läuft, wenn die erstellte Software zu allgemein zu verwenden ist (vgl. Meyer 1987, 51),

- die Umstellung des Entwicklungsprozesses sehr hohe Anlaufkosten mit sich bringt - hierunter fallen sowohl Ausgaben, die durch die längeren Entwicklungszeiten wiederverwendbarer Komponenten begründet sind, als auch Kosten für Mitarbeiterschulung und Umgestaltung der Organisation der Entwicklungsabteilungen (vgl. Börstler 1989, 3-4); die heutige Projektorganisation berücksichtigt i.a. keinen Extraaufwand zur Verallgemeinerung der Projektergebnisse (vgl. Biggerstaff, Richter 1987, 43),

- die meisten Organisationen in ihre Produktivitätsbeurteilungen Wiederverwendung und Wiederverwendbarkeit noch nicht einbeziehen, so daß für den Entwickler Anstrengungen in diese Richtungen mit keinerlei Vorteilen verbunden sind (vgl. Coad 1991d, 65) und

- die optimale Strategie zur Wiederverwendbarkeit noch nicht geklärt ist und es so recht schwer ist, Garantien für die notwendig aufzubringenden Startkosten zu geben (vgl. Biggerstaff, Richter 1987, 43).

Auch wenn unter den Beiträgen zur Wiederverwendung kein durchgängiges Konzept unter Berücksichtigung aller organisatorischer und technischer Aspekte zu finden ist, lassen sich dennoch eine Reihe von generellen Einschätzungen identifizieren, die das Erfolgspotential der unterschiedlichen Ansätze betreffen:

- Die geplante Wiederverwendung ist weitaus vielversprechender als die zufällige Wiederverwendung (vgl. Endres 1988, 87-88).[7]

---

7 Konzeptionen zur Realisierung ungeplanter Wiederverwendung sind noch selten; innerhalb des ESPRIT-Projektes PRACTITIONER (EP-No. 1094) wird versucht, Softwareentwürfe, die nicht zur Wiederverwendung geplant waren, durch die Identifizierung abstrakter Konzepte innerhalb vorliegender Dokumentationen zu nutzen (vgl. Elzer 1989a). Grundsätzlich führt die Frage der ungeplanten Wiederverwendung zu

☐ Wiederverwendung ohne Änderungsmöglichkeit der Komponenten ist sehr ähnlich zum traditionellen Unterprogrammaufruf (vgl. Bieman 1991, 6) - die Möglichkeit zur Anpassung der Komponenten an geänderte Anforderungen ist unerläßlich (vgl. Wasserman 1991, 57):

> "The modifying process is the lifeblood of reusability. It changes the perception of a reusability system from a static library of rock-like building blocks to a living system of components that spawn, change, and evolve new components with the changing requirements of their environment."
> (Biggerstaff, Richter 1987, 44)

☐ Der Nutzen der Wiederverwendung ist umso größer, je früher sie im Software-Lifecycle einsetzt, so daß die Wiederverwendung von Designergebnissen gegenüber der Wiederverwendung von lediglich Programmcode wesentliche Vorteile verspricht (vgl. Börstler 1989, 5; Tracz 1990).

☐ Die optimale Größe wiederverwendbarer Bausteine muß individuell bestimmt werden: Je größer eine Komponente ist, umso größer ist der mit ihrem Einsatz erzielte Produktivitätsgewinn, allerdings sinkt gleichzeitig auch die Wahrscheinlichkeit, eine Übereinstimmung mit vorliegenden Anforderungen zu entdecken (vgl. Börstler 1989, 5).[8]

2.4 Grobstruktur des verfolgten Wiederverwendungsansatzes

Aufbauend auf den vorangehend dargestellten Ergebnissen soll nun die Grobstruktur eines Ansatzes zur Wiederverwendung vorgestellt werden (vgl. Abb. 2.1), der all diese Anforderungen berücksichtigt und der vorliegenden Untersuchung zugrunde liegt. Die Konzeption eröffnet die Möglichkeit zur Integration der Wiederverwendung in die industrielle Softwareentwicklung und umfaßt sowohl die technischen als auch die organisatorischen Aspekte. Alle zur Realisierung dieses Ansatzes relevanten Fragen werden in den nachfolgenden Kapiteln im Detail behandelt.

Problematiken des Reverse Engineering, des Restructuring und der Redokumentation, die unter dem Stichwort Reengineering gebündelt werden (vgl. Bischoff, Krallmann 1992; Richter 1992).

[8] Dieses Dilemma wird von Biggerstaff, Perlis als das *Very Large Scale Reuse (VLSR) Problem* bezeichnet (vgl. Biggerstaff, Perlis 1989, xvi). Auch Biggerstaff, Richter leiten eine ähnliche Aussage für das Verhältnis zwischen Effektivität und Allgemeinheit von Techniken zur Wiederverwendung ab und verdeutlichen dies anhand der Einordnung in einem Power-Generality-Diagramm (vgl. Biggerstaff, Richter 1987, 42-43).

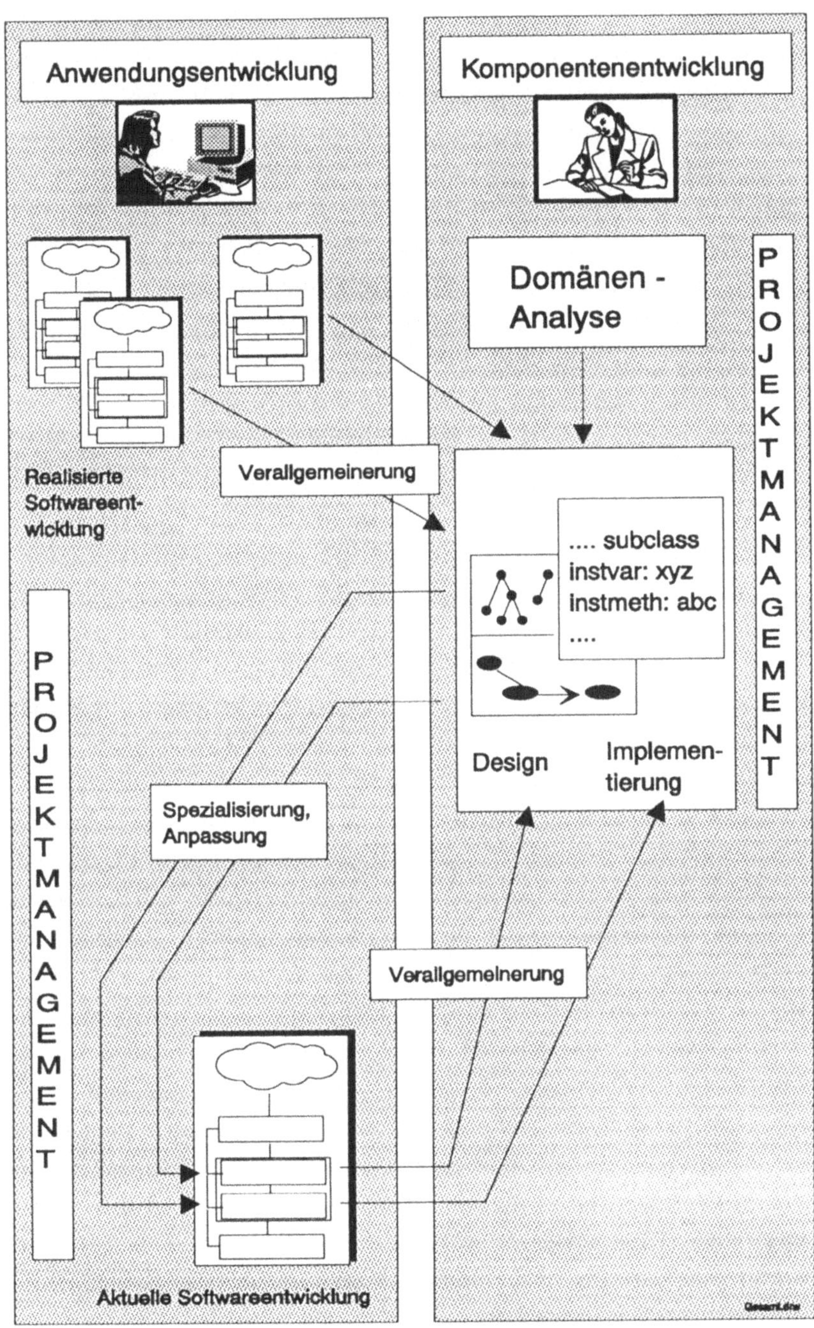

Abb. 2.1:   Gesamtstruktur des Wiederverwendungsansatzes

Abb. 2.1 zeigt in ihrem linken Teil die Anwendungsentwicklung eines softwareentwickelnden Unternehmens. Eine Reihe von Projekten wurde in der Vergangenheit durchgeführt, des weiteren sind ein oder mehrere Projekte aktuell in Bearbeitung. Zielsetzung ist es nun, die Verbindung zwischen diesen zeitlich getrennten Entwicklungen nicht mehr nur auf zufälliger Basis zu realisieren (meist durch die Verwendung derjenigen Mitarbeiter, die auf ähnlichem Gebiet schon in der Vergangenheit Erfahrung gesammelt haben), sondern dies in einer formalen Art und Weise zu tun. Dabei soll Wiederverwendung nicht als die Nutzung von einfach strukturierten (Standard-)Unterprogrammen verstanden werden, vielmehr ist hier damit gemeint, Wissen über die grundlegenden Strukturen und Mechanismen eines Anwendungsbereichs verfügbar zu machen.

Eine Bibliothek nimmt alle Design- und Implementierungsergebnisse vergangener Projekte auf, die für nachfolgende Projekte von Bedeutung sein könnten, wobei u.U. ein Verallgemeinerungsschritt zu durchlaufen ist, um die potentielle Nutzbarkeit zu vergrößern. Diese abgelegten Resultate können von den Entwicklern der aktuellen Projekte genutzt werden, wobei nicht nur eine identische Verwendung, sondern auch eine Modifikation und Spezialisierung zur Anpassung an die individuellen Projektanforderungen möglich ist. Um die Nutzbarkeit dieser Bibliothek weiter zu erhöhen, kann nun der womöglich erhobene Einwand beseitigt werden, daß die Komponenten der Bibliothek nur mehr oder weniger auf zufälliger Basis zustande kommen, indem eine eigene Gruppe von i.a. hochqualifizierten Entwicklern mit dem Design und der Implementierung der in die Bibliothek einzustellenden Bausteine betraut wird. Diese haben die Aufgabe, Komponenten zu entwickeln, die zum einen eine solche Allgemeinheit aufweisen, daß sie in möglichst vielen Anwendungen, die zur betrachteten Domäne gehören, verwendet werden können, und zum anderen durch ihre Robustheit die Qualität der erstellten Software wesentlich erhöhen. Um das Potential dieses Ansatzes weiter zu steigern, kann nun die bisher implizite Randbedingung **eines** softwareentwickelnden Unternehmens unbeachtet bleiben und zu der Vorstellung übergegangen werden, daß die Entwicklung dieser Bausteinbibliotheken von eigens darauf spezialisierten Unternehmen übernommen wird. Dies bedeutet, daß für sehr viele Anwendungsbereiche spezifische Bibliotheken angeboten werden, die weiterhin verschiedene Abstraktionsgrade der Software umfassen und es Anwendungsentwicklern erlauben, ihre individuelle Entwicklung auf der Grundlage dieser Design- und Implementierungsvorgaben in sehr effizienter Weise durchzuführen. Offensichtlich ist auch, daß in diesen beiden Entwicklungslinien (Anwendungsentwicklung und Entwicklung wiederverwendbarer Komponenten) ganz unterschiedliche Projektmanagementmethoden zum Einsatz kommen müssen, um den unterschiedlichen Zielsetzungen gerecht zu werden.

In Zukunft wird es sich kein Softwarehersteller bzw. softwareentwickelndes Unternehmen mehr leisten können, bei der Entwicklung immer wieder von Grund auf neu anzufangen.

Vielmehr wird die Etablierung des vorgeschlagenen Konzeptes dazu führen, daß sich für jeden Anwendungsbereich eine Gruppe hochspezialisierter Softwareanbieter herausbilden wird. Deren Ziel wäre allerdings nicht, fertige Standardsoftware, sondern Frameworks (siehe Kapitel 3) zu liefern, die das Anwendungswissen in Form von Analyse- und Designmodellen[9] (aber auch zugehörigen Implementierungen) bereitstellen. Für den eigentlichen Anwendungsentwickler eröffnet dies die Möglichkeit, seine Softwareproduktion auf diesem Rahmenkonzept aufbauen zu lassen und sein Endprodukt als Erweiterung und Spezialisierung zu erhalten.

In Abb. 2.2 werden die Charakteristika des skizzierten Ansatzes nach den in Kapitel 2.1 vorgestellten Klassifikationskriterien beurteilt. Der vorgestellte Ablauf ist eine Realisierung des *Building-Block*-Ansatzes, da nicht die Verfahren zur Softwareentwicklung, sondern die Ergebnisse dieser Prozeduren Aufnahme in der Bibliothek finden.

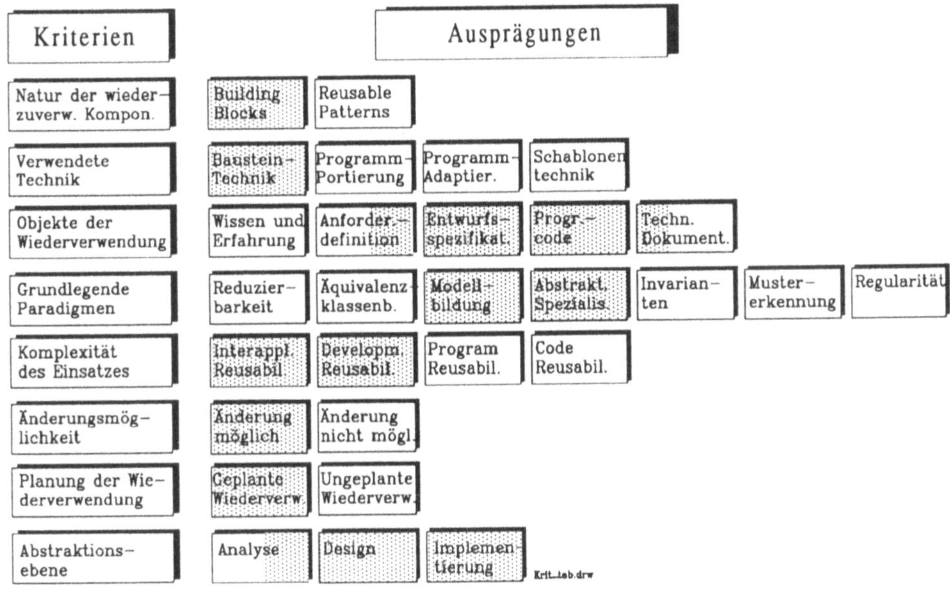

Abb. 2.2: Einordnung des Wiederverwendungsansatzes[10]

---

[9] Coad verwendet für diese wiederverwendbaren Analyse- und Designmodelle den Begriff *Designware* (vgl. Coad 1991d, 65).

[10] Die Kriterien umreißen die Schwerpunkte, unter die sich unterschiedliche Wiederverwendungsansätze gruppieren lassen. Die grau unterlegten Bereiche markieren die Charakteristika des in dieser Arbeit beschriebenen Wiederverwendungsansatzes und können somit als Klassifizierung desselben verstanden werden.

Da in erster Linie die Phasen Design und Implementierung des Software-Lifecycles berührt sind, sind die Objekte, deren Wiederverwendung in diesem Rahmen angestrebt wird, primär Entwurfsspezifikationen und Programmcode, wobei allerdings auch Anforderungsdefinitionen und Dokumentationen an ihren Schnittstellen zu diesen Ergebnissen betroffen sind. Als grundlegende, verwendete Paradigmen können die Modellbildung sowie Abstraktion und Spezialisierung identifiziert werden. Was die Komplexität des Einsatzes der Komponenten angeht, so ist primäres Ziel die Wiederverwendung der Bausteine in einer Vielzahl von Applikationen (Interapplication Reusability), wobei die Verwendung in aufeinanderfolgenden Versionen eines Programmes (Development Reusability) als sinnvoller Seiteneffekt genutzt wird. Eine weitere wesentliche Eigenschaft ist die Anpaßbarkcit der Bausteine, um den aktuellen Bedürfnissen gerecht zu werden. Die Verwendung einer Bausteinbibliothek macht schon deutlich, daß die Planung der Wiederverwendung der Bausteine unerläßlich ist; die Arbeiten bei der Domänenanalyse eines Anwendungsbereichs bzw. innerhalb der Verallgemeinerungsschritte beim Einstellen der Komponenten in die Bibliothek sind unverzichtbar, um sinnvoll verwendbare Bibliotheksinhalte zu gewährleisten.

3 Objektorientierte Entwicklung als Basis der Wiederverwendung

Bei der Darstellung der Grobstruktur des Wiederverwendungsansatzes wurden noch keine Angaben über die eigentliche Methode bzw. das zugrundeliegende Paradigma der Softwareentwicklung gemacht. Es ist jedoch klar, daß diese Wahl große Auswirkungen auf die Realisierbarkeit und Effizienz des gesamten Ansatzes haben wird. Um ein Negativbeispiel zu geben, kann man sich vorstellen, daß etwa in Assembler codierte Bausteine nur sehr schwer einer Wiederverwendung zugänglich gemacht werden können.

An eine geeignete Methode sind im wesentlichen zwei grundlegende Anforderungen zu stellen: Zum einen möchte der potentielle Nutzer von Softwarekomponenten sich nicht um deren interne Implementierung kümmern müssen: Eine klar definierte Schnittstelle sollte die Funktionalität und Interaktionsmöglichkeiten beschreiben; die Reaktion der Bausteine sollte in der erwarteten Form erfolgen. Wie dies geschieht, sollte dem Anwender vollkommen verborgen bleiben. Zum anderen muß dem Anwender die Möglichkeit geboten werden, die Bausteine mit ihrer vordefinierten Funktionalität nicht nur identisch zu übernehmen, sondern auch Modifikationen und Erweiterungen anbringen zu können. Dies sollte so effizient möglich sein, daß lediglich die Unterschiede bzw. Ergänzungen zu der schon vorhandenen Funktionalität implementiert werden müssen (Programming by Difference).

In den letzten Jahren hat mit der objektorientierten Entwicklung ein Paradigma verstärkt Beachtung gefunden, das diese Anforderungen und damit auch die Wiederverwendung von Software in hervorragender Weise unterstützt.[1] Objektorientierung bildet daher die methodische Grundlage der skizzierten Architektur und Vorgehensweise zur Realisierung der Wiederverwendbarkeit. In diesem Kapitel werden zunächst aufbauend auf einer knappen Beschreibung der Basiskonzepte objektorientierter Entwicklung die damit verbundenen Vorteile vorgestellt. Im Anschluß wird gezeigt, zu welchen Strukturen objektorientierte Softwarebausteine gebündelt werden können, um das Streben nach Wiederverwendung zu unterstützen, und welche unterschiedlichen Zielsetzungen damit verbunden sind.

---

[1] Lewis et al. berichten von einem Experiment, bei dem objektorientierte und prozedurale Entwicklung miteinander verglichen wurden (vgl. Lewis et al. 1991). Sie kommen zu dem Ergebnis, daß das objektorientierte Paradigma generell zu einer höheren Produktivität führt und daß sich dieser Effekt aber noch verstärkt, wenn ausdrücklich die Wiederverwendung von Software als Rahmenbedingung vorgegeben ist.

3.1 Basiskonzepte objektorientierter Entwicklung

Der objektorientierte Ansatz zur Softwareentwicklung wird von vielen Autoren als ähnlich bedeutend angesehen wie das Konzept der Strukturierten Programmierung, das Anfang der Siebziger Jahre mit der Definition entsprechender Programmiersprachen (Pascal, Modula2) und darauf aufbauender Design- und Analysemethoden die Vorgehensweise bei der Softwareentwicklung entscheidend veränderte.

Dem objektorientierten Paradigma liegt die Sichtweise zugrunde, daß ein Programm als Mittel zur Simulation der Anwendungswelt verstanden werden kann:[2]

> "A program execution is regarded as a physical model, simulating the behavior of either a real or imaginary part of the world." (Lehrmann Madsen, Moller-Pedersen 1988, 3)

Auch die wesentlichen Konzepte objektorientierter Entwicklung stammen aus dem Bereich der Programmiersprachen. Am Anfang der Entwicklung stand die Sprache Simula 67, die als objektorientierte Erweiterung von Algol 60 definiert wurde und durch die Verfügbarkeit einer Reihe von Primitiven für die diskrete ereignisorientierte Simulation insbesondere bei der Realisierung von Simulationssystemen Anwendung fand (vgl. Meyer 1990a, 450-464).[3] Erst in den Achtziger Jahren erlebten die Ideen der objektorientierten Programmierung mit der Verfügbarkeit leistungsfähiger Arbeitsplatzrechner einen massiven Popularitätszuwachs, so daß heute eine sehr große Zahl objektorientierter Programmiersprachen und objektorientierter Erweiterungen traditioneller Programmiersprachen auf dem Softwaremarkt existiert.[4] In den letzten Jahren wurden die grundlegenden Konzepte objektorientierter Programmiersprachen auch auf die vorgelagerten Phasen Analyse und Design übertragen (vgl. Kapitel 4).

Der Begriff der objektorientierten Programmiersprache erfährt immer noch unterschiedliche Interpretationen; Tsichritzis, Nierstrasz erwarten eine Standardisierung des zugrundeliegenden Objektmodells nicht in naher Zukunft:

---

[2] Zur Abgrenzung des objektorientierten Paradigmas von den Paradigmen der prozeduralen, der funktionalen und der constraint-basierten Programmierung, vgl. Lindskov Knudsen, Lehrmann Madsen 1988, 25-27 sowie Stroustrup 1987.

[3] Dahl, Nygaard von der Universität Oslo bzw. vom Norwegischen Rechenzentrum (Norsk Regnesentral) entwarfen Simula 67 im Jahre 1967 in Weiterentwicklung der Simulationssprache Simula 1; 1986 wurde der Name zu Simula verkürzt (vgl. Meyer 1990a, 450).

[4] Für einen Überblick über die historische Entwicklung und Charakteristika objektorientierter Programmiersprachen, vgl. Micallef 1988; Blaschek, Pomberger, Stritzinger 1989; Saunders 1989; Meyer 1990a, 450-472; Behdjati et al. 1991. Strobel gibt einen Überblick über eine Vielzahl objektorientierter Programmiersprachen, Entwicklungstools und Datenbanken, die für PCs und Workstations erhältlich sind (vgl. Strobel 1992).

"We are a long way, however, from having standard solutions, because the object models supported by different programming languages emphasize different properties of objects." (Tsichritzis, Nierstrasz 1989, 525)

Im folgenden soll die Definition von Wegner zugrundegelegt werden, die mittlerweile die größte Akzeptanz gefunden hat (vgl. Wegner 1986, 177-178; Wegner 1989, 247-249): Wegner unterscheidet zwischen objektbasierten, klassenbasierten und objektorientierten Programmiersprachen, je nachdem ob die Sprachen auch ein Klassenkonzept aufweisen und Vererbungsmechanismen existieren (vgl. Abb. 3.1).[5, 6]

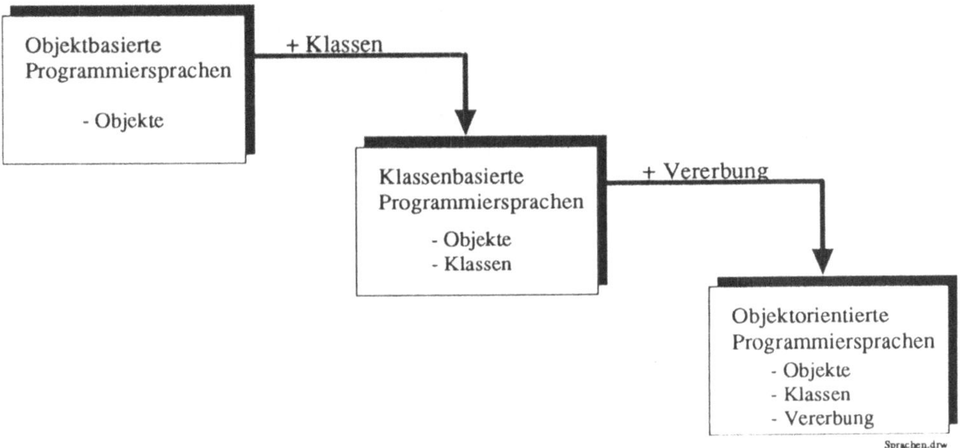

Abb. 3.1:   Unterscheidung objektbasierter Programmiersprachen

Die Terminologie und auch die Ausgestaltung der grundlegenden objektorientierten Basiskonzepte sind bei den verschiedenen Programmiersprachen unterschiedlich; in dieser Betrachtung wird im wesentlichen die Smalltalk-Terminologie verwendet, wobei in diesem Kapitel zudem auf abweichende Benennungen bzw. Funktionalitäten anderer Programmiersprachen im Text bzw. in Fußnoten hingewiesen wird. Stefik, Bobrow sowie Schlüter et al. stellen Glossaries mit den Definitionen der wichtigsten Fachtermini objektorientierter Entwicklung vor (vgl. Stefik, Bobrow 1986, 43; Schlüter et al. 1990, 40-44).

---

5   Wegner detailliert diese Differenzierung weiter, indem die Kriterien der Datenabstraktion, der strengen Typisierung, der Persistenz und der Nebenläufigkeit als weitere Unterscheidungsmerkmale herangezogen werden, so daß theoretisch 128 (= 2^7) Klassen objektbasierter Sprachen gebildet werden können (vgl. Wegner 1989).

6   Saunders bemüht sich ebenfalls um eine Klassifizierung objektorientierter bzw. -basierter Programmiersprachen. Er untersucht eine Menge von 69 objektbasierten, stand-alone Programmiersprachen, die zwischen 1965 und 1987 als Forschungsprototyp bzw. als kommerzielles Produkt definiert wurden, und unterteilt sie nach dem prägenden, zugrundeliegenden Paradigma in neun Kategorien (vgl. Saunders 1989).

3.1.1 Objekte

Ein objektorientiertes System wird als eine Menge von Einheiten (Objekten) verstanden, die reale oder abstrakte Kategorien des Anwendungsbereichs modellieren und über den Austausch von Nachrichten miteinander kommunizieren (vgl. Abb. 3.2). Die gewünschte Funktionalität eines Systems wird mit Hilfe dieses Nachrichtenaustauschs und der entsprechenden Reaktion der Empfängerobjekte abgebildet. Objekte können dabei grundsätzlich danach unterschieden werden, ob sie nur Nachrichten versenden (Actor-Objekte, z.B. *D* in Abb. 3.2), nur Nachrichten empfangen (Server-Objekte, z.B. *C*, *E*) oder beide Funktionalitäten wahrnehmen (Agent-Objekte, z.B. *A*, *B*) (vgl. Booch 1991, 89).

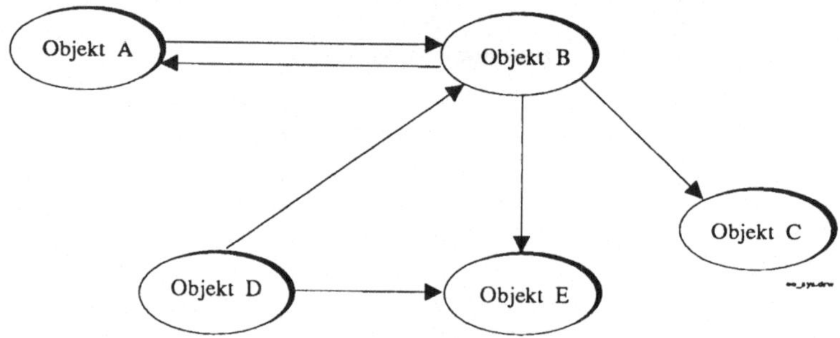

Abb. 3.2:   Nachrichtenaustausch innerhalb eines objektorientierten Systems

Das grundlegende Konzept zum generellen Aufbau eines jeden Objektes ist die Datenkapselung wie sie auch von abstrakten Datentypen her bekannt ist: Ein Objekt besitzt einen lokalen Zustand, der durch die zu diesem Objekt gehörenden Daten repräsentiert ist. Die Werte dieser internen Daten müssen sich dabei keineswegs auf einfache Datentypen beschränken, sie sind vielmehr wiederum als Objekte bzw. als Verweise auf Objekte zu verstehen, so daß komplexe Objektzusammenhänge modellierbar sind. Allerdings sind diese Daten von außen weder direkt les- noch manipulierbar, da als Schnittstelle zwischen Objekt und Außenwelt lediglich eine individuelle Menge von Operationen (Methoden)[7] definiert wird. Dem potentiellen Nutzer dieser Methoden sind lediglich Namen und eventuell benötigte formale Parameter bekannt, die interne Struktur und Implementierung bleiben ebenso wie die Daten des Objektes nach außen hin verborgen. Der Anstoß solcher Methoden, der über das Versenden von Nachrichten erfolgt, ist die einzige Möglichkeit, Zugriff auf Objekte zu erhalten bzw. diese zu weiteren Aktionen zu veranlassen. Ein Objekt

---

[7]   In anderen objektorientierten Programmiersprachen werden auch die Begriffe *Prozedur* oder *Funktion* anstelle von *Methode* verwendet (vgl. Micallef 1988, 15).

reagiert auf das Eintreffen einer Nachricht, die zur Ausführung einer bei diesem Objekt definierten Methode auffordert, indem

- Daten des eigenen, verborgenen Datenraumes an den Sender der Nachricht zurückgeliefert werden,
- Daten des eigenen, verborgenen Datenraumes modifiziert werden oder
- Nachrichten an andere Objekte geschickt werden (vgl. Barth, Welsch 1988, 406).

Abb. 3.3 verdeutlicht den generellen Aufbau eines Objektes und gibt ein Beispiel für die Definition von Daten und Methoden des geometrischen Zylinderobjektes *Zyl17*.

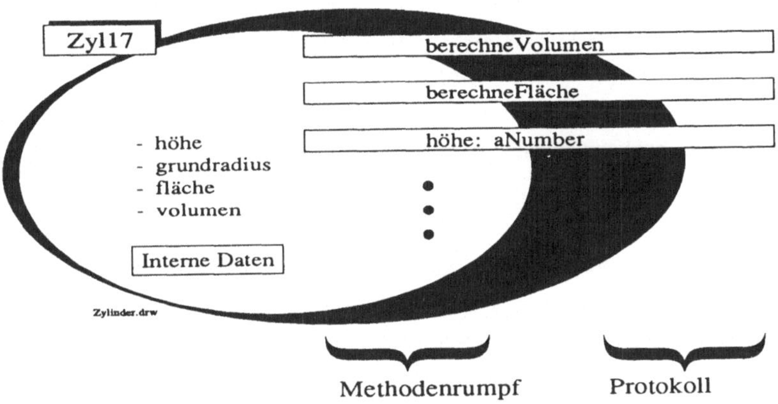

Abb. 3.3:   Beispiel für den Aufbau eines Zylinder-Objektes

Die Syntax der Nachrichten ist natürlich programmiersprachenabhängig, in jedem Fall müssen jedoch die Informationen über den Empfänger und die auszuführende Methode enthalten sein sowie die aktuellen Parameter für diese Ausführung der Methode spezifiziert werden, so daß eine Dreiteilung in Empfänger, Selektor und Parameterliste zugrunde liegt. Die Menge aller Selektoren, denen Methoden zugeordnet sind, werden als das Protokoll eines Objektes bezeichnet.

Im obigen Beispiel wird der Zylinder *Zyl17* etwa auf das Eintreffen der Nachricht "Zyl17 höhe: 42" durch die Änderung der intern gespeicherten Höhe auf den Wert 42 reagieren; eine Nachricht "Zyl17 berechneFläche" wird dazu führen, den zu berechnenden bzw. bereits intern abgespeicherten Flächenwert an den Absender der Nachricht zurückzuliefern.

3.1.2 Klassen

Vom Entwickler eine solche Beschreibung eines jeden im System vorkommenden Objektes zu verlangen, würde natürlich den Aufwand ins Unermeßliche treiben und auch die dynamische Erzeugung von Objekten sehr verkomplizieren. Statt dessen abstrahiert man von dieser Ausprägungsebene und macht sich die Tatsache zunutze, daß sich i.a. viele Objekte bezüglich ihres Verhaltens (d.h. der individuell definierten Methoden) und der Struktur ihrer Daten nicht unterscheiden, so daß es möglich wird, diese ähnlichen Objekte zu Klassen[8] zusammenzufassen. Die Objekte einer Klasse werden als deren Instanzen bezeichnet und unterscheiden sich also lediglich in den Werten der Attribute ihrer Datenstrukturen, den Instanzvariablen; die Definition der Methoden (und damit die Reaktion auf eintreffende Nachrichten) ist für alle Instanzen einer Klasse identisch. Eine Klasse kann somit als schablonenartige Beschreibung gleichartiger Objekte verstanden werden (vgl. Barth, Welsch 1988, 407; Kreutzer 1990, 213-214) und weist genau wie ihre Instanzen eine Zweiteilung in das nach außen sichtbare Protokoll und den internen Rumpf auf, wo die Repräsentation der Daten und die Implementierung der Methoden festgelegt sind.

Objekte existieren lediglich zur Laufzeit eines Systems (abgesehen von Programmiersprachen, die die Persistenz von Objekten unterstützen, bzw. objektorientierten Datenbanken (vgl. Kapitel 7)), Klassen dagegen können als statische Beschreibung verstanden werden. Sie selbst bieten wiederum Methoden an, um ihre Instanzen dynamisch zu erzeugen (Instantiierung). In einigen Programmiersprachen, wie z.B. Smalltalk, werden Klassen ebenfalls wieder als Objekte aufgefaßt. So ist es generell wichtig, zwischen Klassenvariablen und -methoden, die die Datenstrukturen einer Klasse und die für sie definierten Methoden kennzeichnen, und Instanzvariablen und -methoden, die analoge Bedeutung für die Ausprägungen (Instanzen) einer Klasse haben, zu unterscheiden. In Smalltalk etwa existiert zu jeder Klasse die Standardklassenmethode *new*, um eine neue Instanz einer Klasse zu erzeugen, so daß die Befehlsfolge "Rectangle1 := Rectangle new." der Variablen *Rectangle1* eine (noch nicht initialisierte) Instanz der Klasse *Rectangle* zuordnet. Um die Beschreibung dieser klassenspezifischen Methoden, die jedoch nicht von den normalen Instanzen der Klasse ausgeführt werden, klarer zu strukturieren, wurde in einigen Programmiersprachen das Konzept der Metaklassen eingeführt, die als Klassen mit genau einer Instanz, die selbst wiederum eine Klasse ist, verstanden werden.[9, 10]

---

[8] In anderen objektorientierten Programmiersprachen wird auch der Begriff *Typ* anstelle von *Klasse* verwendet (vgl. Micallef 1988, 15).

[9] Die dadurch eingeführte Endlos-Rekursion bringt einige Probleme mit sich, die i.a. dadurch gelöst werden, daß die Rekursionstiefe beschränkt wird, d.h. keine Metaklassen von Metaklassen von Metaklassen usw. möglich sind (vgl. Goldberg, Robson 1989, 75-89).

3.1.3 Hierarchiebildung und Vererbung

Klassen werden i.a. nicht vollkommen unabhängig voneinander sein, sondern Überschneidungen der definierten Methoden und Instanzvariablen aufweisen. Um die Spezifikation eines solchen Systems zu vereinfachen, wäre es wünschenswert, gemeinsame Eigenschaften von Klassen nur ein einziges Mal definieren zu müssen. Ein wesentliches Feature objektorientierter Entwicklung insbesondere im Hinblick auf die elegante Unterstützung des Wiederverwendbarkeitsgedankens ist daher die Möglichkeit, Klassen in Hierarchien anzuordnen. Der Nutzen einer solchen Hierarchiebildung beruht auf der automatischen Übertragung (Vererbung) von Eigenschaften der Oberklasse zu allen Unterklassen, die dementsprechend als Spezialisierungen der Oberklasse verstanden werden können:

> "The real appeal and power of the inheritance mechanism is that it allows the programmer to reuse a class that is almost, but not exactly, what he wants, and to tailor the class in a way that does not introduce unwanted side effects into the rest of the class." (Korson, McGregor 1990, 45)

Vererbung aller Eigenschaften bedeutet, daß alle Instanz- und Klassenvariablen der Oberklasse auch für die Unterklasse gelten und alle Instanz- und Klassenmethoden der Oberklasse auch in der Unterklasse Anwendung finden können. Die speziellen Charakteristika der Unterklassen werden dadurch zum Ausdruck gebracht, daß es möglich ist, neue Instanz- und Klassenvariablen, aber auch Methoden hinzuzufügen. Ererbte Methoden können überschrieben werden, was bedeutet, den Selektor mit einer neuen Funktionalität zu belegen. Einige Programmiersprachen erlauben zusätzlich, von Oberklassen ererbte Methoden als für die Unterklasse nicht mehr gültig zu erklären, sowie auch, den Sichtbarkeitsbereich von Methoden unterschiedlich zu definieren und somit den Anstoß einer Methode entweder allen Objekten, nur Instanzen untergeordneter Klassen oder sogar nur dem Objekt selbst zu gestatten.[11] Nierstrasz gibt einen Überblick über weitere Ausgestaltungsmöglichkeiten objektorientierter Vererbungsmechanismen (vgl. Nierstrasz 1989, 6-10). Abb. 3.4 zeigt eine typische objektorientierte Vererbungshierarchie inklusive der für jede Klasse definierten Variablen und Methoden. Die Klasse *GeometrischesObjekt* erfährt dabei eine Spezialisierung in die Unterklassen *2D-Objekt* und *3D-Objekt*, die weiter in *Viereck, Kreis, Quadrat* bzw. *Kugel* und *Zylinder* verfeinert werden. Eine Überschreibung der definierten Methoden wird z.B. bei der Klasse *Quadrat* vorgenommen, da die Methoden

---

10 In objektorientierten Programmiersprachen, die Klassen nicht wiederum als Objekte verstehen, existieren statt der Definition von Methoden für Metaklassen andere Mechanismen, um z.B. Instanzen von Klassen anzulegen (vgl. Micallef 1988, 15).

11 Eine formale Beschreibung der Modifikationsmöglichkeiten bei der Vererbungsbeziehung zwischen Klassen findet sich bei Wegner, Zdonik 1988.

berechneFläche und *berechneUmfang* in einem Quadrat schon aufgrund der Kenntnis der Kantenlänge vorgenommen werden können und die Einbeziehung der Endpunktkoordinaten vermieden werden kann.

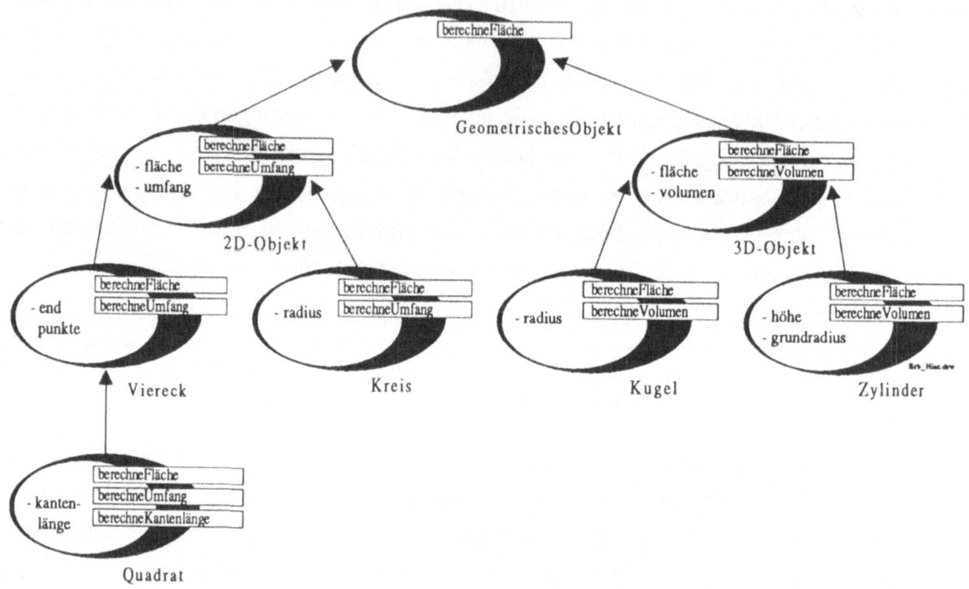

Abb. 3.4:   Beispiel einer objektorientierten Vererbungshierarchie

Varianten dieser Strukturierungsmöglichkeit existieren insofern, daß je nach Programmiersprache neben dieser einfachen Vererbung auch multiple Vererbung möglich ist, was bedeutet, daß eine Klasse durchaus als Unterklasse auch mehrerer Oberklassen definiert werden kann. Dem Vorteil, daß eine Klasse gewissermaßen die schon definierten Eigenschaften mehrerer Klassen aufsammeln kann, steht die Schwierigkeit gegenüber, eine Lösung für leicht zu konstruierende Konflikte zu finden, die etwa dann auftauchen, wenn in mehreren Oberklassen Variablen oder Methoden mit identischen Namen existieren. Hier muß dann entschieden werden, welche Eigenschaften zur Unterklasse vererbt werden sollen, wozu i.a. eine Strategie zur Linearisierung der Klassenhierarchie verwendet wird (vgl. Barth, Welsch 1988, 412-414).[12, 13]

---

[12] Snyder stellt weitere Möglichkeiten vor, wie die mit Mehrfachvererbung verbundenen Mehrdeutigkeiten aufgelöst werden können (vgl. Snyder 1986).

[13] Sakkinen sieht eine weitere Möglichkeit der Variante bei der Anwendung des Vererbungsfeatures und differenziert in Incidential bzw. Essential Inheritance, je nachdem ob die Vererbungsbeziehung Ergebnis

Analog zu dem Vorgehen, mit Hilfe des Konzeptes der Hierarchisierung und Vererbung aus Klassen Unterklassen abzuleiten, wird auch der umgekehrte Prozeß möglich: Für Klassen, die über teilweise identische Methoden verfügen, aber nicht in einer Generalisierungs- bzw. Spezialisierungsrelation zueinander stehen, kann eine gemeinsame Oberklasse definiert werden. Diese Oberklasse enthält dann die Spezifikationen aller Methoden, die für alle Unterklassen Bedeutung haben; die Implementierung dagegen, die durchaus für jede Klasse verschieden sein kann, wird aufgeschoben und erst in den Unterklassen festgelegt. Diese Oberklassen sind also unvollständig in dem Sinne, daß ihr Rumpf unvollständig bleibt, so daß zur Laufzeit auch keine Instanzen dieser Klassen nutzbringend erzeugt werden können, da die spezifizierten Methoden nicht ausführbar sind (vgl. Schlüter et al. 1990, 32). Sie werden daher als abstrakte (oder auch aufgeschobene (vgl. Meyer 1990a, 252-259)) Klassen bezeichnet. Im Beispiel der Abb. 3.4 sind die Klassen *GeometrischesObjekt*, *2D-Objekt* und *3D-Objekt* als abstrakte Klassen zu verstehen, die hier deklarierten Methoden *berechneFläche* bzw. *berechneUmfang* und *berechneVolumen* können erst in den nachfolgenden konkreten Klassen vollständig realisiert werden, da ihre Implementierung von Klasse zu Klasse verschieden ist.

Abstrakte Klassen liefern nicht nur eine Zusammenfassung der für die Unterklassen geltenden Funktionalitäten, sondern sind darüber hinaus als Handlungsanweisung an den Programmierer eventuell zukünftiger Unterklassen zu verstehen, welche Methoden auf dem Niveau der Unterklasse spezifisch zu überschreiben sind (vgl. Deutsch 1987, 92). Dies wird an folgendem Beispiel aus der Bibliothek des Smalltalk-Systems verdeutlicht (vgl. Goldberg, Robson 1989, 215), wo die Instanzmethode *includes: anObject*, die bei der abstrakten Klasse *Collection* definiert ist, einen boolschen Wert zurückliefert, je nachdem ob der aktuelle Parameter (*anObject*) Element der Empfänger-Collection ist:

```
includes: anObject
    self do:
            [:each |
            anObject = each
                    ifTrue: [^true]].
    ^false
```

Die im Rumpf der Methode verwendete Methode *do: aBlock*, die die Ausführung eines Programmblocks für jedes Element der Collection ermöglicht, kann nicht bei der abstrakten Klasse realisiert werden, da ihre Implementierung vom konkreten Typ der Collection abhängt. So wird auf Niveau der abstrakten Klasse lediglich die Methode *do: aBlock* mit ihren formalen Parametern deklariert, die Implementierung wird auf die konkreten Unterklassen verschoben.

---

des Programmentwurfs und der Implementierung ist oder damit schon im Rahmen der Analyse grundlegende Beziehungen der Domäne modelliert werden (vgl. Sakkinen 1989).

Als mögliche Formen der Beziehungen zwischen Klassen lassen sich in Zusammenfassung der bisherigen Konstrukte die Kunde- und die Erbe-Relation aufführen: Eine Klasse *A* ist Kunde einer Klasse *B*, wenn Instanzen der Klasse *A* entweder Instanzvariablen besitzen, die auf Instanzen der Klasse *B* verweisen, oder Nachrichten an Instanzen der Klasse *B* schicken, d.h. die Klasse *A* sich der Klasse *B* bedient, um ihre Aufgaben zu erledigen. Die Erbe-Relation basiert auf dem Hierarchisierungskonzept und meint die Definition der Klasse *A* als Unterklasse der Klasse *B*. Eng damit verbunden sind die unterschiedlichen Sichtbarkeiten zwischen Klassen: Während ein Kunde einer Klasse lediglich ihr Protokoll kennt, hat ein Erbe einer Klasse auch Zugriff auf die Instanzvariablen und die nicht als öffentlich deklarierten Methoden (vgl. Schlüter et al. 1990, 31; siehe hierzu auch die ausführliche Diskussion dieser beiden Möglichkeiten in Kapitel 4.2.3.2.3).

3.1.4 Polymorphismus und dynamische Bindung

Neben diesen grundlegenden Konzepten gibt es noch einige weitere Features, die die Ausdrucksfähigkeit und Effizienz objektorientierter Entwicklung steigern.

In vielen objektorientierten Systemen wird es eine Vielzahl von Klassen geben, die Methoden für den gleichen Selektor definieren, da es nötig ist, daß Instanzen dieser Klassen auf die gleiche Aufforderung reagieren können. Ein typisches Beispiel für diesen Fall ist die Notwendigkeit, unterschiedliche Formen von Dokumenten, Zahlenkolonnen oder Abbildungen ausdrucken zu können, so daß folgende Statements durchaus möglich sein sollten (vgl. Barth, Welsch 1988, 410):

☐   Rechnung134556 ausdrucken

☐   Abbildung2345 ausdrucken

☐   XYZ ausdrucken

Es ist klar, daß trotz des gleichnamigen Selektors ganz unterschiedliche Aktivitäten bei der Ausführung der Methoden durchzuführen sind.

Charakteristisch für eine Vielzahl objektorientierter Programmiersprachen ist das Konzept der dynamischen Bindung. Dies bedeutet, daß erst zur Laufzeit des Programmes und nicht schon zur Compilierzeit entschieden werden kann, welche Methode zur Ausführung kommt (vgl. Heß 1989, 77; Becker 1992, 96-97). Dynamische Bindung existiert auch in nicht-objektorientierten Programmiersprachen, macht es aber in objektorientierten Umgebungen in Verbindung mit Polymorphismus möglich, daß Methoden sich den jeweiligen Objekten, auf denen sie ausgeführt werden, anpassen.

Polymorphismus bedeutet "die Fähigkeit einer Variablen, auf Objekte unterschiedlicher Klassen verweisen zu können" (Schlüter et al. 1990, 34). Am obigen Beispiel illustriert heißt das, daß eine Variable in einem objektorientierten Programm zur Laufzeit durchaus (nacheinander) auf die Objekte *Rechnung134556*, *Abbildung2345* oder *XYZ* verweisen kann und daher auch erst zur Laufzeit entschieden werden kann, ob eine Methode ausgeführt wird, die konzipiert wurde, um Rechnungen, Abbildungen oder Objekte der Klasse, der *XYZ* angehört, auszudrucken (vgl. hierzu die Definition der Methode *drucke* in Abb. 3.5).

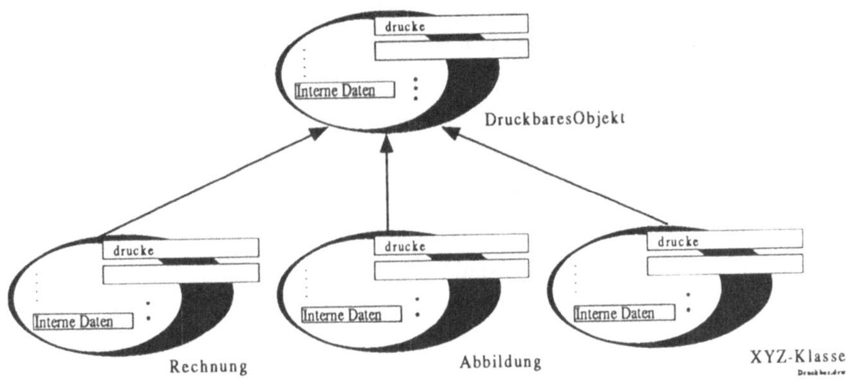

Abb. 3.5:   Spezialisierung der abstrakten Klasse *DruckbaresObjekt*

Unterschieden werden muß in unbeschränkten und beschränkten Polymorphismus, je nachdem ob es sich um eine ungetypte bzw. getypte (d.h. bei der Deklaration einer Variablen muß ihre zugehörige Klasse angegeben werden) Sprache handelt: Bei ungetypten Sprachen (z.B. Smalltalk) ist lediglich entscheidend, daß das Empfängerobjekt dem Selektor eine Methode zuordnen kann (ansonsten entsteht ein Laufzeitfehler, da der Empfänger mit der Nachricht nichts anzufangen weiß). In getypten Sprachen (z.B. C++) ist Polymorphismus an die definierte Klassenhierarchie gebunden, da eine Variable, die als zu einer bestimmten Klasse zugehörig deklariert wurde, zur Laufzeit lediglich auf Instanzen anderer Klassen verweisen darf, die zwingend Spezialisierungen der ursprünglichen Klasse sind. Die Flexibilität, die Namensgleichheit von Selektoren zur Erleichterung der Erweiter- und Änderbarkeit ausnutzen zu können (vgl. Kapitel 3.2), beschränkt sich also bei getypten Programmiersprachen auf den Unterbaum gemäß der Vererbungshierarchie.

Das Konzept des Polymorphismus ist insbesondere in Zusammenhang mit abstrakten Klassen sehr effizient einzusetzen, die in Kapitel 3.1.3 als vereinfachendes Instrumentarium bei der Klassendefinition vorgestellt wurden (vgl. die Klasse *DruckbaresObjekt* in Abb. 3.5): Es ist nun möglich, Variablen vom Typ einer abstrakten Klasse (mit Methodenspezifikationen) zu deklarieren und zur Laufzeit Nachrichten an die mit dieser Variablen verbundenen Instanzen zu schicken (bzw. diese Variable sogar als Iterationsvariable zu benutzen), ungeachtet welcher Klasse (genauer: welcher Unterklasse der abstrakten Klasse) diese Instanzen in diesem Augenblick zuzuordnen sind. Da bei der abstrakten Klasse die relevanten Methoden schon spezifiziert sind, ist sichergestellt, daß Instanzen jeder beliebigen Unterklasse sinnvoll darauf reagieren werden.

3.2 Vorteile objektorientierter Entwicklung

Die skizzierten Basiskonzepte objektorientierter Entwicklung ermöglichen eine Art und Weise der Softwareerstellung, die sich in zahlreichen Punkten gegenüber herkömmlicher Entwicklung, die auf prozeduraler Programmierung basiert, auszeichnet und grundlegenden Prinzipien der Softwareentwicklung, wie sie in einer Vielzahl von Standardpublikationen zu diesem Thema formuliert worden sind, gerecht wird.[14] Die wesentlichen Vorteile objektorientierter Entwicklung werden im folgenden beschrieben.

3.2.1 Natürlichkeit der Realitätsabbildung

Grundsätzliches Ziel jeder Softwareentwicklung ist es, die Einheiten der Problemdomäne auf programmiersprachliche Konzepte abzubilden, um ein System zu schaffen, das bei der Lösung dieser realen Probleme Unterstützung bieten kann (vgl. Scheer 1992, 15-19; Barth, Welsch 1988, 417). Wie kompliziert dieser Umsetzungsprozeß für den Entwickler ist, hängt zum einen davon ab, welche Konstrukte auf Implementierungsniveau zur Verfügung stehen, um die gewünschte Funktionalität darzustellen, d.h. wie unterschiedlich sich die Repräsentation auf Implementierungsniveau von der eigentlichen Problemdomäne ausnimmt. Zum anderen ist entscheidend, welche Werkzeuge existieren, diese i.a. mehrstufige Transformation zu unterstützen.

Objektorientierte Entwicklung ermöglicht einen Abbildungsprozeß, der i.a. als sehr natürlich empfunden wird, da die realen und abstrakten Objekte der Domäne als Komponenten

---

[14] Prinzipien sind nach Balzert "Grundsätze, die man seinem Handeln zugrunde legt" (Balzert 1982, 22). Balzert gibt auch einen ausführlichen Überblick über grundlegende Prinzipien der Softwareentwicklung, wie z.B. Hierarchisierung, Modularisierung, Standardisierung, Strukturierung, Abstraktion u.a. (vgl. Balzert 1982, 27-67).

des zu modellierenden Systems übernommen werden können.[15] Ihre passiven und aktiven Eigenschaften können dabei als Instanzvariablen bzw. Methoden definiert werden (vgl. Stoyan 1989, 8; Lehrmann Madsen, Moller-Pedersen 1988, 8).

Eine wesentliche Charakteristik des Abbildungsprozesses ist dabei die Erhaltung der realen Struktur: Eigenschaften von Objekten können durch Verweise auf andere, u.U. wiederum komplexe Objekte realisiert werden, hierarchische Netze machen es möglich, Analogien zwischen den Objekten darzustellen (vgl. Stoyan 1989, 8).[16] Abb. 3.6 verdeutlicht die Möglichkeiten zum Aufbau komplexer Verweisstrukturen innerhalb objektorientierter Systeme.

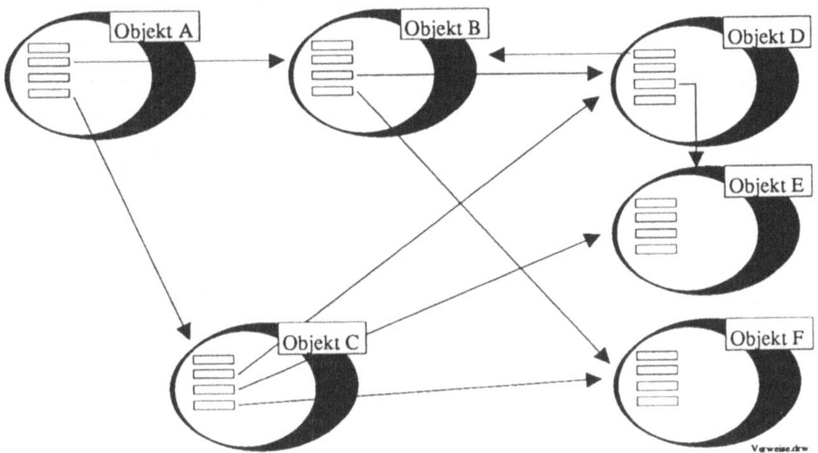

Abb. 3.6:   Komplexe Verweisstrukturen innerhalb eines objektorientierten Systems

Durch den Nachrichtenaustausch zwischen den Objekten können auch die dynamischen Beziehungen zwischen den Einheiten der Domäne abgebildet werden. Dies führt insgesamt dazu, daß die Sicht des Anwenders und des Entwicklers auf das System sehr deckungsgleich werden und insbesondere auch Änderungen in der Diskurswelt keine größere Änderungskomplexität im Softwaresystem nach sich ziehen (vgl. Schlüter et al. 1990, 23-24). Prozedurale Sprachen dagegen zwingen den Entwickler, den gewünschten Realitätsausschnitt auf

---

[15] Gebhardt, Ameling zeigen die Unterschiede des objektorientierten Modellbildungsprozesses im Vergleich zur traditionellen, "systemtechnischen" Sicht auf (vgl. Gebhardt, Ameling 1989). Budde et al. verdeutlichen, wie nahe die fachliche Sicht des Benutzers und die systemtechnische Sicht beim Einsatz eines objektorientierten Modells beieinander liegen (vgl. Budde et al. 1992).

[16] Geppert, Dittrich diskutieren den Begriff des "komplexen Objektes" im Zusammenhang mit objektorientierten Datenbanken: "Ein Objekt heißt *komplex*, *strukturiert*, *zusammengesetzt* oder *molekular*, wenn es aus 'einfacheren' Objekten zusammengesetzt ist, d.h. als Bestandteil seines Wertes mindestens eine Komponente besitzt, die selbst wiederum als Objekt aufgefaßt wird" (Geppert, Dittrich 1991, 422).

eine Menge von Funktionen abzubilden, die dann auf zu definierenden Datenstrukturen operieren, oder bei der Definition der Daten zu beginnen und Funktionen zur ihrer Transformation bereitzustellen. In jedem Fall werden die resultierenden Programmstrukturen durch diese Zweiteilung weitaus weniger Ähnlichkeit mit dem realen Problem aufweisen als bei objektorientierter Entwicklung (vgl. Micallef 1988, 12).

3.2.2 Modularität

Modularität ist eine Eigenschaft von Softwaresystemen, die dazu beiträgt, die Komplexität zu reduzieren, die Übersichtlichkeit zu verbessern, notwendige Änderungsaktivitäten lokal zu beschränken sowie die Ausfallsicherheit des Systems zu erhöhen (vgl. Balzert 1982, 44-46). In objektorientierten Programmiersprachen sind Daten und die für sie definierten Methoden zu einer Einheit verbunden. Das Strukturierungskonzept der Objekte und Klassen führt also in natürlicher Weise zu einer hochgradig modularen Systemstruktur (vgl. Barth, Welsch 1988, 418). Wenn auch einige Autoren noch komplexere Modularisierungskonstrukte einführen (Booch: Modules (vgl. Booch 1991); Coad, Yourdon: Subjects (vgl. Coad, Yourdon 1991); Wirfs-Brock, Wilkerson, Wiener: Subsystems (vgl. Wirfs-Brock, Wilkerson, Wiener 1990) (vgl. LeJacq 1991, 91)), bleibt doch das durch die Idee der Datenkapselung und Lokalität von Information geprägte, wesentliche Modulkonzept die Bildung von Klassen, deren Schnittstelle eindeutig durch das zugehörige Protokoll bestimmt ist (vgl. Kreutzer 1990, 213).

Hesse verdeutlicht die Bedeutung dieses Aspektes im Hinblick auf Dezentralisierungsbemühungen im Bereich der EDV:

> "Bausteinartig strukturierte Anwendungssysteme sind auch ein Mittel zur Unterstützung der Dezentralisierung bei großen Anwender-Organisationen. An die Stelle monolithischer Großsysteme treten kleine, überschaubare, aber flexibel kombinierbare Systembausteine, die begrenzte Anwendungsfelder unterstützen und von der zuständigen Organisationseinheit geplant, bedient und betreut werden können. Die dezentrale Organisation spiegelt sich in der Struktur des benutzten Software-Systems wider." (Hesse 1990, 55)

3.2.3 Änderbarkeit

Die Qualität insbesondere großer Softwaresysteme mit einer langen Einsatzdauer wird entscheidend dadurch geprägt, wie offen sie sich gegenüber Änderungen verhalten, da davon ausgegangen werden muß, daß während der Betriebszeit Modifikationen notwendig werden, um Änderungen innerhalb der Anwendungswelt im System nachzubilden.

Objektorientiert entworfene Systeme offerieren eine hohe Änderungsfreundlichkeit durch im wesentlichen zwei Merkmale: Da Funktionen sehr eng an die zugehörigen Klassen gebunden sind, lassen sich Modifikationen, die sich auf einzelne Klassen beziehen, i.a. lokal auf die Definitionsumgebung dieser Klasse beschränken. Es ist nicht nötig, an sehr vielen, im Code verstreuten Stellen Änderungen vorzunehmen (vgl. Stoyan 1989, 6-7). Zum anderen erlaubt die mit der Hierarchisierung verbundene Vererbung, den Änderungsvorgang abgekürzt zu gestalten, wenn Änderungen für mehrere, miteinander in Verbindung stehende Klassen durchzuführen sind. In hierarchisch eher tief als breit angelegten Strukturen ist es oftmals möglich, Modifikationen in Oberklassen durchzuführen und sich somit die aufwendige Änderung jeder einzelnen Nachfolgerklasse zu ersparen (vgl. Barth, Welsch 1988, 418; Budde et al. 1989).

Das Konzept der Datenkapselung begründet einen weiteren Aspekt der leichten Änderbarkeit objektorientierter Systeme: Solange das Protokoll einer Klasse unverändert bleibt, können die Repräsentation der Instanz- und Klassenvariablen sowie die Implementierung der Methoden einer Klasse geändert werden, ohne die Kunden dieser Klasse davon zu informieren bzw. an die Änderung anzupassen. Alle Kunden haben weiterhin die ursprüngliche Sicht auf die Klasse; daß die Funktionalitäten, die diese Klasse anbietet, auf einem anderen Weg zustande kommen, ist für sie ohne Bedeutung.

3.2.4 Erweiterbarkeit

Die Erweiterung eines Systems kann als spezielle, allerdings sehr häufige Form der Änderung angesehen werden. In prozedural orientierten Softwaresystemen wird eine Erweiterung, etwa um einen neuen Datentyp, dazu führen, daß bei allen Fallunterscheidungen, die diesen Typ berücksichtigen sollen, Anpassungen notwendig sind. Diese Positionen sind im Gesamtcode häufig über unterschiedliche Module verstreut, so daß die notwendigen Modifikationen sehr aufwendig und fehleranfällig sind (vgl. Marty 1991, 1.3-2). Objektorientierte Systeme erfordern dagegen an keiner Stelle eine Änderung schon existierenden Codes, es ist lediglich relevant, daß für die neue Klasse ein geeignetes Protokoll definiert wird, so daß sie auf alle relevanten Nachrichten reagieren kann (vgl. Barth, Welsch 1988, 418). An dieser Stelle wird Polymorphismus ausgenutzt, wenn im Programmtext definierte Variablen ohne zusätzliche Änderungen auf Instanzen dieser neuen Klasse verweisen können und somit - nach dem Prinzip der dynamischen Bindung - die genau für diese Klasse definierten Methoden ausgeführt werden. Weiterhin werden neu zu definierende Klassen nicht von Grund auf neu spezifiziert, sondern i.a. von bestehenden Klassen ohne Duplizierung von Code, aber unter Ausnutzung aller bei der Unterklassenbildung zur Verfügung stehenden Möglichkeiten (siehe Kapitel 3.1.3) abgeleitet. Diese Vorgehensweise vermeidet auch den großen Aufwand zur Konsistenzsicherung, der bei der direkten Modifikation schon existierenden Codes zu leisten ist:

> "One of the important advantages of having a library of reusable classes is that the reuse can be accomplished *not* by modifying existing code (with all of the associated configuration management problems) but rather by *extending* or *specializing* the classes found in the library through an inheritance mechanism." (Coad 1991d, 65)

Meyer bezeichnet die Eigenschaft von Klassen, für Erweiterungen leicht zugänglich zu sein, für Kunden jedoch eine klar definierte Schnittstelle anzubieten, als das "Offen-Geschlossen-Prinzip" (vgl. Meyer 1990a, 24-25).

3.2.5 Wiederverwendbarkeit

Die Unterstützung der Wiederverwendung existierendes Codes wird i.a. als die hervorstechenste Eigenschaft angesehen, die objektorientierte Entwicklung mit sich bringt. Dies basiert darauf, daß es möglich wird, mit Hilfe programmiersprachlicher Mittel die bestehenden Beziehungen (Gemeinsamkeiten, Verallgemeinerungen, Spezialisierungen) zwischen Softwareteilen auszudrücken und sich zunutze zu machen (vgl. Schlüter et al. 1990, 23). Zwei der vorgestellten Konzepte objektorientierter Entwicklung leisten dabei wichtige Hilfestellung: Die Idee der Datenkapselung ermöglicht es, existierende Softwarekomponenten zu verwenden und sich ihrer mit Hilfe des zur Verfügung gestellten Protokolls zu bedienen, ohne sich um die interne Realisierung der Methoden und Darstellung der Daten zu kümmern (vgl. Thomas 1989a, 235-236). Dies führt dazu, daß Bibliotheken von Systemklassen oder Klassen früherer Entwicklungen sehr homogen in aktuelle Anwendungen integriert werden können, was solchen Bibliotheken enorme Bedeutung hinsichtlich der Produktivität der Entwicklung zukommen läßt und Motivation für Cox war, Klassen als Software-ICs zu bezeichnen (vgl. Cox 1986, 19-28).[17] Wie schon im vorherigen Kapitel angedeutet, besteht ein wesentlicher Vorteil objektorientierter Entwicklung weiterhin darin, daß existierende Softwarekomponenten nicht nur identisch übernommen werden können, sondern daß es möglich wird, in ganz natürlicher Weise mit Hilfe des Vererbungsmecha-

---

[17] Crasemann, Krasemann schlagen dagegen - in Anlehnung an die Hüttentechnik - die Bezeichnung objektorientierter Softwarebausteine als *Software-Halbzeuge* vor, um deutlich zu machen, daß es sich hier um noch nicht endgültige Software handelt, die in den meisten Fällen einer weiteren Spezialisierung durch den Anwendungsentwickler bedarf (vgl. Crasemann, Krasemann 1992).

nismus aus existierenden Klassen neue Klassen als Spezialisierungen abzuleiten. Vorhandener Code kann dadurch ohne Duplizierung wiederverwendet werden. Es ist klar, daß eine Klasse umso größere Bedeutung erlangt, je höher sie in der Hierarchie angesiedelt ist (vgl. Stoyan 1989, 7).

Aus diesen beiden Features, der Datenkapselung und der Vererbung, resultieren zwei ebenso unterschiedliche Wiederverwendungsstile (vgl. Taenzer, Ganti und Podar 1989): Beim Konstruktions-Ansatz werden neue Klassen gebildet, deren Instanzvariablen auf Instanzen bereits existierender Klassen verweisen. Die neue Klasse macht sich dann die Funktionalität der existierenden Klasse zunutze, indem sie entsprechende Nachrichten an ihre Teilkomponente schickt. Beim Subclassing-Ansatz werden neue Klassen einfach als Spezialisierung existierender Klassen abgeleitet und erben somit das bereits definierte Protokoll. Auf Vor- und Nachteile der beiden Möglichkeiten wird ausführlich in Kapitel 4.2.3.2.3 eingegangen.

Unter der Voraussetzung, daß geeignete Klassenbibliotheken existieren, verändert sich der Softwareentwicklungsprozeß in entscheidender Weise dahingehend, daß eine völlige Neuentwicklung von Code fast vollkommen durch Spezialisierung, Änderung und Erweiterung vorhandener Klassenhierarchien abgelöst wird. Barth, Welsch sehen somit eine starke Vereinheitlichung der bei der Softwareentwicklung und -wartung notwendigen Arbeiten:

> "Objektorientierte Software-Erstellung ist nichts anderes als eine kontinuierliche Weiterentwicklung der Klassenbibliothek und hat mehr Ähnlichkeit mit dem Bereich der traditionellen Software-Pflege als mit der überkommenen Vorstellung der Software-Neuentwicklung, die nur zu einem geringen Teil früher geschriebene Software einbezieht. Die objektorientierte Programmierung verwischt den Unterschied zwischen Software-Produktion und -Pflege." (Barth, Welsch 1988, 419)

Als Folge davon erkennt Tsichritzis eine Ablösung des traditionellen Wasserfall-Modells (vgl. Kapitel 6) durch eine kontinuierliche Entwicklung, in der die Beseitigung von Fehlern und die Reaktion auf geänderte Benutzeranforderungen in der gleichen Aktivität münden:

> "... continuous development takes the place of maintenance in open systems. The difficulties arise mainly from changing requirements rather than from programming errors... To correct a problem we may need to replace an object or modify the script that coordinates a set of cooperating objects. The same actions need to be performed regardless of whether the problem is the result of a malfunction or of changing requirements. Pure maintenance and enhancements merge into a single activity." (Tsichritzis 1989, 9)

3.2.6 Verkürzung der Entwicklungszeiten

Die skizzierten Möglichkeiten bei der Wiederverwendung existierender Komponenten haben natürlich auch einen großen Einfluß auf die Produktivität und Gestaltung der Entwicklung: Falls geeignete Klassenbibliotheken für die betrachtete Domäne existieren, können in kurzer Zeit erste lauffähige Systeme entwickelt werden. Zusätzlich sind objektorientierte Programmiersprachen sehr oft in Umgebungen mit explorativen Benutzerschnittstellen integriert, die bei der Visualisierung der häufig komplexen Zusammenhänge und dynamischer Fehlersuche Hilfestellungen leisten können (vgl. Kreutzer 1990, 221-222). Die Kombination dieser beider Gegebenheiten legt eine Eignung objektorientierter Programmiersprachen für Rapid Prototyping nahe, insbesondere da die guten Änderungs- und Erweiterungsmöglichkeiten Modifikationen im Sinne einer explorativen Anforderungsfindung erleichtern und unterstützen.

Es konnte festgestellt werden, daß nicht nur die Möglichkeit zur Wiederverwendung, sondern auch die Ausdrucksmächtigkeit objektorientierter Programmiersprachen die Produktivität ganz erheblich steigert. Die Nähe der Implementierung zur realen Anwendungswelt führt zu einer Reduzierung des Umfangs des benötigten Quellcodes. Cox präsentiert eine Studie, die eine Verringerung des Quellcodes um den Faktor 3-4 beim Übergang von prozeduraler Programmierung (C) zu objektorientierter Programmierung (Objective-C) konstatiert (vgl. Cox 1986, 110-112).

3.2.7 Sicherheit und Zuverlässigkeit

Um Sicherheit und Zuverlässigkeit einer Software zu gewährleisten, wird in vielen Anwendungsgebieten immenser Aufwand getrieben. Objektorientierte Entwicklung unterstützt Sicherheitsbestrebungen, da das Konzept der Datenkapselung sehr konsequent realisiert ist, die Manipulation von Daten somit nur über klar definierte Schnittstellen erfolgen kann und unberechtigter Zugriff und Änderungen sehr erschwert werden (vgl. Schlüter et al. 1990, 23). Weiterhin bedeutet natürlich auch die Möglichkeit, standardisierte und ausgetestete Bausteine in die Entwicklung miteinfließen lassen zu können, einen wesentlichen Schritt im Hinblick auf die Erfüllung der Forderungen nach qualitativ hochwertiger Software.

3.3 Strukturen wiederverwendbarer Bausteine

Aus den vorangehenden Ausführungen wurde deutlich, daß die Konzepte objektorientierter Entwicklung eine umfangreiche Unterstützung bei der Wiederverwendung von Software bieten. Dies soll daher die Technik sein, die dem Ansatz dieses Buches zugrunde liegt, so daß im folgenden stets objektorientierte Bausteine gemeint sind, wenn von wiederverwendbaren Komponenten die Rede ist.

Aus den Beschreibungen der objektorientierten Basiskonzepte folgt auch, daß in erster Linie Klassen als Bausteine zur Wiederverwendung in Betracht kommen. Es ist offensichtlich, daß die Bausteine in irgendeiner Art und Weise organisiert werden müssen, um alle mit der Wiederverwendung anfallenden Aufgaben zu unterstützen. Wie die Architektur und die Funktionalität eines Bibliotheksverwaltungssystems aussehen soll und wie das Management und die Verwendung der Bibliothek in den Softwareentwicklungsprozeß integriert werden können, ist Gegenstand von Kapitel 6. An dieser Stelle soll dagegen gezeigt werden, auf welchem Abstraktionsniveau die Bausteine beschrieben werden sollen und zu welchen Strukturen sie zusammengefaßt werden können.

3.3.1 Wiederverwendung von Design- versus Wiederverwendung von Implementierungsergebnissen

Betrachtet man den Abstraktionsgrad der Entwicklung, ab dem die Wiederverwendung von Komponenten einsetzt, sind generell zwei unterschiedliche Vorgehensweisen denkbar: Wurde für die Zielapplikation bereits ein objektorientiertes Design entworfen, kann die Bibliothek wiederverwendbarer Bausteine verwendet werden, die Implementierung entscheidend zu vereinfachen: Die Suche nach geeigneten Bausteinen hat zum Ziel, Komponenten zu finden, die entweder schon genau die gewünschte Funktionalität implementieren oder möglichst nahe heranreichen. Bei der Realisierung der benötigten Klasse macht man sich dann im wesentlichen den Vererbungs- bzw. den Konstruktionsmechanismus (d.h. Verwendung einer Instanzvariablen, die auf eine Instanz der existierenden Klasse verweist) zunutze und implementiert die gewünschte Klasse als Erbe bzw. als Kunde der existierenden Klasse.[18]

Der Wunsch nach Etablierung der Wiederverwendung möglichst früh im Softwareentwicklungsprozeß legt einen anderen Ansatz nahe: Die Bibliothek wird nicht in erster Linie als

---

[18] Zur Abwägung der Vor- und Nachteile dieser beiden Mechanismen siehe die Diskussion in Kapitel 4.2.3.2.3.

Ansammlung von Klassenimplementierungen, sondern von wiederverwendbaren Designergebnissen verstanden. Schon die Entwicklung des Designs der Zielapplikation bedient sich
der Inhalte der Bibliothek und versteht sich als Ableitung eines konkreten Designs aus den
abstrakten Strukturen mit Hilfe der Spezialisierung:

> "why not buy a set of OOA [Object-Oriented Analysis] / OOD [Object-Oriented
> Design] diagrams and a repository with an initial set of business rules, attributes, and
> services? Customizing could then be done at the specification level or the design
> level and the organization could then generate unique code for its needs." (Coad
> 1991d, 66)

Zur Einschätzung des Potentials dieser beiden Ansätze kann gesagt werden, daß die
Wiederverwendung von Code nur in bestimmten Domänen (z.B. bei numerischen
Berechnungen) sinnvoll einsetzbar ist, jedoch dann relativ schnell Produktivitätsgewinne
liefert, die allerdings schwer noch zu steigern sind. In erster Linie kommen klar abgegrenzte
Anwendungsgebiete in Frage, die nur wenige Datentypen umfassen und deren Fachinhalte
sich gar nicht oder nur sehr langsam verändern (vgl. Biggerstaff, Richter 1987, 44).
Wiederverwendung auf Designebene dagegen hat mit dem Problem zu kämpfen, daß die
Repräsentation der Designergebnisse schwierig ist, da sich die Notationen entweder als zu
maschinennah oder zu abstrakt zeigen. Demgegenüber steht das hohe zu erwartende
Potential, eine Einschätzung, die durch die große konzeptionelle Nähe zwischen dem
Designprozeß und der Wiederverwendung begründet werden kann:

> "Since the payoff potential is so high for design reuse, we believe research is
> required to realize that potential. Design reuse is the only way we can come even
> close to an order of magnitude increase in productivity or quality." (Biggerstaff,
> Richter 1987, 45)

Ein weiterer wichtiger Vorteil der Wiederverwendung auf Designebene liegt in der
Unabhängigkeit von der verwendeten Hard- und Softwareplattform, die bei der Realisierung
verwendet wird (vgl. Coad 1991d, 65).

Diesen beiden unterschiedlichen Ansätzen entsprechen ebenso zwei unterschiedliche
Formen der Sammlung wiederverwendbarer Komponenten, *Klassenbibliothek* und
Framework, deren Grundphilosophien im folgenden näher vorgestellt werden.

3.3.2 Klassenbibliotheken

Nach der Erläuterung der generellen Zielsetzung von Klassenbibliotheken wird ein
Überblick über die kommerziell bzw. als Forschungsprototyp verfügbaren Bibliotheken
gegeben.

3.3.2.1   Grundidee von Klassenbibliotheken

Mit dem in Kapitel 3.2 erläuterten Wissen über die Möglichkeiten, mit Hilfe objektorientierter Entwicklung und insbesondere der Wiederverwendungsmöglichkeiten von Klassen die Effizienz der Entwicklung immens zu steigern, liegt die Idee nahe, "vorgefertigte" Klassen zur Unterstützung der Entwicklung einzusetzen. Klassenbibliotheken sind demnach als Sammlungen dieser wiederverwendbaren Softwarebausteine zu verstehen:

> "Libraries are repositories of software components that serve as reusable building blocks for software development. Programming languages serve as *glue* for combining (composing) library components. Component-based software technology aims to construct programs almost entirely out of predefined components, with minimal use of glue." (Wegner 1990, 14).

Die Klassen liegen dabei als Implementierungen vor und Aufgabe des Softwareentwicklers ist es nun, mit Hilfe der dargestellten Techniken die Funktionalität der bestehenden Klassen zu nutzen, neue Klassen abzuleiten und das Ganze zur gewünschten Funktionalität zu verbinden. Die ursprüngliche Bibliothek bleibt dabei unverändert bestehen, wobei die Arbeiten des Programmierers als Erweiterungen aufgefaßt werden können, die bei entsprechender Allgemeingültigkeit allerdings als sinnvolle Ergänzung anzusehen sind. Aufgrund der Struktur objektorientierter Programme kann prinzipiell jede Anwendung als Klassenbibliothek aufgefaßt werden, im folgenden sollen jedoch nur solche Sammlungen von Klassen darunter verstanden werden, die ausdrücklich mit dem Ziel der Wiederverwendung entwickelt wurden, ohne eine konkrete Anwendung zu realisieren.

Generelles Kennzeichen von Klassenbibliotheken im Gegensatz zum nachfolgend beschriebenen Framework ist die hohe Unabhängigkeit der Klassen voneinander, die es ermöglicht, auch einzelne Klassen durchaus sinnvoll zu verwenden. Abb. 3.7 zeigt, daß einzelne Klassenbibliotheken, die für bestimmte Domänen entwickelt wurden, nicht unbedingt von Grund auf neu beginnen müssen, um Basisfunktionalitäten verfügbar zu haben, sondern daß es durchaus ein sinnvoller Ansatz ist, sich der Strukturen von Standardbibliotheken zu bedienen.

Eine mögliche Form der Klassifizierung von Klassenbibliotheken resultiert aus dem Allgemeinheitsgrad ihrer Komponenten; Wegner unterscheidet dementsprechend in allgemein verwendbare, eingeschränkt verwendbare und Klassenbibliotheken für Spezialanwendungen (Wegner 1990, 16). Eine andere Möglichkeit besteht darin, in eigenständige und in Entwicklungsumgebungen integrierte Bibliotheken zu unterteilen.

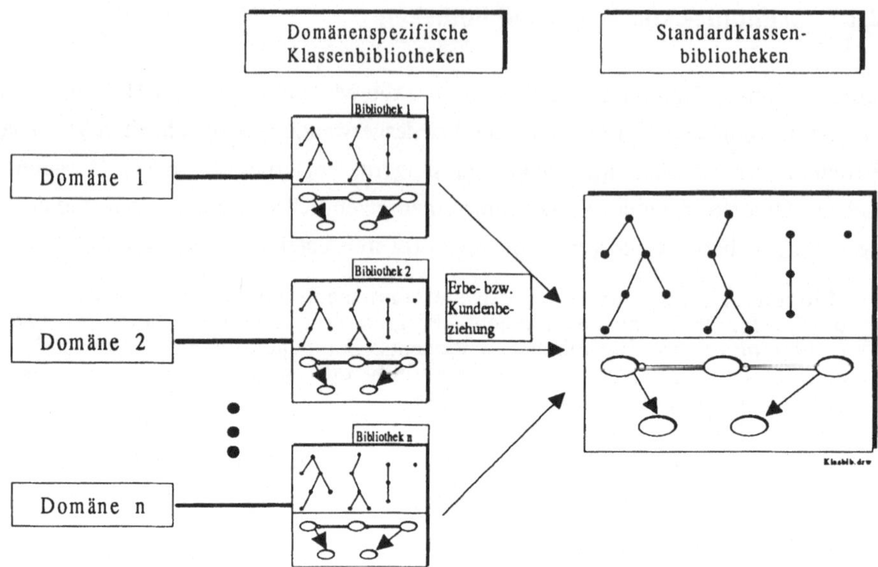

Abb. 3.7:   Gegenseitige Verwendung von Klassenbibliotheken

3.3.2.2   Beispiele existierender Klassenbibliotheken

Zu vielen objektorientierten Programmiersprachen und Entwicklungsumgebungen werden mittlerweile Klassenbibliotheken angeboten, die einen mehr oder weniger umfangreichen Grundstock allgemein verwendbarer Klassen liefern. Die Verfügbarkeit und Ausstattung einer solchen Bibliothek ist zu einem entscheidenden Kriterium bei der Auswahl einer objektorientierten Programmiersprache geworden, wobei gesehen werden muß, daß vor allem Smalltalk und unter gewissen Aspekten auch Eiffel Vorreiter der Bibliotheksent- wicklung waren und die Mehrzahl der übrigen allgemein verwendbaren Klassenbibliotheken als mehr oder weniger geglückte Übertragungen dieser Ideen in andere Programmier- sprachen angesehen werden können.[19] Als Stellvertreter für diese Klasse von Sammlungen wiederverwendbarer Bausteine soll daher die Bibliothek der objektorientierten

---

[19] Als weitere Beispiele zur Integration allgemein verwendbarer Klassenbibliotheken innerhalb objektorien- tierter Entwicklungsumgebungen lassen sich Actor, die die Klassenbibliotheken WinTrieve und ObjectGraphics umfaßt, oder THINK Pascal mit der THINK Class Library nennen. Koenig zeigt die engen Verbindungen auf, die zwischen dem Entwurf einer objektorientierten Programmiersprache und einer Klassenbibliothek bestehen (vgl. Koenig 1991a; Koenig 1991b).

Entwicklungsumgebung Objectworks\Smalltalk in ihrer Struktur und Funktionalität vorgestellt werden (vgl. o.V. 1990; Goldberg, Robson 1989):[20]
Smalltalk wurde seit 1971 am Palo Alto Research Center (PARC) von Xerox in Weiterentwicklung der Ideen der Programmiersprache Simula entworfen und implementiert, wobei die wesentlichen Entwicklungsschritte durch die Releases Smalltalk-72, -76, -78 und -80 repräsentiert sind (vgl. Deutsch 1989a, 74-80).[21] Die aktuelle Version liegt in der Release Objectworks\Smalltalk 4.1 vor, wobei der modifizierte Name die über eine normale Programmiersprache weit hinausgehende komfortable Entwicklungsumgebung besonders hervorhebt.

Smalltalk bietet lediglich einfache Vererbung an, so daß sich die Klassenhierarchie als gerichteter Baum (mit der Klasse *Object* als Wurzel) darstellt. Die Entwicklungsumgebung umfaßt etwa 350 Klassen mit über 7.000 Methoden, wobei diese Anzahl auch dadurch notwendig wird, daß in Smalltalk alles, seien es Zahlen, Strings, boolsche Werte aber auch die Tools des Programmiersystems selbst (z.B. Compiler, Editoren, Browser), als Objekte verstanden werden und dementsprechend dazu Klassen existieren müssen. Abb. 3.8 zeigt einen Ausschnitt aus dem Hierarchiebaum von Smalltalk (der den Unterbaum zur Klasse *Collection* darstellt), um deutlich zu machen, daß teilweise sehr tief geschachtelte Strukturen definiert sind, wobei Einrückungen die Unter-/Oberklassenbeziehung kennzeichnen.
Smalltalk deckt eine große inhaltliche Palette durch die existierenden Klassen ab: Neben einer Vielzahl von Klassen, die oft benötigte Standarddatentypen (z.B. *Number*, *String*, *Boolean*) und eindimensionale Größen (z.B. *Date*, *Time*) repräsentieren, wird eine sorgfältig entworfene Hierarchie für sogenannte Containerklassen geliefert, die beginnend mit der Klasse *Collection* die Verwaltung vieler Objekte als Mengen, Listen, Dictionaries oder verwandte Strukturen unterstützen:

> "A container class is a class whose instances are collections of other objects. The most common kinds of container classes include stacks, lists, strings, queues, dequeues, rings, maps, sets, bags, trees, and graphs..." (Booch, Vilot 1991, 138)

---

[20] Alternativ dazu gibt Meyer einen Überblick über die Inhalte der Bibliothek der Eiffel-Programmiersprache und erläutert die Überlegungen, die zu dem Design der einzelnen Teile geführt haben. Die sieben Teilkomponenten der Eiffel-Bibliothek umfassen zur Zeit etwa 300 Klassen und 5.000 sichtbare Methoden (Features) (vgl. Meyer 1990b).

[21] Zu einer umfangreichen Dokumentation der historischen Entwicklung des Smalltalk-Systems, vgl. Krasner 1983.

```
Object
        Collection
                Bag
                MappedCollection
                Palette
                        ColorPalette
                                FixedPalette
                                MappedPalette
                                        MonoMappedPalette
                        CoveragePalette
                SequenceablePalette
                        ArrayedCollection
                                Array
                                        DependentsCollection
                                        ScannerTable
                                CharacterArray
                                        String
                                                        ByteEncodedString
                                                                ByteString
                                                                ISO8859L1String
                                                                MacString
                                                        GapString
                                                        Symbol
                                                                ByteSymbol
                                                                TwoByteSymbol
                                                        TwoByteString
                                        Text
                                IntegerArray
                                        ByteArray
                                        WordArray
                                RunArray
                                WeakArray
                        Interval
                                TextLineInterval
                        LinkedList
                                Semaphore
                        OrderedCollection
                                HandlerCollection
                                SortedCollection
                Set
                        Dictionary
                                CodeDictionary
                                IdentityDictionary
                                        MethodDictionary
                                        WeakDictionary
                                                HandleRegistry
                                SystemDictionary
                        IdentitySet
                                SignalCollection
```

Abb. 3.8:   Ausschnitt aus dem Hierarchiebaum von Objectworks\Smalltalk

Weitere wichtige Bereiche der Smalltalk-Klassenbibliothek sind betriebssystemnahe
Klassen zur Prozeßverhaltung (z.B. *Process, ProcessorScheduler, Delay*) bis hin zur
Unterstützung von Simulationsanwendungen sowie die große Menge der Klassen, die sich
mit der Erstellung graphischer Benutzeroberflächen beschäftigt, wobei Smalltalk hier ein
eigenes Konzept (Model-View-Controller-Mechanismus (vgl. Kapitel 5.3.1)) zugrunde liegt,
das die Grundstruktur zur Speicherung, Manipulation und Darstellung von Daten festlegt
und koordiniert. Neben diesen für den eigentlichen Anwender gedachten Klassen gibt es
noch einen Bereich von eher internen Klassen, die den Aufbau und die Funktionalität des

Smalltalk-Systems selbst, das zum großen Teil wiederum in Smalltalk realisiert ist, beschreiben. Diese Klassen sind primär für fortgeschrittene Benutzer gedacht, die sich ihre Entwicklungsumgebung in gewissen Grenzen anpassen wollen. Um ein Beispiel für die Funktionalität einer Standardklasse der Smalltalk-Bibliothek zu geben, wird ein Ausschnitt der für die Klasse *Point*, die ein x-y-Paar von Zahlen (z.B. zur Darstellung einer Bildschirmkoordinate) repräsentiert, definierten Instanz- und Klassenmethoden aufgelistet. Da in der Beschreibung des zu entwickelnden Frameworks die gleiche Syntax bei der Benamung der Methoden benutzt wird, sollen die drei Arten von Methoden innerhalb von Smalltalk vorgestellt werden (vgl. Goldberg, Robson 1989, 26-27):

- **Unary Messages** bestehen aus einem Wort und erlauben keine Parameter (z.B. *asPoint*),

- **Binary Messages** werden in erster Linie für Nachrichten zu arithmetischen Berechnungen verwendet und erlauben einen Parameter, wobei der Selektor aus 1 bis 2 alphanumerischen Zeichen besteht (z.B. *// scale*),

- **Keyword Messages** erlauben n Parameter, wobei jeder Parameter mit einem eigenen Schlüsselwort eingeleitet wird (z.B. *nearestPointOnLineFrom: point1 to: point2*).

Ein Ausschnitt aus dem Protokoll der Smalltalk-Klasse *Point* verdeutlicht diese unterschiedlichen Arten von Methoden:

Klassenmethoden der Klasse *Point*:

x: xInteger y: yInteger (erzeugt eine Instanz mit den beiden Parametern als Koordinaten)

Instanzmethoden der Klasse *Point*:

x (liefert die x Koordinate)
x: xInteger (setzt die x-Koordinate)
y
y: yInteger
// scale (liefert einen neuen Punkt als Quotient des Empfängers und *scale*)
asPoint (liefert den Empfänger selbst)
corner: aPoint (liefert ein Rechteck mit dem Empfänger und *aPoint* als Ecken)
extent: aPoint (liefert ein Rechteck mit dem Empfänger als Ursprung und *extent* als Ausdehnung)
dist: aPoint (liefert den Abstand zwischen dem Empfänger und *aPoint*)
nearestPointOnLineFrom: point1 to: point2 (liefert den Punkt der Linie, die durch *point1* und *point2* definiert ist, der am nächsten zum Empfänger liegt)
scaleBy: factor (liefert einen neuen Punkt, der um *factor* skaliert ist)
translateBy: delta (liefert einen neuen Punkt, der um *delta* gegenüber dem Empfänger verschoben ist)
truncated (liefert einen neuen Punkt mit den ganzzahligen Koordinaten des Empfängers)

Neben diesen in Entwicklungsumgebungen integrierten Klassenbibliotheken gibt es eine Vielzahl von Bestrebungen, für die einzelnen Programmiersprachen zusätzliche Bibliotheken zu realisieren, die neben einer allgemeinen Implementierungsunterstützung auch Hilfe bei Applikationsentwicklungen in ganz speziellen Domänen liefern. Die nachfolgende (sicher noch unvollständige) Auflistung gibt einen Überblick über die abgedeckten Bereiche und macht die Schwerpunkte der bisherigen Realisierungen deutlich.[22]

Produkt   Programmiersprache

Allgemeine Bibliotheken

❐	Booch Components	C++
❐	CAPSULE (Microtec Research Inc.)	C++
❐	Classix (Empathy Inc.)	C++
❐	COOL (Texas Instruments)	C++
❐	C++/Views (CNS Inc.)	C++
❐	ET++ (Public Domain)	C++
❐	M++ (Dyad Software Corp.)	C++
❐	OAK-Lib als Teil von G++ (SYCO)	C++
❐	Object Toolkit (TechnoJock Software)	Turbo Pascal
❐	OOPS (Public Domain)	C++
❐	Vamp (Aldus Corp.)	C++
❐	Manchester Smalltalk Goodies Lib (Univ. Manchester)	Smalltalk
❐	Object Professional (TurboPower Software)	Turbo Pascal

Bibliotheken zur Realisierung von Graphischen Benutzeroberflächen bzw. Graphiken

❐	Atk, Andrew Toolkit (Carnegie Mellon University)	C++
❐	Chatterbox (Courseware Applications)	C++
❐	CommonView (Glockenspiel Ltd.)	C++
		C++
❐	C++/Views (CNS Inc.)	C++
❐	Data++ Windows (PMI)	C++
		C++
❐	ET++ (Public Domain)	C++
❐	Mondrian Graphic Lib (als Teil von G++ (SYCO))	C++
❐	HOT (AT&T)	C++
❐	ICPak 301 GraphPak (Stepstone Corp.)	Objective - C
❐	InterViews (Public Domain)	C++
❐	JTW-Lib (JT Software)	C++
❐	Object Professional (TuboPower Software)	Turbo Pascal
❐	Object Interface Library (AT&T)	C++
❐	Object Toolkit (TechnoJock Software)	Turbo Pascal

---

[22] Die Angaben sind sowohl Publikationen als auch verschiedenartigen Werbematerialien entnommen.

❑	StarView (Star Division)	C++
❑	VICK (Visualization Construction Kit) (Xerox PARC)	Smalltalk
❑	Zinc Interface Library (Zinc Software)	C++
		C++
❑	Zortech Flash Graphics (Zortech Inc.)	C++
❑	3 in 1 Developer (GUI Computer Inc.)	C++

Bibliotheken zur Realisierung von MS-Windows Applikationen

❑	Win++ (Blaise Computing Inc.)	C++
❑	C++/Views (CNS Inc.)	C++
❑	Objective-C / Views (CNS Inc.)	Objective - C
❑	ObjectGraphics (The Whitewater Group)	Actor, Turbo Pascal
❑	TIER (Sturmer Hauss Corp.)	C++

Bibliotheken zur Datenbankrealisierung und -anbindung

❑	CodeBase++ (Sequiter Software Inc.)	C++
❑	Zortech - C++ Database (Zortech Inc.)	C++
❑	ISAM Toolbox Standard (Xerox PARC)	Smalltalk

Bibliotheken zur Realisierung mathematischer Anwendungen

❑	MathPac (Knowledge Systems Corp.)	Smalltalk/V
❑	M++ (Dyad Software Corp.)	C++

Bibliotheken zur Realisierung von Musikanwendungen

❑	Music Kit (NeXT Inc.)	Objective - C
❑	Sound Kit (NeXT Inc.)	Objective - C

Bibliotheken zur Realisierung systemnaher Anwendungen

❑	Screens++ (Oasys Inc.)	C++
❑	Rodin (als Teil von G++ (SYCO))	C++

Aus der Übersicht wird deutlich, daß die verschiedenen C++ - Derivate bevorzugte Zielsprachen der Klassenbibliotheken sind, was sich mit der weiten Verbreitung von C erklären läßt. Die restlichen Implementierungen verteilen sich im wesentlichen auf Programmiersprachen, die innerhalb des vorwiegend akademischen Bereichs (Smalltalk) bzw. auch im privaten Bereich (Turbo-Pascal) genutzt werden.

Neben den Bibliotheken, die Klassen zur allgemeinen Verwendung bereitstellen (vgl. z.B. die Beschreibung der Klassenbibliothek *Object-Oriented Program Support (OOPS)* für C++ bei Gorlen 1987; Neunast, von Helden 1990), liegt ein ganz großer inhaltlicher Schwerpunkt bei der Unterstützung der Realisierung graphischer Benutzeroberflächen und graphischer Anwendungen (vgl. z.B. Oelfke 1991). Neben mathematischen Bibliotheken, deren Umfang schon lange aus dem Bereich der traditionellen Programmiersprachen bekannt ist, existieren weiterhin Sammlungen insbesondere zur systemnahen Entwicklung (Datenbankrealisierung, Prozeßverwaltung, Unix-Schnittstellenmanagement). Mit Ausnahme einiger Exotenbibliotheken im Bereich Musik (vgl. Jaffe, Boynton 1989) sind für weitere Anwendungsbereiche bisher keine Ergebnisse bekannt. So gilt auch für die Entwicklung betrieblicher Informationssysteme, daß, von allgemeinen Bibliotheken und der Behandlung der graphischen Benutzeroberfläche abgesehen, keine spezielle Unterstützung existiert.

3.3.3   Frameworks

Im folgenden wird die Idee der Frameworks dem Konzept der Klassenbibliotheken gegenübergestellt und die wichtigsten Ergebnisse dieses Ansatzes aus verschiedenen Anwendungsbereichen zusammengefaßt.

3.3.3.1   Grundidee eines Frameworks

Zwei wesentliche Merkmale unterscheiden die Strukturierung der Klassen innerhalb eines Frameworks (die Idee stammt aus der Smalltalk Entwicklungsgruppe von Xerox PARC (vgl. Deutsch 1989b)) vom Ansatz der Klassenbibliothek: Zum einen ist Ziel eines Frameworks, nicht nur die Implementierung von Klassen, sondern schon das Design der Komponenten zu umfassen und somit der Wiederverwendung verfügbar zu machen, zum anderen weisen die Komponenten einen hohen Zusammenhang untereinander auf, in dem Sinne, daß hier das abstrakte Design einer Anwendung repräsentiert ist:

> "An object-oriented framework provides a skeleton for implementing an application or application subsystem in some problem domain. A framework is typically composed of a mixture of concrete and abstract classes along with a model of interaction among the classes." (Wirfs-Brock et al. 1990, 234)

Die Bestandteile eines Frameworks sind also in hohem Maße applikationsabhängig und legen in einem Zusammenspiel von abstrakten und konkreten Klassen die generellen Strukturen und Kommunikationsmechanismen einer Domäne fest:

> "The design of interfaces between objects is often more important than the implementation of functions within objects. Frameworks can capture the structural design of software objects that address a given (partial) problem domain." (Diskussionsbeitrag von Goldberg in Griss et al. 1991, 268)

Deutsch verdeutlicht anhand mehrerer, komplexer werdender Beispiele aus dem Smalltalk-System die Fähigkeit eines Frameworks, die grundlegenden Strukturen einer Anwendung zu spezifizieren, die genauen Details jedoch der speziellen Verwendung zu überlassen (vgl. Deutsch 1989b). Die Entwicklung eines Frameworks stellt eine weitaus größere Herausforderung als die Entwicklung eines einzelnen Systems dar, da ein Framework als die Verallgemeinerung seiner ableitbaren Subsysteme (vgl. Wirfs-Brock, Johnson 1990, 119) und somit als Abstraktion der Ergebnisse einer Variantenanalyse aufgefaßt werden kann:

> "From this perspective, the problem of creating a well-designed system is fundamentally a problem of anticipating its most likely variants and of applying design techniques that will ensure that the most likely variants will also be the least expensive to build during maintenance - in other words, variants analysis." (Barnes, Bollinger 1991, 17)

Dieser Allgemeinheitsanspruch führt zur typischen, kaum zu vermeidenden iterativen Entwicklungsweise, die nicht nur in der Ausweitung der Funktionalität, sondern auch in der Umorganisation der Zuständigkeiten und Strukturen bestehen kann.

Die Erzeugung einer Anwendung aus diesem wiederverwendbaren Design geschieht mit Hilfe der objektorientierten Mechanismen durch Ableiten konkreter Klassen aus abstrakten Klassen und Verbinden dieser entlang der vordefinierten Kommunikationswege:

> "A framework is used by configuring or connecting the predefined concrete classes and by deriving new concrete classes from the abstract classes. Normally, the model of interaction and control flow among the classes is not modified when using a framework." (Wirfs-Brock et al. 1990, 234)

Die optimale Situation bei der Verwendung eines Frameworks liegt vor, wenn keine neuen Klassen zusätzlich definiert werden müssen. Doch auch wenn dies notwendig ist, bleibt der Arbeitsaufwand weit hinter einer Neuerstellung zurück, da in erster Linie doch Instanzen angelegt, initialisiert und verknüpft werden müssen, alle grundlegenden Designentscheidungen jedoch bereits getroffen sind und die neuen Klassen im wesentlichen als Spezialisierungen bestehender Klassen definiert werden (vgl. Wirfs-Brock, Johnson 1990, 119).

Diese generelle Vorgehensweise bei der Ableitung konkreter Applikationen muß noch einmal differenziert werden, je nachdem ob der Entwickler Kenntnisse über den internen Aufbau des Frameworks haben muß, was zur Unterscheidung nach Johnson, Foote in White-box- und Black-box-Frameworks führt (vgl. Johnson, Foote 1988, 26): Die Entwicklung einer Applikation aus einem White-box-Framework heraus geschieht durch das Hinzufügen von Unterklassen, deren Methoden die internen Konventionen ihrer vordefinierten Superklasse, die allerdings erst bei Betrachten der Implementierung deutlich werden können, beachten müssen. Dies führt dazu, daß bei der Anwendung eines solchen Frameworks recht hoher Lernaufwand getrieben werden muß, um zunächst die

Funktionsweise im Detail zu verstehen. Bei Black-box-Frameworks wird dieser Lernaufwand unter Inkaufnahme einer etwas reduzierten Flexibilität vermindert, indem die Komponenten, die den Framework bilden, umfangreicher parametrisierbar sind, so daß in vielen Fällen durch den Anwendungsentwickler keine neuen Klassen gebildet werden, sondern lediglich das externe Protokoll der Komponenten verstanden werden muß.

Diese Unterteilung nach Johnson, Foote ist nicht ganz überschneidungsfrei, da bei vielen existierenden Frameworks beide Konzepte Anwendung finden. Dennoch ist die allgemeine Aussage zu unterstreichen, daß je besser das Design eines Systems verstanden wird, desto eher White-box- durch Black-box-Frameworks abgelöst werden können, deren Verwendung etwas weniger Ansprüche stellt (vgl. Johnson, Foote 1988, 26).

Auch zur Unterstützung der Aufgabe, aus Frameworks Applikationen abzuleiten, existieren mittlerweile Werkzeuge. Diese sind entweder framework-spezifisch, wie z.B. das Glazier-Tool, das die Entwicklung von Benutzeroberflächen auf der Basis des Model-View-Controller-Mechanismus von Smalltalk unterstützt (vgl. Alexander 1987), oder der NeXT Interface Builder, der den Umgang mit dem NeXT Interface Framework vereinfacht (vgl. Thompson 1989). Andere Werkzeuge hingegen versuchen generelle Beschreibungssprachen anzubieten, die geeignet sind, die gewünschte Spezifikation eines beliebigen Frameworks zu dokumentieren. Beispiele für diesen zweiten Ansatz, der sich bisher jedoch nicht durchsetzen konnte, sind Entwicklungen an der Universität Genf; das Visual Scripting Tool VST beschreitet dabei den Weg, bildliche Beschreibungen zur Spezifikation zu verwenden (vgl. Kappel et al. 1989; Nierstrasz et al. 1990), wohingegen das TEMPO-Tool speziell zur Beschreibung nebenläufiger Applikationen entwickelt wurde (vgl. Dami et al. 1988).

3.3.3.2 Beispiele existierender Frameworks

Bei der Auflistung existierender Frameworks wird deutlich, daß die Einteilung in Klassenbibliotheken und Frameworks nicht völlig überschneidungsfrei ist, da sehr vielen Klassenbibliotheken, die für die Verwendung innerhalb einer speziellen Domäne entwickelt wurden, ein abstraktes Design dieses Anwendungsbereichs (verborgen) zugrunde liegt und zum anderen sehr viele Frameworks auch die Implementierung (insbesondere der konkreten Klassen) ihres Designs umfassen; häufig werden dabei auch Implementierungen allgemein verwendbarer, voneinander unabhängiger Klassen mitgeliefert. Es finden sich im folgenden daher auch einige Produkte, die schon bei der Auflistung der Klassenbibliotheken Erwähnung fanden.

Wie bei den Klassenbibliotheken liegt auch hier ein großer inhaltlicher Schwerpunkt auf der Erstellung graphischer Benutzeroberflächen. Neben dem Model-View-Controller-Mechanismus (MVC-Framework) von Smalltalk liefern u.a. der an der Universität Zürich entwickelte Framework ET++ (vgl. Weinand, Gamma, Marty 1988; Weinand, Gamma, Marty 1989), Mondrian als Teil des G++ Frameworks (vgl. Menga, Lorusso 1991) und das an der Stanford University entwickelte InterViews (vgl. Linton, Vlissides, Calder 1989) Hilfestellung für diesen Aufgabenkomplex. Da in Kapitel 5.3.1 der MVC-Framework als Vertreter dieser Klasse ausführlich vorgestellt wird, soll auf diese Kategorie der Frameworks hier nicht weiter eingegangen werden.

Der HOT-Framework deckt den verwandten Bereich der Hypermedia-Anwendungen ab und bietet neben abstraktem Design auch eine Menge von C++-Klassen an (vgl. Guimaraes 1991): Die Hypermedia-Anwendungen werden kreiert durch Spezialisierung und Instantiierung der Klassen und Verbinden der Instanzen gemäß den zugrundeliegenden Modellen. Die Modelle beschreiben dabei zum einen die Speicherung und Darstellung der (persistenten) Objekte und zum anderen die eigentlichen Hypermedia-Konzepte Graph, Knoten, Verbindung, Kontext, Attribute gemäß dem HAM-Modell (Hypertext Abstract Machine)[23].

Die Erzeugung von Applikationen basierend auf der interaktiven Verbindung von Dokumenten ist auch Zielsetzung des Vamp-Frameworks (Aldus Corporation) (vgl. Ferrel, Meyer 1989). Vamp ist Grundlage der späteren Releases der Desktop-Publishing Software PageMaker und bietet Hilfestellung bei der Unterstützung einer hardware-unabhängigen Entwicklung, der Schaffung multipler Sichten auf die Daten eines Dokuments sowie der standardisierten Realisierung von execute- und undo-Kommandos.

Einige andere Frameworks haben weniger die Realisierung allgemeiner Anwendungen und Tools, sondern eher Spezialanwendungen zum Ziel. Yoshida, Hino entwickeln einen Framework zur Mustererkennung, der in sehr abstrakter Weise die Arbeitsschritte bei dieser Aufgabenstellung repräsentiert und durch eine sehr dezentrale Verteilung der Zuständigkeiten charakterisiert werden kann (vgl. Yoshida, Hino 1988). Durch seine hohe Allgemeingültigkeit kann er sowohl bei Texten, Graphiken als auch gesprochener Sprache eingesetzt werden. Die generelle Vorgehensweise basiert auf einer hierarchischen Anordnung der möglichen Matching-Ergebnisse, wobei dieser Hierarchiebaum von oben nach unten (d.h. von den allgemeinen zu den speziellen Konzepten) durchlaufen wird und ein positives Ergebnis jeweils zur Suche im Unterbaum führt. Auf jeder Hierarchiestufe sind durch die Möglichkeiten der Vererbung und des Polymorphismus die gleichen Methoden verfügbar.

Die Grundstrukturen eines objektorientierten Betriebssystems werden innerhalb des Frameworks Choices an der University of Illinois erarbeitet. Choices basiert auf dem

---

23 HAM ist ein allgemeines Modell zur Verwaltung von Hypertextbasen, das von Campbell, Goodman entwickelt wurde und auf dem UNIX-Filesystem aufsetzt (vgl. Campbell, Goodman 1988).

Zusammenwirken einzelner Frameworks für die verschiedenen Aufgaben eines Betriebssystems: Datenhaltung mit Hilfe von File-Systemen (vgl. Madany et al. 1989), Verwaltung des virtuellen Speichers (vgl. Russo, Campbell 1989), Kommunikation und Process Scheduling (vgl. Russo, Johnston, Campbell 1988).

Von Gossain, Anderson stammt der objektorientierte Framework RApp für die Domäne des Entwurfs hochintegrierter Schaltkreise (Very Large Scale Integration (VLSI)). Die 90 Klassen und 480 Methoden des Frameworks sind geeignet, die Realisierung von Routing-Algorithmen (Realisierung von Verbindungen auf einem Chip unter Beachtung einer Reihe von Nebenbedingungen), wie sie beim Chip-Entwurf eingesetzt werden müssen, in effizienter Weise zu unterstützen (vgl. Gossain, Anderson 1989).

Das abstrakte Design für geographische Anwendungen wird in einem Framework von Clementini und Di Felice entworfen, der im wesentlichen versucht, die vier Arten von Beziehungen *Klassifikation*, *Generalisierung*, *Aggregation* und *Is-Part-Of* auf geographische Strukturen anzuwenden (vgl. Clementini, Di Felice 1991). Dies resultiert in einem recht tief geschachtelten Hierarchiebaum und der Definition der Protokolle der verschiedenen Klassen, was die Möglichkeit zur Formulierung ganz geographiespezifischer Queries auf den Instanzen der Klassen eröffnet.

Einen objektorientierten Framework, der Unterstützung bei der Integration heterogener Datenbanken liefert, stellen Härtig und Dittrich vor (vgl. Härtig, Dittrich 1991). Die generelle Vorgehensweise ihres Integrationsansatzes besteht darin, ein objektorientiertes, globales Datenmodell über den lokalen Datenmodellen der einzelnen Datenbanken zu installieren, so daß die Einzelapplikationen nur noch mit diesem einheitlichen Modell kommunizieren. Der Framework liefert somit ein abstraktes Interface zu den lokalen Datenbanken, um die Anbindung weiterer, konkreter Datenbanken sehr viel einfacher, lediglich durch Spezialisierung dieses abstrakten Designs zu realisieren.

Zöller diskutiert die Möglichkeiten wiederverwendbarer Softwarebausteine im Bereich der Prozeßdatenverarbeitung (vgl. Zöller 1991). Hierbei werden Softwarekomponenten zur Verfügung gestellt, die insbesondere die Programmierung der Prozeßschnittstelle, die die Verbindung des Rechners mit dem zu steuernden und überwachenden technischen System realisiert, vereinfachen sollen. Die Spezifikationen resultieren in Klassenhierarchien zu den grundlegenden Schnittstellenbausteinen *Prozeßgröße*, *Signalabbildung* und *EA-Baustein*. Insbesondere die Echtzeitproblematik und die Behandlung der Parallelität von Abläufen sind innerhalb dieser Domäne von Bedeutung und erfahren eine ausführliche Beachtung.

Zur Unterstützung der Realisierung von EDV-Systemen für betriebswirtschaftliche Anwendungen, insbesondere für Industrieunternehmungen, sind bisher fast keine Ergebnisse der Frameworkentwicklung bekannt. Lediglich an der University of California, Berkeley wurde versucht, für den Bereich Fertigungssteuerung einen objektorientierten Framework zu entwickeln (vgl. Glassey, Adiga 1989; Glassey, Adiga 1990). Mit Hilfe der Programmiersprache Objective-C (inklusive der Klassenbibliothek ICpak 201) wurde dort eine Klassenbibliothek BLOCS/M (Berkeley Library of Objects for Control and Simulation of Manufacturing) entwickelt, die es erlaubt, individuelle Simulationsmodelle zur Steuerung der Fertigung diskreter Teile sehr effizient zu implementieren. Der Bibliotheksentwicklung liegt ein konzeptioneller Framework zugrunde, der die für diese Domäne als relevant erkannten Klassen, wie z.B. *FutureEvent*, *Task*, *Resource*, *Lot* oder *Queue*, in ihren Beziehungen zueinander darstellt und den konzipierten Nachrichtenaustausch veranschaulicht.

Mit der Anwendung objektorientierter Technologien im Bereich Rechnungswesen beschäftigt sich von Zimmermann (vgl. von Zimmermann 1990). Seine Ausführungen resultieren in der Definition einiger Klassen für diese Domäne (wie z.B. *Konto*, *Kostenstelle*, *Geschäftsvorfall* u.a.) und der Anordnung dieser innerhalb einer Klassenhierarchie; die Ergebnisse gehen allerdings nicht über erste Ideen, die als Vorarbeit zu einer Frameworkentwicklung verstanden werden können, hinaus.

Aus der Übersicht über existierende Frameworks wurde deutlich, daß - wie schon bei Klassenbibliotheken - zur Unterstützung der Entwicklung betrieblicher Informationssysteme lediglich allererste Ansätze vorliegen, so daß sich hier ein dringend zu bearbeitender Forschungsschwerpunkt auftut. Wie die Entwicklung eines Frameworks für zentrale Bereiche eines Industrieunternehmens aussehen kann, ist Gegenstand von Kapitel 5.

4 Objektorientiertes Design zur Repräsentation des Frameworks

Im vorherigen Kapitel wurde untersucht, welche Formen der Sammlung von Softwarebausteinen für die Wiederverwendung am nutzbringensten sind. Es wurde deutlich, daß die Wiederverwendung auf der Ebene des Designs wesentliche Vorteile gegenüber der Wiederverwendung von lediglich Programmcode verspricht. Zudem ist das Konzept eines Frameworks geeignet, das abstrakte Design eines Anwendungsbereichs zu repräsentieren. Es stellt sich nun die Frage, wie die Ergebnisse einer Frameworkentwicklung repräsentiert werden können. Der Vergleich objektorientierter Designmethoden unter der Zielsetzung, eine Methode auszuwählen, deren zugehörige Notation zur Repräsentation der Strukturen und Funktionalitäten des zu entwickelnden Frameworks verwendet werden kann, ist daher Gegenstand von Kapitel 4.1.

Objektorientierte Entwicklung allein garantiert noch nicht die optimale Wiederverwendbarkeit der Komponenten. Neben einer geeigneten Form der Darstellung und Verwaltung derselben spielt natürlich ihre Qualität eine bedeutende Rolle, um die Wiederverwendung aussichtsreich und effektiv zu gestalten. Somit ist es notwendig, bei der Definition der Komponenten Gestaltungsrichtlinien anzuwenden, die den Weg hin zu wiederverwendbaren Komponenten weisen. Diese Richtlinien, die sich sowohl auf die Design- als auch die Implementierungsebene beziehen, werden in Kapitel 4.2 behandelt.

4.1 Objektorientierte Designnotationen

Trotz der damit verbundenen Ausweitung der Methodenvielfalt wurde in den letzten Jahren eine Reihe von Methoden vorgeschlagen, die eine objektorientierte Beschreibung eines Systems auf einer höheren abstrakteren Ebene als der der Programmiersprache erlauben. Damit wird der Notwendigkeit Rechnung getragen, die Darstellung eines Systems als Gesamtheit miteinander kommunizierender Objekte schon in der Analyse- und Designphase des Entwicklungsprozesses zum Ausdruck zu bringen. Daten- und Funktionsmodellierung können zwar als Ursprünge des objektorientierten Entwurfs angesehen werden - die zahlreichen Versuche dagegen, traditionelle Analyse- und Designmethoden auch bei objektorientierter Entwicklung einzusetzen, sind lediglich als vorläufige Bemühungen einzustufen, um den bei der Entwicklung eines Systems schon geleisteten Aufwand zu wahren;[1] die umfangreichen Vorteile objektorientierten Entwurfs sind mit dieser Vorgehensweise allerdings nicht zu sichern (vgl. Heß, Scheer 1992a, 118).

Neben einer Notation zur Repräsentation der Entwurfsergebnisse umfassen Designmethoden i.a. auch eine Beschreibung des Entwurfsprozesses.[2] Da jedoch die Vorgehensweise bei der objektorientierten Softwareerstellung im Rahmen der Darstellung der Ablauforganisation des Wiederverwendungsmodells in Kapitel 6.2.1.2 beschrieben und eine Grobstruktur der Vorgehensweise beim objektorientierten Entwurf in Kapitel 5.3 der exemplarischen Entwicklung des Frameworks vorangestellt ist, sollen an dieser Stelle die Notationen objektorientierter Designmethoden im Mittelpunkt stehen, um die geeignetste Darstellungsweise des zu entwickelnden Frameworks zu bestimmen.

4.1.1 Überblick

Alle untersuchten Designmethoden sind im wesentlichen Ergebnis einer der beiden folgenden Vorgehensweisen (vgl. Heß, Scheer 1992a, 121):[3]

☐   Abstrahierung der Konstrukte objektorientierter (bzw. objektbasierter) Programmiersprachen bzw.

☐   Erweiterung traditioneller Entwurfsmethoden um objektorientierte Konzepte.

Die Abbildung 4.1 macht diese beiden Ursprünge deutlich, indem die Zusammenhänge der wesentlichen objektorientierten Designmethoden aufgezeigt werden. Die dargestellten Abhängigkeiten repräsentieren die gegenseitige Beeinflussung und Weiterentwicklung von

---

[1]   Henderson-Sellers, Constantine dagegen diskutieren die mögliche Verbindung strukturierter und objektorientierter Techniken in unterschiedlichen Phasen der Entwicklung und zeigen sinnvolle Lifecycle-Modelle unter gegenseitiger Ergänzung der Paradigmen auf (vgl. Henderson-Sellers, Constantine 1991; siehe hierzu auch Li 1991; de Champeaux et al. 1990). Raasch konstatiert die Nachteile strukturierter Methoden gegenüber einem objektorientiertem Ansatz, macht jedoch auch Vorschläge zum Einsatz strukturierter Verfahren, die eine Migration hin zu objektorientierten Methoden offenlassen (vgl. Raasch 1991, 407-410).

[2]   Gryczan, Wegge betonen weiterhin die Notwendigkeit, neben den Entwurfsergebnissen auch die Entscheidungsprozesse, die zu diesen Resultaten führten, zu dokumentieren und fordern die Verwendung eines Glossars bzw. eines werkzeuggestützten Tagebuchs, das die Begriffe des Arbeitsgebietes und deren Verwendungszusammenhänge verwaltet (vgl. Gryczan, Wegge 1990, 452).

[3]   Eine Reihe von Arbeiten beschäftigt sich mit der Frage, inwieweit objektorientierte Analyse- und Designmethoden einer theoretischen Fundierung bedürfen, um z.B. Verifikationen auf der Basis formaler Spezifikationen zu ermöglichen; vgl. hierzu die Diskussion bei de Champeaux et al. 1991.

Methoden (d.h. die Berücksichtigung von Konzepten bzw. die Übernahme von Notationen; eine schwache Beeinflussung ist gestrichelt dargestellt).

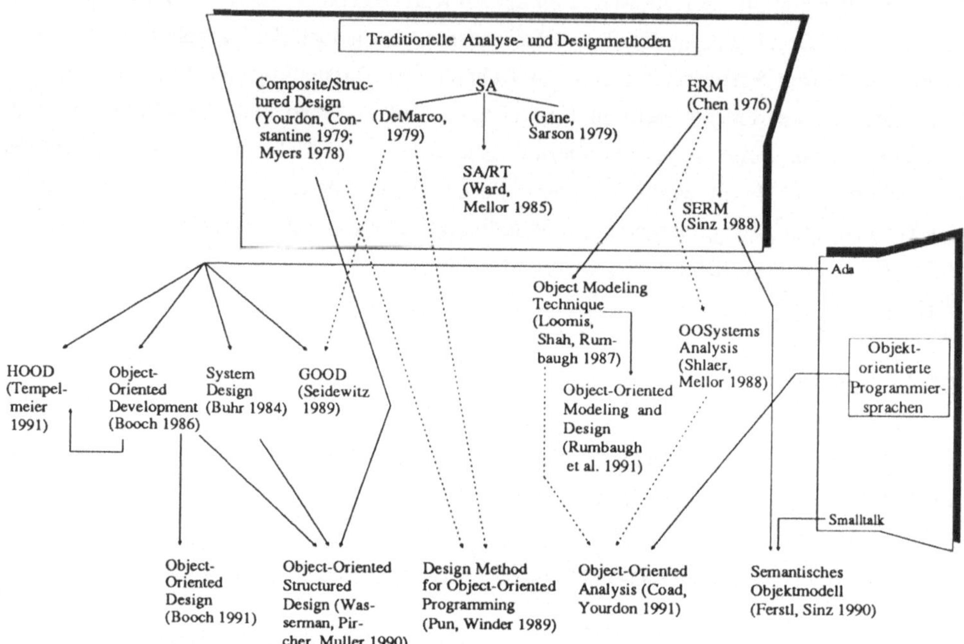

Abb. 4.1:   Stammbaum objektorientierter Designmethoden

Auf der Seite der Programmiersprachen sind in erster Linie Smalltalk als Ursprung der objektorientierten Programmiersprachen und Ada mit der dominanten Bedeutung in der amerikanischen Forschungsszene[4] als Ausgangspunkte zu erkennen. Die Gliederung traditioneller Analyse- und Designmethoden gemäß der Betonung eher datenorientierter bzw. funktionaler (functional decomposition) Aspekte spiegelt sich auch in deren Weiterentwicklung wider:[5] Objektorientierte Methoden, die ihren Ursprung in datenorien-

---

[4] Ada wird vom amerikanischen Verteidigungsministerium (Department of Defense (DoD)) als Programmiersprachenstandard vorgeschrieben. Eine kürzlich vom Information Technology Policy Board des DoD veröffentlichte Studie unterzog Ada und C++ einer vergleichenden Studie, nach der die Gesamtbewertung von Ada um 23% über der von C++ lag; die Untersuchung von Kostenaspekten (Entwicklung, Wartung) zeigte jedoch einen Vorteil für C++ (vgl. o.V. 1992).

[5] Meyer verdeutlicht die funktions- und datenorientierten Bestandteile des objektorientierten Ansatzes und gibt eine Einschätzung der Vor- und Nachteile funktions- bzw. datenorientierter Ansätze (vgl. Meyer 1990a, 44-45; siehe hierzu auch Scheer 1990b, 127-128).

tierten Methoden haben, legen den Schwerpunkt auf die Definition von Klassen und ihrer Beziehungen untereinander. Weiterentwicklungen funktionsorientierter Methoden stellen eher das Methodenprotokoll von Klassen und die Kommunikation über Nachrichten in den Mittelpunkt der Betrachtung (vgl. Heß, Scheer 1992a, 121).

Analog zur Klassifizierung von Programmiersprachen nach Wegner bzgl. der Berücksichtigung objektorientierter Basiskonzepte (vgl. Wegner 1989) werden die Methoden zudem bezüglich der Vollständigkeit der Abbildung objektorientierter Konzepte unterschieden - dies verdeutlicht die vertikale Abstufung in Abb. 4.1. Insbesondere die aus der Ada-Umgebung resultierenden Methoden unterstützen i.a. nur eine Teilmenge der objektorientierten Basiskonzepte. Auch Methoden, die reine Datenmodellierungstechniken, wie z.B. das Entity-Relationship-Modell, um einige semantische Konstrukte erweitern, repräsentieren durch den Mangel an Darstellungsmöglichkeiten der funktionalen Aspekte nicht den gesamten objektorientierten Anspruch.

Interessant sind insbesondere die Methoden, die alle Basiskonzepte objektorientierter Entwicklung umfassen, so daß die folgenden Designansätze einer genaueren Bewertung unterzogen werden sollen:[6]

- Object-Oriented Design (vgl. Booch 1991) ,
- Object-Oriented Structured Design (vgl. Wasserman, Pircher, Muller 1990; Wasserman, Pircher 1991),
- Design Method for Object-Oriented Programming (vgl. Pun, Winder 1989; Pun, Winder 1991),
- Object-Oriented Analysis (vgl. Coad, Yourdon 1991),
- Semantisches Objektmodell (vgl. Ferstl, Sinz 1990; Ferstl, Sinz 1991).

Obwohl Object-Oriented Analysis vornehmlich die Analysephase unterstützt und Schwerpunkte auf die Darstellung des Fachkonzeptes und der Spezifikation von Benutzeranforderungen setzt, wird sie in den Kreis der untersuchten Methoden mitaufgenommen, da ihre Konstrukte auch geeignet sind, DV-technische Lösungen zu repräsentieren.[7]

---

[6] Weitere Vorschläge zur Notation objektorientierten Designs, die allerdings bisher keine breite Anwendung fanden, finden sich bei Cunningham, Beck 1986; Alabiso 1988; Bear et al. 1990; Novobilski 1990; Page-Jones, Constantine, Weiss 1990; Wilson 1990; Ackroyd, Daum 1991; Shlaer, Mellor, Hywari 1991; Coleman, Hayes, Bear 1992.

[7] Vgl. hierzu auch die ausführliche Bewertung der Methode Object-Oriented Analysis (OOA) bei Sinz 1991 und Stahlknecht, Appelfeller 1992.

4.1.2 Zusammenhang zwischen objektorientierten Designmethoden und der ARIS-Architektur

Wenn im vorherigen Abschnitt das Inventar an existierenden Methoden gewissermaßen in einer Bottom-Up-Vorgehensweise aufgelistet wurde, sollen demgegenüber nun diese Ansätze in ein Rahmenkonzept eingeordnet werden, das weniger auf empirischen Erkenntnissen als auf theoretischen Ableitungsschritten beruht. Die von Scheer anhand der Anforderungen betrieblicher Informationssysteme abgeleitete ARIS-Architektur zerlegt, um Komplexität und Redundanz zu reduzieren, die Beschreibung eines Systems in unterschiedliche Sichtweisen (Daten-, Funktions- und Organisationssicht), deren Verbindungen in einer Steuerungssicht wieder eingeführt werden (vgl. Abb. 4.2). Diese Perspektiven werden zudem jeweils in die Beschreibungsebenen Fachkonzept, DV-Konzept und Implementierung unterteilt (vgl. Scheer 1992, 13-19).

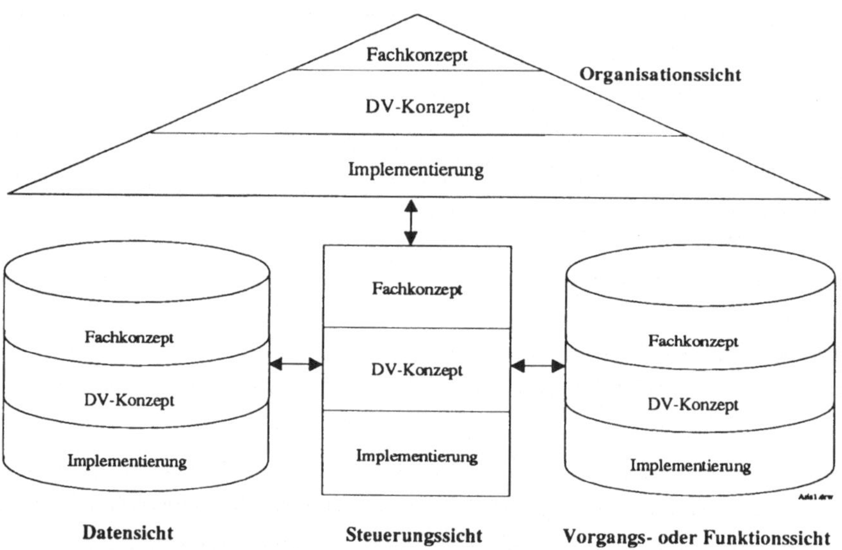

Abb. 4.2:   ARIS-Architektur (Quelle: Scheer 1992, 18)

Der grundlegende Anspruch, auf dem dieser Ansatz basiert, erlaubt es, auch objektorientierte Methoden innerhalb dieser Architektur zu integrieren - die der Objektorientierung eigene, sehr enge Kopplung von Daten und Funktionen kann innerhalb der Steuerungssicht abgebildet werden. Diese auf einer Metaebene vollzogene Verbindung kann auch anhand der historischen Entwicklung bei einigen objektorientierten Methoden verfolgt werden, wo reine Datenmodellierungsmethoden um Konstrukte zur funktionalen Spezifizierung ergänzt werden.[8]

Die Eignung dieses allgemeinen Ansatzes auch zur Spezifizierung objektorientierter Systeme weist Scheer explizit durch die Angabe eines Metamodells nach, das den Zusammenhang zwischen sichten- und objektorientiertem Entwurf abbildet (vgl. Abb. 4.3). Hier wird die Zuordnung zwischen Informationsobjekten und Klassen sowie die Bildung von Hierarchien zwischen Klassen dargestellt. Nachrichten werden durch die sendenden und empfangenden Objekte, die als Parameter verwendeten Datenelemente und die durchzuführenden Methoden beschrieben. Eine konkrete Modellierung ist dann auf der Ausprägungsebene dieses Modells (d.h. durch die Angabe der Entities) möglich (vgl. Scheer 1992, 120-125).

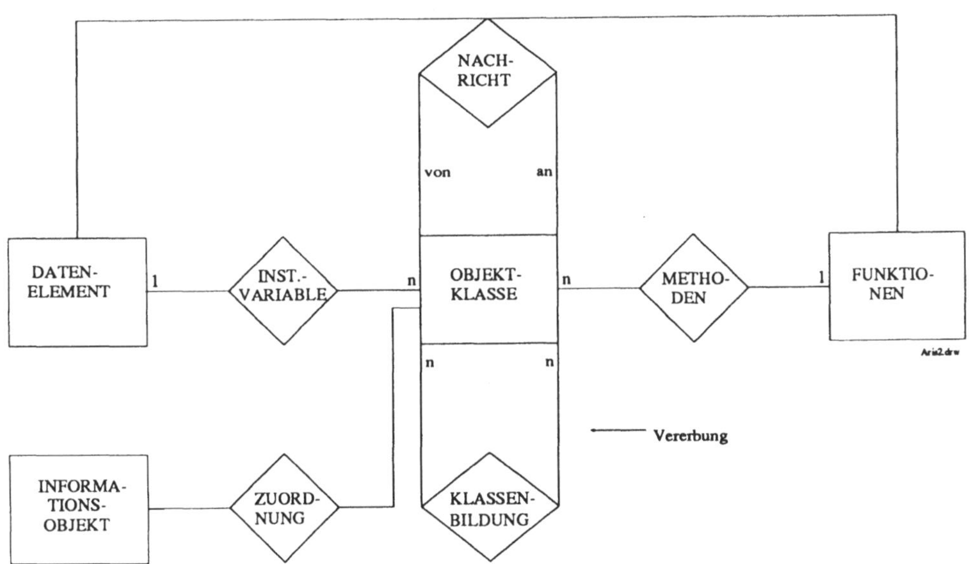

Abb. 4.3: Metamodell zum objektorientierten Entwurf (Quelle: Scheer 1992, 125)

Hieraus wird deutlich, daß die ARIS-Architektur geeignet ist, zu einer Vereinheitlichung der Methodenvielfalt im allgemeinen - und der objektorientierten Methoden im speziellen - beizutragen, was jedoch die Suche nach einer geeigneten objektorientierten Designmethode mit einer intuitiveren Notation als die der Ausprägungsebene des Metamodells nicht überflüssig macht.

---

[8] Als Beispiel siehe hierzu die Weiterentwicklung vom Strukturierten Entity-Relationship-Modell (SERM) zum Semantischen Objektmodell (SOM) (vgl. Ferstl, Sinz 1990).

4.1.3 Vergleich der Designnotationen

Die graphische Notation einer Designmethode hat den Zwiespalt zu lösen, einerseits alle für die nachfolgenden Schritte möglicherweise relevanten Informationen repräsentieren zu können, andererseits aber auch diese Komplexität mit hoher Übersichtlichkeit, Flexibilität und leichter Erlernbarkeit zu kombinieren. Einige Methoden ergänzen die reine Diagrammdarstellung um formalisierte textuelle Beschreibungen (Templates), in denen für das Gesamtverständnis weniger wichtige Detailinformationen abgelegt werden.

Während in der vergleichenden Betrachtung von Schaschinger, Sikora und Bäuchler die Notation als ein Aspekt unter vielen nur sehr knapp beurteilt wird (vgl. Schaschinger, Sikora, Bäuchler 1991) und auch der Vergleich von Arnold et al. Methoden miteinbezieht, die nicht vollständig dem objektorientierten Paradigma entsprechen (vgl. Arnold et al. 1991), sollen im folgenden objektorientierte Designnotationen in erster Linie bzgl. der Vollständigkeit ihrer darstellbaren Konzepte bewertet werden.

Alle betrachteten Notationen sind - wenn auch durch die Nähe zu einer Programmiersprache geprägt - programmiersprachenunabhängig und somit in allen objektorientierten Entwicklungsumgebungen sinnvoll einsetzbar. Bewertungskriterien wie Einfachheit, Übersichtlichkeit und Erlernbarkeit sind einer objektiven Beurteilung schwer zugänglich zu machen, da sie in hohem Maße von den gewohnten Arbeitstechniken und individuellen Vorlieben des Benutzers abhängen. Eine differenzierende Operationalisierung dieser Aspekte ist somit wenig sinnvoll, auch wenn diese Kriterien eng mit der individuellen Anpaßbarkeit und Flexibilität einer Methode zusammenhängen. Dies wird in hohem Maße durch die Modularität einer Notation bestimmt, d.h. ob der Benutzer jeweils nur die für ihn in diesem Stadium interessanten Aspekte darstellen kann, oder ob erst eine vollständige Darstellung als korrektes, verständliches Diagramm gilt.

In Abbildung 4.4 wird das Kriterium der Vollständigkeit weiter detailliert und die Notationen auf folgende Darstellungsmöglichkeiten hin untersucht:

☐ **Existenz von Klassen**: Als Grundlage weiterer Designaktivitäten müssen die zu definierenden Klassen eines Systems dargestellt werden.

☐ **Beziehungen zwischen Klassen**: In objektorientierten Systemen gibt es einige wichtige Arten von Beziehungen zwischen Klassen, die schon auf der Designebene dargestellt werden sollten: eine Klasse kann Unterklasse (bzgl. der Vererbungshierarchie) einer anderen Klasse sein, Instanzvariablen einer Klasse können auf Instanzen anderer Klassen verweisen oder eine Klasse kann sich der Dienste einer anderen Klasse bedienen (d.h. Nachrichten an diese Klasse schicken). Diesen generell relevanten Beziehungstypen, die durch die Angabe der Kardinalität ergänzt werden können, stehen Beziehungen gegenüber, die nicht in allen objektorientierten Programmiersprachen abbildbar sind: Klassen können selbst wieder als Objekte aufgefaßt werden, die dann als Instanzen einer zugehörigen Metaklasse verstanden werden (z.B. in Smalltalk). Weiterhin erlauben einige getypte Programmiersprachen die Definition generischer Klassen, die von einem Typenparameter abhängig sind, so daß es Sinn macht, auch die Instantiierung solcher Klassen als weitere Beziehung aufzunehmen.

- **Zuordnung von Attributen zu Klassen**: Instanzvariablen repräsentieren den inneren Zustand eines Objektes. Neben einer reinen Auflistung kann es nötig sein, die Verweise dieser Variablen auf andere Klassen sowie Initialisierungs- und sonstige Nebenbedingungen festzuhalten.

- **Zuordnung von Methoden**: Die Methoden definieren die Möglichkeiten zur Manipulation und zum Umgang mit Objekten einer Klasse. Neben der Nennung der Methoden (mit zugehörigen Parametern) sollte es eine Möglichkeit geben, den Sichtbarkeitsbereich (wer darf diese Methoden anstoßen?) sowie eventuell notwendige Pre- und Postbedingungen und Ausnahmebehandlungen zu definieren.

- **Zustandsübergänge eines Objektes**: Zum Verständnis der Funktionalität einer Klasse ist es oftmals sinnvoll, die Zustände, die eine Instanz dieser Klasse von der Instantiierung bis zur Löschung durchlaufen kann, graphisch zu veranschaulichen.

- **Nachrichtenaustausch zwischen Objekten**: Die eigentliche Funktionalität eines Systems wird durch den Austausch von Nachrichten zwischen Objekten und der entsprechenden Reaktion darauf realisiert, so daß es dringend notwendig ist, eine Möglichkeit zur Darstellung des Nachrichtenflusses anzubieten. Darüberhinaus können Informationen, wie die Art der Sichtbarkeit zwischen Objekten, die Synchronisationsverfahren beim Ablauf paralleler Prozesse und die Darstellung der zeitlichen Abfolge der Nachrichtenkommunikation für das Verständnis hilfreich sein.

Kriterien \ Methoden	OOA	OOD	OOSD	OOP	SOM
Existenz von Klassen					
- Konkrete Klassen	+	+	+	+	+
- Abstrakte Klassen	-	o	-	-	-
- Metaklassen	-	+	-	-	-
- Generische Klassen	-	o	-	-	-
Beziehungen zwischen Klassen					
- Spezial./General.	+	+	+	+	+
- Part-Of	+	+	-	-	+
- Nachrichtenaustausch	+	+	+	+	+
- Instantiierung	-	+	+	-	-
- Angabe der Kardinalität	+	+	-	-	-
Zuordnung von Attributen (Instanzvariablen)					
- Auflistung	+	+ (Templ.)	+	-	+
- Referenz auf andere Klassen	+	+ (Templ.)	-	-	o
- Initialisierung	-	+ (Templ.)	-	-	-
- Nebenbedingungen	+ (Templ.)	+ (Templ.)	-	-	-
Zuordnung von Methoden					
- Auflistung	+	+ (Templ.)	+	+	+
- Sichtbarkeitsbereich	-	+ (Templ.)	o	-	-
- Auflistung der Parameter	-	+ (Templ.)	+	-	+
- Pre-/Postbedingung	+ (Templ.)	+ (Templ.)	-	-	-
- Ausnahmebehandlung	+ (Templ.)	+ (Templ.)	+	o	-
Zustandsübergänge von Objekten	+	+	-	-	-
Nachrichtenaustausch					
- Auflistung der Nachrichten zw. Objekten	-	+	+	+	-
- Art d. Sichtbarkeit	o	+	o	-	o
- Synchronisationsverfahren	-	+	+	-	-
- Zeitliche Abfolge	-	+	-	o	-
Modularisierung					
- Bildung von Teilsystemen	+	+	+	+	-
- Zuordnung von Moduln zu Prozessoren	-	+	-	-	-

+	wird unterstützt	OOA	Object-Oriented Analysis
o	wird teilweise unterstützt	OOD	Object-Oriented Design
-	wird nicht unterstützt	OOSD	Object-Oriented Structured Design
		OOP	Design Method for Object-Oriented Programming
		SOM	Semantisches Objektmodell

Met_verg.drw

Abb. 4.4:   Vergleich objektorientierter Designmethoden

❏ **Modularisierung (Clusterbildung)**: Bei großen Systemen ist es dringend erforderlich, zur Reduzierung der Komplexität eine Zerlegung in Teilkomponenten
vorzunehmen, um die Übersichtlichkeit zu gewährleisten und die sinnvolle
Zusammenarbeit einer Entwicklungsgruppe zu unterstützen. Diese Modularisierung
sollte graphisch abbildbar sein, darüberhinaus ist eine eventuelle Darstellung der
Verteilung der Prozesse bei Mehrprozessorsystemen als zusätzliches Feature
denkbar.

Eine vergleichende Betrachtung der Methoden ergibt eine fast vollständige Abdeckung aller
betrachteten Kriterien durch Object-Oriented Design (unter Berücksichtigung der
zugehörigen Templates), die im folgenden Kapitel näher vorgestellt wird. Alle anderen
Methoden können nur einen Ausschnitt der aufgelisteten Aspekte repräsentieren, wobei der
jeweilige Schwerpunkt auf den Ursprung der Methoden zurückzuführen ist: Object-Oriented
Structured Design weist Darstellungsmängel bei der näheren Spezifizierung von Instanzvariablen und der Sichtbarkeitsbeziehungen zwischen Klassen auf, wohingegen die eher von
der Datenmodellierung abstammenden Methoden (Object-Oriented Analysis, Semantisches
Objektmodell) fast keine Features vorsehen, den Nachrichtenaustausch zwischen Objekten
zu veranschaulichen. Hier beschränkt man sich darauf, den funktionalen Aspekt lediglich
durch die isolierte Auflistung von Methoden jeder Klasse darzustellen. Der Ansatz von Pun,
Winder, der sich allerdings auch als noch zu verbessernder Vorschlag versteht, hat seinen
Schwerpunkt nicht in der graphischen Darstellung der Ergebnisse, sondern versucht, die
Strukturierung des Entwurfsprozesses und die damit notwendigen Aktivitäten in den
Mittelpunkt zu stellen.

4.1.4 Vorstellung der Designmethode Object-Oriented Design

Die objektorientierte Designmethode Object-Oriented Design von Booch hat eine evolutionäre Entwicklung hinter sich (vgl. Booch 1986) und verwendet in ihrer Notation sechs Arten
von Diagrammen, die sowohl geeignet sind, die statischen als auch die dynamischen
Aspekte eines Systementwurfs darzustellen (vgl. Booch 1991, 154-186):

❏ **Class Diagrams** zeigen die existierenden Klassen und ihre Beziehungen innerhalb
des logischen Entwurfs,

❏ **Object Diagrams** repräsentieren die Beziehungen zwischen den Objekten eines
Systems,

❏ **State Transition Diagrams** zeigen die individuellen Veränderungen und Zustandsübergänge von Instanzen einer Klasse,

❑   **Timing Diagrams** demonstrieren den zeitlichen Verlauf des Nachrichtenaustauschs durch Darstellung des Kontrollflusses,

❑   **Module Diagrams** zeigen die Zuordnung von Klassen und Objekten zu den physikalischen Modulen eines Systems und

❑   **Process Diagrams** werden notwendig bei der Verwendung von mehr als einem Prozessor und bilden die Zuordnung der Prozesse zu diesen Hardwareressourcen ab.

Zusätzlich zu den graphischen Beschreibungen werden für einige Aspekte weitere textuelle Informationen (z.B. über den Aufbau von Klassen und Methoden) notwendig, die strukturiert innerhalb von Templates abgelegt werden.

Da zur Beschreibung des Frameworks in den folgenden Kapiteln in erster Linie Class- und Object Diagrams verwendet werden, sollen diese Teile der Notation im Detail vorgestellt werden:

Die Darstellung der Existenz von Klassen und ihrer gegenseitiger Beziehungen ist Zielsetzung der Class Diagrams; die dabei verwendeten Symbole werden in Abbildung 4.5 aufgezeigt und untenstehend erläutert.

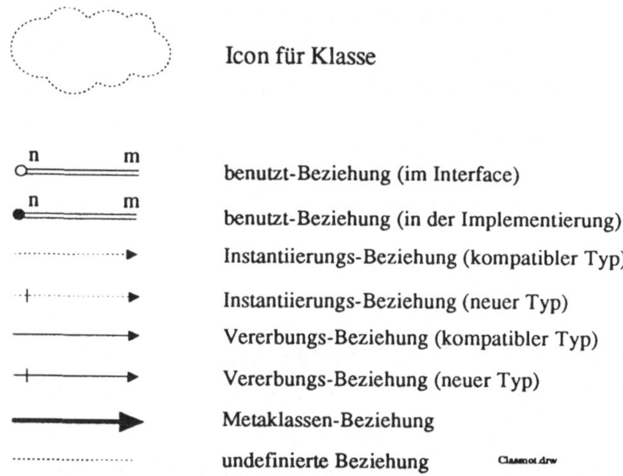

Abb. 4.5:   Symbole innerhalb von Class Diagrams (Quelle: Booch 1991, 159)

Gestrichelte Wolken symbolisieren die Klassen, ihre Namen stehen im Innern der Wolken. Die Beziehungen zwischen Klassen werden durch verschiedenartige Verbindungslinien dargestellt, wobei die Kardinalitäten der Beziehungen gesondert ausgewiesen werden können. Eine 1:n-Beziehung zwischen den Klassen A und B gibt dabei an, daß eine Instanz der Klasse A zu n Instanzen der Klasse B in Beziehung steht. Es ist möglich, Verwendungs-, Instantiierungs-, Vererbungs- sowie Metaklassenbeziehungen abzubilden. Besondere

Erwähnung bedarf die Unterscheidung zwischen der Uses-for-Implementation- und der Uses-for-Interface-Beziehung: Letztere wird dann gewählt, wenn die benutzte Klasse unabhängig von der speziellen Beziehung auch für andere Klassen sichtbar bleibt, wohingegen im ersten Fall die benutzten Instanzen gewissermaßen in die nutzende Instanz eingekapselt sind (vgl. Booch, Vilot 1991, 137). Der ausgefüllte bzw. leere Kreis markiert die nutzende Klasse. Falls notwendig, kann für komplexe Klassen ein Template (Class Template) angelegt werden, das Detailinformationen über verschiedene Aspekte der Klasse (Kommentar, Kardinalität, Liste generischer Parameter u.a.) umfaßt.

Object Diagrams sind ebenfalls Bestandteil des logischen Designs eines Systems und stellen den Nachrichtenaustausch zwischen Objekten dar (vgl. Abb. 4.6).

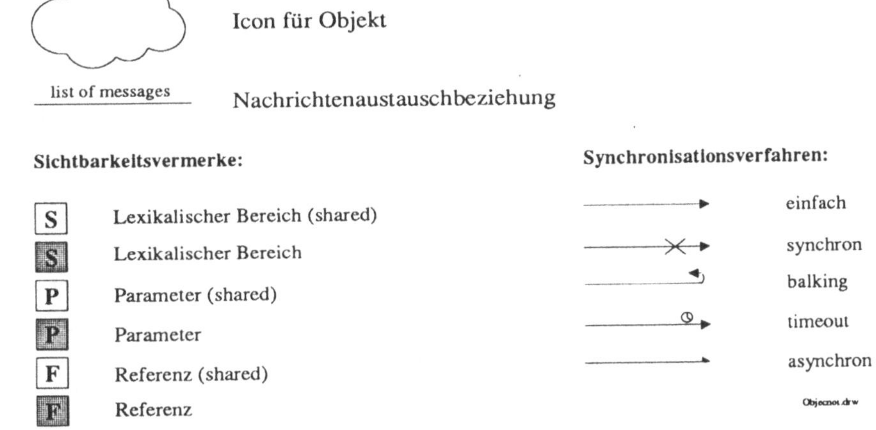

Abb. 4.6:   Symbole innerhalb von Object Diagrams (Quelle: Booch 1991, 171)

Objekte werden durch Wolken (mit durchgezogenen Linien) symbolisiert, an den Verbindungslinien werden die zwischen Objekten ausgetauschten Nachrichten notiert. Weiterhin gibt es zum einen die Möglichkeit, die Art der Sichtbarkeit der kommunizierenden Objekte zu vermerken (Same lexical scope (S), Parameter (P), Field (F) (vgl. Kapitel 4.2.3.3.2)), zum anderen kann für Systeme mit parallelem Kontrollfluß die Form der Nachrichtensynchronisation bei der Kommunikation dargestellt werden (vgl. Booch 1991, 171-172).

4.2 Richtlinien zum objektorientierten Design

Es soll nun die Frage im Mittelpunkt stehen, welche Richtlinien bei der Entwicklung wiederverwendbarer Komponenten zu beachten sind, um eine hohe Qualität der Bausteine zu erreichen. Einige Autoren nehmen bei der Beschreibung von Richtlinien zur objektorientierten Entwicklung eine Unterteilung in die Abstraktionsebenen Design und Implementierung vor. Die folgenden Gestaltungsrichtlinien beziehen sich in erster Linie auf die Phase des objektorientierten Designs. Da ein wesentliches Kennzeichen objektorientierter Entwicklung die Verringerung des konzeptionellen Abstandes zwischen den genannten Beschreibungsebenen ist (vgl. Kapitel 3.2.1), haben sie allerdings auch direkte Aussagekraft für die Implementierung, wobei jedoch implementierungsspezifische Richtlinien, die i.a. programmiersprachenabhängig sind, nicht behandelt werden. Im folgenden soll in die verschiedenen Teilaufgaben objektorientierter Entwicklung unterschieden werden, so daß als wesentliche Schwerpunkte die Definition von Klassen, die Definition des Protokolls, der Aufbau der Klassenhierarchie sowie der Nachrichtenaustausch zwischen Klassen behandelt werden.

Alle nachfolgend behandelten Richtlinien führen nicht zu einer unfehlbaren Methode zur Softwareentwicklung, sondern versuchen, gemachte Erfahrungen und allgemein anerkannte Ergebnisse in Form von Heuristiken darzustellen. Um die Güte eines Designs unabhängig von individuellen Vorlieben zu beurteilen, schlägt Coad vor, die Qualität eines Entwurfs an den Kosten eines Systems zu messen, wobei allerdings keine einfache operative Anwendung dieses Kriteriums möglich ist:

> "A good design is one that balances trade-offs to minimize the total cost of the system over its entire lifetime... one of the most important characteristics of a good design is that it leads to an easily maintained implementation." (Coad 1991c, 68)

Ein Großteil der folgenden Gestaltungsrichtlinien hat zum Ziel, die Wiederverwendbarkeit der Software zu steigern. Um dieses Kriterium einer objektiveren Beurteilung zugänglich zu machen, wurde in den letzten Jahren eine Reihe von Maßgrößen definiert, deren Auswertung hohe Aussagekraft bei der Bewertung dieses Aspektes besitzt.[9] Da jedoch sehr viele Nebenbedingungen, wie z.B. die Retrievalmöglichkeiten und die Unterstützung der

---

[9] Der Mehrzahl der definierten Maßgrößen zur Messung der Wiederverwendung liegt der Ansatz zugrunde, die Größe des wiederverwendeten Codes mit der Größe des neu entwickelten Codes zu vergleichen, wobei Modifikationen existierender Software i.a. nicht berücksichtigt werden (vgl. Boehm 1981; Conte, Dunsmore, Shen 1986; Fenton 1991). Bieman definiert dagegen eine Vielzahl von Maßgrößen, die sich speziell auf objektorientierte Software beziehen und auch Änderungsmöglichkeiten (Leveraged Reuse) umfassen; hierbei wird noch einmal in die Sichten der benutzten und der benutzenden Komponenten und in die Gesamtsicht unterschieden (vgl. Bieman 1991); siehe hierzu auch Kapitel 6.3.

Wiederverwendung durch das Projektmanagement, die Realisierung der Wiederverwendung beeinflussen, sollten die nachfolgenden Richtlinien als eine notwendige Voraussetzung, nicht aber als hinreichend zur Erreichung dieses Ziels angesehen werden:

> "The amount of reuse of a particular class is also related to external properties such as 'usefulness' of a class in particular application domains... Thus, the quantity of reuse is not a direct function of the internal properties or internal 'reusability' of a class. Because of the numerous external factors, 'reusability' is not an attribute of a software document." (Bieman 1991, 9)

4.2.1 Definition von Klassen

Klassen mit ihren zugehörigen Objekten sind die Grundbausteine eines objektorientierten Systems, so daß ihre Definition zu den grundlegenden und wichtigsten Aufgaben des Entwurfs und der sich anschließenden Implementierung gehört. Da objektorientierte Entwicklung Sichtweisen der Daten- und Funktionsmodellierung miteinander kombiniert, ist offensichtlich, daß eine eigene Vorgehensweise zur Definition der Klassen etabliert werden muß.

Die generellen Unterschiede - insbesondere im Vergleich zur Funktionsmodellierung - beim Auffinden der Objekte versucht Meyer in dem grundlegenden Motto,

> "Frag nicht zuerst, was das System tut: Frag, WORAN es etwas tut !" (Meyer 1990a, 54),

zum Ausdruck zu bringen, womit auch eine strikte Bottom-Up-Vorgehensweise nahegelegt wird, die es möglichst lange unterläßt, die höchsten Funktionen des Systems zu untersuchen und zu beschreiben. Auch wenn dieser generelle Ansatz in der zu sehr vereinfachenden Anleitung gipfelt,

> "In der physikalischen oder abstrakten Wirklichkeit sind die Objekte modelliert und warten darauf, aufgelesen zu werden! Die Softwareobjekte spiegeln diese externen Objekte einfach wider." (Meyer 1990a, 55),

wird damit doch ein großer Vorteil des objektorientierten Entwurfs im Vergleich zu traditionellen Designmethoden angesprochen - die große Schwierigkeit herkömmlicher Entwicklung, die komplexe Wirklichkeit auf EDV-geeignete Strukturen abzubilden, wird durch die nunmehr mögliche Wahl der interagierenden Objekte als direkte Entsprechungen der komplexen Objekte der Wirklichkeit abgelöst:[10]

---

[10] Scharenberg, Dunsmore beobachten bei erfahrenen Entwicklern dagegen eine Evolution der Klassendefinitionen im Laufe eines Projektes dahingehend, daß die Klassen zunächst als nicht miteinander interagie-

> "Find the objects by anthropomorphic projection; i.e., use real-world objects rather than computer science objects whenever possible." (Beck et al. 1988, 373-374)

Da die Auswahl der Objekte und Klassen nicht ganz so einfach ist, wie von Meyer beschrieben, versuchen einige Autoren, mögliche Klassen von Kandidaten anzugeben, um dem Designer diese Aufgaben zu erleichtern.

Shlaer, Mellor geben fünf Kategorien vor, deren Elemente als Startideen zum Finden von Objekten in neuen Problembereichen dienen können (vgl. Shlaer, Mellor 1988, 14-19):

- Gegenstände,

- Rollen (die Personen annehmen können),

- Vorkommnisse (die einen Zeitbezug haben),

- Interaktionen (die Verbindungen zwischen zwei oder mehreren anderen Objekten herstellen) und

- Spezifikationen (die häufig als Standardbeschreibungen anderer Objekte eingesetzt werden).

Die Vorschläge anderer Autoren unterscheiden sich davon im wesentlichen in der Begriffswahl, die zugrundeliegenden Ideen sind identisch, so daß die Klassifikationen von Ross (er benennt Menschen, Plätze, Gegenstände, Organisationen, Konzepte und Ereignisse (vgl. Ross 1987)) sowie von Coad, Yourdon (Strukturen, Systeme, Vorrichtungen, Ereignisse, Rollen, Plätze, Prozeduren und Organisationseinheiten (vgl. Coad, Yourdon 1991, 60-66)) in ähnlicher Weise interpretiert und verwendet werden können.[11]

Die von Budde et al. vorgestellte Metapher von Werkzeug und Material ist der Versuch, bei der Objektfindung die Benutzersicht und die systemtechnische Sicht in Einklang zu bringen (vgl. Budde et al. 1992). Entsprechend der vom Benutzer gewöhnten Sichtweise von Arbeitsmitteln und -gegenständen werden interaktive Anwendungen modelliert, indem Werkzeug-, Material- und Aspektklassen gebildet werden:

> "Werkzeugklassen fokussieren auf die Handhabung und auf Tätigkeiten; Materialklassen auf die Eigenschaften (und Widerstände!) der Arbeitsgegenstände; Aspektklassen auf das Zusammenspiel von Werkzeugen und Materialien." (Budde et al. 1992, 239)

---

rende Entsprechungen von Objekten der Domäne aufgefaßt werden können, sich allmählich aber zu kommunizierenden, anthropomorphen Klassen wandeln, die nicht unbedingt eine reale Entsprechung haben (vgl. Scharenberg, Dunsmore 1991).

[11] Rosson, Gold berichten von einem interessanten Experiment, bei dem die Arbeitsweise von 6 Smalltalk-Programmierern in den frühen Entwurfsphasen untersucht wird (vgl. Rosson, Gold 1989); alle waren mit dem Entwurf eines EDV-Systems für einen Lebensmittelladen beauftragt. Die Beobachtung zeigt, daß der Designprozeß als interaktiver Vorgang zu verstehen ist, währenddessen die Designer den Objekt-Metaphor nutzen, um eine neue Version des Problems zu erstellen, in der die erkannten Objekte als anthropomorphe Gebilde miteinander kommunizieren, um die gewünschte Funktionalität zu erreichen.

Insbesondere die Bildung der Aspektklassen führt i.a. zur Verwendung der Mehrfachvererbung, da es sinnvoll und notwendig erscheinen kann, eine Klasse unter mehreren Aspektoberklassen anzuordnen.

Eine weitere Möglichkeit, die Objektfindung zu unterstützen, besteht darin, eine natürlichsprachliche Beschreibung der Anwendung als Grundlage zu nehmen. Alle vorkommenden Substantive sind Kandidaten für die Objekte des zu modellierenden Systems, die verwendeten Verben sollten als Ausgangspunkt genommen werden, das Protokoll jeder Klasse zu bestimmen (vgl. Abbott 1983).

Eine Klassendefinition in der beschriebenen Art und Weise führt vornehmlich zu anwenderorientierten Klassen, die dessen Sicht auf das System widerspiegeln. In der Designphase wird diese Auswahl ergänzt um Klassen, die einen stärkeren Bezug zur DV-technischen Realisierung des Systems aufweisen.

Eine mögliche Gefahr der skizzierten Methoden besteht darin, zunächst zu viele Klassen zu definieren, so daß es Sinn macht, sich umgekehrt zu überlegen, was denn nicht als Klasse definiert werden sollte. Generell sollte eine Klasse als nicht geeignet erkannt werden, wenn keine besonderen Operationen auf Instanzen der Klasse angewendet werden bzw. die Instanzen nicht durch eigene Eigenschaften charakterisiert werden können (vgl. Meyer 1990a, 353). Rumbaugh et al. differenzieren diese Ausschlußkriterien noch weiter und erkennen als nicht geeignete Klassen (vgl. Rumbaugh et al. 1991, 153-156):[12]

- redundante Klassen, d.h. Klassen, deren Information schon im System zur Verfügung steht,
- irrelevante Klassen, d.h. Klassen die keine sinntragende Bedeutung für die eigentliche Funktionalität beinhalten,
- unscharfe Klassen, d.h. Klassen deren Bedeutung nicht klar abgegrenzt ist,
- Attribute, d.h. Informationen, deren Komplexität so gering ist, daß sie besser als Eigenschaften von Objekten definiert werden,
- Operationen, d.h. Vorgänge, die nicht selbst wiederum durch Eigenschaften charakterisiert werden bzw. selbst Manipulationen erfahren,
- Klassen, die die Rollen von Objekten in Beziehungen, aber nicht die Natur der Objekte selbst widerspiegeln, sowie
- Klassen, die schon Konstrukte der Implementierung widerspiegeln, aber keine Bedeutung in der Realität haben.

---

[12] Ähnliche Ausschlußkriterien finden sich auch bei Shlaer, Mellor, die vier Arten von Tests zur Sicherstellung der Güte der Objektwahl vorschlagen (vgl. Shlaer, Mellor 1988, 23-25).

Im Zusammenhang mit der Definition von Klassen stehen Überlegungen, wann eine Klasse zu komplex definiert wurde und möglichst aufgespalten werden sollte. Indizien für diesen Fall sind zum einen eine sehr hohe Anzahl von Methoden, da dies darauf hindeutet, daß mehrere Abstraktionen durch die Klasse repräsentiert werden. Johnson, Foote geben als Maßzahl 50-100 Methoden an, die nur in Ausnahmefällen bei einer einzigen Klasse definiert werden sollten (vgl. Johnson, Foote 1988, 29-30).

Ein ebensolches Indiz ist es, wenn die Gesamtzahl der Methoden eine Zweiteilung aufweist und jede Hälfte im wesentlichen auf eine zugeordnete Hälfte der Instanzvariablen zugreift. Diese Situation taucht auf, wenn mehrere Sichtweisen auf die Instanzen in einer Klasse vereinigt wurden (vgl. Johnson, Foote 1988, 30).

4.2.2 Methodenprotokoll von Klassen

Der mögliche Umgang mit Objekten spiegelt sich in ihren zugeordneten Methoden wider, so daß dem Protokoll einer Klasse besondere Bedeutung geschenkt werden muß. Funktionalität und Struktur der Methoden sind äußerst wichtig auf dem Weg hin zu einem wiederverwendbaren Design.

4.2.2.1 Funktionalität von Methoden

Methoden eines Objektes sollten genau eine, klar abgegrenzte Funktion erfüllen (vgl. Booch 1991, 125). Maßstäbe zur Bewertung dieses Kriteriums können die Größe und auch die Schachtelungstiefe einer Methode sein. Weitere Hinweise kann die natürlichsprachliche Beschreibung der Funktionalität liefern, die bei Erfüllung des Kriteriums als einfach strukturierter Satz formulierbar sein sollte (vgl. Coad 1991c, 69-70).

Die Kürze einer Methode erleichtert die Unterklassenbildung zur zugehörigen Klasse, da die Redefinition von weniger umfangreichen Methoden wesentlich einfacher ist, so daß das Splitten einer Methode sehr oft als Folge einer anstehenden Spezialisierung durchgeführt wird (vgl. Johnson, Foote 1988, 28-29; Bieman 1991, 7).

Was die Anzahl der Parameter angeht, so sollten Methoden (mit Ausnahme von Instantiierungsmethoden) möglichst wenige Parameter besitzen - Coad definiert 3 Parameter als obere Grenze (vgl. Coad 1991c, 68-69). Dies erhöht die Chance, eine ähnliche Methode zu finden und bei entsprechender Klassenstruktur Vererbung bzw. Polymorphismus ausnutzen zu können. Eine Methode sollte nur unbedingt notwendige Parameter besitzen;

Parameter, die als Optionen verstanden werden können, sollten bei der Initialisierung festgelegt werden und wenn nötig nur durch eigens dafür definierte Methoden geändert werden (vgl. Meyer 1990b, 83-84).

Um die Zahl der Parameter zu reduzieren, gibt es im wesentlichen die beiden Möglichkeiten, die Methode zu splitten und ihre Funktionalität auf mehrere Methoden zu verteilen sowie die Definition einer neuen Klasse, deren Instanzen gerade die Aggregation einer Gruppe von Argumenten repräsentieren. Dieser zweite Ansatz erscheint insbesondere dann sinnvoll, wenn diese Gruppe in mehreren Methoden als Parameter auftaucht (vgl. Johnson, Foote 1988, 28).

4.2.2.2 Zugriff auf Instanzvariablen

Gemäß des objektorientierten Konzeptes der Datenkapselung sind Methoden die einzige Möglichkeit, von außen auf die Werte der internen Daten zuzugreifen bzw. sie zu manipulieren. Doch auch für die Klasse selbst, die in ihren Methoden ja direkten Zugriff auf alle Variablen hat, gilt, daß sie sich möglichst dafür definierter Instanzmethoden bedienen sollte. Dies bedeutet, daß für jede Instanzvariable ein Methodenpaar angelegt wird, um lesenden und schreibenden Zugriff darauf zu ermöglichen (vgl. Abb. 4.7). Mehrfache Vorteile resultieren aus dieser Konvention: Zum einen erhöht sich die Unabhängigkeit der restlichen Implementierung von der speziellen Form der internen Datenrepräsentation, da im Falle einer Änderung lediglich die Zugriffsmethoden anzupassen sind (vgl. Johnson, Foote 1988, 29). Zum anderen wird der Änderungsaufwand wesentlich vermindert, wenn neue Variablen zusätzlich definiert werden, deren Wert vom Inhalt der existierenden abhängt, da die Aufforderung zur Neuberechnung der neuen Variablen nicht an alle Stellen eingefügt werden muß, wo die alten Variablen geändert werden, sondern lediglich nur noch in den dafür verwendeten, standardisierten Zugriffsmethoden (vgl. Wirfs-Brock, Wilkerson 1989a, 34-36).

Nachteile ergeben sich aus dieser Gestaltungsrichtlinie dadurch, daß die Folge der Methodenaufrufe etwas komplexer wird und dementsprechend die Performance leidet. Zudem können Lesbarkeit und Verständlichkeit des Programmcodes reduziert sein - dies kann jedoch durch eine Namensvergabe abgemildert werden, die den Zusammenhang zwischen Zugriffsmethoden und betroffenen Variablen deutlich macht (vgl. Wirfs-Brock, Wilkerson 1989a, 39).

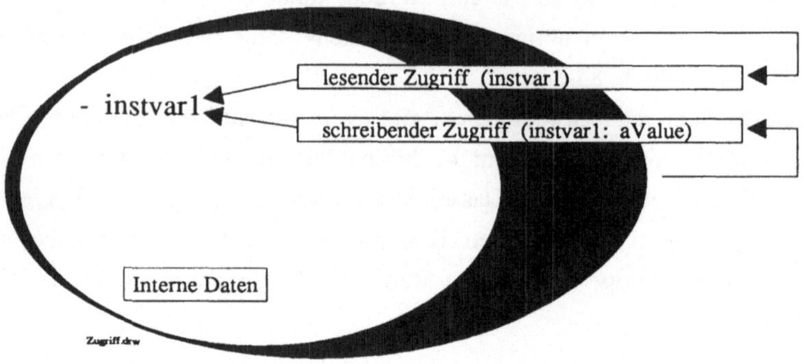

Abb. 4.7:   Zugriff auf Instanzvariablen über Methoden

4.2.2.3   Namenskonventionen bei Methoden

Ein wesentlicher Punkt in dem Bestreben, wiederverwendbares Design und eine wiederverwendbare Implementierung zu erhalten, liegt in der sorgfältigen Vergabe von Namen für
Methoden. Nur wenn es gelingt, den Weg hin zu einem standardisierten Klassenprotokoll zu
beschreiten, können die mit den Grundkonzepten Vererbung und Polymorphismus
verbundenen Vorteile gänzlich ausgenutzt werden, da Klassen, deren Instanzen auf die
gleichen Nachrichten reagieren, sehr viel einfacher in einer Hierarchie angeordnet werden
können. Die Anwendung von Polymorphismus setzt ein sich überdeckendes Methodenprotokoll voraus.[13] Abb. 4.8 zeigt, welchen Einfluß diese Gestaltungsrichtlinie auf das
Methodenprotokoll von Klassen der Eiffel-Bibliothek hatte und wie die Namensgebung für
Methoden der Standardklassen *Stack*, *Array*, *Queue* und *H_Table* in späteren Versionen
entsprechend modifiziert wurde.

Einige Programmiersprachen erlauben die Zusammenfassung von Methoden einer Klasse
nach inhaltlichen Kategorien. In Smalltalk existieren auch für die Benennung dieser
Kategorien Konventionen, die erfahrenen Entwicklern den Überblick erleichtern (vgl. o.V.
1990, 261-262).

---

[13] Hopkins, Knolle demonstrieren die Vorteile von Standardprotokollen mit Hilfe von Beispielen aus der
Objective-C Klassenbibliothek, die u.a. Methoden zum Instantiieren und Initialisieren, zum Kopieren, zum
Vergleich, zum Speichern und Wiederauffinden von Objekten betreffen (vgl. Hopkins, Knolle 1990).

Klasse	Alte Version	Neue Version
Stack	push pop top	put remove item
Array	enter entry	put item
Queue	add remove_oldest oldest	put remove item
H_Table	insert delete value	put remove item

Abb. 4.8: Modifikation der Namensgebung bei Methoden der Eiffel-Bibliothek (nach: Meyer 1990b, 82)

Ein anderer Aspekt der Namensvergabe wird von Johnson, Foote als *Recursion Introduction* angeführt: Wenn eine Methode zum Aufruf einer ähnlichen Methode bei einer Unterkomponente des ursprünglichen Empfängers führt, sollte diese zweite Methode den gleichen (oder bei unterschiedlicher Parameterzahl ähnlichen) Namen erhalten, um die Zusammenhänge deutlich werden zu lassen (vgl. Johnson, Foote 1988, 28).

4.2.2.4 Kennzeichnung der Sichtbarkeit von Methoden

Die Sichtbarkeit von Methoden kennzeichnet, welchen Objekten es innerhalb des objektorientierten Systems gestattet ist, die entsprechende Methode durch Nachrichtenkommunikation anzustoßen. Nicht in allen Programmiersprachen ist hier überhaupt eine Unterscheidung möglich; die umfangreichste Differenzierung ermöglicht C++, wo Methoden als *private* (nur das Objekt selbst darf die Methode anstoßen), *protected* (nur Objekte hierarchisch untergeordneter Klassen dürfen die Methode anstoßen) oder *public* (alle Objekte dürfen die Methode anstoßen) deklariert werden können.

Auch hierbei sind einige Gestaltungsrichtlinien zu beachten: Die in Kapitel 4.2.2.2 geforderten Zugriffsmethoden, die lediglich lesend oder schreibend auf Instanzvariablen zugreifen, sollten in jedem Fall als privat definiert werden, da andernfalls das Prinzip der Datenkapselung ausgehöhlt wird (vgl. Wirfs-Brock, Wilkerson 1989a, 36). Lediglich Methoden, deren Struktur vollkommen unabhängig von der internen Repräsentation der

Daten einer Klasse ist, sollten als Bestandteile des Public Interfaces deklariert werden, um so das Prinzip der Datenkapselung möglichst in vollem Umfang zu nutzen (vgl. Korson, McGregor 1990, 53-54).

4.2.3 Beziehungen zwischen Klassen

Neben dem Aufbau einzelner Klassen wird ein objektorientiertes System durch die Beziehungen bestimmt, die zwischen den Klassen existieren. Nach einleitenden Betrachtungen der Richtlinien für die Modulbildung werden daher die Verwendung hierarchischer Beziehungen sowie von Kundenbeziehungen zwischen Klassen diskutiert.

4.2.3.1 Richtlinien der Modulbildung

Die Bildung von Modulen führt zu einer Strukturierung eines Gesamtsystems mit dem Ziel, die Übersichtlichkeit zu wahren. Wesentliche Überlegungen zur Bildung von Modulen gehen auf Parnas zurück, der auch das Geheimnisprinzip formulierte, das ein grundlegendes Kennzeichen objektorientierten Entwurfs darstellt. Dieses Prinzip fordert im wesentlichen, daß ein jedes Modul nach außen eine Schnittstelle anbietet, die die Benutzbarkeit des Moduls beschreibt, wobei die Realisierung dieser Funktionalität allerdings intern verborgen sein sollte (vgl. Parnas 1972).

Zwei Kennzahlen charakterisieren die individuelle Gestaltung der Zerlegung eines Systems in Module: Die *Kopplung* ist ein Maß für den Grad der Enge der Verbindungen der Module untereinander, die *Kohäsion* mißt den Grad der Verbindungen der Elemente innerhalb eines Moduls, ist also ein Maß für den internen Zusammenhalt. Ziel jeder Entwicklung sollte es sein, die Struktur so zu gestalten, daß eine möglichst lose Kopplung, aber eine hohe Kohäsion resultiert (vgl. Booch 1991, 124).
Auf objektorientierte Entwicklung übertragen muß diese generelle Aussage etwas differenzierter betrachtet werden, da sich die Kopplung eines Systems sowohl in den Vererbungs- als auch Kundenbeziehungen zwischen Klassen und Objekten zeigt, deren Ausgestaltung in den folgenden Kapiteln ausführlich betrachtet wird (vgl. Coad 1991c, 68-69). Auch wenn eine Klasse die vorherrschende Modularisierungseinheit in objektorientierten Systemen ist, kann Kohäsion für verschiedene Einheiten betrachtet werden und z.B. auch der innere Zusammenhalt einer Methode oder einer Generalisierungs-/Spezialisierungsbeziehung beurteilt werden (vgl. Coad 1991c, 69-70).

4.2.3.2   Hierarchische Beziehungen

Mit der Definition einer hierarchischen Beziehung zwischen Klassen, d.h. der Definition einer Klasse als Unterklasse einer anderen, ist im objektorientierten Umfeld die Vererbungsbeziehung mitdefiniert, die je nach Programmiersprache allerdings unterschiedlich ausgeprägt sein kann. Diskussionspunkte sind die generelle Form der Klassenhierarchie, die Verwendung abstrakter Klassen, sowie der Einsatz der Vererbungsbeziehungen gegenüber der Definition anderer Beziehungen zwischen Klassen.

4.2.3.2.1   Struktur von Klassenhierarchien

Offensichtlich wird Vererbung dann am stärksten ausgenutzt, wenn der Hierachiebaum der Klassen eine möglichst schmale, aber tiefgegliederte Struktur aufweist (vgl. Johnson, Foote 1988, 29). Für Vererbungsbeziehungen ist eine hohe Kopplung zwischen den beteiligten Klassen gewünscht, da damit die existierenden Gemeinsamkeiten zwischen Klassen optimal dargestellt werden, so daß der damit einhergehende Nachteil einer schwereren Verständlichkeit durch die Verteilung von Funktionalitäten über Hierachiestufen hinweg in Kauf genommen wird:

> "Forests of classes are more loosely coupled, but may not exploit all the commonality that exists. Trees of classes exploit this commonality, so individual classes are smaller than in forests. However, to understand a particular class, it is usually necessary to understand the meaning of all classes it inherits from or uses. Selecting the proper shape of this class structure is highly problem dependent." (Booch, Vilot 1991, 138)

Hohe Kopplung kann daran abgelesen werden, daß möglichst alle für die Oberklasse definierten Variablen und Methoden auch sinnvolle Anwendung in der Unterklasse finden. Dagegen zeugt von einer niedrigen Kopplung, wenn Attribute der Oberklasse gar nicht benutzt werden, oder noch schlimmer, sogar Methoden der Oberklasse als gar nicht gültig erklärt werden. Gründe für solche Situationen liegen fast immer in einer fehlerhaften Modellierung, die Klassen in einer hierarchischen Beziehung anordnet, obwohl diese nicht in einer wirklichen Generalisierungs- bzw. Spezialisierungsbeziehung stehen (vgl. Coad 1991c, 69-70). Johnson, Foote fordern von einer korrekten Modellierung, daß eine Klasse an jeder Stelle durch eine Unterklasse ersetzt werden kann:[14]

---

[14] Halbert, O'Brien demonstrieren Ausnahmefälle, in denen es sinnvoll ist, eine hierarchische Beziehung genau umgekehrt zur in der Realität existierenden Spezialisierungsbeziehung zu modellieren; in fast allen Fällen kann ein solches Auseinanderklaffen aber durch eine Änderung der mit jeder Klasse verbundenen Semantik verhindert werden (vgl. Halbert, O'Brien 1987, 77-78).

"There are a couple of ways that a designer can tell whether a subclass is a specialization of a superclass. An abstract definition is that anywhere the superclass is used, the subclass can be used." (Johnson, Foote 1988, 29)

Falls zwischen zwei Klassen keine vollkommene Generalisierungs- bzw. Spezialisierungsbeziehung besteht, eine Vererbungsbeziehung aber aufgrund vielfältiger Gemeinsamkeiten wünschenswert wäre, bleibt als ein gangbarer Weg, die Gemeinsamkeiten zwischen beiden Klassen auszufaktorisieren und in einer neu zu definierenden, gemeinsamen Oberklasse abzulegen (vgl. Halbert, O'Brien 1987, 78). Dies führt zur Bildung abstrakter Klassen.

4.2.3.2.2   Verwendung abstrakter Klassen

Die Vorteile abstrakter Klassen wurden bereits in Kapitel 3.1.4 diskutiert. Sie enthalten oft lediglich die Beschreibung eines Nachrichtenprotokolls, überlassen aber die endgültige Implementierung ihren Unterklassen, so daß sie sich von konkreten Klassen insbesondere darin unterscheiden, daß sie verwendet werden, um gemeinsame Funktionalitäten von Klassen zu bündeln und Ausgangspunkt von Spezialisierungen und Erweiterungen zu sein (vgl. Wu 1991).

Aus diesen Verwendungsmöglichkeiten folgt, daß abstrakte Klassen in Klassenhierarchien die oberen Plätze einnehmen. Es kann sogar als allgemeine Richtlinie formuliert werden, daß die Spitze einer Vererbungshierarchie als abstrakte Klasse definiert werden sollte, um die Erweiterungsmöglichkeiten des objektorientierten Entwurfs möglichst optimal auszuschöpfen (vgl. Johnson, Foote 1988, 23 sowie 29). LeJacq fordert, möglichst viel der Funktionalität eines Systems schon bei der Definition abstrakter Klassen in allgemeingültiger Art und Weise zu spezifizieren:

"To maximize the potential for refinement, the abstract state space of base classes should be as large as possible." (LeJacq 1991, 92)

Ein möglicher Weg, die Definition abstrakter Klassen zu fördern, besteht darin, beim objektorientierten Entwurf die Sicht ganz bewußt weg von den internen Strukturen hin zur Definition der Verantwortlichkeit jeder Klasse zu lenken und somit zu einem Nachrichtenprotokoll zu kommen, daß vollkommen unabhängig von der Implementierung der Funktionalitäten ist (vgl. Wirfs-Brock, Wilkerson 1989b).

4.2.3.2.3 Konstruktionsansatz versus Unterklassenbildung

Sehr häufig steht man beim objektorientierten Entwurf vor der Entscheidung, bereits definierte Klassen in die aktuellen Aufgaben einzupassen. Hier bieten sich in vielen Fällen zwei gegeneinander abzuwägende Alternativen an (*A* sei dabei die neu zu definierende Klasse, *B* die Klasse, deren Funktionalität ausgenutzt werden soll; *A* und *B* sollen ähnliche Funktionalitäten aufweisen):
Der **Konstruktionsansatz** basiert auf dem Prinzip der Datenkapselung und geht den Weg, für die neue Klasse *A* eine Instanzvariable *b* zu definieren, die zur Laufzeit mit einer Instanz der Klasse *B* initialisiert wird. Die Klasse *B* wird sozusagen in die Klasse *A* eingenistet. Wie der Name schon sagt, wird bei der **Unterklassenbildung** die neue Klasse *A* einfach als Unterklasse von *B* definiert und erbt somit die Methoden und Variablen, sofern dies nicht für einzelne Methoden explizit ausgeschlossen wird.

Abb. 4.9 und 4.10 verdeutlichen diese beiden Vorgehensweisen am Beispiel der Definition der Klasse *Teilestamm*, die die Verwaltung der Teile eines Unternehmens ermöglichen und diese über Schlüssel zugreifbar machen soll. Es bestehen daher die Alternativen, *Teilestamm* als Unterklasse der bereits existierenden Klasse *Dictionary* zu definieren, die als Containerklasse diese allgemeine Funktion zur Verfügung stellt, oder aber eine Instanzvariable *elemente* bei der neuen Klasse *Teilestamm* anzulegen, die auf eine Instanz der Klasse *Dictionary* verweist.

Bei der Betrachtung der Vor- und Nachteile wird deutlich, daß bei Wahl der ersten Alternative sehr viel weniger neuer Code zu implementieren ist, da automatisch eine Vielzahl von Methoden von der Oberklasse geerbt wird. So werden ohne zusätzliche Ergänzungen Statements der folgenden Art möglich:

    Teilestamm add: Teil_2314
    Teilestamm remove: Teil_2314

Im Gegensatz dazu müssen beim Konstruktionsansatz viele Methoden neu implementiert werden, indem die entsprechenden Nachrichten an die Unterkomponente weitergeleitet werden. Falls allerdings die Situation vorliegt, daß sehr viele Methoden der Oberklasse gar nicht sinnvoll auf Instanzen der Unterklasse anzuwenden sind, so bringt der Konstruktionsansatz den wesentlichen Vorteil, das Protokoll der neuen Klasse nicht unnötig zu verkomplizieren und somit auch die Komplexität der gesamten Anwendung zu reduzieren, so daß die in 4.2.3.2.1 formulierte Richtlinie, eine Vererbungsbeziehung nur bei vollkommener Generalisierungs-/Spezialisierungsbeziehung zu definieren, noch einmal bekräftigt werden muß. Dies gilt insbesondere, da bei der Unterklassenbildung sehr oft die Notwendigkeit besteht, den Code der zur Verwendung anstehenden Klassen zu erforschen (z.B. um durch Analyse die bzgl. Zeit und Speicherplatz günstigste Klasse zu ermitteln). Zum einen wird hierbei also (z.B. aufgrund von Performanceüberlegungen) gegen das Prinzip der Datenkapselung verstoßen, zum anderen taucht die Schwierigkeit auf, daß eine Verfolgung des Kontrollflusses u.U. sehr kompliziert werden kann, wenn in der Oberklasse wiederum komplexe Vererbungsbeziehungen, und insbesondere Redefinitionen von Methoden ausgenutzt werden (vgl. Taenzer, Ganti, Podar 1989). All diese Überlegungen verdeutlichen die Reduzierung der Komplexität durch den Konstruktionsansatz im Gegensatz zur Unterklassenbildung, die jedoch bei vollkommener Spezialisierungsbeziehung durchaus ihre Vorteile hat und zu einer sehr schnellen Entwicklung führt.

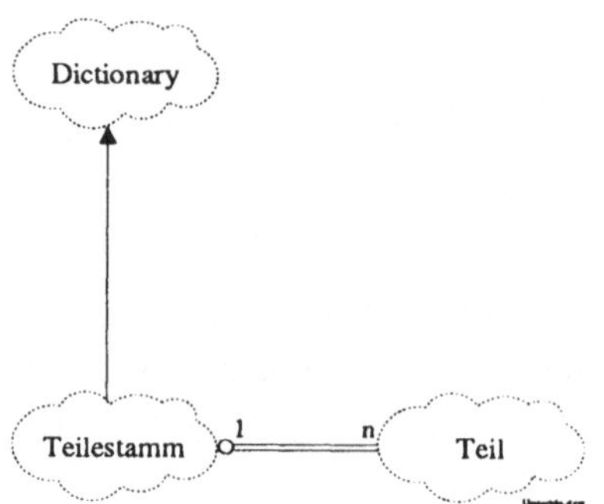

Abb. 4.9:   Unterklassenbildung am Beispiel der Klasse *Teilestamm*

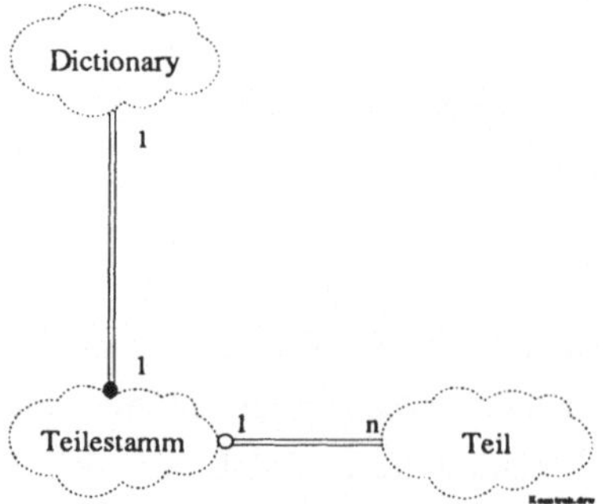

Abb. 4.10:   Konstruktionsansatz am Beispiel der Klasse *Teilestamm*

4.2.3.3   Kunden-Beziehungen

Neben der Unterklassenbeziehung existiert in objektorientierten Systemen weiterhin die Form von Beziehungen, daß eine Klasse als Kunde einer anderen Klasse auftritt. Hier kann zudem in die Part-Of-Beziehung und den Nachrichtenaustausch unterschieden werden.

4.2.3.3.1   Part-Of-Beziehungen

Die Part-Of-Beziehung wurde schon als Grundlage des Konstruktionsansatzes gegenüber der Unterklassenbildung diskutiert und macht ein wesentliches Charakteristikum des objektorientierten Modellierens aus. Im Gegensatz zu anderen Modellierungsansätzen wird es möglich, komplexe, netzartige Strukturen zwischen Objekten und damit auch ihren Klassen aufzubauen, indem Attribute definiert werden, die auf andere Objekte verweisen. Hinweise zum Einsatz der Part-Of-Beziehung sind der vorangegangenen Diskussion zu entnehmen.

4.2.3.3.2   Nachrichtenaustausch zwischen Klassen

Der Austausch von Nachrichten zwischen Objekten und Klassen ist das grundlegende Mittel der Kommunikation in objektorientierten Systemen. Designrichtlinien hierzu geben Antworten darauf, wozu die Nachrichtenkommunikation eingesetzt werden sollte und welche Partner miteinander kommunizieren sollten.

Partner des Nachrichtenaustauschs

Das Senden von Nachrichten an andere Objekte ist eine Form der Beziehungen, die den Grad der Kopplung eines objektorientierten Systems mitbestimmt. Aus dem generellen Ziel der Modulbildung, eine möglichst lose Kopplung zu erreichen, folgt, daß die Anzahl der gesendeten und empfangenen Nachrichten möglichst klein sein sollte (vgl. Coad 1991c, 68-69).

Prinzipiell kann ein Objekt Nachrichten an jedes andere Objekt schicken, das innerhalb seines Sichtbarkeitsbereiches liegt, so daß Empfänger der folgenden Kategorien vorkommen können (vgl. Booch 1991, 128):

❑   **Same lexical scope**: Der Name des Empfängers ist explizit bekannt,

❑   **Parameter**: Das Objekt wurde dem sendenden Objekt als ein aktueller Parameter oder Ergebnis eines Nachrichtenaufrufs übergeben, oder

❑   **Field**: Eine Instanzvariable des Senders verweist auf das Objekt.

Neben diesen generellen Aussagen wird versucht, die möglichen Partner des Nachrichtenaustauschs weiter einzuengen, woraus zwei konkurrierende Gestaltungsrichtlinien resultieren, deren Anwendung gegeneinander abgewogen werden muß: Aus dem Prinzip der Datenkapselung folgt, daß Nachrichten möglichst nicht direkt zu Unterkomponenten eines Objektes geschickt werden sollten, da diese nach außen unsichtbar sein sollten (vgl. Korson, McGregor 1990, 53-54; Blake, Cook 1987). Die Anwendung dieser Vorgabe führt allerdings zu dem Phänomen des "Message-Pass-Through". Hier werden Nachrichten von Objekten zu ihren Unterkomponenten weitergereicht - es entsteht der Nachteil einer unnötigen Einbindung dieser Zwischenklassen, die im Falle einer Änderung des Nachrichtenaufbaus auch von Modifikationen betroffen sind (vgl. Coad 1991c, 69).

Lieberherr, Holland, Riel versuchen mit der Formulierung des "Law of Demeter", die möglichen Empfänger von Nachrichten noch weiter einzugrenzen, wenn Datenkapselung und Modularität möglichst optimal realisiert werden sollen (vgl. Lieberherr, Holland, Riel 1988): Innerhalb des Rumpfes einer Methode M, die bei einer Klasse C definiert wird, dürfen nur Nachrichten an C selbst geschickt werden, an Instanzvariablen von C (genauer: an Objekte, auf die von Instanzvariablen referenziert wird) und an Objekte, die als Parameter von M auftauchen. Es wird in die starke und die schwache Form des "Law of Demeter" unterschieden, wobei die starke Form nur Instanzvariablen anerkennt, die genau bei C deklariert wurden, in der schwachen Form dagegen auch ererbte Instanzvariablen zugelassen sind. Als eine mögliche nachteilige Folge resultiert aus der Anwendung, daß die Zahl der Methoden, aber auch die Zahl der Parameter für einzelne Methoden stark erhöht werden muß und die Verständlichkeit stark eingeschränkt wird:[15]

> "We have seen that there is a price to pay. The greater the level of data hiding, the greater the penalities are in terms of the number of methods, speed of execution, number of arguments to methods and sometimes readability of the code." (Lieberherr, Holland, Riel 1988, 333)

Auch Ferstl, Sinz kommen im Rahmen der Entwicklung des Semantischen Objektmodells (SOM) zu einer Einengung der potentiellen Kommunikationspartner, da das objektorientierte Modell in wesentlichen Teilen aus dem Strukturierten Entity-Relationship-Modell

---

[15]   Zu einer ausführlicheren Diskussion der Vor- und Nachteile des "Law of Demeter", vgl. Sakkinen 1988.

(SERM) hergeleitet wird und den hier bestehenden Strukturbeziehungen hohe Aussagekraft über die Kommunikation im objektorientierten Modell zugesprochen wird (vgl. Ferstl, Sinz 1990).

Verwendung des Nachrichtenaustauschs

Der Austausch von Nachrichten ist nicht nur geeignet, Aktionen anzustoßen, sondern sollte auch verwendet werden, um Informationen zu beschaffen, so daß die Verwendung globaler Variablen möglichst reduziert werden sollte. Im Zusammenhang mit dem "Law of Demeter" gilt auch die andere Richtung, daß ein Objekt, das die Funktionalität eines anderen Objektes ausnutzt, diesem auch die benötigten Informationen möglichst schon als Parameter des Methodenaufrufs mitgibt (vgl. Korson, McGregor 1990, 53-54).

In keinem Fall sinnvoll ist die explizite Abfrage der Klasse eines Objektes. Das Problem, Objekte in Abhängigkeit von ihrer Klassenzugehörigkeit zu unterschiedlichen Aktionen zu veranlassen, sollte so geregelt werden, daß unabhängig von der Klasse die immer gleiche Nachricht an das in Frage stehende Objekt geschickt wird und dieses unter Ausnutzung von Polymorphismus gemäß seiner Klassenzugehörigkeit darauf reagiert (vgl. Johnson, Foote 1988, 28). Casais gibt eine allgemeine Vorgehensweise an, wie das explizite Überprüfen der Klasse eines Objektes vermieden werden kann (vgl. Casais 1990, 157).

Die vorangehend erläuterten Designrichtlinien stellen größtenteils Heuristiken dar, die dem Entwickler natürlich nicht den unfehlbaren Weg hin zu wiederverwendbaren Komponenten weisen; in der Summe werden sie jedoch wertvolle Hilfestellung bieten können, um die Qualität der erstellten Komponenten zu erhöhen.

5 Ein Framework für Materialwirtschaft und Beschaffung

Nachdem in den vorangegangenen Kapiteln die besondere Eignung objektorientierter Entwicklung zur Realisierung der Wiederverwendung von Software sowie die Mächtigkeit von Frameworks aufgezeigt wurden, soll nun exemplarisch ein solcher Framework für zentrale Bereiche eines Industrieunternehmens, Materialwirtschaft und Beschaffung, entwickelt werden. Zielsetzung der Entwicklung dieses Frameworks ist es, deutlich zu machen, daß nicht nur systemnahe Entwicklungen und Benutzeroberflächen geeignete Zieldomänen wiederverwendbarer Komponenten sind, sondern daß dieser Ansatz auch bei der Realisierung der fachinhaltlichen Zusammenhänge und Abläufe einer Applikation - insbesondere auch des betriebswirtschaftlichen Anwendungsbereichs - enorme Vorteile verspricht.

5.1 Generelle Vorgehensweise

Im folgenden wird die generelle Vorgehensweise bei der Entwicklung und Darstellung des Frameworks beschrieben. Zur inhaltlichen Abgrenzung der Domäne des Frameworks sind zumindest zwei Möglichkeiten denkbar:

❏　Objektorientierte Entwicklung stellt die Objekte des Anwendungsbereichs in den Mittelpunkt, so daß es zunächst sinnvoll erscheint, die Grenzen des Frameworks durch die Auflistung der zentral zu untersuchenden Objekte (bzw. Klassen) zu bestimmen. Beispielhaft wäre es möglich, einen Framework um zentrale Klassen, wie z.B. *Teil*, *Stückliste* und *Lieferant*, mit der Zielsetzung aufzubauen, alle Funktionalitäten, die diese Klassen betreffen, zu berücksichtigen und im Framework zu integrieren. Es wird jedoch sofort offensichtlich, daß eine solche Vorgehensweise sehr große Schwierigkeiten mit sich bringt, da etwa die Klasse *Teil* in sehr vielen Funktionsbereichen eines Industrieunternehmens von Bedeutung ist und Verbindungen zu einer immens großen Menge anderer Klassen bestehen, die dann auch aufgeführt werden müßten, so daß das eigentliche Ziel einer Abgrenzung nicht erreicht werden kann.

❏　Angesichts der Tatsache, daß Anforderungen an zu entwickelnde Softwaresysteme, zu dessen Realisierung der Framework letztendlich eingesetzt werden soll, primär über deren Funktionalität formuliert werden, besteht die Alternative zur Abgrenzung des Frameworks in einer Beschreibung, die auf funktionaler Zerlegung beruht: Wie schon durch die Nennung der Funktionsbereiche Materialwirtschaft und Beschaffung begonnen, wird die Bestimmung des Funktionsumfangs des Frameworks durch die weitere Zerlegung dieser Bereiche in Unterfunktionen erreicht; diese Zerlegung wird in Kapitel 5.2 genauer beschrieben. Dies bedeutet nicht, daß funktionale Zerlegung als Ausgangspunkt objektorientierter Entwicklung angesehen wird; vielmehr wird diese Herangehensweise als didaktisches Mittel benutzt, um den entwickelten Framework in übersichtlicher Weise darzustellen.

Abb. 5.1 verdeutlicht das weitere Vorgehen bei der Präsentation der Ergebnisse.

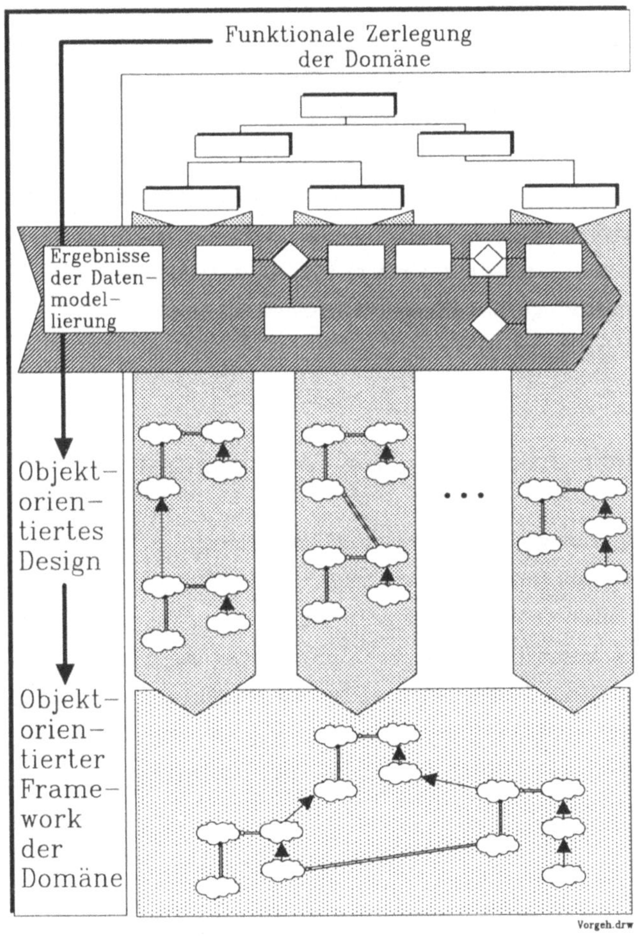

Abb. 5.1:   Vorgehensweise bei der Darstellung des Frameworks

Das objektorientierte Design der einzelnen Bereiche wird in Kapitel 5.3 aufgezeigt, wobei als Vorgehensweise eine Symbiose verschiedener objektorientierter Designmethoden verwendet wird. Aus der Anwendung der Datenmodellierung resultierende Referenzmodelle werden hierbei durchaus als Hilfsmittel zum Auffinden relevanter Klassen und ihrer Beziehungen untereinander eingesetzt. Die in Kapitel 5.3 vorgestellten Ergebnisse zeigen, wie die funktionalen Anforderungen mit Hilfe eines objektorientiert entworfenen Systems (das aufgrund seiner Frameworkcharakteristika offen für Erweiterungen und Spezialisierungen ist) realisiert werden können.

Kapitel 5.4 verdeutlicht, wie die zunächst funktional getrennt dargestellten Designergebnisse zu einem homogenen Framework integriert werden können. Die entwickelten Klassenstrukturen werden dabei zu einer einzigen Struktur verbunden. Entsprechend der in Kapitel 3.3.3 vorgestellten Philosophie eines Frameworks soll ein solcher eingesetzt werden, um Applikationen der betreffenden Domäne aus diesen Designvorgaben als Spezialisierung abzuleiten. Kapitel 5.5 veranschaulicht das Potential des entwickelten Frameworks, indem gezeigt wird, wie unterschiedliche Anforderungen an ein Materialwirtschaftssystem auf der Basis des Frameworks realisiert werden können. Der entwickelte Framework wurde nicht nur auf Designniveau spezifiziert, sondern auch in wesentlichen Teilen in der objektorientierten Programmierumgebung Objectworks\Smalltalk implementiert; diese Realisierung wird in Kapitel 5.6 näher beschrieben.

5.2 Inhaltliche Abgrenzung des Anwendungsbereichs

Die Entwicklung eines Frameworks soll beispielhaft an zentralen Bereichen eines Industrieunternehmens (mit diskreter Fertigung), der Materialwirtschaft und der Beschaffung, veranschaulicht werden. Die Begriffe Materialwirtschaft und Beschaffung werden in der Literatur nicht einheitlich verwendet;[1] im folgenden wird der Abgrenzung nach Scheer gefolgt, der die Materialwirtschaft dem Bereich Produktion zuordnet und hierunter die primär dispositiven Funktionen der Bedarfsplanung und -verfolgung sowie die Verwaltung der Läger versteht (vgl. Scheer 1990a, 79). Die Beschaffung ist als eigener, inhaltlich

---

[1] Zu einer Diskussion der Verwendung und Abgrenzung der Begriffe *Materialwirtschaft* und *Beschaffung* sowie der verwandten Begriffe *Einkauf* und *Logistik*, vgl. Arnolds, Heege, Tussing 1990, 19-22; Hartmann 1990, 11-22; Bichler 1990, 15-17; Melzer-Ridinger 1991, 8-10.

nachgeordneter Bereich für die Versorgung des Unternehmens mit fremdbezogenen Teilen verantwortlich (zur genaueren inhaltlichen Beschreibung, vgl. Kapitel 5.2.2).[2]
Das verwendete Prinzip der Materialbereitstellung bestimmt wesentlich die Komplexität der betrachteten Funktionen; es lassen sich drei Prinzipien der Materialbereitstellung unterscheiden (vgl. Grochla 1978, 24-26; Bichler 1990, 25-28; Melzer-Ridinger 1991, 70-73):

❏ Das **Prinzip der Vorratsbeschaffung** sieht eine Beschaffung von - im Vergleich zum zeitpunktbezogenen Bedarf - größeren Mengen vor, um die Bestellkosten zu senken. Da Bedarfs- und Beschaffungsmengen kurzfristig nicht übereinstimmen, ist eine Lagerhaltung notwendig, die als Nachteil eine erhöhte Kapitalbindung mit sich bringt.

❏ Das **Prinzip der Einzelbeschaffung im Bedarfsfall** wird vor allem bei auftragsorientierter Einzelfertigung (mit nicht vorhersehbarem Bedarf) eingesetzt. Die Beschaffung wird erst (unter dem erhöhten Risiko zeitlicher Verzögerungen) angestoßen, wenn Bedarf (in Form eines Auftrags) für ein Material vorliegt. Eine Lagerhaltung wird somit überflüssig.

❏ Auch beim **Prinzip der fertigungssynchronen Beschaffung** stimmen Bedarf und Beschaffung mengenmäßig kurzfristig überein. Die Lieferung findet unmittelbar vor Beginn der Fertigung statt, so daß eine exakte Bedarfsplanung sowie eine hohe Zuverlässigkeit des Lieferanten gewährleistet sein müssen. Dieses Prinzip gelangt vornehmlich bei Großserien- und Massenfertigung zum Einsatz.

Um die Komplexität der betrachteten Funktionen so hoch zu halten, daß von den Ergebnissen der Entwicklung des Frameworks auch Erkenntnisse für andere Funktionsbereiche abgeleitet werden können, soll ein Unternehmen mit Vorratsbeschaffung zugrundegelegt werden. Bei Einzelbeschaffung sind Lagerbestände i.a. nicht üblich, ebenso existierten keine Freiheitsgrade bei der Bestellmengen- und -terminbestimmung. Auch bei fertigungssynchroner Beschaffung ist der Funktionsumfang eingeschränkt, da die Bestellmengen sich zwingend aus dem abgeleiteten Materialbedarf ergeben und die Lieferantenauswahl i.a. der strategischen Planung zugeordnet ist.

---

2 Die Aufgaben der strategischen Planung innerhalb der Beschaffung, wie sie von Melzer-Ridinger in Abgrenzung zur operativen Beschaffungsplanung formuliert werden (vgl. Melzer-Ridinger 1991, 44-89), sind im folgenden nicht Gegenstand der Betrachtung.

Die skizzierte Domäne wurde als Beispiel zur Entwicklung eines Frameworks gewählt, da die Bedeutung der Bereiche Materialwirtschaft und Beschaffung für Industrieunternehmen zunimmt, und somit auch die Qualität der zur Durchführung der Aufgaben eingesetzten Software bedeutender wird:

> "Aufgrund einer Tendenz zu geringerer Fertigungstiefe wächst der Anteil fremdbezogener Teile und Materialien innerhalb des gesamten Teilespektrums. Dieses führt dazu, daß bei vielen Industrieunternehmungen der Materialeinsatz bereits den größten Anteil der Aufwendungen ausmacht. Dieses bedeutet gleichzeitig, daß Rationalisierungsmöglichkeiten in diesem Bereich schon bei relativ kleinen prozentualen Erfolgen erhebliche Wirkungen auf die Erfolgssituation ausmachen." (Scheer 1990a, 317)

Neben dem hohen Einfluß von Kostensenkungen innerhalb der Materialwirtschaft auf das Betriebsergebnis führen Arnolds, Heege und Tussing weitere Gründe für die steigende Bedeutung dieses Funktionsbereichs an (vgl. Arnolds, Heege, Tussing 1990, 28-32):

❑ Der zunehmende Übergang von der Eigenfertigung zum Fremdbezug führt zu einem gesteigerten Risiko der Materialbereitstellung, da bereits der Ausfall eines Halbfabrikats die gesamte Produktion stillegen kann. Wenn nicht die Ausweitung der Sicherheitsbestände mit der einhergehenden Erhöhung der Kapitalbindung in Kauf genommen werden soll, muß die Materialwirtschaft sehr leistungsfähig sein, um eine reibungslose Versorgung zu garantieren.

❑ Die Beschaffungsmarktsituation unterliegt in fast allen Branchen einer hohen Dynamik, die neben konjunkturellen auch auf strukturelle Veränderungen (wie z.B. die Einführung des EG-Binnenmarktes) zurückzuführen ist. Die hohe technische Innovationsgeschwindigkeit mit Auswirkungen auf Fertigungsverfahren und somit auch auf einzusetzende Materialien trägt ebenso dazu bei, daß innerhalb des Beschaffungsbereiches hohe Flexibilität vonnöten ist, um den Anforderungen einer kostengünstigen und qualitätsgerechten Versorgung gerecht zu werden.

Scheer sieht als eine wesentliche Ursache (neben der starken Interdependenz der Einzelfunktionen) der hohen Komplexität, die generell im Bereich der Produktionsplanung, und somit auch innerhalb der Materialwirtschaft, zu beobachten ist, die Vielfältigkeit der Planungsobjekte:

> "Ein zweites Charakteristikum für die Komplexität ist die hohe Zahl der zu behandelnden Objekte, d. h. die hohe Zahl von Teilen (Endprodukte, Baugruppen, Einzelteile, Materialien), die in den meisten Industrieunternehmungen fünf- oder sechsstellige Zahlen umfaßt... Auch die zu beplanenden Objekte sind interdependent verbunden (z. B. die Teile durch die Stücklistenstruktur), so daß die Änderungen eines Objektes (z. B. Auftragsänderung eines Endproduktes) Auswirkungen auf

andere Objekte besitzt (Änderungen von Aufträgen der dem Endprodukt untergeordneten Baugruppen)." (Scheer 1991, 3)

Insbesondere von objektorientierter Entwicklung, deren wesentlicher Vorteil in der semantischen Nähe zwischen Realität und EDV-Umsetzung liegt (vgl. Kapitel 3.2.1), ist zu erwarten, daß sie zu gelungenen EDV-Realisierungen führt, deren Konzepte wiederum - im Sinne der von Scheer initiierten EDV-orientierten Betriebswirtschaftslehre (vgl. Scheer 1990b, 1-7) - Impulse zur Weiterentwicklung der betriebswirtschaftlichen Theorien geben können.

5.2.1 Funktionale Zerlegung des Anwendungsbereichs

Die bearbeitete Domäne läßt sich funktional zerlegen, um die zu bewältigenden Aufgaben transparenter zu machen. Abb. 5.2 zeigt (grau unterlegt) den Funktionsumfang des entwickelten Frameworks und stellt die Datenflüsse zu externen Funktionen bzw. Partnern dar. Dies bedeutet nicht, daß mit einem Framework ein Softwaresystem für diese Funktionspalette gegeben ist - ein Framework stellt keine direkt einsetzbare Applikation dar - sondern daß die Objekte zunächst lediglich im Rahmen jeder Unterfunktion der Domäne betrachtet werden, um festzustellen, welche Eigenschaften und Verhaltensweisen hier verfügbar sein sollten. So interessiert beispielsweise in diesem Zusammenhang nicht, welche Methoden die Klasse *Teil* zur Realisierung von Aufgaben des Vertriebs anbieten sollte. Grundlage fast aller Funktionen ist die Verwaltung (d.h. Erfassung, Änderung und gegebenenfalls Löschung) von Grunddaten, d.h. von Daten, die für das Unternehmen über einen längeren Zeitraum Gültigkeit besitzen und somit primär keinen Zeitbezug haben. Für Materialwirtschaft und Beschaffung sind hier vornehmlich Informationen über Teile, Erzeugnisstrukturen (die die Zusammensetzung von Teilen in Form von Stücklisten oder Teileverwendungsnachweisen beschreiben) und Lieferanten zu nennen.

Die Materialwirtschaft als Teil der primär betriebswirtschaftlich planerischen Funktionen eines Produktionsplanungs- und Steuerungssystems folgt im Sinne eines vorausschauenden Stufenkonzeptes (vgl. Scheer 1990b, 204-209) der Primärbedarfsplanung, die in enger Beziehung zum Vertriebsbereich den Bedarf an Endprodukten für einen Planungszeitraum bestimmt (vgl. Scheer 1990a, 76). Neben der Verwaltung der Läger ist es Aufgabe der Materialwirtschaft, den quantitativen und zeitlichen Bedarf an untergeordneten Teilen und Baugruppen abzuleiten. Zu unterscheiden ist hierbei in die programmgesteuerte und die verbrauchsgesteuerte Bedarfsplanung: Während die programmgesteuerte Disposition unter Zuhilfenahme der Erzeugnisstrukturen exakte Bedarfsmengen und -termine auf Basis der

Primärbedarfe berechnet, legt die verbrauchsgesteuerte Planung Bedarfswerte der Vergangenheit zugrunde, die unter Zuhilfenahme von Prognoseverfahren für den Planungszeitraum extrapoliert werden. Es ist augenscheinlich, daß verbrauchsgesteuerte Bedarfsplanung nur bei einem Unternehmen mit Vorratsbeschaffung zum Einsatz kommen kann und für Einzelbeschaffung sowie fertigungssynchrone Beschaffung keine Bedeutung hat (vgl. Abb. 5.3).

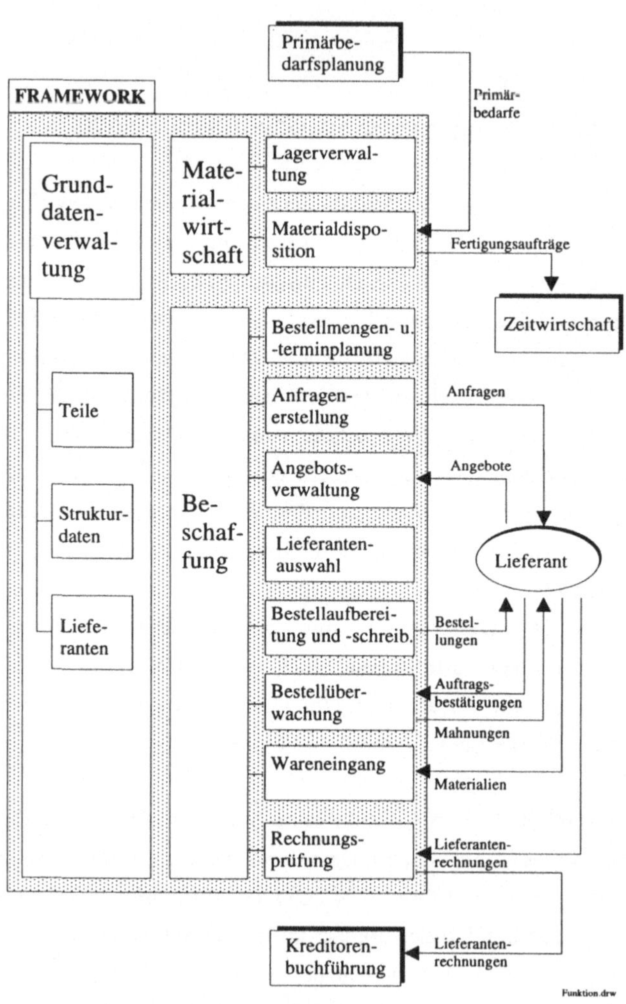

Abb. 5.2: Funktionale Zerlegung der Domäne

Materialbereit-stellungssysteme	Dispositionssysteme	
	verbrauchs-gesteuert	programm-gesteuert
Vorratsbeschaffung	✓	✓
Einzelbeschaffung	–	✓
Einsatzsynchrone Be-schaffung	–	✓

Abb. 5.3: Dispositionssysteme und ihre Anwendung in den Bereitstellungssystemen (Quelle: Melzer-Ridinger 1991, 93)

Nach erfolgter Losgrößenbildung werden die Fertigungsaufträge für eigengefertigte Teile an die Zeitwirtschaft übergeben. Schmidt gibt einen Überblick über die Aufgabenverteilung zwischen Zeit- und Kapazitätsplanung einerseits und Fertigungssteuerung andererseits und macht die Anforderungen an die Kopplung des PPS-Systems an die Fertigungseinrichtungen deutlich (vgl. Schmidt 1992, 6-7; Schmidt, Frenzel 1990).

Aufgabe der Beschaffungsdisposition ist es, mit Hilfe von Verfahren zur Bestellmengen- und -terminplanung Bestellungen zu definieren. Auch hierbei sind programm- und verbrauchsgesteuert disponierte Teile zu unterscheiden:

> "Während bei programmorientierter Vorratsergänzung optimale Bestellmengen- und -zeitpunkte aufbauend auf präzisen Angaben über Bedarfsmengen und Bedarfszeitpunkten bei jedem Bestellvorgang neu ermittelt werden, werden bei verbrauchsorientierter Vorratsergänzung Richtlinien zur Festlegung der Bestellmenge und des Bestellzeitpunktes erlassen, die über längere Zeiträume beibehalten werden." (Melzer-Ridinger 1991, 119)

Sofern keine langfristigen Rahmenverträge vorliegen, basiert die Lieferantenauswahl auf der Auswertung der vorliegenden Angebote; hierzu kann es erforderlich sein, zunächst Anfragen über die gewünschten Materialien an potentielle Lieferanten zu schicken, so daß die Funktionen Anfrageerstellung und Angebotsverwaltung als der Lieferantenauswahl vorgelagert angesehen werden können. Die Bestellaufbereitung und -schreibung sorgt für die Ergänzung der noch benötigten Informationen zur Vervollständigung einer Bestellung und übersendet diese an den Lieferanten. Erteilte Bestellungen sind bis zu ihrem mengenmäßigen Eingang zu überwachen, um gegebenenfalls den Lieferanten anmahnen zu können. Die Überwachung kann entweder automatisch in periodischen Zeitabständen erfolgen oder aktiv durch den Einkäufer angestoßen werden (vgl. Grupp 1991, 195-202). Die sich anschließende Wareneingangsfunktion übernimmt in enger Zusammenarbeit mit der Lagerverwaltung die Verbuchung der angelieferten Waren und sorgt für eine Mengen- und Qualitätsprüfung der Materialien. Die Rechnungsprüfungsstelle kontrolliert durch Abgleich der Lieferantenrechnungen mit bereits gespeicherten Daten die sachliche und rechnerische Korrektheit der Rechnungen, die dann weiter zur Verbuchung an die Kreditorenbuchführung gereicht werden.

5.2.2 Charakteristika des Anwendungsbereichs

Die skizzierte Domäne weist einige Charakteristika auf, die Bedeutung für die Verallgemeinerbarkeit und Übertragbarkeit der Ergebnisse bei der Entwicklung eines Frameworks besitzen:

❏　Zentrale Begriffe innerhalb der Materialwirtschaft und Beschaffung kennzeichnen sowohl real existierende (z.B. Teil, Rechnung, Lieferant) als auch eher abstrakte, zur Disposition verwendete Objekte (z.B. Bedarf, Reservierung).

❏　Sowohl Grund- (z.B. Teile, Erzeugnisstrukturen) als auch Bewegungsdaten (z.B. Bedarfe, Bestellungen) haben große Bedeutung für die zu bewältigenden Aufgaben.

❏　Materialwirtschaft und Beschaffung bedeutet an sehr vielen Stellen Umgang mit Massendaten. Daher rührt die Aufgabe, oftmals Mengen gleichartiger Objekte verwalten zu müssen (z.B. als Teilestamm, Lieferantendatei).

❏　Zur Durchführung vieler Aufgaben existieren unterschiedliche Verfahren, die oftmals alternativ angewendet werden können (z.B. Verfahren zur Losgrößenbestimmung, Bedarfsprognose).

❏　Es gibt sowohl Funktionen, die als Batchprozeß durchzuführen sind (z.B. ABC-Analyse) als auch solche, die einer Interaktion mit dem Anwender bedürfen (z.B. Grunddatenverwaltung).

Die nachfolgenden Kapitel werden zeigen, wie diese Charakteristika der Domäne ihre Umsetzung in der Realisierung des Frameworks finden.

5.3 Objektorientiertes Design des Frameworks

Ziel dieses Kapitels ist es, das objektorientierte Design des Frameworks für die ausgewählte Domäne vorzustellen. Zunächst wird deutlich gemacht, welche grundsätzlichen Komponenten eines Softwaresystems in diesem Framework Berücksichtigung finden sollen, wozu zwei Modelle, das Multicomponent-Modell von Coad und der Model-View-Controller-Mechanismus von Objectworks\Smalltalk, zur Einordnung herangezogen werden.

Die Entwicklung eines Frameworks als abstraktes Design einer Domäne setzt natürlich eine Analysephase voraus, die in der Identifizierung domänenspezifischer Klassen resultiert; in der Entwurfsphase werden diese um softwaretechnische Strukturen ergänzt. Die Frage, wie im Rahmen der Analyse Benutzeranforderungen mit Hilfe des objektorientierten Paradigmas erfaßt werden bzw. wie eine Domänenanalyse durchgeführt wird, ist sehr interessant, soll allerdings nicht im Mittelpunkt der Betrachtung stehen. Vielmehr ist der Framework als zusammenfassendes Ergebnis der Analyse- und Entwurfsphase zu verstehen. Als eine wichtige Grundlage zum Verständnis der Zusammenhänge der Domäne wurden die Ergebnisse der Datenmodellierung für diese Bereiche (und hier insbesondere das Unternehmensdatenmodell von Scheer (vgl. Scheer 1988; Scheer 1990a)) verwendet, die einen wertvollen Beitrag zu Definition der strukturellen Zusammenhänge leisten. Materialwirtschaft und Beschaffung sind zwei der Bereiche des Unternehmensdatenmodells, für die Scheer mit Hilfe des Entity-Relationship-Modells detaillierte Datenstrukturen entworfen hat, die die wesentlichen Objekte und deren Zusammenhänge darstellen (vgl. Scheer 1990a, 79-162 und 317-352). Eine wichtige Voraussetzung zur Wiederverwendbarkeit des Frameworks liegt in der (i.a. in der Analysephase durchzuführenden) einheitlichen Begriffsbildung. Neben der Anlage von Glossaries u.ä. liefern auch hier Ergebnisse der Datenmodellierung wertvolle Vorarbeit.

Das sich anschließende objektorientierte Design der funktionalen Bereiche basiert auf einer Vereinheitlichung der Vorgehensweisen mehrerer objektorientierter Designmethoden. Eine vergleichende Untersuchung des Designprozesses objektorientierter Designmethoden zeigt, daß allen Vorschlägen eine sehr ähnliche Grobstruktur zugrunde liegt, die sich wie folgt darstellt (vgl. Heß, Scheer 1992a, 134):

- Identifizierung der Klassen und Objekte,
- Definition der Beziehungen zwischen Klassen und Objekten,
- Definition der Instanz- und Klassenvariablen,
- Definition des Methodenprotokolls,
- Spezifizierung des Nachrichtenaustauschs,
- Identifizierung von Modulen.

Die aufgelisteten Schritte sind dabei nicht als sequentielles Phasenmodell zu verstehen, sondern kennzeichnen eher die verschiedenen Ergebnisaspekte. Die eigentliche Vorgehensweise wird aus der Darstellung der Ergebnisse nicht deutlich; die meisten Autoren halten einen iterativen Entwicklungsvorgang sowie einen häufigen Wechsel zwischen Top-Down- und Bottom-Up-Vorgehensweise für zwingend notwendig (vgl. Booch 1991, 187-219; Coad 1991a; Becker 1992, 97-100).

Die Notation der Designmethode Object-Oriented Design (vgl. Booch 1991), und hier insbesondere die Class- und Object Diagrams (siehe Kapitel 4.1), werden verwendet, um die verschiedenen Aspekte des Frameworks darzustellen. Auf einige spezielle Features der Notation, wie z.B. die Darstellung der Arten der Sichtbarkeit zwischen Objekten, wird dabei in den meisten Fällen verzichtet, um die Übersichtlichkeit und Verständlichkeit der Diagramme zu erhöhen. Die Art der Sichtbarkeit zwischen Objekten kann jedoch sehr oft auch an der Bezeichnung der formalen Parameter eines Nachrichtenaustauschs bzw. an der Benennung von Instanzvariablen abgelesen werden. Die Notation zur Instantiierung von Klassen wird von Booch im Rahmen von Class Diagrams lediglich für generische Klassen eingesetzt. An einigen Stellen innerhalb von Object Diagrams erscheint es als hilfreich, die Instantiierung einer Klasse durch Instanzen einer anderen deutlich zu machen; bei der Darstellung des Frameworks wird dazu die Methode *new* verwendet, die als Klassenmethode der instantiierten Klasse verstanden werden soll.
Zusätzlich zu der Diagrammdarstellung werden die Variablen und Methoden besonders interessanter Klassen an vielen Stellen gesondert aufgeführt. Hierzu werden nicht die komplexen Templates der Booch-Notation, sondern einfache Auflistungen verwendet. Bei der Nennung von Variablen wird in Klammern hinter dem Variablennamen angegeben, Instanzen welcher Klasse hier zur Laufzeit als Ausprägung erwartet werden. Von Oberklassen ererbte Variablen und Methoden werden i.a. nicht mehr aufgelistet, wenn dies nicht zur größeren Klarheit wünschenswert erscheint oder Variablen Instanzen anderer Klassen als bei der Verwendung in ihrer Oberklasse als Ausprägung erwarten. Die in Kapitel 4.2.2.2 empfohlenen Methoden zum lesenden und schreibenden Zugriff auf die Instanz- und Klassenvariablen einer Klasse werden ebenfalls nur explizit aufgeführt, wenn dies im Zusammenhang unbedingt notwendig erscheint. Die Namensgebung orientiert sich an den in Objectworks\Smalltalk vorgegebenen Konventionen, um einen reibungslosen Übergang hin zur Implementierung des Frameworks sicherzustellen (vgl. o.V. 1990, 19-20):

☐ **Klassennamen** beginnen mit einem Großbuchstaben; in der Mitte langer, zusammengesetzter Wörter können wiederum Großbuchstaben auftauchen, um die Lesbarkeit zu verbessern (z.B. *TeileStamm, DynamischesAuftragsMengenVerfah-*

ren). (Im folgenden werden Klassen- und Objektnamen zur Verdeutlichung kursiv gedruckt.)

❑ **Objektnamen** (die in Object Diagrams oder als formale Parameter in Methoden verwendet werden) übernehmen den Namen ihrer Klasse, machen ihren Objektcharakter jedoch durch einen vorangestellten bestimmten (bei Klassen mit nur einer Instanz) oder unbestimmten Artikel (bei Klassen mit mehreren Instanzen) deutlich; um auch hier die Konsistenz mit der Smalltalk-Terminologie zu wahren, werden die englischen Artikel verwendet (z.B. *anObject*, *theTeileStamm*).

❑ **Methodennamen** beginnen mit einem Kleinbuchstaben; wie bei Klassennamen können Großbuchstaben die Zusammensetzung komplexer Namen verdeutlichen. Die drei unterschiedlichen Arten von Methoden (Unary Message, Binary Mesage, Keyword Message) wurden bereits in Kapitel 3.3.2.2 vorgestellt.

❑ **Namen für Instanzvariablen** beginnen mit einem Kleinbuchstaben, **Namen für Klassenvariablen** mit einem Großbuchstaben. Bei beiden kann die Zusammensetzung durch Verwendung von Großbuchstaben in der Wortmitte verdeutlicht werden.

5.3.1 Einordnung des Frameworks

Ein Softwaresystem ist i.a. keine homogene Einheit, sondern kann in unterschiedliche Teile zerlegt werden. Ein Ansatz zu dieser Differenzierung ist das Multicomponent-Modell von Coad, das die unterschiedlichen Komponenten nach der Nähe zum Anwender bzw. zur Hardwareplattform unterscheidet (vgl. Coad 1991a; Coad, Yourdon 1991, 179-180):

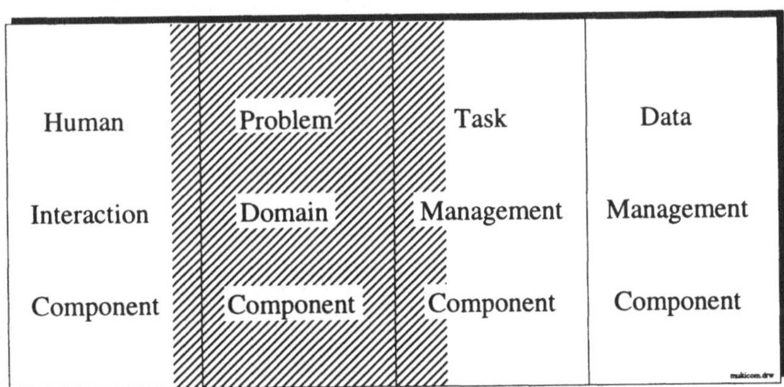

Abb. 5.4:   Multicomponent-Modell (nach: Coad 1991a)

Die **Human Interaction Component** ist für die Interaktion mit dem Benutzer verantwortlich, sorgt also für die Darstellung der Ergebnisse und die Entgegennahme der Benutzereingabe. Die **Problem Domain Component** repräsentiert die eigentliche Funktionalität des Anwendungsbereichs, wohingegen die **Task Management Component** die Definition und Koordination von Real-Time Tasks, die Kommunikation und den Zugriff auf Hardwarekomponenten übernimmt. Die **Data Management Component** regelt den Zugriff und das Management persistenter Daten.

Wendet man dieses Modell auf den entwickelten Framework an, so ergibt sich, daß dessen Zuständigkeit eindeutig bei der Unterstützung der Problem Domain Component liegt, da fast alle Klassen dieser Kategorie zuzurechnen sind und lediglich einige wenige (z.B. *Task*, *TaskManager*) der Task Management Component zugeordnet werden können. Im Gegensatz zu der Mehrzahl existierender Frameworks, bei denen die Unterstützung der Entwicklung einer Benutzerschnittstelle im Mittelpunkt steht, liegt im vorliegenden Fall die Zielsetzung darin, das Anwendungswissen einer Domäne der Wiederverwendung verfügbar zu machen. Die mögliche Erweiterung des Frameworks um Klassen zur Realisierung der Benutzerschnittstelle wird lediglich an einem Beispiel in Kapitel 5.3.3 verdeutlicht.

Daß Klassen, die die Benutzerschnittstelle betreffen, zunächst vernachlässigt werden, hat gute Gründe, die auch Ausgangspunkt der Entwicklung des Model-View-Controller-Paradigmas von Objectsworks\Smalltalk waren, eines grundlegenden Konzeptes, das die Koordination von Darstellung, Manipulation und Verarbeitung von Daten regelt (vgl. Krasner, Pope 1988; Deutsch 1989b; LaLonde, Pugh 1991): Ziel dieser Aufteilung ist es, die eigentliche Anwendung unabhängig von der speziell gewünschten Benutzerschnittstelle zu halten und somit auch eine leichte Veränderung und hohe Flexibilität zu gewährleisten. Klassen zur Realisierung der Benutzerschnittstelle werden möglichst unabhängig von der eigentlichen Anwendung angeboten; sie stellen generische Interaktions- und Darstellungsmöglichkeiten bereit und sind somit in hohem Maße wiederverwendbar. Die Gesamtfunktionalität wird dreigeteilt und auf folgende Klassen (und ihre spezielleren Unterklassen) verteilt:[3]

☐ Die Klasse *Model* repräsentiert die Funktionalität der zugrundeliegenden Anwendungsdomäne.

☐ Die Klasse *View* kennzeichnet die Art und Weise, wie sich die Anwendung dem Benutzer präsentiert.

---

[3] In anderen Smalltalk-Systemen existieren Varianten des Model-View-Controller-Mechanismus. So gibt Lazarev ein Beispiel für die Benutzung des Model-Pane-Dispatcher-Paradigmas innerhalb von Smalltalk/V (vgl. Lazarev 1991).

❑   Die Klasse ***Controller*** bestimmt die Interaktionsmöglichkeiten des Benutzers mit der Anwendung.

Die verschiedenen Klassen kommunizieren nach einem klar definierten Schema miteinander, um die verschiedenen Aufgaben der konsistenten Verarbeitung, Darstellung und Manipulation von Daten zu ermöglichen (vgl. Abb. 5.5).

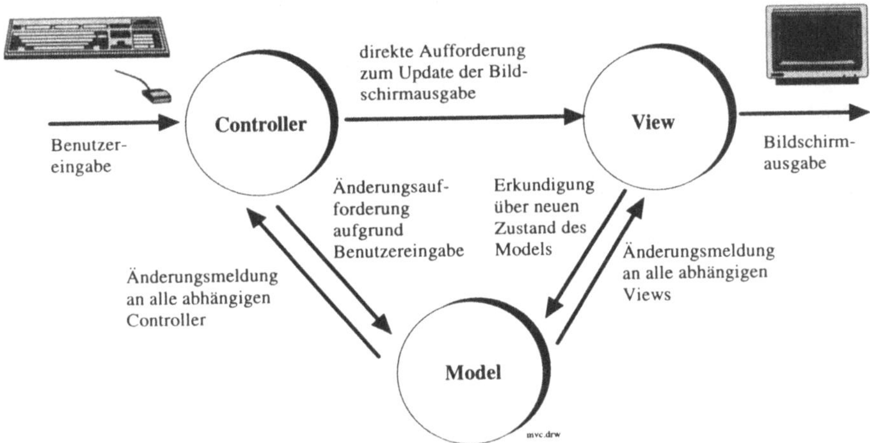

Abb. 5.5:   Kommunikationsschema des Model-View-Controller-Mechanismus (nach: Krasner, Pope 1988, 27)

View und Controller können dabei als eng zusammenhängendes Paar verstanden werden, das genau einem Model zugeordnet ist; ein Model dagegen kann durchaus mehrere View-Controller-Paare (als Einträge in der Dependents-Liste) besitzen. Der standardisierte Ablauf startet i.a. mit einer Benutzerinteraktion, woraufhin der aktive (d.h. dafür zuständige) Controller das Model über die vorgenommene Interaktion informiert und gegebenenfalls zu einer Änderung auffordert. Das Model führt die Änderung durch (modifiziert z.B. einige seiner Instanzvariablen) und sendet diese Information (als Broadcast-Message) an alle abhängigen Views und Controller. Jeder betroffene View reagiert wenn nötig darauf, indem er das Model über dessen neuen Zustand befragt und diese Änderung in seiner Darstellung des Models nachvollzieht. Die Controller reagieren auf eine Änderungsmeldung ihres zugehörigen Models, indem sie ihr Interaktionsangebot an den Benutzer dem neuen Zustand des Models anpassen, wenn dieser eine Änderung der möglichen Benutzermanipulationen erfordert (vgl. Krasner, Pope 1988, 28).

Der entwickelte Framework fügt sich in dieses Paradigma ein und kann im wesentlichen als Realisierung der Model-Klassen einer Anwendung verstanden werden. Lediglich exemplarisch wird in Kapitel 5.3.3 am Beispiel der Grunddatenverwaltung gezeigt werden, wie die Erweiterung um View- und Controllerklassen aussehen kann. Diese Abgrenzung hat die oben beschriebenen Vorteile zur Folge; der Framework ist grundsätzlich unabhängig von einer speziellen Ausgestaltung der Benutzerschnittstelle und kann somit als erweiterbares, abstraktes Design einer Anwendung verstanden werden. Zur Vereinfachung der Realisierung der Benutzerschnittstelle existieren mittlerweile Tools, die es dem Entwickler erlauben, eine Benutzeroberfläche einer Smalltalk-Applikation auf der Basis des Model-View-Controller-Paradigmas zu erzeugen, ohne die Strukturen und Interaktionen dieser Spezialklassen im einzelnen zu kennen (vgl. Jiang, Bourne 1991).

In vielen der nachfolgenden Diagramme taucht ein Anwender-Objekt auf, das mit den übrigen Objekten kommuniziert. Dies soll als Schreibweise dafür verstanden werden, daß an diesen Stellen dem Systemanwender (z.B. mit Hilfe des Model-View-Controller-Mechanismus) die Möglichkeit zur Interaktion geboten werden muß, um z.B. Aktionen anzustoßen oder eine Auswahl vorzunehmen.

Weiterhin ist es hilfreich, sich eine Differenzierung vor Auge zu führen, die der Darstellung des Nachrichtenaustausches zugrunde liegt: Zum einen sind innerhalb der Object Diagrams Nachrichtenaustausche dargestellt, die eine interne Kommunikation zwischen Objekten des Systems veranschaulichen. Zum anderen stehen einige Nachrichtenaustausche für einen zunächst externen Vorgang, der dem System allerdings bekannt gemacht werden sollte. So wird beispielsweise der externe Vorgang der Einreichung eines Angebots durch einen Lieferanten als Reaktion auf eine Anfrage des Unternehmens als Nachricht *angebot: aAngebot für: aAnfrage* zwischen Instanzen der Klassen *Lieferant* und *Einkäufer* (als Unterklasse von *Mitarbeiter*) modelliert.

5.3.2 Hilfsklassen

In vielen der nachfolgend beschriebenen Bereiche des Frameworks werden Klassen benutzt, die als universelle (Hilfs-)Klassen für diese Domäne aufgefaßt werden können. Diese werden in diesem Kapitel dargestellt, da sie grundlegend für die weitere Modellierung sind. In allen nachfolgenden Beschreibungen wird die Standardbibliothek von Objectworks\Smalltalk im Sinne der Abb. 3.7 als Basis des Frameworks verwendet, d.h. die hier schon definierten Klassen werden als gegeben vorausgesetzt und gegebenenfalls lediglich kurz erläutert.[4] Abb. 5.6 stellt die daraus resultierende Dreiteilung der Klassen dar.

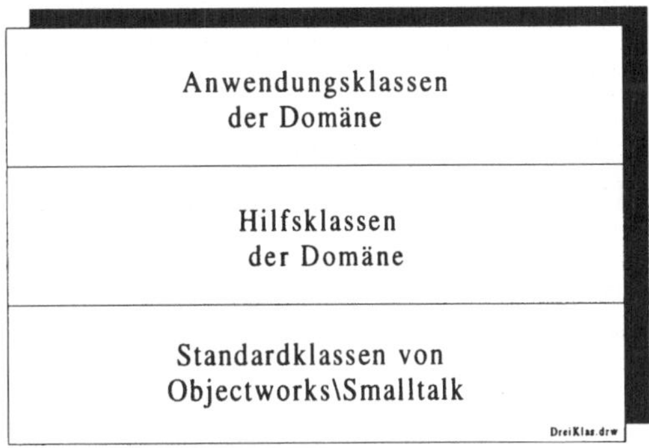

Abb. 5.6:   Unterteilung der Klassen

5.3.2.1   Verwaltung von Collections

Die in Kapitel 5.2.2 formulierte Eigenschaft der Domäne, an vielen Stellen gleichartige Objekte (mit Hilfe sogenannter Containerklassen (vgl. Kapitel 3.3.2.2)) verwalten zu müssen, führt zu der Notwendigkeit, eine eigene Klasse für diese Aufgabe einzuführen. Diese muß grundsätzlich die Möglichkeit bereitstellen, ein neues Element aufzunehmen, ein Element zu selektieren, ein Element zu ändern sowie ein Element zu löschen. Insbesondere besteht sehr häufig das Bedürfnis, über einen Schlüssel auf ein Element zuzugreifen (z.B. Zugriff auf ein Teil des Teilestamms über dessen TeileNr).
Objectworks\Smalltalk bietet die Klasse *Dictionary* (als Unterklasse zu *Collection*, vgl. Kapitel 3.3.2.2) mit dieser Funktionalität an. *Dictionary* wird hier nun in die Unterklasse *CollectionManager* spezialisiert, die Ausgangspunkt aller weiteren Anforderungen an die Verwaltung von Collections ist. Bei der Abwägung zwischen Konstruktionsansatz und Unterklassenbildung (vgl. Kapitel 4.2.3.2.3), d.h. der Definition von *CollectionManager* als Kunde bzw. als Erbe von *Dictionary*, wurde die zweite Lösung vorgezogen, da die Instanzen

---

4   Die hiermit gegebene, scheinbar enge Bindung an die Standardbibliothek des Objectworks\Smalltalk-Systems bedeutet keine Einschränkung der Allgemeinheit des Frameworks, da Objectworks\Smalltalk Ausgangspunkt für die Entwicklung von Bibliotheken einer Reihe anderer objektorientierter Sprachen (z.B. OOPS (Object-Oriented Program Support) für C++ (vgl. Gorlen 1987)) war und die verwendeten Standardklassen somit in dieser oder analoger Form bei fast allen objektorientierten Sprachen vorausgesetzt werden können.

von *CollectionManager* doch im wesentlichen den Charakter von Containerobjekten haben und durch die Vererbung so eine Implementierung wesentlich vereinfacht wird.

Alle nachfolgend verwendeten Klassen zur Verwaltung einer Reihe gleichartiger Objekte (z.B. *TeileStamm, LieferantenDatei*) werden als Unterklasse zu *CollectionManager* definiert (vgl. Abb. 5.7) und erben somit auch das hier vorhandene Methodenprotokoll. Die folgende Auflistung zeigt einen Ausschnitt der definierten Methoden:

Instanzmethoden der Klasse *Dictionary* (bzw. einer Oberklasse):

add: anAssociation   (fügt eine neue Association (Schlüssel/Wert-Paar) in das Dictionary ein)
addAll: aCollection   (fügt alle Elemente von *aCollection* in das Dictionary ein)
at: key   (liefert den Wert zu dem Schlüssel *key*)
at: key put: anObject   (setzt den Wert des Schlüssels *key* auf *anObject*)
collect: aBlock   (führt *aBlock* mit allen Einträgen des Empfängers aus und liefert eine neue Instanz von *Collection* zurück, die die Ergebnisse enthält)[5]
do: aBlock   (führt *aBlock* mit allen Elementen des Empfängers aus)
includes: anObject   (liefert einen boolschen Wert, je nachdem ob *anObject* ein Element des Empfängers ist)
isEmpty   (liefert einen boolschen Wert, je nachdem ob der Empfänger Elemente besitzt)
keyAtValue: value   (liefert den Schlüssel des Empfängers, dessen Wert *value* entspricht)
keys   (liefert die Menge aller Schlüssel des Empfängers)
keysDo: aBlock   (führt *aBlock* mit allen Schlüsseln des Empfängers aus)
occurrencesOf: anObject   (liefert die Anzahl der Elemente des Empfängers, die identisch mit *anObject* sind)
removeKey: key   (löscht den Schlüssel aus dem Empfänger)
select: aBlock   (führt *aBlock* mit allen Werten des Empfängers aus und liefert eine neue Instanz von *Dictionary* zurück, die alle Elemente, die true ergaben, enthält)
size   (liefert die Anzahl der Elemente des Empfängers)
values   (liefert eine neue Instanz von *Bag* zurück mit allen Werten des Empfängers als Einträge)
asSortedCollection   (erzeugt aus den Associations des Empfängers eine neue Instanz von *SortedCollection*)

Instanzmethoden der Klasse *CollectionManager*:

add: anObject   (fügt eine neue Association mit *anObject* als Wert beim Empfänger ein)
change: theOldObject to: theNewObject   (ändert bei allen Elementen des Empfängers, deren Wert *theOldObject* entspricht, den Wert auf *theNewObject*)
removeAllWith: aBlock   (löscht alle Elemente des Empfängers, auf deren Werte *aBlock* ausgeführt true ergibt)
select: aBlock1 do: aBlock2   (für alle Werte des Empfängers, für die die Ausführung von *aBlock1* true ergibt, wird *aBlock2* ausgeführt)

Die Mehrzahl der Instanzmethoden stammt also bereits von der Smalltalk-Klasse *Dictionary* (vgl. Goldberg, Robson 1989, 148-152), einige sind neu definiert: Z.B. erlaubt es die Methode *change: theOldObject to: theNewObject*, ein Element durch ein anderes zu ersetzen.

---

[5] *Block* ist eine vordefinierte Smalltalk-Klasse, deren Instanzen Quellcode-Ausdrücke repräsentieren (vgl. o.V. 1990, 32-33); es ist somit möglich, sowohl eine Bedingung als auch einen Anweisungsteil damit zu spezifizieren.

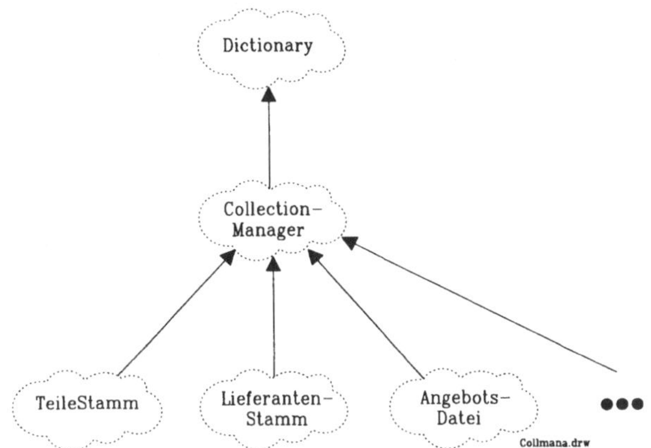

Abb. 5.7:   Spezialisierung der Klasse *CollectionManager*

Bei einigen Containerklassen kann es Sinn machen, die Elemente über mehrere Indizes gleichzeitig zugreifbar zu machen. So sollte man z.B. in einer Angebotsdatei sowohl über die Teil- als auch über die Lieferantenreferenz suchen können. Daher können bei diesen Containerklassen neben der normalen Methode *at: aKey* auch Methoden wie *selectWithTeil: aTeil* oder *selectWithLieferant: aLieferant* existieren (wobei der Index durchaus komplexen Aufbau haben kann). Die Methode *select: aBlock* kann immer verwendet werden, um auf eine Instanz von *CollectionManager* lesend zuzugreifen und die Einträge zurückzuerhalten, die der durch den Parameter beschriebenen Spezifikation genügen.

In sehr vielen Bereichen der Materialwirtschaft und Beschaffung können existentielle Abhängigkeiten zwischen der Instanz einer Containerklasse und ihren Einträgen beobachtet werden. Dies bedeutet, daß die Verwaltungsinstanz nur Sinn macht, solange Einträge vorhanden sind (umgekehrt muß auch das Unterobjekt einer Verwaltungsinstanz zugeordnet sein). Ein typisches Beispiel sind die Klassen *Bestellung* und *BestellPosition*, die in einer solchen existentiellen Abhängigkeit zueinander stehen.
Das beschriebene Phänomen taucht schon bei der Datenmodellierung auf,[6] führt hier aber zur Bildung einer eigenen Klasse *ExistCollectionManager*, deren Instanzen der existentiellen Abhängigkeit zu ihren Einträgen Rechnung tragen, indem beim Löschen des letzten Eintrags die Instanz selbst gelöscht wird.

---

[6] Siehe hierzu die Erweiterung des Entity-Relationship-Modells zur Darstellung existentieller Abhängigkeiten mit Hilfe der Angabe von Ober- und Untergrenzen von Beziehungsausprägungen (vgl. Schlageter, Stucky 1983, 50) bzw. mit Hilfe eines Doppelpfeils (vgl. Scheer 1990a, 38-39).

Bei fast keiner der benutzten Containerklassen ist es notwendig, daß die Elemente sortiert sind; wenn dies vorkommt, wird im folgenden besonders darauf hingewiesen und dies durch die Verwendung einer geeigneten Klasse realisiert.

5.3.2.2   Behandlung von Zeitinformationen

Die Behandlung von Zeitinformationen spielt eine wichtige Rolle innerhalb der Materialwirtschaft und Beschaffung, da fast alle Aktivitäten zeitgebunden ablaufen und insbesondere den dispositiven Aufgaben ganz explizit ein Periodenraster zugrundegelegt wird.

Die Klassenbibliothek von Objectworks\Smalltalk umfaßt die vordefinierten Klassen *Date* und *Time*, die bereits ein umfangreiches Methodenprotokoll zum Umgang mit Zeitinformationen anbieten, von dem ein Ausschnitt dargestellt werden soll:

Instanzvariablen der Klasse *Date*:

day (Integer (zwischen 1 und 366))
year (Integer)

Klassenvariablen der Klasse *Date*:

DaysInMonth (Array of Integer)
FirstDayOfMonth (Array of Integer)   (Tag des Jahres, der der erste Tag dieses Monats ist)
MonthNames (Array of Symbol)   (Verzeichnis der Monatsnamen)
SecondsInDay (Integer)
WeekDayNames (Array of Symbol)   (Verzeichnis der Wochentagsnamen)

Instanzmethoden der Klasse *Date*:

< aDate   (liefert true oder false, je nachdem ob *aDate* nach dem Datum des Empfängers liegt oder nicht)
= aDate
leap   (liefert true oder false, je nachdem ob das Jahr des Empfängers ein Schaltjahr ist)
day   (liefert den Tag des Datums des Empfängers)
monthIndex   (liefert den Index des Monats des Empfängers)
monthName   (liefert den Namen des Monats des Empfängers)
weekday   (liefert den Namen des Wochentages des Empfängers)
year   (liefert das Jahr des Empfängers)
addDays: dayCount   (liefert eine neue Instanz von *Date*, die *dayCount* Tage nach dem Empfänger liegt)
subtractDate: aDate   (liefert die Anzahl der Tage zwischen *aDate* und dem Empfänger)
subtractDays: dayCount   (liefert eine neue Instanz von *Date*, die *dayCount* Tage vor dem Empfänger liegt)
daysInMonth   (liefert die Anzahl der Tage des Monats des Empfängers)
daysInYear   (liefert die Anzahl der Tage des Jahres des Empfängers)
daysLeftInYear   (liefert die Anzahl der restlichen Tage des Jahres nach dem Datum des Empfängers)
firstDayOfMonth
previous: dayName   (liefert das letzte Datum dieses Wochentages)
asDays   (liefert die Anzahl der Tage seit dem 1.1.1901)
asSeconds   (liefert die Anzahl der Sekunden seit Beginn des 1.1.1901)

Klassenmethoden der Klasse *Date*:

fromDays: dayCount (liefert das Datum, das *dayCount* Tage nach dem Beginn des Jahres 1901 liegt)
newDay: day month: month year: year
newDay: dayIndex year: year
today (liefert das aktuelle Datum)
dateAndTimeNow (liefert ein zweidimensionales Array mit Datum und Zeit als Einträge)
dayOfWeek: dayName (liefert den Index des Wochentags)
daysInMonth: monthInteger forYear: yearInteger (liefert die Anzahl der Tage des spezifizierten Monats)
daysInYear: yearInteger (liefert die Anzahl der Tage des spezifizierten Jahres)
leapYear: aYear (liefert eine Kennzeichnung, ob Schaltjahr oder nicht)
nameOfDay: dayIndex (liefert den Namen des Wochentages mit diesem Index)
nameOfMonth: monthIndex (liefert den Namen des Monats mit diesem Index)

Instanzvariablen der Klasse *Time*:

hours (Integer)
minutes (Integer)
seconds (Integer)

Instanzmethoden der Klasse *Time*:

< aTime
= aTime
hours
minutes
seconds
addTime: timeAmount
subtractTime: timeAmount
asSeconds (liefert die Anzahl der Sekunden seit Mitternacht)

Klassenmethoden der Klasse *Time*:

now (liefert die aktuelle Zeit)
fromSeconds: secondCount (liefert eine Instanz der Klasse *Time*, die *secondCount* Sekunden nach Mitternacht liegt)
dateAndTimeNow (liefert ein zweidimensionales Array mit Datum und Zeit als Einträge)
totalSeconds (liefert die Anzahl der Sekunden seit Beginn des Jahres 1901)
milliSecondsClockValue (liefert die Anzahl der Millisekunden seit der letzten Rückstellung des Zählers)
milliSecondsToRun: timedBlock (liefert die Anzahl der Millisekunden, die zur Ausführung des Blocks benötigt werden)

Neben den vordefinierten Klassen werden weitere Klassen zum Umgang mit Zeitinformationen benötigt: Grundsätzlich soll dabei zwischen zeitdauerbezogenen und zeitpunktbezogenen Angaben unterschieden werden (vgl. Abb. 5.8).[7]

---

[7] Loos gibt eine genaue Beschreibung der Charakteristika von zeitpunkt- und zeitdauerbezogenen Angaben (vgl. Loos 1992, 119-120).

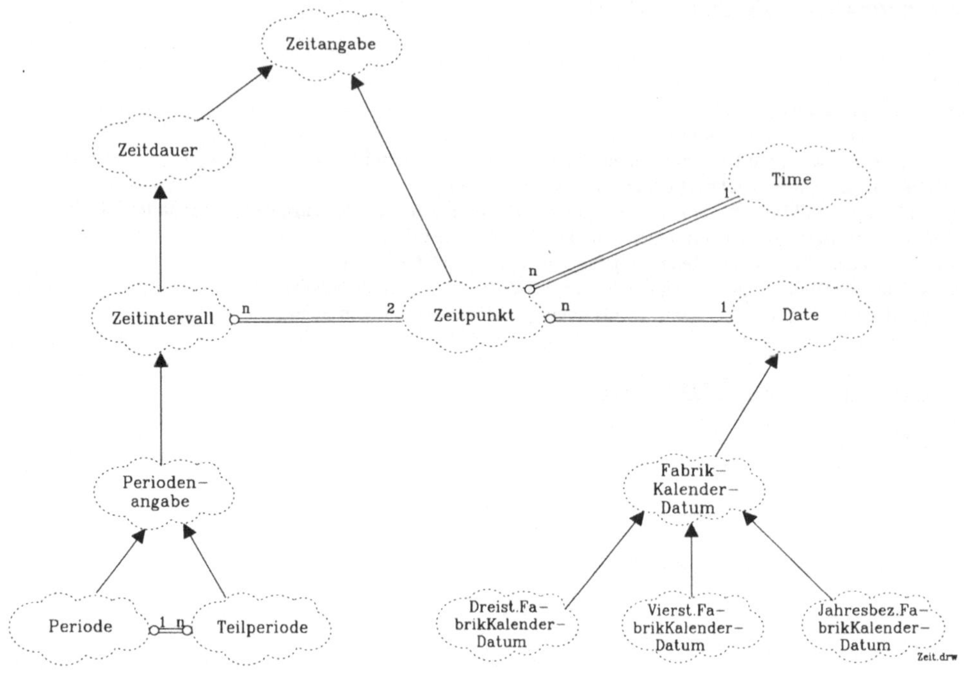

Abb. 5.8:   Class Diagram zu den verwendeten Zeitangaben

Von den reinen Zeitdauerangaben, wie z.B. 10 Minuten oder 4 Monate und 2 Tage, die lediglich die Länge einer Ausdehnung beschreiben, wird die Unterklasse *Zeitintervall* unterschieden, deren Instanzen ein fester Start- und Endzeitpunkt zugeordnet ist. Sehr viele Aktivitäten der betrachteten Domäne lassen ihre Rechnungen und Planungen auf Perioden-angaben basieren, die nochmals in Teilperioden unterteilt sein können (z.B. die Unterteilung des Planungszeitraums in Teilperioden bei der programmgesteuerten Disposition). Dieses Vorgehen wird mit Hilfe der Klassen *Periodenangabe*, *Periode* und *Teilperiode* modelliert, wobei jede Teilperiode genau einer Periode zugeordnet ist. Jede Periodenangabe kann dabei Auskunft über ihre Dauer geben, jede Periode kennt die Anzahl der ihr zugeordneten Teilperioden.

Die Klasse *Zeitpunkt* charakterisiert als weitere Unterklasse von *Zeitangabe* Zeitinformatio-nen, die mit keiner Ausdehnung behaftet sind. Eine solche Zeitpunktangabe setzt sich i.a. aus einer Uhrzeit- und Datumsangabe zusammen. Grundlage aller operativen Planungen eines Unternehmens ist i.a. der Fabrikkalender, dem eine fortlaufende Numerierung der Arbeitstage zugrunde liegt, die es ermöglicht, gleich große Planungszeiträume ohne Umrechnung der arbeitsfreien Tage zu bilden (vgl. Oeldorf, Olfert 1987, 41). Als Ausprägungen des Fabrikkalenders lassen sich der dreistellige, der vierstellige sowie der jahresbezogene Arbeitstage-Kalender unterscheiden (vgl. Oeldorf, Olfert 1987, 109). Die Klasse *Date* wird daher weiter in die (abstrakte) Klasse *FabrikKalenderDatum* (und weiter in *DreistelligesFabrikKalenderDatum*, *VierstelligesFabrikKalenderDatum* und *JahresbezogenesFabrikKalenderDatum*) spezialisiert. Die Instanzmethoden dieser Klassen erlauben u.a. Transformationen zwischen den verschiedenen Darstellungen.

Instanzvariablen der Klasse *Zeitintervall*:

länge (Float) (geerbt von der Klasse *Zeitdauer*)
startpunkt (Zeitpunkt)
endpunkt (Zeitpunkt)

Instanzmethoden der Klasse *FabrikKalenderDatum*:

kalenderwoche
alsDreiStellFabrikKalenderDatum
alsVierStellFabrikKalenderDatum
als JahresBezogenesFabrikKalenderdatum
alsGregorianischesKalenderDatum
addArbeitstage: zahlArbeitstage   (liefert eine neue Instanz der Klasse *FabrikKalenderDatum*, die *zahlArbeitstage* nach dem Empfänger liegt)
arbeitstageBis: aDatum   (liefert die Anzahl der Arbeitstage zwischen dem Empfänger und *aDatum*)

5.3.2.3   Behandlung von Batchprozessen

Eine Reihe von Aktivitäten der betrachteten Domäne wird nicht direkt durch den Benutzer angestoßen, sondern läuft periodisch in festgelegten Zeitabständen ab. Jede dieser Aktivitäten wird durch eine Instanz der Klasse *Task* beschrieben, die als Instanzvariablen die nächste Startzeit, die Zykluslänge bis zur erneuten Ausführung und die Beschreibung der eigentlichen Aktivität enthält:

Instanzvariablen der Klasse *Task*:

startzeit (Zeitpunkt)
zykluslänge (Zeitdauer)
aktivität (Block)

Weiterhin müssen die verschiedenen Aktivitäten verwaltet werden. Eine Instanz der Klasse *TaskManager* verweist dazu auf eine Instanz der Klasse *SortedCollection*, die in Objectworks\Smalltalk vordefiniert ist und die die anstehenden Tasks gemäß der zeitlichen Reihenfolge sortiert enthält (vgl. Abb. 5.9).

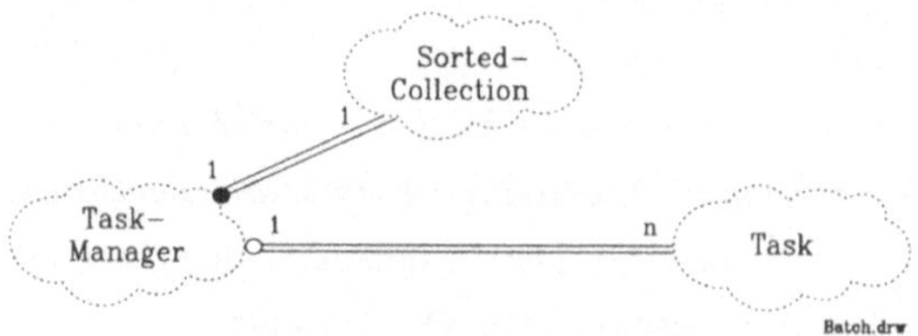

Abb. 5.9:   Class Diagram zur Behandlung von Batchprozessen

Der *TaskManager* prüft als Hintergrundprozeß das Erreichen der ersten Startzeit ab; sobald diese eingetreten ist, wird die Nachricht *starteAktivität* an die entsprechende Task geschickt, die daraufhin die spezifizierte Aktivität anstößt. Die Zykluslänge wird zu ihrer aktuellen Startzeit hinzuaddiert und die Task wieder gemäß der modifizierten Startzeit in die Liste der wartenden Aktivitäten einsortiert (vgl. Abb. 5.10).

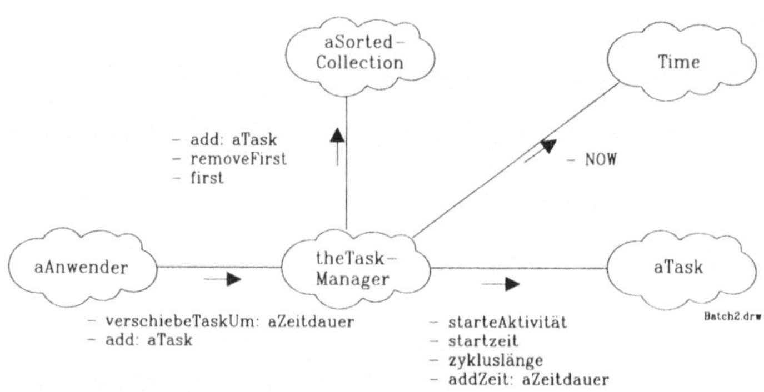

Abb. 5.10:   Object Diagram zur Behandlung von Batchprozessen

Instanzmethoden der Klasse *Task*:

starteAktivität
startzeit
zykluslänge
addZeit: aZeitdauer

Instanzmethoden der Klasse *TaskManager*:

add: aTask
verschiebeTaskUm: aZeitdauer

5.3.3   Verwaltung der Grunddaten der Materialwirtschaft

Hier sollen zunächst die Klassen beschrieben werden, die zur Verwaltung der Grunddaten, die die Erledigung der Aufgaben der Materialwirtschaft ermöglichen, notwendig sind. Die Grunddaten, die bei der Behandlung der Beschaffung relevant werden, sollen in den nachfolgenden Kapiteln in diese Struktur eingefügt werden.

Zentraler Beschäftigungsgegenstand sind die Teile eines Unternehmens; sie können in Enderzeugnisse, Baugruppen und Fremdteile unterschieden werden (vgl. Scheer 1990a, 80-81). Unter Fremdteilen (Materialien) werden dabei die fremdbezogenen Teile inklusive der Rohstoffe verstanden, Baugruppen werden durch Montage- oder Produktionsvorgänge im Unternehmen aus anderen Teilen zusammengesetzt und sind selbst wiederum Bestandteil der Fertigung anderer Baugruppen oder Enderzeugnisse.[8]

Wichtig für die nachfolgende Bedarfsauflösung (aber auch für Funktionen außerhalb der Produktion) ist die Kenntnis über die Zusammensetzung der einzelnen Teile. Diese Informationen werden als Erzeugnisstrukturdaten bezeichnet. Eine solche Erzeugnisstruktur wird je nachdem, ob der Aufbau eines Teils aus untergeordneten Teilen oder die Verwendung eines Teils in übergeordneten Teilen beschrieben ist, als Stückliste (die im folgenden primär betrachtet wird) bzw. als Teileverwendungsnachweis eingesetzt.[9] Die Verweise auf die unter- bzw. übergeordneten Teile werden als Positionen bezeichnet. Je nach dem Verwendungszweck können Erzeugnisstrukturen unterschiedliche, jeweils benötigte Informationen enthalten.[10]

Eine Möglichkeit der graphischen Darstellung der Strukturinformationen ist der Gozinto-graph, der als gerichteter Graph jedes Teil (als Knoten) und jede Strukturbeziehung (als Kante) genau einmal erfaßt und an den Kanten die Anzahl der in das Oberteil eingehenden Unterteile notiert.[11] Abb. 5.11 zeigt den Gozintograph für zwei Enderzeugnisse, P1 und P2, die sich aus der Baugruppe B1 und den Fremdteilen E1, E2 und E3 zusammensetzen.

---

8   Vielfältige Gründe, wie z.B. die selbständige Lagerung, das Angebot der Gruppe als Ersatzteil oder als selbständige Verkaufsgruppe u.ä., können die Definition einer Baugruppe rechtfertigen. Da verschiedene Funktionsbereiche unterschiedliche Sichtweisen auf die Erzeugnisgliederung besitzen können, ist es u.U. notwendig, mehrere Strukturbeschreibungen parallel zu verwalten (vgl. Scheer 1990a, 82-83).

9   Manchmal wird statt der Begriffe *Stückliste* und *Teileverwendungsnachweis* auch *analytische* bzw. *synthetische Stückliste* verwendet (vgl. Olivier 1977, 93-96).

10   Siehe hierzu die Unterscheidung in Konstruktions-, Dispositions-, Einkaufs-, Bereitstellungs-, Ersatzteil- und Kalkulationsstückliste bei Oeldorf, Olfert 1987, 99-100.

11   Es existieren andere Formen der graphischen Darstellung von Strukturinformationen, wie z.B. die Stücklistenmatrix, die i.a. auch EDV-technisch anders abgespeichert werden und andere Rechenverfahren,

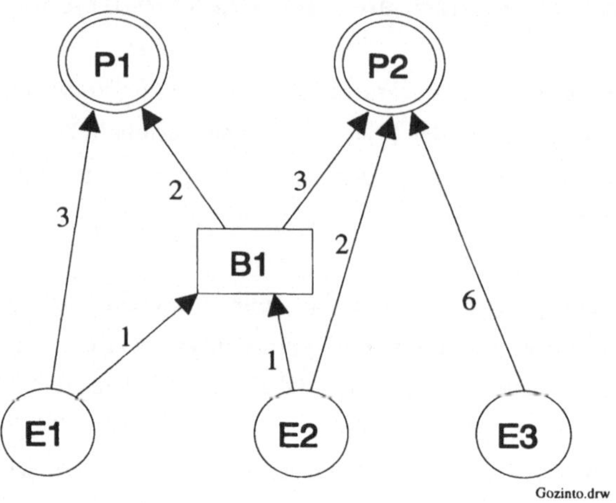

Abb. 5.11:   Beispiel eines Gozintographen

Interessant für die weitere Modellierung der Domäne ist insbesondere die Unterscheidung nach dem Aufbau der Stücklisten:

❏   Die **Baukastenstückliste** eines Teils enthält die Informationen über die **direkt** in dieses Teil eingehenden Unterteile.

❏   Die **Mengenstückliste** enthält **alle** untergeordneten Teile genau einmal, so daß die eigentliche Struktur nicht mehr erkennbar ist und für jedes untergeordnete Teil die benötigte Gesamtzahl vermerkt wird.

❏   Die **Strukturstückliste** enthält alle notwendigen Unterteile inklusive der Fertigungsstufen, auf denen sie verwendet werden, so daß ein einzelnes Teil mehrmals auftauchen kann. Die Reihenfolge der Einträge in Zusammenhang mit der Information über die Fertigungsstufe gibt also die vollständige Übersicht über den Aufbau des interessierenden Teils.

Abb. 5.12 zeigt die auf dieser fachlichen Grundlage gebildeten Klassen.

---

z.B. bei der Bedarfsauflösung, nach sich ziehen. Eine Stücklistenmatrix ist i.a. nur sehr dünn besetzt (vgl. die Abschätzung bei Olivier 1977, 85) und führt daher zu einer großen Verschwendung von Speicherplatz.

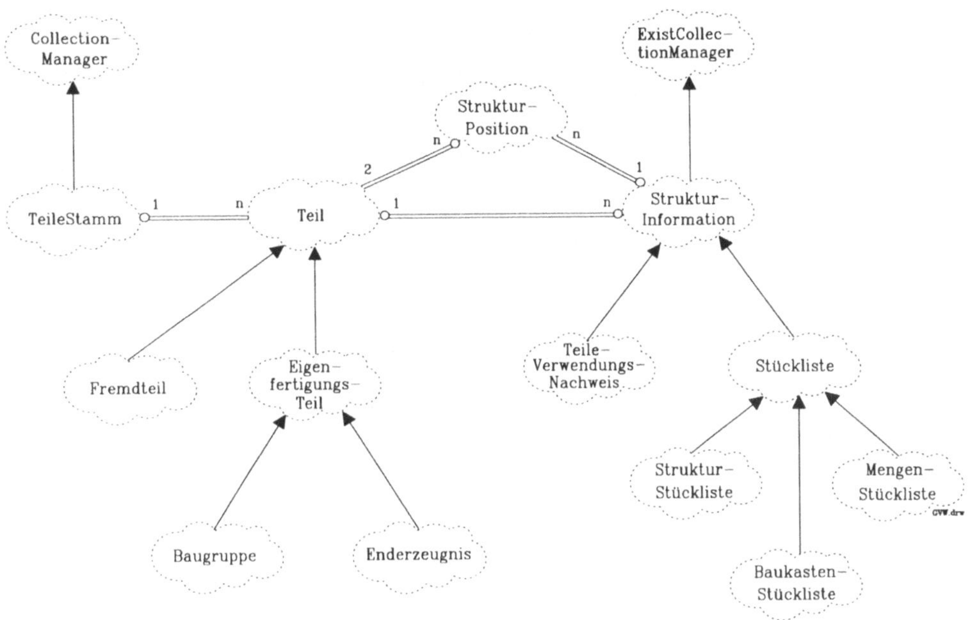

Abb. 5.12:   Class Diagram zur Grunddatenverwaltung der Materialwirtschaft

Die beschriebene Differenzierung von Teilen eines Unternehmens spiegelt sich in der Unterklassenbildung zur Klasse *Teil* wider, die in *Fremdteil* und *EigenfertigungsTeil* spezialisiert wird. Die Klasse *EigenfertigungsTeil* umfaßt dabei wiederum als abstrakte Oberklasse die Unterklassen *Baugruppe* und *Enderzeugnis*. Jedem Teil ist seine Strukturinformation zugeordnet. Falls in einem Unternehmen häufig unterschiedliche Stücklistendarstellungen zu einem Teil notwendig sind, ist es sinnvoll, hier Verweise auf mehrere Instanzen zuzulassen, um den aufwendigen (wenn überhaupt möglichen) Transformationsvorgang einzusparen. Die 1:n-Beziehung zwischen den Klassen *Teil* und *StrukturInformation* trägt diesem Sachverhalt Rechnung. *StrukturInformation* erfährt gemäß oben skizzierter Unterteilung eine Spezialisierung in *TeileVerwendungsNachweis* (dessen weitere Spezialisierung nicht dargestellt ist) und *Stückliste*, die weiter in *Struktur-*, *Baukasten-* und *Mengen-Stückliste* differenziert wird. Jede Instanz von *StrukturInformation* setzt sich aus einer Reihe von *StrukturPositionen* zusammen, die die Verweise auf die untergeordneten (bzw. übergeordneten) Teile repräsentieren und aus Effizienzgründen nochmals einen Verweis auf das zu beschreibende Teil selbst besitzen.

Wie schon in Kapitel 5.3.2.1 angedeutet, können die Teile nicht losgelöst nebeneinander existieren, sondern müssen mittels eines Objektes verwaltet werden. Die Klasse *TeileStamm*, als Unterklasse zu *CollectionManager* definiert, übernimmt diese Aufgabe und gibt die Möglichkeit, die übliche Pflege (Einfügen, Ändern, Löschen) der Grunddaten zu betreiben. Jede Instanz von *StrukturInformation* ist ebenfalls ein Verwaltungsobjekt (hier der existentiell abhängigen Instanzen der Klasse *StrukturPosition*), so daß *StrukturInformation* als Unterklasse zur Klasse *ExistCollectionManager* definiert wird.

Die nachfolgende Auflistung der Instanzvariablen berücksichtigt nur die Spezifika, die sich aus der skizzierten objektorientierten Strukturierung ergeben. Es ist offensichtlich, daß sowohl für *Teil* als auch für *StrukturInformation* eine Reihe weiterer Instanzvariablen definiert werden, die i.a. einen einfachen Aufbau haben und sich nicht von nicht-objektorientiert formulierten Attributen unterscheiden. Hier wird auf die umfangreichen Auflistungen bei Scheer (vgl. Scheer 1990a, 89-91) und Glaser, Geiger, Rohde (vgl. Glaser, Geiger, Rohde 1992, 10-11 sowie 18) verwiesen. Scheer liefert auch Beispiele für Attribute, die sich auf die verschiedenen Unterklassen von *Teil* beziehen (z.B. Losgröße für *EigenfertigungsTeil* oder Rabattklassifikation für *Fremdteil*); diese werden teilweise zu Instanzvariablen bzw. gar zu eigenen Klassen, um der damit verbundenen Komplexität gerecht zu werden (vgl. Kapitel 5.3.6).

Instanzvariablen der Klasse *Teil*:

struktur (StrukturInformation)

Instanzvariablen der Klasse *StrukturInformation*:

positionen (Dictionary)[12]
teil (Teil)

Instanzvariablen der Klasse *StrukturPosition*:

oberteil (Teil)
unterteil (Teil)
produktionskoeffizient (Integer)
vorlaufverschiebung (Integer)
vorlaufzeit (Integer)

Um ein Beispiel für die sich aus der Modellierung ergebenden Verflechtungen von Objekten auf der Instanzebene zu geben, zeigt Abb. 5.13 die Realisierung der in Abb. 5.11 als Gozintograph dargestellten Beziehungen zwischen Teilen.

---

[12] Die Nennung der Instanzvariablen *positionen* geschieht hier und nachfolgend bei Unterklassen von *CollectionManager* nur, um den Verweis auf die Positionen deutlich zu machen und entspricht nicht der realen Implementierung.

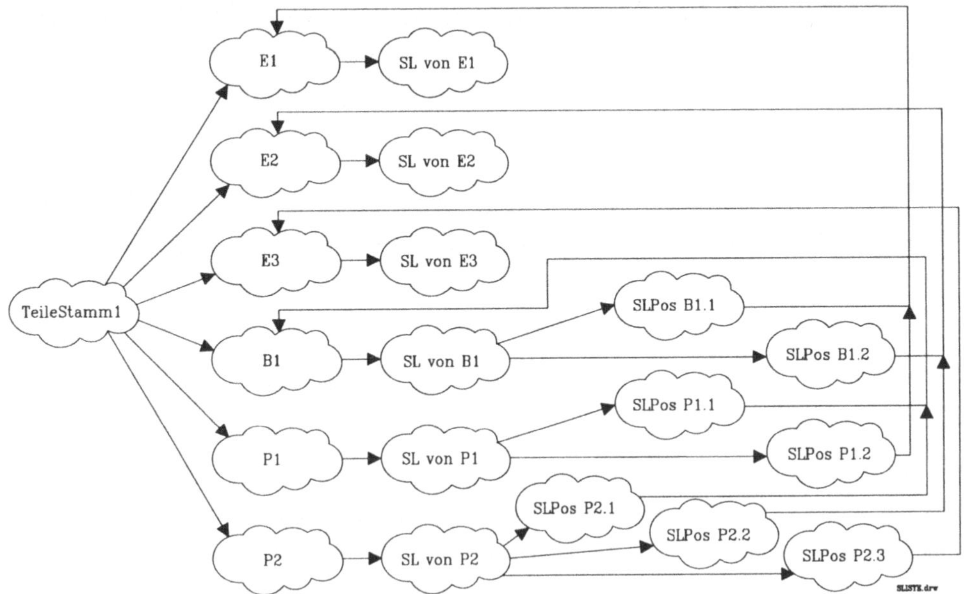

Abb. 5.13:   Verflechtungen von Objekten bei der Realisierung obiger Strukturbeziehungen zwischen Teilen

Die Notwendigkeit zur Verwaltung von Erzeugnisvarianten, d.h. von Endprodukten bzw.
Baugruppen, die sich nur geringfügig unterscheiden, hat hohe Bedeutung in sehr vielen
Industrieunternehmen. Neben der grundsätzlich bestehenden Möglichkeit, die Varianten als
selbständige Instanzen der Klasse *Teil* anzulegen, gibt es etwas elegantere Vorgehensweisen, die bemüht sind, die mit dieser Lösung einhergehende hohe Redundanz abzumildern
(vgl. Scheer 1990a, 103-109):[13]

□   **Gleichteilestücklisten** fassen alle Teile, die Bestandteil aller Varianten sind, zu einer
fiktiven Baugruppe zusammen. Jede Variante setzt sich dann aus diesem Grundtyp
sowie den zusätzlich benötigten Teilen zusammen.

---

13   Wedekind versucht, anhand der Modellierung von Stücklisten die Behauptung, die objektorientierte
Modellierung sei eine Variantenprogrammierung, zu untermauern und zu zeigen, wie Kann- und
Mußvarianten objektorientiert dargestellt werden können (vgl. Wedekind 1990, 84-85). Allerdings bleiben
die Ausführungen zu diesem Punkt auf die Ausprägungsebene beschränkt.

☐ Bei der Verwendung von **Plus-Minus-Stücklisten** wird eine der Varianten als Grunderzeugnis deklariert, das in jede andere Variante eingeht. Die Unterschiede werden in den Strukturpositionen der Varianten ausgedrückt, indem hier vermerkt wird ('+' bzw. '-'), ob das Unterteil zur Variante hinzukommt oder abgezogen werden muß.

☐ Wenn sich Varianten lediglich durch unterschiedliche Produktionskoeffizienten unterscheiden, bietet sich die Speicherung in Form von **Mehrfachstücklisten** an. Die Gesamtzahl der Varianten wird hier als ein Teil realisiert, wobei die Mengenangaben jetzt allerdings komplexere Struktur haben und für jede Variante die benötigte Menge enthalten.

Bei der Beschreibung des Nachrichtenaustauschs zur Realisierung der Grunddatenverwaltung der Materialwirtschaft werden an dieser Stelle im Gegensatz zu den nachfolgenden Modellierungen nicht nur die Model-Ebene - im Sinne des Model-View-Controller-Paradigmas (vgl. Kapitel 5.3.1) - spezifiziert, sondern auch die zur Benutzerinteraktion notwendigen Controller-Klassen aufgeführt. Abb. 5.14 zeigt die dem Benutzer zur Verfügung stehenden Menüpunkte und den sich daran anschließenden Nachrichtenaustausch zwischen Controller- und Model-Klassen. Der Benutzer hat bei der Teileverwaltung im wesentlichen Menüpunkte zur Verfügung, um sich Teile anzeigen zu lassen, Teile zu löschen, neue Teile hinzuzufügen, Teile zu ändern sowie die Verwendung von Teilen in Strukturinformationen global zu löschen bzw. zu ändern. Was die Stücklisteninformationen angeht (Teileverwendungsnachweise sind in der Abbildung ausgespart), so ist es möglich, sich Stücklisten anzeigen zu lassen, zu löschen, zu kopieren, neue anzulegen sowie zwischen den verschiedenen Stücklistenarten zu transformieren. In einer Stückliste können einzelne Positionen hinzugefügt, geändert oder gelöscht werden. Die Controller-Klassen haben die Aufgabe, die zugehörigen Model-Klassen über die vom Benutzer gewünschte Änderung zu informieren; hierzu sind entsprechende Nachrichtenverbindungen vorzusehen, die die eventuell benötigten Parameter an die Model-Klassen übergeben. Die weiterhin zu jedem Controller existierenden View-Klassen sind lediglich als die Benutzeroberfläche symbolisierende Blöcke abgebildet; es handelt sich dabei um Klassen, deren Instanzen die Fähigkeit zur Darstellung der Informationen der Model-Klassen besitzen und die bei Änderung dieser Information mit einer Update-Aufforderung angestoßen werden.

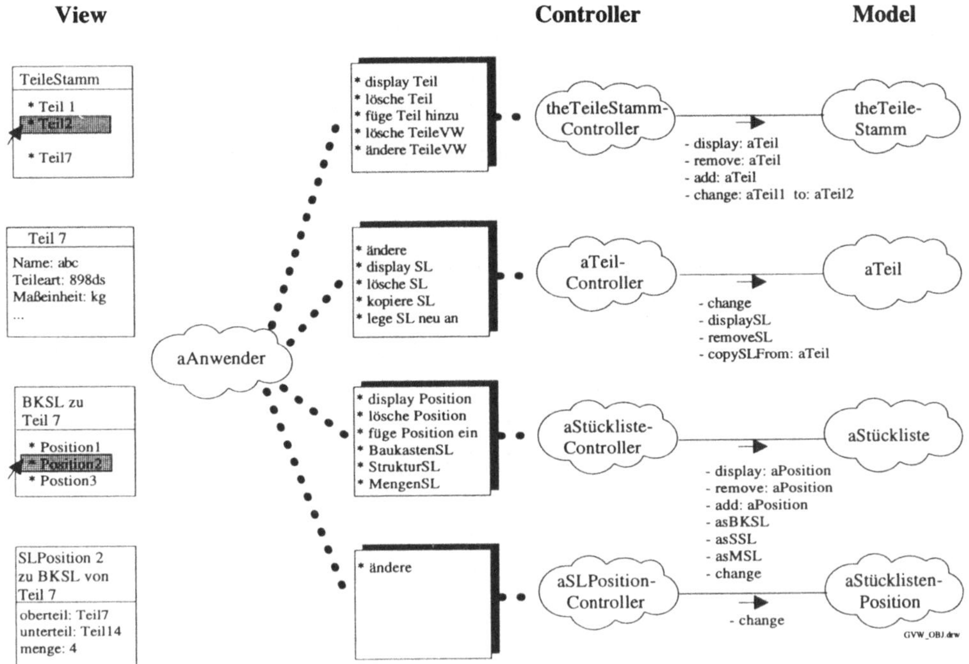

Abb. 5.14: Nachrichtenaustausch bei der Grunddatenverwaltung der Materialwirtschaft (inklusive der View- und Controllerklassen)

Das Methodenprotokoll der einzelnen Klassen zur Erledigung der Aufgaben bei der Grunddatenverwaltung ergibt sich im wesentlichen aus der Funktionalität des in Kapitel 5.3.2.1 beschriebenen *CollectionManagers*; die zusätzlich benötigten Methoden können aus dem Nachrichtenaustausch in Abb. 5.14 abgelesen werden.

5.3.4 Materialdisposition

Ziel der Materialdisposition (Bedarfsplanung) ist es, den Bedarf an Baugruppen und Fremdteilen eines Unternehmens für eine anstehende Planungsperiode zu bestimmen und zu Aufträgen zusammenzustellen (vgl. Scheer 1990a, 113). Je nachdem ob dabei die vorliegenden Kundenaufträge als Primärbedarfe berücksichtigt werden und der zukünftige Bedarf durch Bedarfsauflösung bestimmt wird oder ob lediglich statistische Extrapolationen zur Prognose verwendet werden, unterscheidet man in die programm- bzw. verbrauchsgesteuerte Disposition. Die Dispositionsart eines Teils ergibt sich i.a. aus den Ergebnissen einer ABC-Analyse (vgl. Kapitel 5.3.4.3).

5.3.4.1 Programmgesteuerte Disposition

Ausgangspunkt einer programmgesteuerten Materialdisposition sind die Primärbedarfe des Unternehmens. Mit Hilfe der in Stücklisten bzw. Teileverwendungsnachweisen abgelegten Strukturinformationen wird aus diesen Daten der Bedarf an untergeordneten Teilen (Sekundärbedarf) ermittelt. Um auch eine terminliche Prognose zu ermöglichen, wird dabei die gesamte Planungsperiode in Teilperioden (meist in Wochen oder Monate zerlegt), denen die Bedarfe zugeordnet werden. Der Bedarf an untergeordneten Teilen ergibt sich aus der Multiplikation des Bedarfs des übergeordneten Teils mit dem Produktionskoeffizienten dieser Strukturbeziehung, die Durchlaufzeit und die Vorlaufzeit, die die Zeitverschiebung zwischen Produktionsstart der übergeordneten Komponente und der notwendigen Verfügbarkeit der untergeordneten Komponenten angibt, wird zur terminlichen Bestimmung des Sekundärbedarfs verwendet. Der Bruttobedarf eines Teils (jeder Teilperiode) ergibt sich, indem zum Sekundärbedarf ein eventuell vorliegender verbrauchsgesteuerter Bedarf[14] bzw. ein Zusatzbedarf[15] addiert wird. Um letztlich den Nettobedarf für eine Teilperiode zu erhalten, muß der Bruttobedarf um den verfügbaren Bestand (der sich aus aktuellem Lagerbestand (inklusive erwarteter Bestellungen bzw. freigegebener Aufträge) abzüglich des Sicherheitsbestandes ergibt) reduziert werden. Zudem müssen die schon bestehenden Reservierungen für dieses Teil zur Fertigung übergeordneter Teile berücksichtigt werden. Der ermittelte Nettobedarf entspricht (unter der Annahme exakt kalkulierter Zusatz- und verbrauchsgesteuerter Bedarfe) dem tatsächlich zukünftig auftretenden Bedarf.

Diese Vorgehensweise wird über alle Dispositionsstufen - beginnend bei den Enderzeugnissen bis hin zu den Fremdteilen - durchgeführt.[16] Bevor die Nettobedarfe jedoch wieder in Sekundärbedarfe direkt untergeordneter Teile umgerechnet werden, werden für die eigengefertigten Teile unter Zuhilfenahme entsprechender Verfahren optimale Lose gebildet (vgl. Kapitel 5.3.6.1). Fremdbezogene Teile werden im Rahmen der Bedarfsplanung nicht weiter aufgelöst, trotzdem kann es Sinn machen, bereits hier - und nicht erst bei der Bestellmengenplanung des Beschaffungsbereichs - die Bestimmung der Nettobedarfe schon vollständig

---

[14] Für Ersatzteile z.B. ist es möglich, daß verbrauchsgesteuerte und programmgesteuerte Disposition parallel zueinander betrieben werden.

[15] Zusatzbedarf kann z.B. durch Ausschuß oder Schwund entstehen; i.a. wird ein fixer Prozentsatz dafür vorgesehen (vgl. Scheer 1990a, 125).

[16] Neben dem beschriebenen Dispositionsstufenverfahren, bei dem alle Wiederholteile auf die unterste Stufe der Verwendung heruntergezogen werden, gibt es andere Verfahren zur Bedarfsermittlung, die sich dazu in der Reihenfolge der Auflösung und der Behandlung von Wiederholteilen unterscheiden, wie z.B. Baustufenverfahren, Renettingverfahren und Gozintoverfahren. Diese werden in der Praxis allerdings sehr selten eingesetzt (vgl. Hackstein 1989, 139-141).

durchzuführen, um einen Überblick über fremdzubeziehende Teile zu erhalten und eventuell zeitkritische Bestellungen auszumachen (vgl. Scheer 1990a, 325).

Es stellt sich nun die Frage, welche Klassen nun der Framework anbietet, um die Realisierung der skizzierten Aufgaben zu unterstützen. Es ist deutlich geworden, daß im Rahmen der Bedarfsauflösung sehr viele zeitbezogene Informationen zu jedem Teil anfallen. Insbesondere die verschiedenen Arten der während der Berechnung verwendeten Bedarfe müssen teilperiodengenau zu jedem Teil verfügbar sein bzw. abgespeichert werden können. Die grundsätzlich immer wieder zu verwendende Struktur ist eine *Zeitreihe*, die als Unterklasse zur vordefinierten Klasse *Dictionary* die Verbindung zwischen Zeitinformation und entsprechendem Wert herstellt. Die Teilperioden einer Bedarfsplanung sind i.a. gleich groß gewählt, was durch die Klasse *ÄquidistanteZeitreihe* repräsentiert wird (vgl. Abb. 5.15).

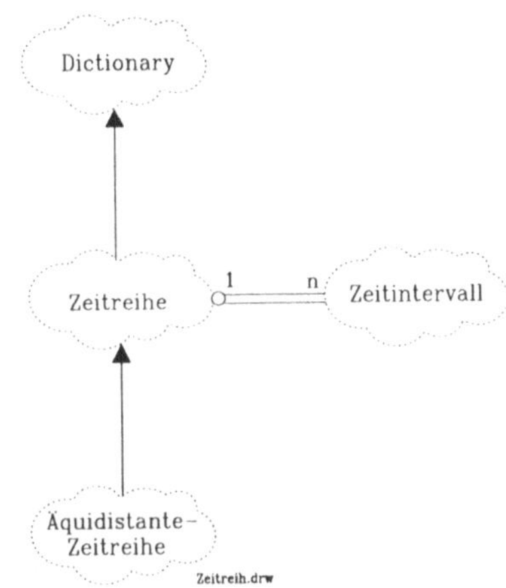

Abb. 5.15:   Klassenhierarchie zur Klasse *Zeitreihe*

Instanzvariablen der Klasse *ÄquidistanteZeitreihe*:

start (Zeitangabe) (geerbt von Zeitreihe)
ende (Zeitangabe) (geerbt von Zeitreihe)
anzahlPerioden (Integer) (geerbt von Zeitreihe)
periodenlänge (Zeitdauer)
positionen (Dictionary)

Abb. 5.16 verdeutlicht die Wertebelegung einer Instanz der Klasse *ÄquidistanteZeitreihe*:

<u>Instanz der Klasse *ÄquidistanteZeitreihe*</u>

start: tp3 (Instanz von *Teilperiode*)
ende: tp6 (Instanz von *Teilperiode*)
anzahlPerioden: 4
periodenlänge: 1 Woche (Instanz von *Zeitdauer*)
positionen:

tp3	tp4	tp5	tp6
152	160	157	162

InstZeit.drw

Abb. 5.16:   Wertebelegung einer Instanz der Klasse *ÄquidistanteZeitreihe*

Als Oberklasse aller auftretenden Bedarfsreihen (d.h. einer zeitliche Folge von Bedarfen) eines Teils wird die Klasse *BedarfsReihe* als Unterklasse zu *ÄquidistanteZeitreihe* definiert. Für die verschiedenen Bedarfsarten eines Teils werden eigene Klassen gebildet, da ihnen jeweils eigene Berechnungsvorschriften zugrunde liegen. Zwischen jeder Instanz von *BedarfsReihe* und ihrem zugeordneten Teil besteht eine 1:1-Beziehung (vgl. Abb. 5.17).

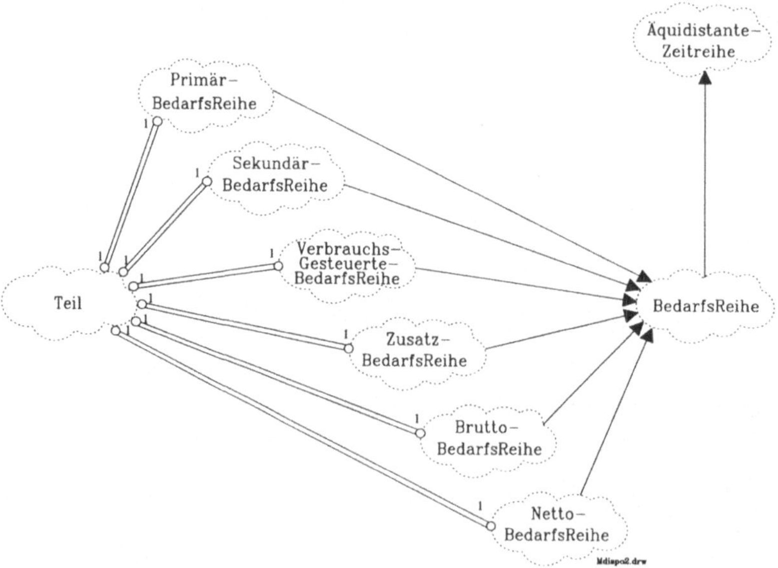

Abb. 5.17:   Class Diagram zu den Bedarfsreihen eines Teils

In der beschriebenen Abfolge der Bedarfsauflösung sind noch einige weitere teilperiodenbezogene Informationen zu jedem Teil zu berücksichtigen (vgl. Abb. 5.18). Offene Bestellungen für fremdbezogene Teile sowie freigegebene Fertigungsaufträge gehen in die Berechnung des verfügbaren Bestands ein; diese Informationen werden als Instanzen der Klassen *OffeneBestellungsReihe* bzw. *FreigegebeneAuftragsReihe* abgelegt. Baugruppen und fremdbezogene Teile können weiterhin bereits für die Fertigung übergeordneter Teile reserviert sein; Instanzen der Klasse *ReservierungsReihe* nehmen diese Informationen auf. Ziel jeder Bedarfsauflösung ist es, terminbezogene Fertigungsaufträge an die Zeitwirtschaft sowie Bestellanforderungen an die Beschaffung weiterzureichen. Instanzen der Klassen *GeplanteFertigungsAuftragsReihe* bzw. *BestellAnforderungsReihe* sind dafür vorgesehen. Zwischen jeder dieser Zeitreihen und der Klasse *Teil* (bzw. einer ihrer Unterklassen) existiert eine 1:1-Beziehung. Es folgt daraus auch, daß bei den Unterklassen von *Teil* jeweils eine Instanzvariable eingefügt werden muß, um diese Referenzen abzubilden.

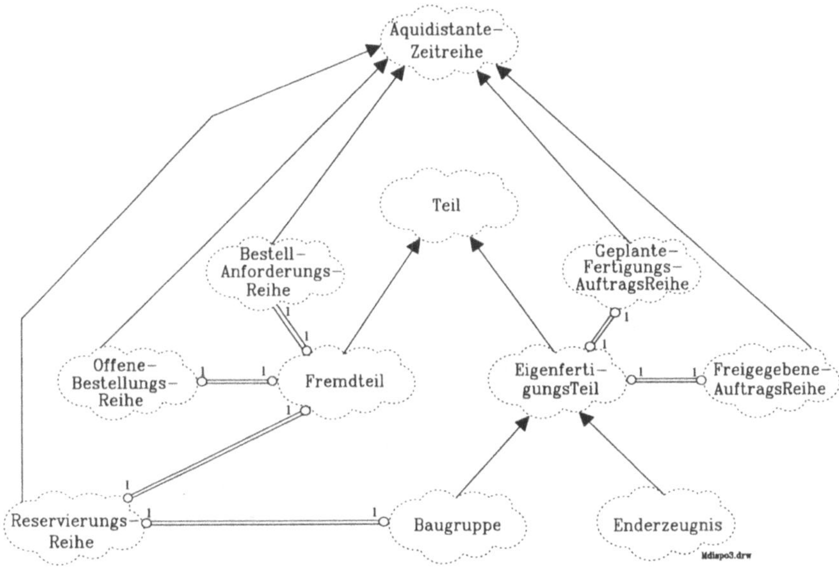

Abb. 5.18:   Class Diagram zu weiteren teilperiodenbezogenen Informationen

Der Nachrichtenaustausch beim Ablauf der programmgesteuerten Disposition wird im wesentlichen durch den Anwender angestoßen (vgl. Abb. 5.19). Er hat die Möglichkeit, durch Kommunikation mit der Instanz von *TeileStamm* die Bedarfsauflösung entweder als Neuaufwurf zu starten (*neuAufwurfMatDispoVon: aPer1   bis: aPer2*), wobei dann alle vorliegenden Primärbedarfe wieder miteinbezogen und alle noch nicht bindend getroffenen Entscheidungen (Reservierungen, Fertigungsaufträge) wieder freigegeben werden, oder aber eine Net-Change-Berechnung durchzuführen (*netChangeMatDispoVon: aPer1 bis: aPer2*), die nur neu hinzugekommene Informationen berücksichtigt (vgl. Scheer 1990a, 154).

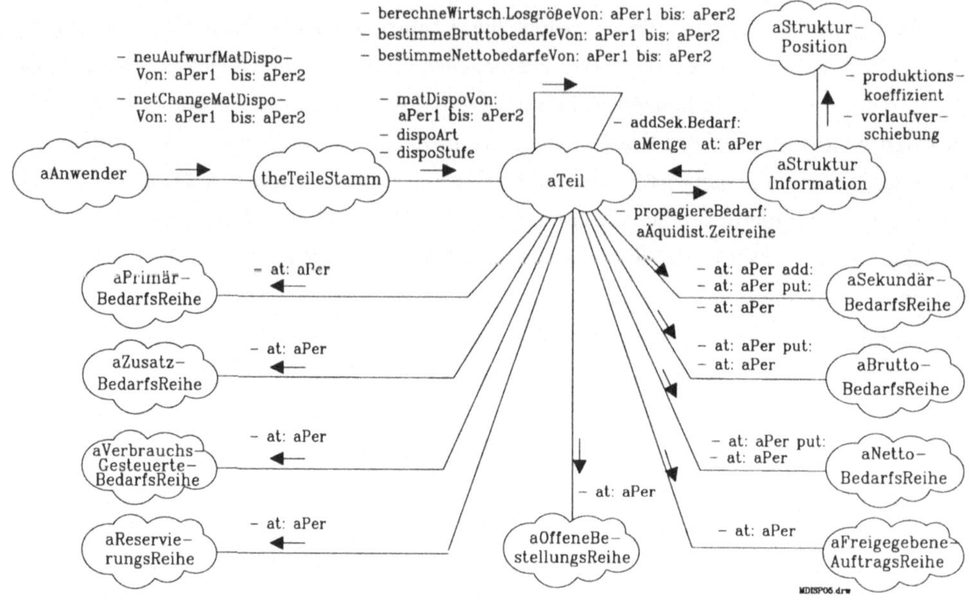

Abb. 5.19:   Object Diagram zur programmgesteuerten Disposition

Der *TeileStamm* hat Zugriff auf die Dispositionsart jedes Teils sowie seine Dispositions-stufe, so daß an alle betroffenen Teile (in der durch die Dispositionsstufe festgelegten Reihenfolge) die Nachricht, die zur Durchführung der Disposition auffordert (*matDispoVon: aPer1 bis: aPer2*), gesendet werden kann; die zugrundegelegten Teilperioden werden dabei als Parameter übergeben. Jedes angestoßene Teil berechnet ausgehend von den relevanten Primärbedarfen die resultierenden Brutto- und Nettobedarfe für die betroffenen Perioden und ermittelt die optimalen Losgrößen mit Hilfe geeigneter Verfahren (vgl. Kapitel 5.3.6.1). Auf alle dem Teil zugeordneten Zeitreihen kann lesend und, wenn nötig, auch schreibend mit Hilfe der Methoden *at: aPeriode* und *at: aPeriode put: aNumber* zugegriffen werden. Eigengefertigte Teile fordern weiterhin ihre Stückliste auf (*propagiereSekundärBedarf: aÄquidistanteZeitreihe*), in allen direkt untergeordneten Teilen den Sekundärbedarf unter Beachtung der Produktionskoeffizienten und der Vorlaufverschiebungen entsprechend zu erhöhen (Hierbei modellieren die daraus resultierenden Nachrichten *addSekundärBedarf: aMenge at: aPeriode* die Kommunikation der Strukturinformation mit den Teilen, auf die ihre Positionen verweisen). Die Bedarfsauflösung endet, wenn alle Dispositionsstufen durchlaufen sind.

5.3.4.2 Verbrauchsgesteuerte Disposition

Die verbrauchsgesteuerte Disposition verfolgt das gleiche Ziel wie die programmgesteuerte Disposition, nimmt jedoch nicht die Primärbedarfe zum Ausgangspunkt, sondern schaut zunächst in die Vergangenheit: Die periodenweise ermittelten, vergangenen Bedarfswerte für jedes Teil werden im Rahmen einer Bedarfsprognose für die anstehende Planungsperiode extrapoliert. Welches Prognoseverfahren hierbei sinnvoll Anwendung finden kann, hängt stark vom Verlauf der Bedarfskurve ab. Es sind zu unterscheiden (vgl. Melzer-Ridinger 1991, 95-116):[17]

☐ **Bedarfsverlauf mit Trend nullter Ordnung (horizontaler Bedarfsverlauf):** Der Bedarf schwankt dabei um einen annähernd konstanten Mittelwert, ohne Gesetzmäßigkeiten erkennen zu lassen. Einzusetzen als Prognoseverfahren sind hier die einfache oder gleitende Mittelwertbildung sowie die exponentielle Glättung erster Ordnung.

☐ **Bedarfsverlauf mit Trend erster Ordnung (linearer Trend):** Die Bedarfsentwicklung kann durch eine Trendgerade angenähert werden. Geeignete Prognoseverfahren sind hier die exponentielle Glättung erster Ordnung mit Trendkorrektur sowie die exponentielle Glättung zweiter Ordnung.

☐ **Bedarfsverlauf mit horizontal-saisonalen Schwankungen:** Der Bedarfsverlauf zeigt zyklisch wiederkehrende Schwankungen um einen konstanten Wert, die über zufällige Abweichungen hinausgehen und deren Ursachen ermittelt werden können. Einzusetzen als Prognoseverfahren ist hier ein multiplikatives Saisonmodell (basierend auf exponentieller Glättung erster Ordnung).

☐ **Bedarfsverlauf mit trend-saisonalen Schwankungen:** Die Bedarfsentwicklung zeigt regelmäßig wiederkehrende Abweichungen von der Trendgeraden. Auch hier liefert der Einsatz eines multiplikativen Saisonmodells geeignete Prognosewerte.

Jedem Teil wird also aufgrund der Ergebnisse einer Zeitreihenanalyse ein Prognoseverfahren zugeordnet. Abb. 5.20 zeigt die dazu definierten Klassen in ihrer Verbindung zu *Teil*; die Verfahrensklassen werden im folgenden noch grundsätzlicher beschrieben.

---

[17] Glaser, Geiger, Rohde beschreiben ausführlich die Zerlegung eines Bedarfswertes im Rahmen einer Zeitreihenanalyse und die zur Prognose einzusetzenden Verfahren (vgl. Glaser, Geiger, Rohde 1992, 92-121; siehe hierzu auch Olivier 1977, 110-175; Roth 1990, 31-36).

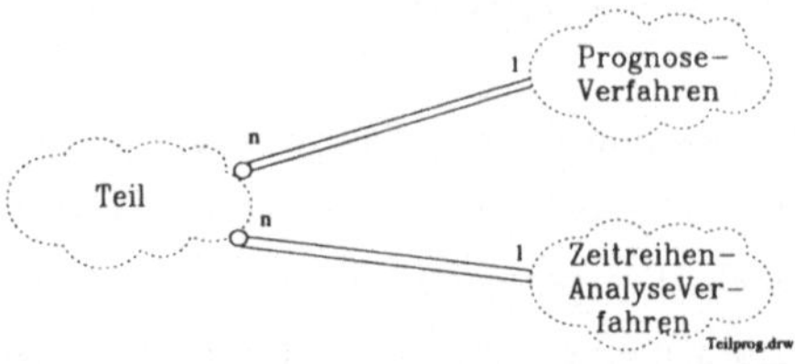

Abb. 5.20: Zuordnung von Zeitreihen- und Prognoseverfahren zur Klasse *Teil*

Abb. 5.21 zeigt den Nachrichtenfluß bei der Durchführung einer verbrauchsgesteuerten Bedarfsprognose.

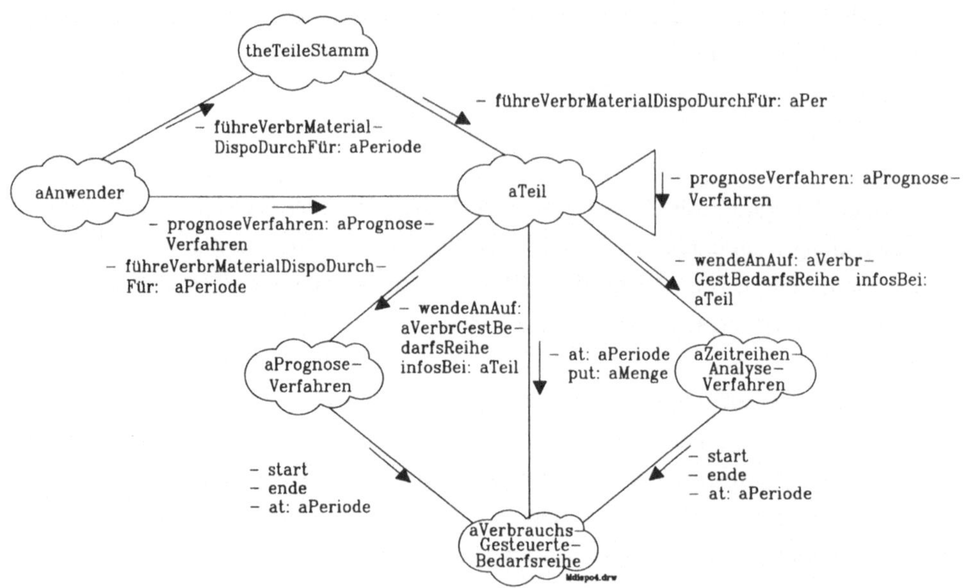

Abb. 5.21: Object Diagram zur verbrauchsgesteuerten Bedarfsprognose

Der Vorgang kann für ein bestimmtes Teil oder auch für eine ganze Teilegruppe durch Versenden der Nachricht *führeVerbrMaterialDispoDurchFür: aPeriode* an die betroffenen Teileinstanzen bzw. an die Instanz von *TeileStamm* ausgelöst werden, wobei die aktuelle Planungsperiode als Parameter übergeben wird. Jedes Teil hat eine Referenz auf eine Instanz eines geeigneten Prognoseverfahrens, das durch die Nachricht *wendeAnAuf: aVerbrGestBedarfsReihe   infosBei: aTeil* gestartet wird (vgl. hierzu die nachfolgende Diskussion über den Einsatz von Verfahren). Diese Verfahren liefern den Prognosewert für die Planungsperiode als Ergebnis zurück, der nun mit *at: aPeriode   put: aMenge* in das

Periodenraster der verbrauchsgesteuerten Bedarfsreihe eingetragen wird. Es ist möglich, vor der eigentlichen Prognose den Typ der Bedarfsreihe mit Hilfe eines Zeitreihenanalyseverfahrens zu überprüfen und gegebenenfalls dem Teil ein geeigneteres Prognoseverfahren zuzuweisen.[18]

Die sich nun anschließende Bildung optimaler Losgrößen (siehe Kapitel 5.3.6.2) leitet über zu der Fragestellung, wie die Anwendung von Verfahren objektorientiert beschrieben werden sollte. Daß generell sehr viele Verfahren und Algorithmen existieren, um zum gleichen Berechnungsziel zu kommen, zählt zu den Charakteristika der Domäne Materialwirtschaft (vgl. Kapitel 5.2.2). Insbesondere für die Klasse *Zeitreihe* (mit den verschiedenen Bedarfsreihen als Unterklassen) gibt es eine Reihe solcher Verfahren, z.B. zur Zeitreihenanalyse, Prognose, Losgrößenbildung oder auch für statistische Auswertungen.

Die erste, offensichtliche Möglichkeit, diesen Sachverhalt zu modellieren, besteht darin, diese Verfahren als Instanzmethoden der Klasse *Zeitreihe* (bzw. ihrer Unterklassen) zu definieren. Dabei müßte jedoch als Nachteil in Kauf genommen werden, daß

- die Struktur und die Beziehungen der Verfahren untereinander (welche sind z.B. alternativ zu verwenden?) nicht offensichtlich wird, da sie einfach alle gleichberechtigt als Instanzmethoden definiert sind,

- Objekte, die unterschiedliche Verfahren anwenden (z.B. verbrauchsgesteuert disponierte Teile, die unterschiedliche Prognoseverfahren einsetzen) nicht Instanzen der gleichen Klasse sein können (unter der Voraussetzung, daß der Methodenaufruf nicht dynamisch geändert wird) und somit eine unnötig aufgesplittete Klassenhierarchie entsteht sowie

- die Zuordnung von Verfahren zu Klassen nicht dynamisch ist; damit wären auch Änderungen der Anwendung von Verfahren (z.B. Änderung des Prognoseverfahrens eines verbrauchsgesteuert disponierten Teils aufgrund von Ergebnissen einer Zeitreihenanalyse) nur sehr schwierig zu realisieren.

Um diese Nachteile zu vermeiden, werden Verfahren als Instanzen eigenständiger Klassen definiert.

Eine erwünschte Eigenschaft des Methodenprotokolls von *Verfahren* wäre die Anwendung von Polymorphismus. Dies hätte den Vorteil, daß sich der Aufruf zur Anwendung eines Verfahrens unabhängig von dem in diesem Fall speziell zu verwendenden Verfahren

---

[18] Melzer-Ridinger schlägt vor, die Güte der prognostizierten Bedarfswerte durch die Bestimmung einer aussagekräftigen, aber leicht zu berechnenden Kennzahl zu überprüfen: Das empfohlene Kontrollsignal ergibt sich als Quotient aus der Summe der Vorhersagefehler und der mittleren absoluten Abweichung und macht Fehlertendenzen infolge eines Strukturbruchs oder eines falschen Vorhersageverfahrens deutlich (vgl. Melzer-Ridinger 1991, 116-119).

gestaltet. Instanzen beliebiger Unterklassen der Klasse *Verfahren* könnten so als aktuelle Empfänger eingesetzt werden. Diesem Bestreben steht gegenüber, daß unterschiedliche Verfahren - auch solche, die der gleichen Funktionalität dienen - sehr häufig unterschiedliche Parameter (z.B. auftragsfixe Kosten, Lagerkostensatz oder auch die Produktionsgeschwindigkeit und Bedarfsrate bei der Anwendung der Andlerformel bzw. einer ihrer Varianten) benötigen. Falls diese Parameter direkt in einer *wendeAnAuf...*-Methode mitgegeben werden, ist kein Polymorphismus möglich (vgl. hierzu die Erörterung der Vorteile eines standardisierten Methodenprotokolls in Kapitel 4.2.2.3). Es ist daher nötig, die Form des Methodenaufrufs zu vereinheitlichen und die Beschaffung der aktuell benötigten Parameter dem Verfahren selbst zu überlassen. Lediglich der potentielle Auskunftgeber wird in der Standardmethode als Parameter spezifiziert, so daß sich der Aufruf von Verfahren folgendermaßen gestaltet:[19]

> *VerfahrenXY* wendeAnAuf: *anObject1* infosBei: *anObject2*
> z.B.:
> *Standardabweichung*   wendeAnAuf: (*Teil_17*   verbrGestBedarfsReihe) infosBei: *Teil_17*

Der daraus ableitbare, allgemeine Mechanismus bei der Anwendung von Verfahren ist in Abb. 5.22 veranschaulicht: Ein Objekt *O1* erhält die Aufforderung, eine bestimmte Aufgabe zu lösen (1), d.h. eine bestimmte Methode abzuarbeiten. Bei der Abarbeitung wird festgestellt, daß zur Erfüllung der Aufgabe ein bestimmtes Verfahren, auf das eine Referenz besteht (2), auf einem Objekt *O2* auszuführen ist. Die entsprechende Nachricht wird an das Verfahren geschickt (3), wobei als Parameter eine Referenz auf *O2* und ein Objekt *O3* mitgegeben wird, bei dem eventuell benötigte weitere Informationen zu erhalten sind. Bei der Abarbeitung der Standardmethode, wo auch lesend oder schreibend auf *O2* zugegriffen wird (4), erkundigt sich das Verfahren bei *O3* nach diesen Informationen (5) und liefert schließlich einen Rückgabewert an das aufrufende Objekt *O1* zurück.

Abb. 5.23 stellt die Klassenhierarchie der Verfahren vor, die auf Instanzen der Klasse *Zeitreihe* operieren und innerhalb der Materialwirtschaft und der Beschaffung benötigt werden. Die Unterklasse der statistischen Verfahren wird weiter in die Klassen *Standardabweichung, Median, ZeitreihenAnalyseVerfahren* sowie *PrognoseVerfahren* spezialisiert. *PrognoseVerfahren* ist Oberklasse aller Verfahren, die bei der verbrauchsgesteuerten

---

[19] Grundsätzlich wäre es auch möglich, die Methoden zu Verfahren als Klassenmethoden zu definieren, da es wenig Sinn macht, mehrere Instanzen von einer dieser Klassen anzulegen. Um eine einfachere Darstellung zu erreichen, wird von dieser Art der Modellierung hier jedoch abgesehen.

Bedarfsprognose eingesetzt werden: *Mittelwertbildung* (als *GewichteteMittelwertbildung* bzw. *GleitendeMittelwertbildung*) sowie *ExponentielleGlättung* (*-1.Ordnung, -1.Ordnung-MitTrendkorrektur* und *-2.Ordnung*).

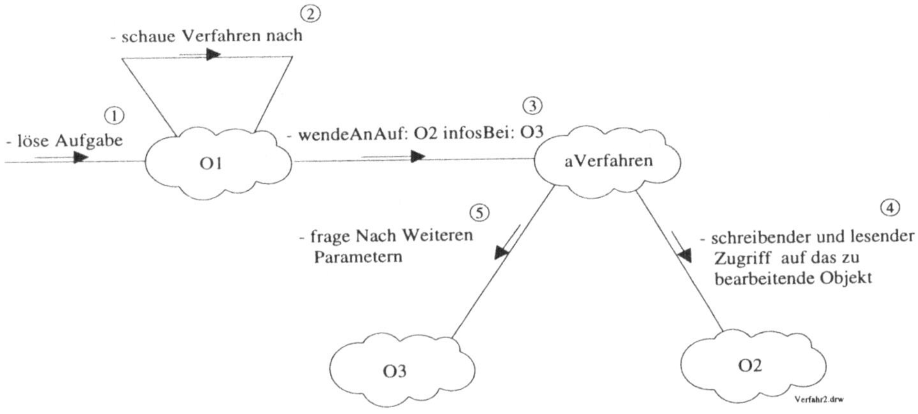

Abb. 5.22:   Mechanismus bei der Anwendung von Verfahren

Weiterhin werden vielfältige Verfahren zur Auftragsmengenberechnung eingesetzt, womit sowohl die Losgrößenermittlung für selbstgefertigte Teile als auch die Bestellmengenermittlung für fremdbezogene Teile gemeint ist. Als Unterklassen der dynamischen Auftragsmengenverfahren werden das *StückkostenVerfahren*, das *KostenausgleichsVerfahren*, der *Selim-Algorithmus* sowie das *Wagner-Whitin-Verfahren* definiert. Die innerhalb der verbrauchsgesteuerten Disposition verwendeten statischen Auftragsmengenverfahren (vgl. Kapitel 5.3.6.2) sind nicht im eigentlichen Sinne Verfahren, die auf Zeitreihen operieren, da lediglich der Gesamtbedarf der Planungsperiode in die Berechnungsvorschrift eingeht; sie sollen jedoch hier angeordnet werden, da der Gesamtbedarf durchaus als Zeitreihe mit nur einem Eintrag verstanden werden kann. Varianten der hier eingesetzten klassischen Andler-Formel existieren bei der Bestellmengenermittlung, um auch die Rabattstaffelungen des Lieferanten berücksichtigen zu können, bzw. bei der Losbildung selbstgefertigter Teile, um den realistischeren Ansatz einer endlichen Produktionsgeschwindigkeit in die Formel einzubringen.

Die auf Instanzen der Klasse *Zeitreihe* operierenden Verfahren erkundigen sich jeweils bei der zu bearbeitenden Zeitreihe mit Hilfe der Methoden *start, ende, anzahlPerioden* (vgl. Kapitel 5.3.4.1) nach der Anzahl der zu berücksichtigenden Perioden.

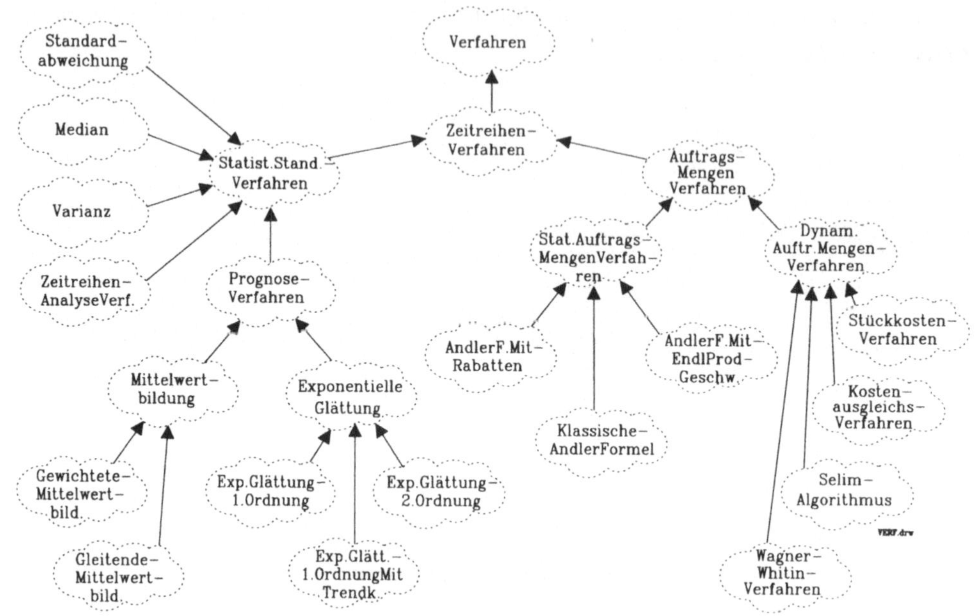

Abb. 5.23:   Klassenhierarchie zur Klasse *ZeitreihenVerfahren*

Instanzmethoden der Klasse *ZeitreihenVerfahren*:

wendeAnAuf: anObject1 infosBei: anObject2

5.3.4.3 ABC-Analyse

Nicht alle Teile eines Unternehmens sind von gleicher wirtschaftlicher Bedeutung. Man ist daher bestrebt, sich bei der Anwendung sehr aufwendiger Verfahren (z.B. zur programmge-steuerten Bedarfsplanung) oder strategischer Überlegungen auf die wirklich interessanten Teile zu konzentrieren (vgl. Melzer-Ridinger 1991, 23). Verschiedene Kriterien können zur Bestimmung der Bedeutung eines Teils eingesetzt werden; die ABC-Analyse ist ein Verfahren, das sich hierzu besonders etabliert hat und alle Teile aufgrund ihres Wert-Mengen-Verhältnisses im Unternehmen in die drei Gruppen der A-, B- und C-Teile einordnet. Die Bedeutung der ABC-Analyse rührt aus einem immer wieder anzutreffenden, ähnlichen Verhältnis der kumulierten Mengen und wertmäßigen Anteile:

> "In der Praxis hat sich gezeigt, daß häufig bereits rund 10% der Teile bereits 70%
> des Jahresverbrauchs ausmachen. Weitere 20% der Teile zusätzlich 20% des

Jahresverbrauchs und die restlichen 70% lediglich 10% des Jahresverbrauchs."
(Scheer 1990a, 114)

Die mit der ABC-Analyse zu treffende Einteilung führt u.a. zur Festlegung der Dispositionsart, da A- und B-Teile programmgesteuert disponiert werden sollten, um durch eine möglichst exakte Planung die Lager- und Fehlmengenkosten zu reduzieren.

Die übliche Vorgehensweise sieht dabei folgendermaßen aus: Zunächst wird der wertmäßige Jahresbedarf jedes Teils erfaßt, dann werden die Teile entsprechend dieser Kennzahl absteigend sortiert. Für jedes Teil wird der Anteil am gesamten wertmäßigen Jahresbedarf ermittelt; diese Prozentanteile werden kumuliert. Entsprechend der zuvor festgelegten Klassengrenzen (z.B. 70%, 20%, 10%) können nun die Teile den entsprechenden Klassen zugeordnet werden.

Vor der Modellierung dieser Aufgabenstellung soll der Vorgang der Analyse noch etwas verallgemeinert werden. Neben der prozentualen Kumulierung bei der Analyse gibt es auch die Möglichkeit, daß Objekte einfach aufgrund des berechneten Wertes eines Vergleichkriteriums Klassen zugeteilt werden. Ein typisches Beispiel ist die XYZ-Analyse von fremdbezogenen Teilen, die ein Teil nach seinem Einzelpreis in drei Kategorien (z.B. > 100 DM, > 10 DM, <= 10 DM) einteilt (vgl. Grupp 1991, 246-247).[20] Die zu bildende Klasse *Analyse* läßt sich somit in die Unterklassen *ProzentualKumulierteAnalyse* und *AbsoluteAnalyse* spezialisieren und wird selbst als Unterklasse von *Verfahren* (vgl. hierzu die Diskussion über die Anwendung von Instanzen der Klasse *Verfahren*) definiert (vgl. Abb. 5.24).

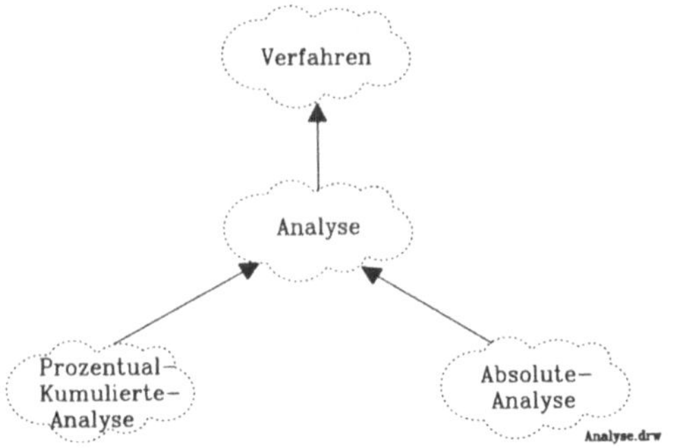

Abb. 5.24:   Spezialisierung der Klasse *Analyse*

---

[20] Sonnemann gibt weitere Beispiele für Attribute, die oftmals Gegenstand einer ABC-Analyse sind. Die damit zu treffenden Einteilungen haben großen Einfluß auf die Sorgfalt, mit der viele Funktionen innerhalb der Beschaffung betrieben werden müssen (vgl. Sonnemann 1988, 77-79). Arnolds, Heege, Tussing geben eine Übersicht über die Behandlung von A-, B- und C-Teilen in den Teilfunktionen Disposition, Beschaffungsmarktforschung, Wertanalyse, Bestellabwicklung und Inventur (vgl. Arnolds, Heege, Tussing 1990, 38).

Instanzvariablen der Klasse *Analyse*:

anzahlKategorien (Integer)
kategorienGrenzen (Dictionary)
vergleichsKriterium (Method)
vergleichsObjekte (CollectionManager)
analyseWert (Method)
datum (Date)

Die Instanzvariablen speichern dabei das Datum der Analyse, die Anzahl der Kategorien, die Abbildung zwischen Wertebereichen und Kategorien sowie einen Verweis auf die Menge der zu analysierenden Objekte. Die beiden Variablen *vergleichsKriterium* und *analyseWert* bezeichnen die Methoden, die auf die zu vergleichenden Objekte angewendet werden müssen, um den Vergleichswert zu erhalten bzw. die Ergebniskategorie zurückzuschreiben.

Abb. 5.25 zeigt den Nachrichtenfluß bei der Durchführung einer Analyse, wobei der Gegenstand der Analyse noch erweitert wird.

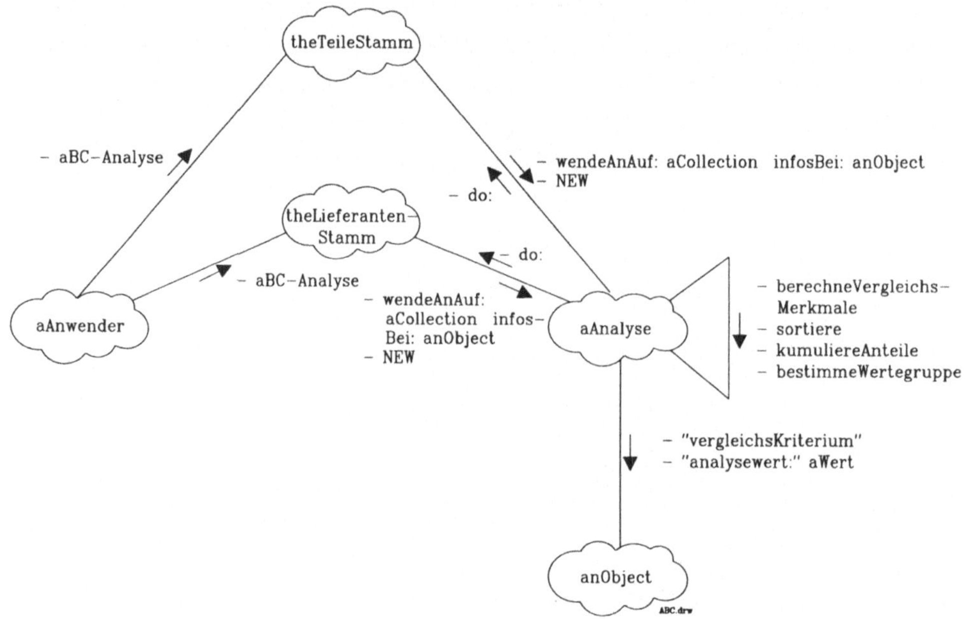

Abb. 5.25:   Object Diagram zur (ABC-)Analyse

Nicht nur Teile können einer Analyse unterzogen werden, insbesondere auch Lieferanten sind häufig Objekte einer solchen Untersuchung. Die Lieferanteneinteilung nach dem ABC-

Prinzip zieht beispielsweise als Vergleichskriterium (absolut oder prozentual kumuliert) das jährliche Beschaffungsvolumen eines Lieferanten heran.

Die Analyse wird durch Versenden der Nachricht *aBC-Analyse* an das jeweilige Verwaltungsobjekt (*TeileStamm* oder *LieferantenStamm*) gestartet, das die benötigte Analyseklasse instantiiert (*NEW*). Die Instanz der gewünschten Analyse erhält als Parameter einer Nachricht (*wendeAnAuf: aCollection infosBei: anObject*) die zu bearbeitende Instanz von *Collection* und führt die notwendigen, oben beschriebenen Analyseschritte (absolut bzw. prozentual kumuliert) durch, um dann als Ergebnis jedem Untersuchungsobjekt den resultierenden Kategorievermerk zuzuweisen (*"analysewert:" aWert*).

Instanzmethoden der Klasse *Analyse*:

wendeAnAuf: aCollection infosBei: anObject (ererbt von Verfahren)
berechneVergleichsmerkmale
sortiere
kumuliereAnteile
bestimmeWertegruppe

Die Instanzmethoden von Analyse, *sortiere*, *kumuliereAnteile* und *bestimmeWertegruppe*, modellieren die Einzelschritte der Durchführung der Analyse und werden innerhalb der Methode *wendeAnAuf: aCollection infosBei: anObject* angestoßen, wobei hier unterschiedliche Abläufe für die beiden Unterklassen von *Analyse* vorgesehen sind.
Eine Randbedingung besteht darin, daß alle Elemente des Untersuchungsobjektes sinnvoll auf die Methode, auf die durch die Instanzvariablen *vergleichsKriterium* und *analyseWert* von *Analyse* verwiesen wird, reagieren, d.h. daß z.B. bei der Klasse *Teil* die Methode *wertmäßigerJahresBedarf* definiert ist und den gewünschten Wert zurückliefert.

5.3.5 Lagerverwaltung

Eine exakte Verwaltung von Lagerbeständen spielt im Rahmen der Materialwirtschaft eine große Rolle, um die mit der programmgesteuerten Bedarfsplanung angestrebten, genauen Planungsergebnisse zu erreichen. Die vorgeschlagene Bildung dispositiver Konten zur Erfassung geplanter Zu- und Abgänge (vgl. Scheer 1990a, 135) kann bereits durch die Verwendung der in Kapitel 5.3.4.1 vorgestellten Klassen *ReservierungsReihe*, *OffeneBestellungsReihe*, *FreigegebeneAuftragsReihe* erreicht werden. Die Lagerverwaltung hat daher in erster Linie die Aufgabe zu lösen, die realen Lagerbewegungen zu erfassen und Daten für eventuell interessierende Auswertungen bereitzustellen. Auswertungen können sowohl im

Dialog durchgeführt werden als auch automatisch zu festgelegten Zeitpunkten als Batchprozeß ablaufen.[21]

Die in Abb. 5.26 dargestellten Klassen und ihre Beziehungen verdeutlichen, daß Läger oftmals in hierarchischer Form im Unternehmen angeordnet sind, da man sich für die Gesamtzahl der im Unternehmen befindlichen Teile interessieren kann, aber auch die Belegung einzelner Lagerorte bzw. Lagerplätze kennen möchte. Die Spezialisierung der abstrakten Klasse *Lager* in die Unterklassen *Unternehmenslager*, *Lagerort* und *Lagerplatz* trägt diesem Wunsch Rechnung. Eine Instanz von *Unternehmenslager* besitzt daher einen Verweis auf alle zugeordneten Lagerorte, die wiederum die zugehörigen Lagerplätze kennen. Bei jedem Lagerplatz sind die Lagerbewegungen für einen interessierenden Zeitabschnitt vermerkt; diese können Ausgangspunkt von Auswertungen sein. Eine Lagerbewegung wird durch das betroffene Teil, die bewegte Menge, den zugehörigen Lagerplatz und das Datum beschrieben.

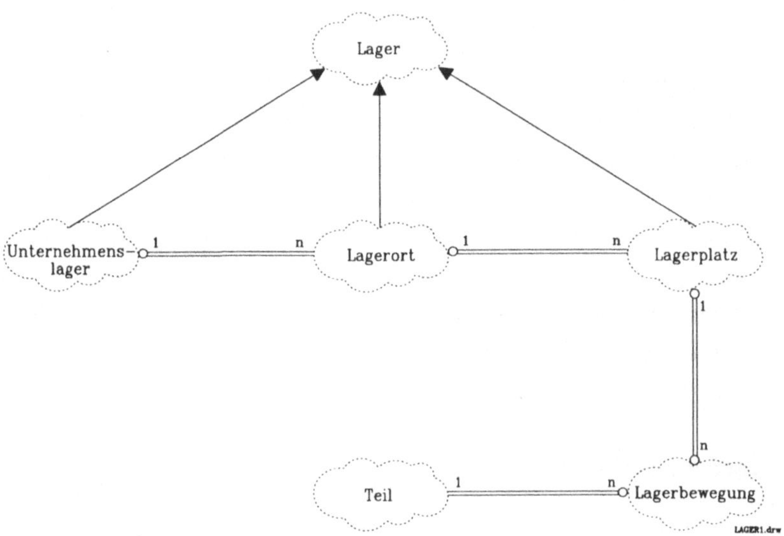

Abb. 5.26:   Class Diagram zur Lagerverwaltung

---

[21] Bichler behandelt detailliert die unterschiedlichen Aspekte der Lagerhaltung und gibt einen Überblick über die Aufgaben der Lagerhaltung, die verschiedenen Lagerbauarten und -einrichtungstechniken sowie die Einzelfunktionen der Kommissionierung (vgl. Bichler 1990, 181-224).

Instanzvariablen der Klasse *Unternehmenslager*:

lagerorte (Collection)

Instanzvariablen der Klasse *Lagerort*:

lagerplätze (Collection)

Instanzvariablen der Klasse *Lagerplatz*:

lagerbewegungen (Collection)

Instanzvariablen der Klasse *Lagerbewegung*:

teil (Teil)
menge (Integer)
lagerplatz (Lagerplatz)
datum (Date)

Die Anforderungen an eine Lagerverwaltung zeigen sich in dem zugehörigen Nachrichtenaustausch (vgl. Abb. 5.27).

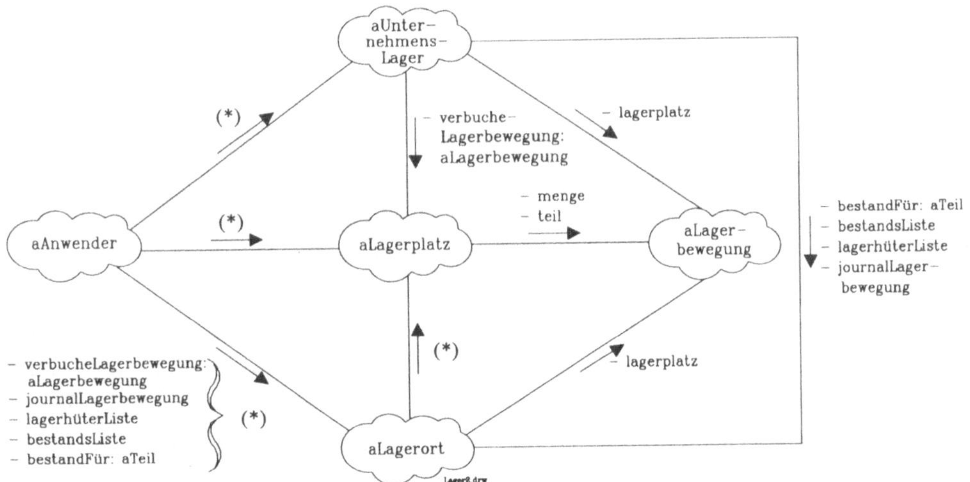

Abb. 5.27:   Object Diagram zur Lagerverwaltung

Eine Instanz jeder der drei Lagerhierarchiestufen kann aufgefordert werden, eine
Lagerbewegung zu verbuchen, ein Journal der Lagerbewegungen, die Gesamtbestandsliste
oder den Bestand eines Teils auszugeben oder auch eine Liste der Lagerhüter zu erstellen.
Alle diese Methoden sind bei der abstrakten Klasse *Lager* spezifiziert und müssen in den

Unterklassen überschrieben werden. Bei Instanzen der Klassen *Unternehmenslager* und *Lagerort* führt dies zur Kommunikation mit den hierarchisch zugeordneten Instanzen von *Lagerort* bzw. *Lagerplatz*, da die eigentliche Verwaltung der Lagerbewegungen lediglich bei den Lagerplätzen stattfindet. Ein Lagerplatz greift auf die ihm zugeordneten Lagerbewegungen zu und ermittelt und aggregiert die für die Auswertungen relevanten Daten.

Instanzmethoden der Klasse *Lager*:

verbucheLagerbewegung: aLagerbewegung
journalLagerbewegungen
lagerhüterListe
bestandsListe
bestandFür: aTeil

5.3.6 Bestellmengen- und -terminplanung

Die innerhalb der Bedarfsplanung ermittelten Nettobedarfe bzw. Bedarfsprognosen sind Ausgangspunkt einer sich anschließenden Bestellmengen- und -terminplanung, die zum Ziel hat, für die fremdbezogenen Teile Bestellungen zu definieren. Die Modelle zur Lösung der Probleme der Bestellmengen- (bzw. Losgrößen-) und -terminplanung sind Bestandteil einer umfangreichen Theorie (Lagerhaltungstheorie), die im wesentlichen auf der Theorie der stochastischen Prozesse basiert. Die Modelle können dabei nach einer Vielzahl von Aspekten eingeteilt werden (z.B. Ein- und Mehrstufigkeit, stochastische und deterministische Modelle (vgl. Olivier 1977, 177-185)) und liefern somit Antworten auf eine Reihe teilweise sehr spezieller Fragestellungen, die jedoch oftmals für die Praxis keinerlei Bedeutung haben. Im folgenden werden daher bei der Auftragsmengenplanung lediglich analytische (d.h. mathematische Modelle zugrundelegende), einstufige (d.h. sich auf jeweils ein Teil beschränkende), deterministische (d.h. von einem bekannten zukünftigen Bedarf ausgehende) Modelle berücksichtigt. Bei der Bestellterminplanung dagegen wird an einigen Stellen auch gezeigt, wie ein auf einer bekannten Wahrscheinlichkeitsverteilung beruhender Bedarf in die Berechnung einfließen kann. Diese Vorgehensweise liefert Ergebnisse, die in fast allen Fällen den in der Praxis auftauchenden Problemen gerecht werden, so daß damit eine sinnvolle fachliche Grundlage für den zu entwickelnden Framework definiert ist.[22]

---

[22] Unberücksichtigt bleibt in der Darstellung die Möglichkeit von Sammelbestellungen, die darauf abzielen, durch die Zusammenfassung von Einzelbestellungen bei einem Lieferanten Preisnachlässe zu erzielen. Diese werden oftmals gewährt, wenn der Gesamtwert eines Bestellauftrages eine Mindestgrenze

Die komplexe Aufgabe der Bestellmengen- und -terminplanung, die bei programmgesteuert bzw. verbrauchsgesteuert disponierten Teilen ganz unterschiedlich gelöst wird, findet ihren Niederschlag, indem jedem Teil eine Instanz einer neu eingeführten Klasse *AuftragsPlanungsSystem* zugeordnet wird, die in die Unterklassen *VerbrauchsGestAuftragsPlanungsSystem* und *ProgrammGestAuftragsPlanungsSystem* spezialisiert wird, um die unterschiedlichen Vorgehensweisen bei der verbrauchs- bzw. programmgesteuerten Planung abzubilden (vgl. Abb. 5.28).

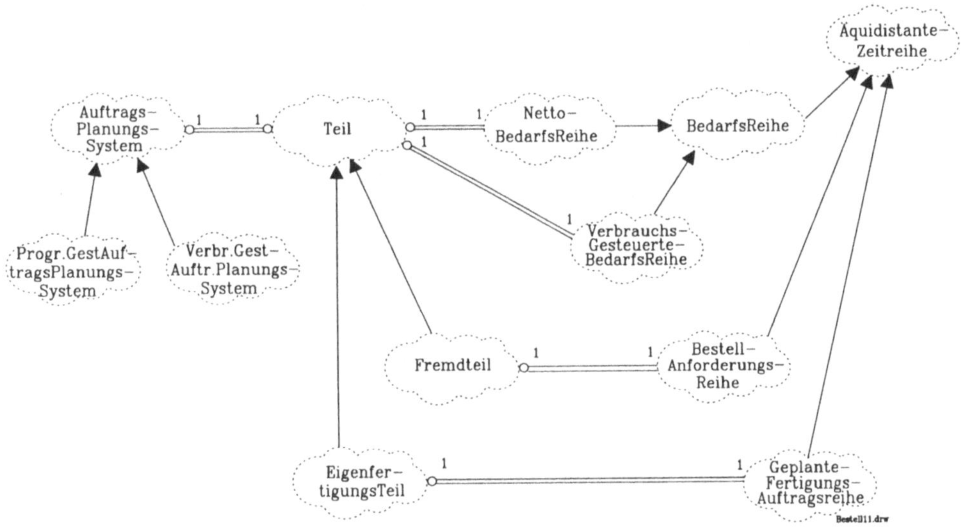

Abb. 5.28:   Zuordnung von *AuftragsPlanungsSystem* zur Klasse *Teil*

Instanzvariablen der Klasse *AuftragsPlanungsSystem*:

teil (Teil)
auftragsMengenVerfahren (AuftragsMengenVerfahren)
planungszeitraum (Zeitintervall)

Da die Auftragsplanung für selbstgefertigte und fremdbezogene Teile an einigen Stellen sehr ähnlich ist, wird diese Aufgabe in beiden Fällen durch Instanzen der Klasse *AuftragsPlanungsSystem* (genauer: einer ihrer Unterklassen) übernommen. Je nach Unterklasse erfüllen die hierdurch beschriebenen Objekte somit sowohl die Aufgabe, für selbstgefertigte Teile die Bedarfswerte zu Losgrößen zusammenzustellen, als auch

---

überschreitet. Seidl stellt dazu die Konzeption eines Verbunddispositionssystems (als Teil des Moduls Beschaffungsmengenplanung) im Rahmen einer verbrauchsgesteuerten Materialdisposition vor (vgl. Seidl 1992, 118-186).

Bestellungen für fremdbezogene Teile zu definieren. Jedes Auftragsplanungssystem bietet die Methode *berechneAuftrag* an, deren Anstoß zu dieser Berechnung führt.

5.3.6.1 Programmgesteuerte Auftragsplanung

Der programmgesteuerten Auftragsplanung liegen die im Rahmen der Bedarfsauflösung ermittelten Nettobedarfe zugrunde. Die Verfahren, die angewendet werden, um aus den teilperiodenbezogenen Bedarfen Aufträge abzuleiten, sind für fremdbezogene und eigenerstellte Teile identisch:

> "Bei den entwickelten Verfahren zur Festsetzung wirtschaftlicher Auftragsgrößen für den Fall variierender Nettobedarfswerte bzw. variabler Bedarfsraten stimmen Losgrößen- und Bestellmengenermittlung im Hinblick auf die betreffende Modell- bzw. Rechenstruktur überein. Insofern erweist sich hier eine generelle Analyse der Auftragsermittlung ohne jeweilige Differenzierung in Losgrößen- und Bestellmengenplanung als möglich und sinnvoll." (Glaser, Geiger, Rohde 1992, 61)

Die dabei eingesetzten Verfahren werden als dynamisch bezeichnet, da sie - im Gegensatz zu den bei der verbrauchsgesteuerten Disposition eingesetzten statischen Verfahren - in der Lage sind, auch über die Teilperioden schwankenden Bedarf zu berücksichtigen. Die grundsätzliche Vorgehensweise besteht darin, Bedarfe der Teilperioden nach bestimmten Kriterien zu Bestellmengen bzw. Losen zusammenzufassen, um das Minimum der dabei anfallenden Kosten zu erreichen. Folgende Kostenparameter gehen dabei in die Berechnungen ein:

- ❑ Auftragsfixe Kosten (Bestellfixe Kosten bzw. Rüstkosten),
- ❑ Unmittelbare Bereitstellungskosten (Einstandspreis bzw. Herstellungskosten),
- ❑ Lagerhaltungskosten.

Verschiedene Verfahren existieren zur Durchführung dieser Berechnung; sie sollen hier lediglich im Überblick aufgelistet werden:[23]

- ❑ Stückkostenverfahren (Gleitende Wirtschaftliche Losgröße),
- ❑ Kostenausgleichsverfahren (Stückperiodenausgleich),
- ❑ Selim-Algorithmus,
- ❑ Wagner-Whitin-Verfahren.

---

[23] Zu einer genaueren Beschreibung der aufgelisteten Verfahren sowie der damit verbundenen Prämissen, vgl. Olivier 1977, 196-218; Melzer-Ridinger 1991, 178-192.

Lediglich das Wagner-Whitin-Verfahren, das die Techniken der dynamischen Programmierung verwendet, führt zu kostenoptimalen Auftragsmengen (basiert allerdings auf der problematischen Notwendigkeit eines festen Planungszeitraums), die anderen Ansätze sind lediglich Näherungsverfahren.

In der Modellierung des Frameworks zeigt sich das Vorgehen bei der programmgesteuerten Auftragsplanung, indem jeder Instanz von *ProgrammGestAuftragsPlanungsSystem* eine Referenz auf ein zu verwendendes dynamisches Auftragsmengenverfahren zugewiesen ist (vgl. Abb. 5.29). *ProgrammGestAuftragsPlanungsSystem* wird weiter in die Unterklassen *ProgrammGestBestellSystem* bzw. *ProgrammGestLosgrößenSystem* zerlegt, da bei ersterem die Bestellterminplanung berücksichtigt werden muß. Für die einzusetzenden Verfahren zur Auftragsgrößenberechnung wurden bereits eigene Klassen gebildet (vgl. Abb. 5.23 und die Diskussion über den Einsatz von Verfahren in Kapitel 5.3.4.2).

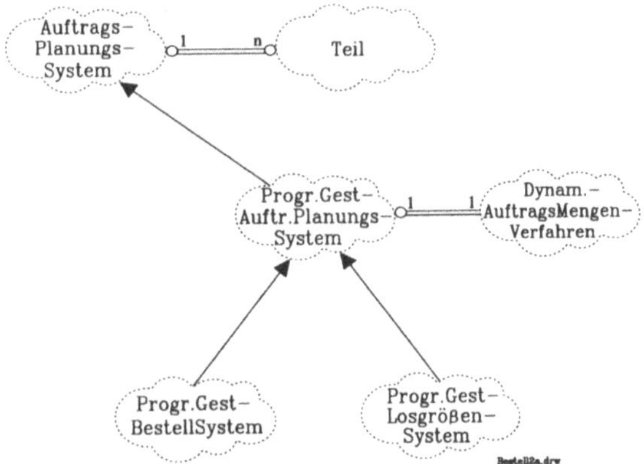

Abb. 5.29:   Class Diagram eines programmgesteuerten Auftragsplanungssystems

Unter der Voraussetzung, daß der Bedarf und die Lieferzeit als deterministisch angesehen werden können, erweist sich die Bestellterminplanung bei programmgesteuerter Disposition als recht einfach (vgl. Melzer-Ridinger 1991, 193-195):[24] Die Anwendung eines dynamischen Auftragsmengenverfahrens liefert die gewünschten Anlieferungstermine. Zur Festlegung der Bestelltermine muß nun lediglich unter Beachtung der notwendigen Zeiten für Bestellübermittlung, Lieferung und Wareneingangskontrolle eine Rückrechnung

---

[24] Zu den Gründen für einen nichtdeterministischen Bedarf zählen in erster Linie kurzfristige Umstellungen des Fertigungsprogramms, ein nicht vollständig prognostizierbarer Zusatzbedarf, der den Bruttobedarf einer Bedarfsauflösung erhöht, sowie nicht eingehaltene Fertigungszeiten, die zu einer Verschiebung der Bedarfszeitpunkte führen (vgl. Melzer-Ridinger 1991, 194).

durchgeführt werden. Trotz der relativ hohen Genauigkeit einer programmgesteuerten Disposition wird empfohlen, sowohl zusätzliche Sicherheitszeiten einzuplanen als auch periodisch die Notwendigkeit von Nachbestellungen zu überprüfen, um Fehlmengen zu vermeiden (vgl. Glaser, Geiger, Rohde 1992, 83): Unter der Voraussetzung beliebiger Liefertermine besteht die grundsätzliche Vorgehensweise bei der Kontrolle der Möglichkeit von Fehlmengen darin, Ist- und Solleindeckungszeit eines Teils zu vergleichen. Die Solleindeckungszeit bezeichnet dabei die Zeitspanne, für die eine Bedarfsdeckung mindestens zu gewährleisten ist, wohingegen die Isteindeckungszeit die tatsächlich durch Lagerbestand oder Anlieferungen bereits ausgelöster Bestellungen zu deckende Zeitspanne kennzeichnet. Die Berechnung dieser Zeiten erfolgt taggenau unter Zuhilfenahme des Fabrikkalenders. Liegt der ermittelte Isteindeckungstermin vor dem Solleindeckungstermin, ist zum aktuellen Kontrolltermin eine Bestellung auszulösen und der gesamte Vorgang solange zu wiederholen, bis der Isteindeckungstermin den Solleindeckungstermin überschreitet.

Die beschriebenen Abläufe bei der programmgesteuerten Auftragsplanung spiegeln sich im Nachrichtenaustausch der zur Realisierung eingesetzten Klassen wider. Abb. 5.30 verdeutlicht die Kommunikation zwischen den Objekten, um zunächst einmal die Parameter, die die Planung beeinflussen, zu definieren bzw. zu verändern.

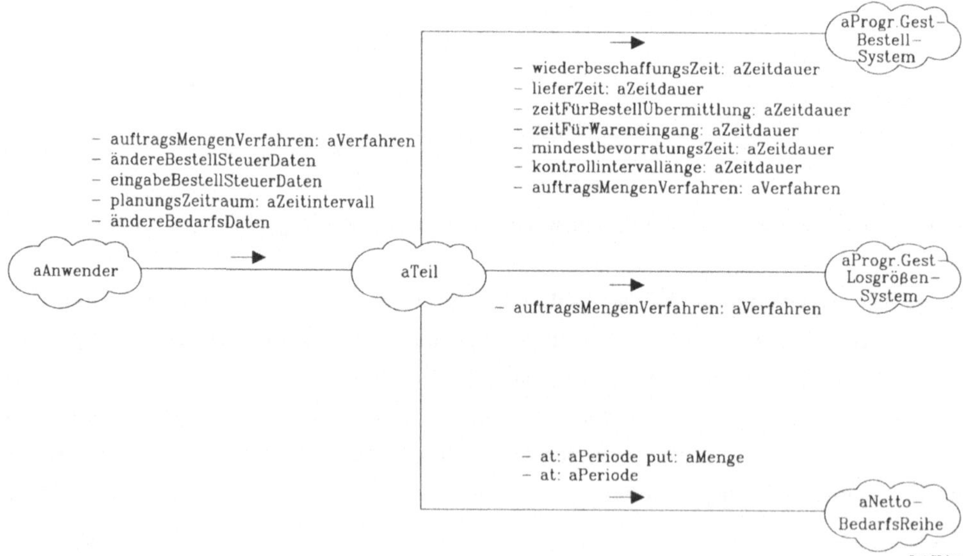

Abb. 5.30: Object Diagram zur Verwaltung der Parameter einer programmgesteuerten Auftragsplanung

Der Anwender hat im wesentlichen in der Kommunikation mit einer Instanz von *Teil* die Möglichkeit, den Planungszeitraum vorzugeben (*planungsZeitraum: aZeitintervall*) und eventuell Bedarfe sowie die signifikanten Bestellparameter zu verändern. Hierzu zählen die Wiederbeschaffungszeit, die Lieferzeit, die Zeit für die Bestellübermittlung, die Zeit für den Wareneingang, die Mindestbevorratungszeit sowie die Länge eines Kontrollintervalls. Des weiteren ist es möglich, ein anderes Verfahren zur Auftragsmengenplanung einzusetzen (*auftragsMengenVerfahren: aVerfahren*).

<u>Instanzvariablen der Klasse *ProgrammGestBestellsystem*</u>:

auftragsMengenVerfahren (DynamischesAuftragsMengenVerfahren) (ererbt von AuftragsPlanungsSystem)
wiederbeschaffungsZeit (Zeitdauer)
lieferZeit (Zeitdauer)
zeitFürBestellÜbermittlung (Zeitdauer)
zeitFürWareneingang (Zeitdauer)
kontrollIntervallänge (Zeitdauer)
mindestbevorratungsZeit (Zeitdauer)

Die hieraus resultierenden, bei den Klassen verfügbaren Methoden sind im wesentlichen dazu da, lesend oder schreibend auf die Instanzvariablen zuzugreifen.

Abb. 5.31 zeigt den Nachrichtenaustausch bei dem eigentlichen Ablauf einer programmgesteuerten Auftragsplanung. Die Methode zur Auftragsberechnung (*berechneAuftrag*) wird durch einen Anwender bzw. durch das Teil selbst (bei Abarbeitung einer übergeordneten Methode) angestoßen. Dies führt zur Nachricht *berechneAuftrag* an das jeweilige Losgrößen- bzw. Bestellsystem. Diese Instanz schickt die Aufforderung zur Berechnung der Auftragsmengen (*wendeAnAuf: aNettoBedarfsReihe infosBei: aTeil*), d.h. zur Zusammenfassung der Nettobedarfe der Teilperioden zu Losen bzw. zu Bestellmengen, an das zugeordnete dynamische Auftragsmengenverfahren. Diese Verfahren greifen nun natürlich lesend auf die zu bearbeitende Nettobedarfsreihe zu (*at: aPeriode*) und erkundigen sich bei dem aktuellen Teil nach weiteren benötigten Parametern, wie z.B. Lagerhaltungskosten oder auftragsfixen Kosten. Ergebnis der Anwendung des Verfahrens sind Fertigungsaufträge bzw. Bestellanforderungen.

Bei fremdbezogenen Teilen müssen weiterhin aus den nun vorliegenden, gewünschten Anlieferungsterminen die dazugehörigen Bestelltermine ermittelt werden, wozu alle notwendigen Informationen (Wiederbeschaffungszeit, Lieferzeit, Zeit für Bestellübermittlung und Wareneingang, Mindestbevorratungszeit) als Instanzvariablen bei dem jeweiligen Bestellsystem abgespeichert sind (vgl. hierzu die Kommunikation zur Verwaltung der Parameter einer programmgesteuerten Auftragsplanung in Abb. 5.30).

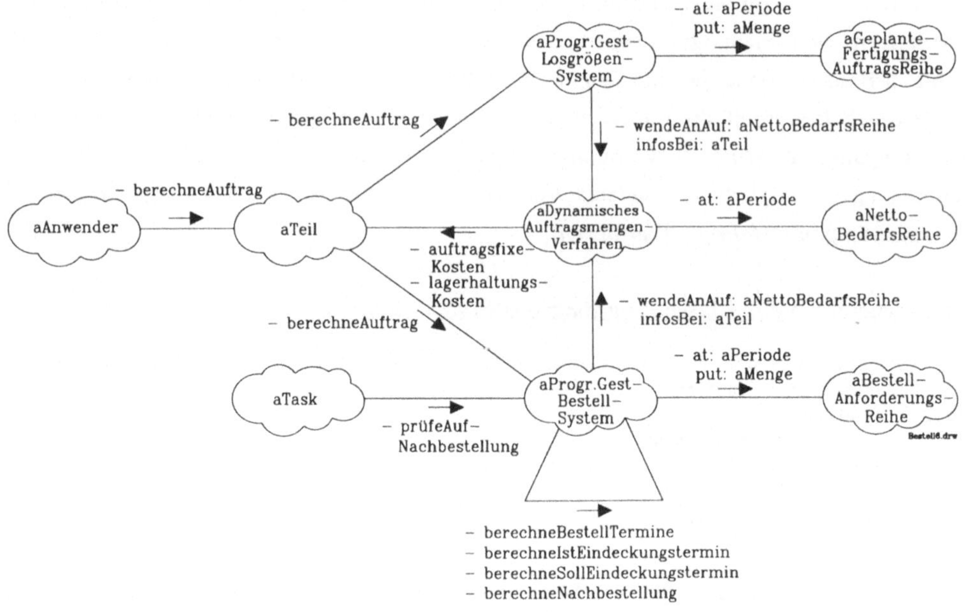

Abb. 5.31:   Object Diagram einer programmgesteuerten Auftragsplanung

Die in periodischen Abständen durchzuführenden Kontrollen (*prüfeAufNachbestellung*) führen in oben beschriebener Form zur Berechnung der Ist- und Solleindeckungstermine und der eventuellen Berechnung einer Nachbestellung.

5.3.6.2   Verbrauchsgesteuerte Auftragsplanung

Im Gegensatz zur programmgesteuerten Auftragsplanung ist es Grundgedanke der verbrauchsgesteuerten Losgrößenbildung, den für die Planungsperiode prognostizierten Gesamtbedarf in mengenmäßig gleich große Fertigungsaufträge zu zerlegen. Die dabei eingesetzte klassische Andlerformel (inklusive möglicher Varianten) wurde bereits in Kapitel 5.3.4.2 in der Klassenhierarchie der Zeitreihenverfahren modelliert. Sie liefert die kostenoptimale Auftragsgröße in Abhängigkeit von den auftragsfixen Kosten (A), dem Gesamtbedarf der Planungsperiode (B) sowie den entstehenden Lagerhaltungskosten pro Materialeinheit (L) (vgl. Scheer 1990a, 130-131):

Optimale Auftragsmenge := $((2 * A * B) / L)^{0,5}$

Auch die Bestellmengen- und -terminbestimmung für fremdbezogene Teile unterscheidet sich in hohem Maße von der programmgesteuerten Vorgehensweise. Drei Bestellsysteme sind zu unterscheiden (vgl. Melzer-Ridinger 1991, 119-124):

☐ Beim **Bestellrhythmussystem** werden Bestellungen in festgelegten Zeitabständen ausgelöst. Die Bestellmenge ist entweder konstant oder entspricht der Differenz des augenblicklichen Lagerbestandes zu einem festgelegten Höchstbestand. Zwischen den Zeitpunkten der Bestellung findet keine Kontrolle des Lagerabgangs statt.

☐ Beim **Bestellpunktsystem** wird eine bestimmte Bestandsmenge als Meldebestand definiert, dessen Unterschreiten eine Bestellung auslöst. Auch hier gibt es die beiden Möglichkeiten der Verwendung einer festen Bestellmenge bzw. eines Höchstbestandes. Als Vorteil gegenüber dem Bestellrhythmussystem kann hier eine gewisse Selbstregulierung beobachtet werden, da sich die Bestellzeitpunkte dem tatsächlich auftretenden Bedarf anpassen. Andererseits muß erhöhter Aufwand getrieben werden, da jede Lagerbewegung zu einer Kontrollaktivität führt.

☐ Die Vorteile beider Systeme werden im **Optionalsystem** miteinander verbunden, indem eine periodische Lagerüberprüfung mit der Festlegung eines Meldebestandes kombiniert wird. Zu festgelegten Zeitintervallen wird der Lagerbestand überprüft, eine Bestellung wird allerdings nur ausgelöst, wenn der zuvor definierte Meldebestand unterschritten ist. Zur Bestimmung der Bestellmenge existieren auch hier die beiden bereits bei den anderen Systemen aufgezeigten Varianten.

Zur Reduzierung des Risikos von Fehlmengen wird ein Sicherheitsbestand eingeführt. Dieser erhöht den Lagerbestand, der zur Deckung des im Eindeckungszeitraum (der Zeitspanne, für die ein Lagerbestand den erwarteten Bedarf abdecken soll) erwarteten Bedarfs verfügbar ist, um eine gewisse Menge, um unvorhergesehene Ereignisse, wie z.B. erhöhten Bedarf oder verzögerte Lieferung, auszugleichen. Die Höhe des Sicherheitsbestandes fließt ein in die Berechnung der Bestellmenge (beim Bestellrhythmussystem) bzw. in die Berechnung des Meldebestandes (beim Bestellpunkt- und Optionalsystem). Wesentlicher Einflußfaktor bei der Bestimmung des Sicherheitsbestandes ist die Länge des Eindeckungszeitraums, der sich für die drei skizzierten Verfahren folgendermaßen ergibt (vgl. Melzer-Ridinger 1991, 126-127):

Bestellrhythmussystem:

Eindeckungszeitraum =   Bestellintervallänge + interne Beschaffungszeit + Lieferzeit

Bestellpunktsystem:

Eindeckungszeitraum =   interne Beschaffungszeit + Lieferzeit

Optionalsystem:

Eindeckungszeitraum =   0,5 * Kontrollintervallänge + interne Beschaffungszeit + Lieferzcit

Der Sicherheitsbestand kann dann durch Multiplikation des durchschnittlichen Bedarfs im Eindeckungszeitraum mit einer festzulegenden Sicherheitszeit ermittelt werden:

Sicherheitsbestand =   Sicherheitszeit * mittlerer Bedarf (Eindeckungszeitraum)

In vielen Fällen wird ein Fehler bei der Bedarfsprognose zur Bestimmung des Sicherheitsbestandes zugrundegelegt, wobei in der Regel eine Normalverteilung mit dem Erwartungswert 0 angenommen wird. Die in die Rechnung eingehende signifikante Größe des Lieferbereitschaftsgrades kennzeichnet die Wahrscheinlichkeit, daß während des Bestellzyklus keine Unterdeckung vorkommt (vgl. Arnolds, Heege, Tussing 1990, 99). Der Sicherheitsbestand ergibt sich dann durch Multiplikation eines Sicherheitsfaktors, der vom gewünschten Lieferbereitschaftsgrad abhängt (siehe hierzu die Tabelle bei Grochla 1978, 121), mit der Standardabweichung des prognostizierten Bedarfs im Eindeckungszeitraum:

Sicherheitsbestand =   Standardabweichung des Bedarfs (Eindeckungszeitraum) * Sicherheitsfaktor

Da die zur Bestimmung der optimalen Bestellmenge eingesetzte Andler-Formel (inklusive der Berücksichtigung von Rabatten) die Zielsetzung der Berechnung einer konstanten Bestellmenge verfolgt und keine Fehlmengenkosten berücksichtigt, ergibt sich ihre spezielle Eignung:

"Die nach dem Andler-Modell bzw. seiner Modifikation errechnete Bestellmenge ist daher für Bestellsysteme relevant, die mit einer gleichbleibenden Bestellmenge arbeiten und die Fehlmengenproblematik bei der Wahl des Bestellzeitpunkts berücksichtigen, d.h. für das Meldebestandssystem mit fester Bestellmenge und das

Optionalsystem mit fester Bestellmenge (im Bestellrhythmussystem mit fester Bestellmenge ist theoretisch kein Sicherheitsbestand vorgesehen)." (Melzer-Ridinger 1991, 151)

In Bestellsystemen mit Lagerhöchstbestand ergibt sich diese charakteristische Größe als Summe aus optimaler Bestellmenge und Sicherheitsbestand im Eindeckungszeitraum:

Lagerhöchstbestand = Sicherheitsbestand (Eindeckungszeitraum) + optimale Bestellmenge

Bei der Bestellzeitpunktplanung ergibt sich die Aufgabe, je nach vorliegendem Bestellsystem den optimalen Bestellrhythmus (bei Bestellrhythmussystemen) bzw. die Meldemenge (bei Bestellpunkt- und Optionalsystemen) zu berechnen. Die Lösung der ersten Aufgabe basiert auch auf der Verwendung der Andler-Formel, da sich die optimale Bestellhäufigkeit als Quotient aus Gesamtbedarf und optimaler Bestellmenge ergibt. Die optimale Periodenlänge eines Bestellintervalls resultiert direkt aus der Bestellhäufigkeit und der Länge der Planungsperiode.

Der Meldebestand ergibt sich als Produkt aus der Länge des Eindeckungszeitraums und dem Bedarf pro Zeiteinheit, falls dieser als deterministisch angesehen wird:

Meldebestand = Bedarf pro Zeiteinheit * Länge des Eindeckungszeitraums

Falls der Bedarf als nicht deterministisch eingeschätzt wird, kann der mittlere Bedarf zur Berechnung herangezogen und ein Sicherheitsbestand (siehe oben) dazu addiert werden:

Meldebestand = mittlerer Bedarf (Eindeckungszeitraum) + Sicherheitsbestand

Die geschilderten Zusammenhänge und Vorgehensweisen zeigen sich bei der Modellierung der verbrauchsgesteuerten Auftragsplanung (vgl. Abb. 5.32).

VerbrauchsGestLosgrößenSystem und *VerbrauchsGestBestellSystem* sind als Unterklassen zu *VerbrauchsGestAuftragsPlanungsSystem* definiert. Jede Instanz dieser Klassen verweist auf ein Verfahren zur Auftragsmengenbestimmung (*StatischesAuftragsMengenVerfahren*). Diese Klassen beinhalten auch die wesentlichen, zur Durchführung der Berechnung benötigten Informationen:

Instanzvariablen der Klasse *VerbrauchsGestLosgrößenSystem*:

auftragsMengenVerfahren (StatischesAuftragsMengenVerfahren) (ererbt von AuftragsPlanungsSystem)

Instanzvariablen der Klasse *VerbrauchsGestBestellSystem*:

auftragsMengenVerfahren (StatischesAuftragsMengenVerfahren) (ererbt von AuftragsPlanungsSystem)
lieferzeit (Zeitdauer)
interneBeschaffungszeit (Zeitdauer)
sicherheitsbestand (Integer)
lieferbereitschaftsgrad (Float)
eindeckungszeitraum (Zeitintervall)
sicherheitsfaktor (Float)
standardabweichungBedarf (Float)
optimaleBestellmenge (Integer)
lagerhöchstbestand (Integer)
sicherheitszeit (Zeitdauer)
mittelwertBedarf (Float)

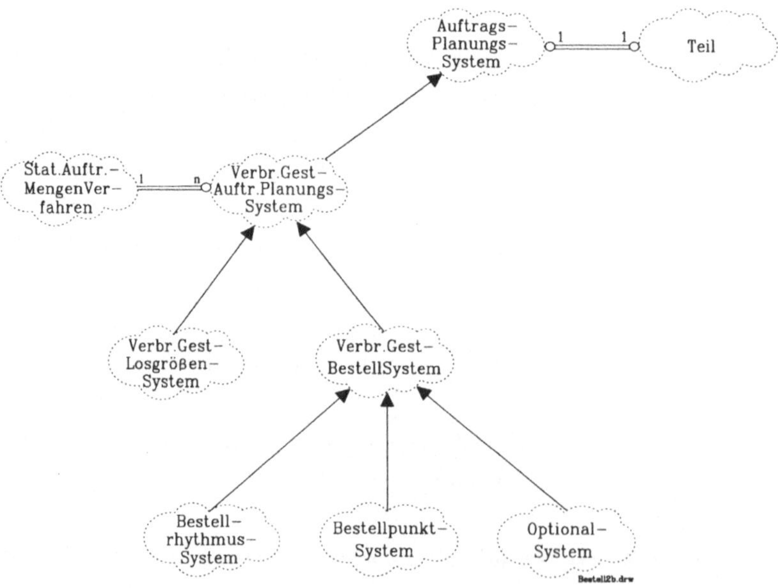

Abb. 5.32:   Class Diagram zur verbrauchsgesteuerten Auftragsplanung

Die drei Arten verbrauchsgesteuerter Bestellsysteme, *BestellrhythmusSystem*, *Bestellpunkt-System* und *OptionalSystem*, sind als Unterklassen zu *VerbrauchsGestBestellSystem* definiert und besitzen neben den ererbten Instanzvariablen Attribute, die ihrem Charakter entsprechen:

Instanzvariablen der Klasse *BestellrhythmusSystem*:

bestellIntervallänge (Zeitdauer)

Instanzvariablen der Klasse *BestellpunktSystem*:

meldemenge (Integer)

Instanzvariablen der Klasse *OptionalSystem*:

meldemenge (Integer)
kontrollIntervallänge (Zeitdauer)

Die Parameter, die eine verbrauchsgesteuerte Auftragsplanung steuern, werden für recht große Zeitabstände und nicht für jeden Einzelfall neu berechnet. Lediglich die bisher noch nicht erwähnten adaptiven Systeme verfolgen den Ansatz, die Steuergrößen kurzfristig (i.a. im Abstand der Vorhersageperioden) neu zu berechnen, um sie den sich möglicherweise ändernden Bedarfsentwicklungen anzupassen. Dies führt allerdings auch dazu, daß statt der bisher eingesetzten statischen Auftragsmengenverfahren dynamische Modelle verwendet werden müssen (vgl. Arnolds, Heege, Tussing 1990, 97; in der nachfolgenden Modellierung wird dies zur Vereinfachung nicht berücksichtigt). Abb. 5.33 zeigt, daß der Vorgang der Berechnung der Steuergrößen von einem Anwender (in der Regel einem Einkäufer) angestoßen wird (*eingabeBestellSteuerDaten* bzw. *berechneBestellSteuerDaten*), was zur Folge hat, daß die oben beschriebenen Instanzvariablen festgelegt bzw. berechnet werden.
Alle Systeme verwenden dabei die Andler-Formel (bzw. Varianten), um aus prognostiziertem Gesamtbedarf und weiteren Daten eines Teils die relevanten Charakteristika des jeweiligen Bestellsystems abzuleiten. Für ein Bestellrhythmussystem wird dabei in oben skizzierter Weise die Bestellrhythmuslänge, für Bestellpunkt- und Optionalsysteme unter Verwendung der Länge des Eindeckungszeitraums und des Sicherheitsbestandes die Meldemenge berechnet.

Der Anstoß zur eigentlichen Berechnung von Aufträgen verbrauchsgesteuert disponierter Teile kann auf unterschiedlichem Weg geschehen (vgl. Abb. 5.34): Für eigengefertigte Teile findet die Losgrößenbestimmung im Anschluß an die Bedarfsprognose statt. Bestellrhythmus- und Optionalsysteme werden über den TaskManager (vgl. Kapitel 5.3.2.3) zur Erledigung ihrer Arbeit aufgefordert (*endeIntervall*), wenn das Bestell- bzw. Kontrollintervall abgelaufen ist. Bestellpunktsysteme schließlich werden von der Lagerverwaltung angestoßen (*lagerabgang*), wenn ein Lagerabgang zu melden ist, und greifen (ebenso wie Optionalsysteme) auf den aktuellen Bestand zu, um diesen mit der festgelegten Meldemenge zu vergleichen.

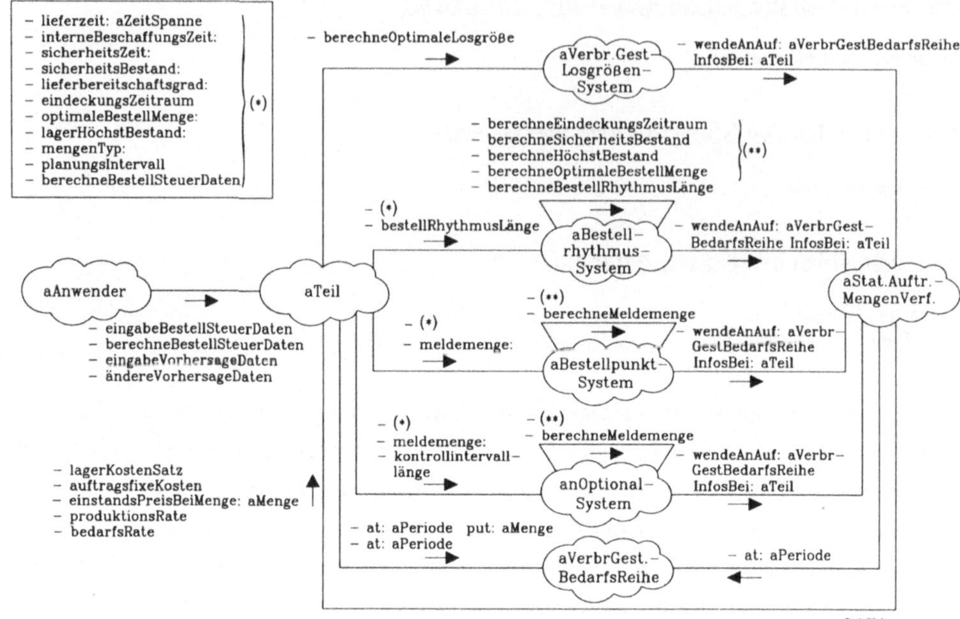

Abb. 5.33: Object Diagram zur Verwaltung der Parameter einer verbrauchsgesteuerten Auftragsplanung

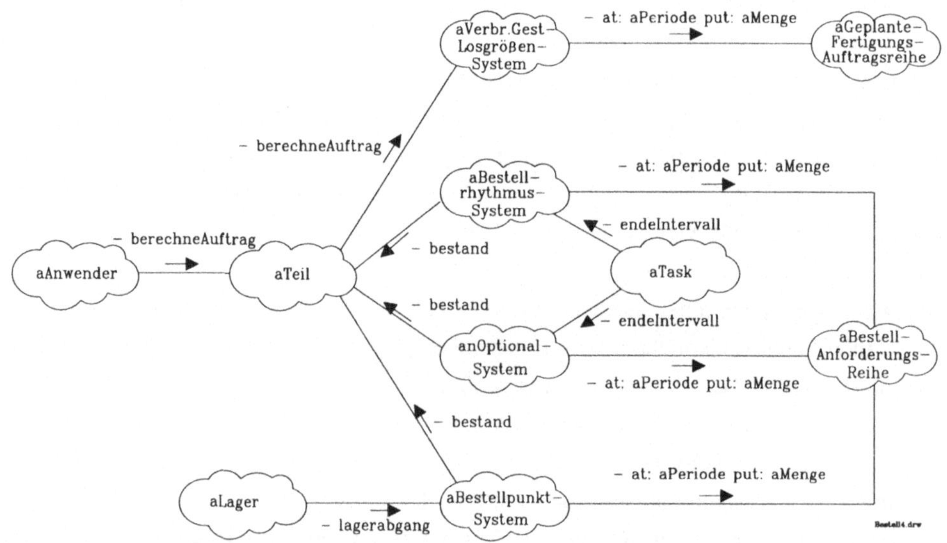

Abb. 5.34: Object Diagram zur verbrauchsgesteuerten Auftragsplanung

Alle Bestellsysteme resultieren in der Formulierung einer Bestellanforderung, die in den nachfolgenden Funktionen weiterverarbeitet wird.

5.3.7   Anfragen- und Angebotsverwaltung

Wenn keine langfristigen Kontrakte mit Stammlieferanten existieren, ist die Lieferantenauswahl als nächster Schritt der operativen Beschaffungsebene bei der Weiterverarbeitung der Bestellanforderungen anzusehen. Grundlage dieser Entscheidung ist i.a. das Vorliegen einer genügend großen Anzahl von Angeboten. Die verlangte Mindestzahl und Aktualität vorliegender Angebote wird sehr oft von der ABC-Klassifizierung eines Teils abhängig gemacht (vgl. Grupp 1991, 109).

Angebote können entweder unaufgefordert von einem Lieferanten eingereicht werden oder sind Reaktion auf entsprechende Anfragen durch das Unternehmen. Die Beschaffungsabteilung bedient sich bei der Auswahl potentieller Adressaten von Anfragen verschiedener Übersichten (vgl. Oeldorf, Olfert 1987, 225):

- Das **Bezugsquellenverzeichnis** enthält alle möglichen Lieferanten, allerdings ohne Detailinformationen.

- Die **Lieferantenkartei** umfaßt alle Lieferanten, zu denen schon einmal Geschäftsbeziehungen bestanden (inklusive Zusatzinformationen, wie z.B. Qualitätstreue, Termintreue, Kulanz usw.).

- Alle Lieferanten, bei denen schon einmal Anfragen erfolgten, sind als Eintrag im **Anfrageregister** vermerkt.

Die Aufgabe des Einkäufers bei der Anfragenerstellung besteht primär in der sachgerechten Formulierung der in den Bedarfsanforderungen enthaltenen Informationen und der Auswahl potentieller Lieferanten, die Adressaten der erstellten Anfragen werden. Alle Anfragen werden in einer Anfragedatei verwaltet und können somit auf Überfälligkeit der erwarteten Angebote getestet werden, was zu einer Mahnung des Lieferanten führt.[25]

Abb. 5.35 zeigt die zur Anfragenverwaltung definierten Klassen des Frameworks. Eine Instanz der Klasse *AnfrageDatei* (als Unterklasse zu *CollectionManager*) übernimmt die Verwaltung aller freigegebenen Anfragen, die jeweils einen Verweis auf alle zugeordneten

---

[25] Auf die Gegenüberstellung mündlicher und schriftlicher Angebotseinholung soll hier verzichtet werden, da aufgrund der Gefahr von Mißverständnissen und der fehlenden rechtlichen Absicherung stets die schriftliche Form vorzuziehen ist. Zu den Charakteristika dieser beiden Möglichkeiten, vgl. Oeldorf, Olfert 1987, 225-227.

Instanzen der Klasse *AnfragePosition* besitzen. Letztere beziehen sich auf jeweils genau ein Material. Von *Anfrage* bestehen weiterhin n:1-Beziehungen zu den Klassen *Lieferant*, *Einkäufer* und *Kostenstelle*, da einer Anfrage i.a. genau eine Ausprägung dieser Klassen zugeordnet ist. Sowohl jeder Anfrage als auch jeder Anfrageposition können Standardtextbausteine oder individuelle Texte beigeordnet sein.

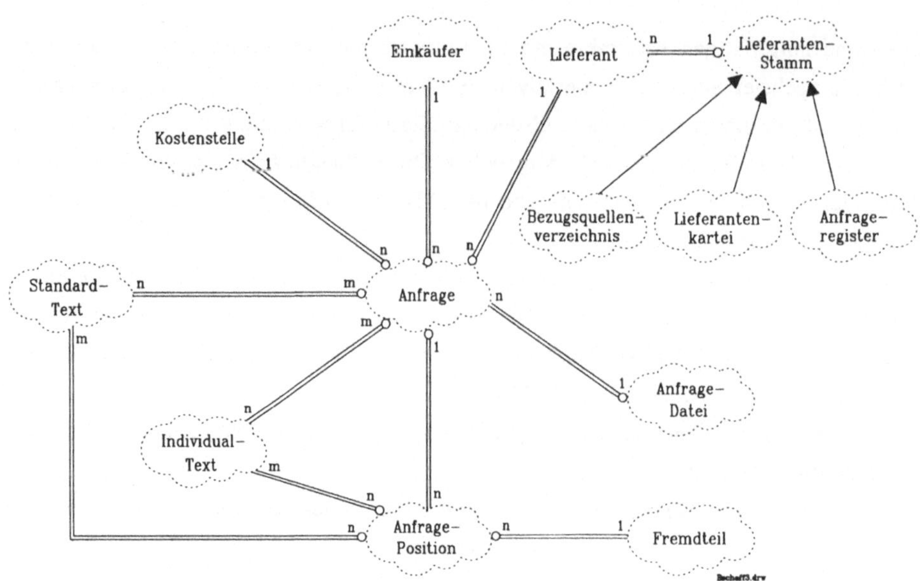

Abb. 5.35:   Class Diagram zur Anfragenverwaltung

Folgende Definitionen von Instanzvariablen ergeben sich aus den dargestellten inhaltlichen Zusammenhängen:

Instanzvariablen der Klasse *Anfrage*:

anfrageNummer (Integer)
datum (Date)
lieferant (Lieferant)
einkäufer (Einkäufer)
spätesterAngebotstermin (Zeitpunkt)
kostenstelle (Kostenstelle)
standardTexte (Collection)
individualTexte (Collection)
positionen (Dictionary)

Instanzvariablen der Klasse *AnfragePosition*:

material (Fremdteil)
geplanteMenge (Integer)
standardTexte (Collection)
individualTexte (Collection)

Eine zentrale Rolle für alle nachfolgenden Modellierungen spielt die Klasse *Lieferant*. Einige wichtige Instanzvariablen dieser Klasse seien genannt (umfangreiche Auflistungen relevanter Attribute finden sich bei Glaser, Geiger, Rohde 1992, 8-9):

Instanzvariablen der Klasse *Lieferant*:

lieferantenNr (Integer)
name (String)
adresse (Adresse)
bankverbindung (String)
sachbearbeiter (Mitarbeiter)
umsatz (Float)
wertOffeneRechnungen (Float)
wertOffeneAufträge (Float)

Abb. 5.36 verdeutlicht die Nachrichtenkommunikation zwischen den Instanzen der beschriebenen Klassen. Im Mittelpunkt steht der bearbeitende Einkäufer (*Anwender*), da die meisten Aktionen interaktiv angestoßen werden. Die in der Bestellanforderungsdatei verwalteten Bestellanforderungen sind Ausgangspunkt einer Anfragenerstellung. Sie können auf Vollständigkeit überprüft (*prüfeAufVollständgkeit*) und dazu veranlaßt werden, Instanzen von *Anfrage* zu erzeugen, die die schon in der Bestellanforderung vorliegenden Informationen übernehmen (*erstelleAnfrage*). Die noch fehlenden Daten werden vom Einkäufer interaktiv am Bildschirm eingetragen. Die Klasse *AnfrageDatei* zur Verwaltung der Anfragen wird vornehmlich zu Auswertungen genutzt; die definierten select-Methoden eröffnen die Möglichkeit, Anfragen nach bestimmten Kriterien herauszufiltern und so z.B. alle Anfragen bzgl. eines bestimmten Materials, die in einer Periode erstellt wurden, zu erhalten (*selectWithMaterial: aMaterial   withPeriode: aPeriode*). Die Instanz der *AnfrageDatei* beschafft sich die zur Erfüllung dieser Aufgaben notwendigen Daten durch Zugriff auf die Instanzen von *Anfrage* bzw. durch indirekten Zugriff auf *AnfragePosition*. Weiterhin ist es möglich, an alle Adressaten überfälliger Anfragen Mahnungen zu verschicken (*erstelleMahnungen*).

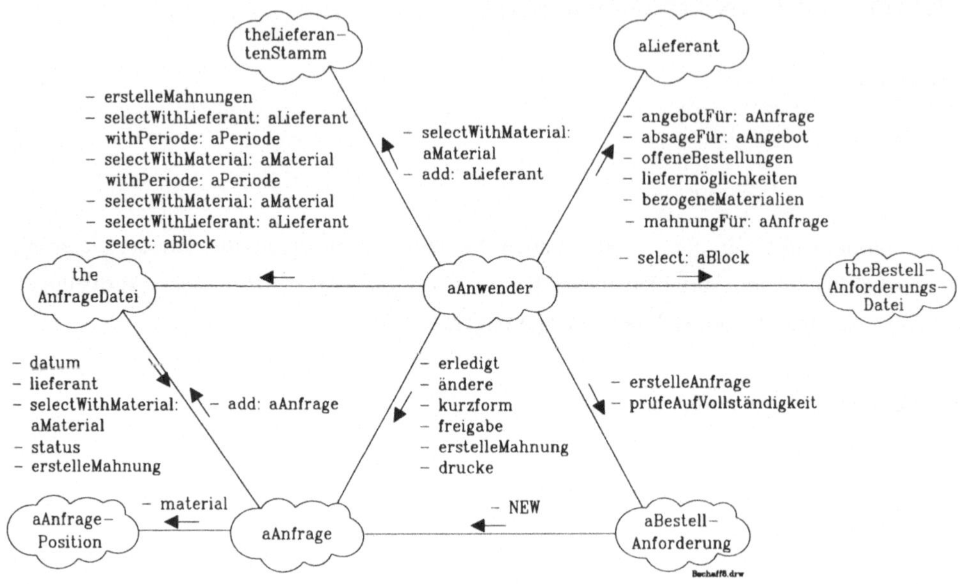

Abb. 5.36:   Object Diagram zur Anfragenverwaltung

Die Kommunikation zwischen einem Anwender und Instanzen der Klasse *Anfrage* ermöglicht es, Anfragen abzuändern, auszudrucken, freizugeben, Kurzformen und Mahnungen zu erstellen oder die Anfrage bei Eintreffen des Angebots als erledigt zu deklarieren.

Die definierten Nachrichten zwischen Einkäufer und Lieferant haben zum einen die Funktion, dem Einkäufer nähere Informationen über den Lieferanten zu besorgen (*offeneBestellungen, liefermöglichkeiten, bezogeneMaterialien*). Zum anderen können auf diesem Weg die Anfragen (*angebotFür: aAnfrage*) und Mahnungen für überfällige Angebote (*mahnungFür: aAnfrage*) sowie Absagen für bereits erhaltene Angebote (*absageFür: aAngebot*) übermittelt werden. Die Lieferanten werden natürlich auch wieder in ihrer Gesamtheit in einer Instanz der Klasse *LieferantenStamm* (als Unterklasse zu *CollectionManager*) verwaltet, was hier dazu benutzt wird, neue Lieferanten aufzunehmen (*add: aLieferant*) oder Lieferanten, die ein bestimmtes Material liefern, zu selektieren (*selectWithMaterial: aMaterial*).

Die Abspeicherung eingehender Angebote kann bei Verwendung der bereits in den Anfragen erfaßten Informationen sehr effizient erfolgen. Abb. 5.37 zeigt die Struktur eines Angebots.

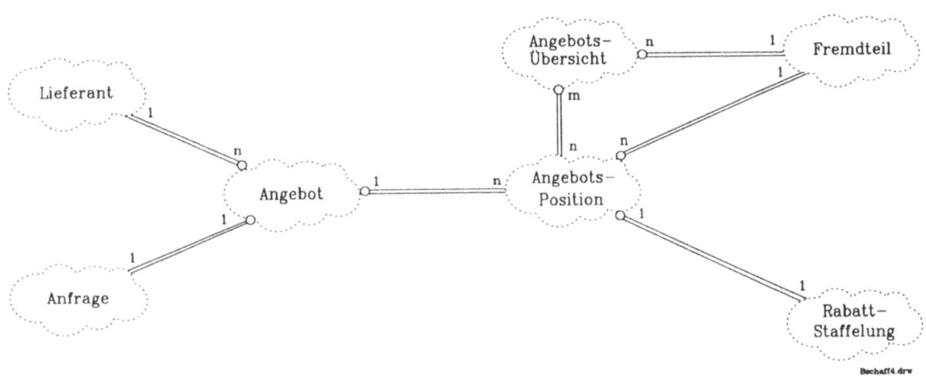

Abb. 5.37:   Class Diagram zur Angebotsverwaltung

Eine Instanz von *Angebot* ist genau einem Lieferanten zugeordnet und kann sich auf eine Anfrage beziehen, falls das Angebot nicht unaufgefordert eingereicht wurde. Jedes Angebot besteht weiterhin aus Angebotspositionen, die sich auf genau ein Material beziehen. Die *RabattStaffelung* als eines der Attribute einer Angebotsposition hat wiederum einen komplexen Aufbau, so daß hierfür eine eigene Klasse definiert wird. Angebotsübersichten stellen alle Angebotspositionen zusammen, die zu einem bestimmten Material vorliegen, so daß von dieser Klasse eine n:1-Beziehung zur Klasse *Material* und eine n:m-Beziehung zur Klasse *AngebotsPosition* besteht.

Die Instanzvariablen der relevanten Klassen werden aus nachfolgender Auflistung deutlich:

<u>Instanzvariablen der Klasse *Angebot*</u>:

datum (Date)
anfrage (Anfrage)
lieferant (Lieferant)
positionen (Dictionary)

<u>Instanzvariablen der Klasse *AngebotsPosition*</u>:

material (Fremdteil)
geplanteMenge (Integer)
lieferzeit (Zeitdauer)
rabattstaffelung (RabattStaffelung)
gültigkeitszeitraum (Zeitintervall)
text (Text)

Instanzen der Klasse *RabattStaffelung* repräsentieren die Zuordnung von Einstandspreisen zu Mindestabnahmemengen.[26] Diese Abbildung kann zum einen durch Instanzmethoden initialisiert (*mindestMenge: aMenge preis: aPreis*) und zum anderen benutzt werden, um zu einer Menge den zugehörigen Preis oder die nächstniedrigere oder -höhere Menge zu bestimmen.

Instanzvariablen der Klasse *RabattStaffelung*:

anzahlIntervalle (Integer)
intervallPreisZuordnung (Dictionary)

Instanzmethoden der Klasse *RabattStaffelung*:

stückPreisBeiMenge: aMenge
nächstHöhereGrenzeZu: aMenge
nächstNiedereGrenzeZu: aMenge
mindestMengeZuPreis: aPreis
mindestMenge: aMenge preis: aPreis

Analog zur Modellierung im Rahmen des Unternehmensdatenmodells von Scheer sollen als Quasi-Stammdaten verstandene, aus Angeboten resultierende Beziehungen zwischen Lieferant und Material als Konditionen abgespeichert werden (vgl. Scheer 1990a, 323). Die hierzu definierte Klasse *Kondition* steht somit in einer n:1-Beziehung zu *Material* und *Lieferant*, ihre Instanzen werden in Instanzen der Klasse *KonditionenDatei* verwaltet (vgl. Abb. 5.38).

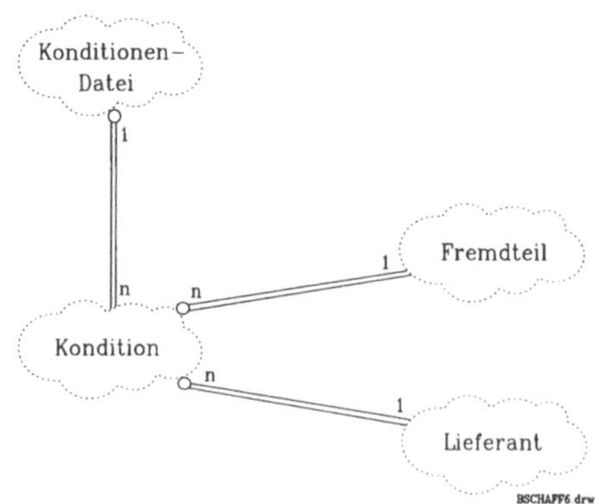

Abb. 5.38:   Class Diagram zur Konditionenverwaltung

---

[26] Von den vielen möglichen Rabattformen, wie z.B. aktionsbezogenen Rabatten, Umsatzboni, Skonti usw., sollen zur Vereinfachung bei der Modellierung zunächst nur die Mengenrabatte berücksichtigt werden.

Instanzvariablen der Klasse *Kondition*:

material (Fremdteil)
lieferant (Lieferant)
konditionenNr (Integer)
datum (Date)
gültigkeitsZeitraum (Zeitintervall)

Der in Abb. 5.39 spezifizierte Nachrichtenaustausch sieht wiederum einige Nachrichten zwischen Einkäufer und Angebotsdatei vor, die zur Selektion interessierender Angebote nach verschiedenen Kriterien (Lieferant, Material, Periode) dienen (*selectWithPeriode: aPeriode, selectWithLieferant: aLieferant*, usw.). Des weiteren ist es möglich, Angebote neu aufzunehmen, zu löschen oder alle Angebote vor einem bestimmten Datum zu löschen (*bereinigeBis: aDatum*). Angebotsübersichten können erstellt werden, um zu einem Material, das bestellt werden soll, das optimale Angebot festzustellen (*angebotsÜbersichtFürMaterial: aMaterial*).

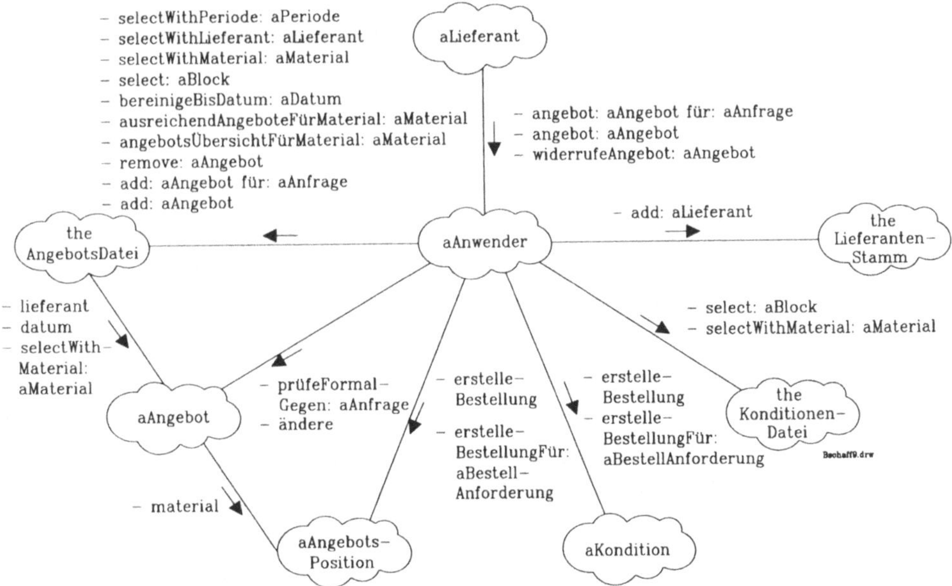

Abb. 5.39:   Object Diagram zur Angebotsverwaltung

Angebote selbst bieten Methoden an, um eine nachträgliche Änderung zu ermöglichen sowie eine formale Prüfung gegenüber den Daten einer zugrundeliegenden Anfrage (bzgl. Menge, Qualität, Lieferzeit und -bedingungen) durchzuführen (*prüfeFormalGegen:*

aAnfrage). Eine Instanz der Klasse *AngebotsPosition* eröffnet durch ihr Methodenprotokoll die Möglichkeit, im Rahmen einer nachfolgenden Bestellaufbereitung automatisch die hier schon vorliegenden Informationen in Bestellungen aufzunehmen bzw. noch zusätzlich Daten einer Bestellanforderung zu berücksichtigen (*erstelleBestellungFür: aBestellAnforderung*). Für *Kondition* bzw. *KonditionenDatei* gelten analoge Funktionalitäten.

Der Nachrichtenaustausch zwischen Instanzen der Klassen *Lieferant* und *Einkäufer* (Anwender), der (wie in Kapitel 5.3.1 beschrieben) keine direkte Entsprechung innerhalb eines DV-Systems hat, sondern lediglich die nachfolgenden Kommunikationsbeziehungen motiviert, gibt einem Lieferanten die Möglichkeit, Angebote entweder als Reaktion auf eine Anfrage (*angebot: aAngebot fürAnfrage: aAnfrage*) oder auch unabhängig davon (*angebot: aAngebot*) einzureichen bzw. Angebote zu widerrufen (*widerrufeAngebot: aAngebot*).

5.3.8 Lieferantenauswahl

Die Auswahl des Lieferanten bei der Erledigung einer Bestellanforderung basiert i.a. auf der Gegenüberstellung der in Frage kommenden Angebotspositionen in Form von Angebotsübersichten. Bei der Bewertung sollten nicht nur die aktuellen Informationen des Angebots berücksichtigt werden, sondern es sollten auch Ergebnisse einer statistischen Lieferantenbewertung, die dazu dient, wichtige Charakteristika eines Lieferanten zu untersuchen, miteinfließen. Analytische Bewertungsverfahren versuchen, die zu berücksichtigenden, eher qualitativen Faktoren, wie z.B. Lieferzeit, Liefersicherheit, Qualitätseinhaltung, Marktstellung usw., zu operationalisieren (vgl. Grupp 1991, 119-121; Oeldorf, Olfert 1987, 230-231).

Typischerweise werden bei der Durchführung dieser Bewertung die relevanten Vergleichskriterien identifiziert und mit Gewichtungsfaktoren belegt. Anhand dieser Kriterienliste wird für jeden in Frage kommenden Lieferanten eine Bewertung durchgeführt und die Gesamtbeurteilung ermittelt, die dann Entscheidungsgrundlage einer endgültigen Auswahl durch den verantwortlichen Einkäufer ist.[27] Die automatische Lieferantenauswahl basiert darauf, daß die Gewichtungsfaktoren der Einzelkriterien so zuverlässig gewählt werden können, daß die Entscheidung allein von der resultierenden Endsumme der Bewertung ohne weitere Einflußnahme des Einkäufers abhängig gemacht werden kann. Die automatische Auswahl wird in

---

[27] Auf die in der Literatur zu findende Differenzierung in die verschiedenen Verfahren des Mehrfaktorenvergleichs (Punktungsverfahren, Quotientenverfahren, Kennzahlenverfahren (vgl. Arnolds, Heege, Tussing 1990, 197-200)) wird hier verzichtet, allerdings ist die Möglichkeit einer speziellen Differenzierung der einzelnen Vergleichsfaktoren, d.h. ihrer unterschiedlichen Gewichtung in Vergleichen für unterschiedliche Teile, durch die vorgenommene Modellierung der Klassen gegeben.

der Praxis sehr selten und dann auch nur für C-Teile mit niedrigem Bestellwert eingesetzt (vgl. Grupp 1991, 121).

Die Durchführung eines analytischen Angebotsvergleichs erfordert die Definition neuer Klassen (vgl. Abb. 5.40). Für eine Angebotsübersicht, die auf alle in Frage kommenden Angebotspositionen referenziert, wird eine Instanz der Klasse *Vergleich* erstellt. Die Klasse *Vergleich*, die in *AngebotsPositionenVergleich* und *LieferantenVergleich* spezialisiert wird, ist im wesentlichen für die statische Beschreibung eines durchzuführenden Vergleichs zuständig. Ihre Instanzen kennen die Menge der relevanten Vergleichsfaktoren mit den zugeordneten Gewichtungen (Instanzvariable *faktoren*) und haben Referenzen auf die zu vergleichenden Bewertungen (Instanzvariable *dictionary*). Eine Instanz der Klasse *Bewertung* ist einem zu bewertenden Objekt zugeordnet (*Lieferant* bzw. *AngebotsPosition*) und repräsentiert die Zuordnung aller Vergleichsfaktoren zu den entsprechenden Punktzahlen.

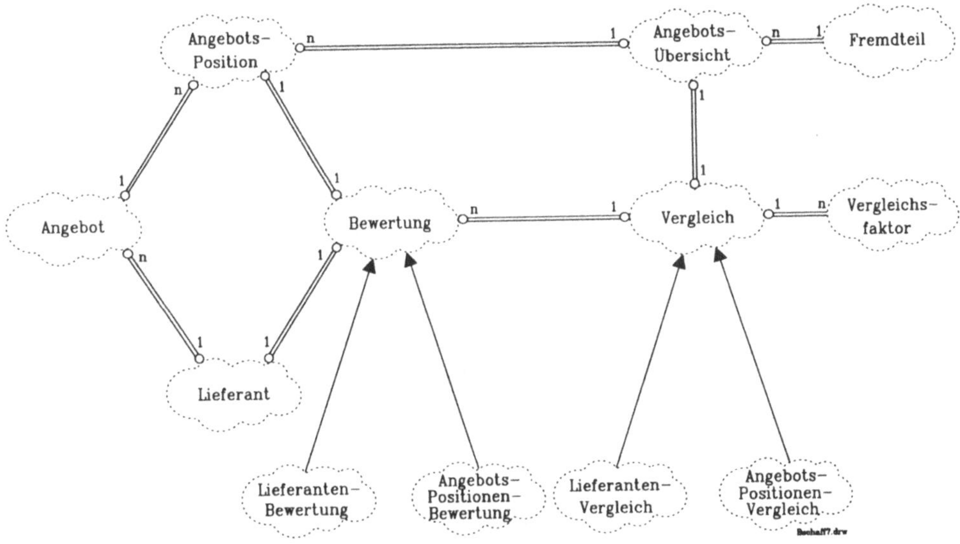

Abb. 5.40:   Class Diagram zur Lieferantenauswahl

Instanzvariablen der Klasse *Vergleich*:

faktoren (Dictionary)
bewertungen (Dictionary)

Instanzvariablen der Klasse *Vergleichsfaktor*:

name (String)
kriteriengruppe (String)

Instanzvariablen der Klasse *Bewertung*:

bewertetesObjekt (Object)
bewertungsZuordnung (Dictionary)
vergleich (Vergleich)

Die eigentliche Durchführung einer Lieferantenauswahl geschieht natürlich in hohem Maße interaktiv durch den Einkäufer (vgl. Abb. 5.41).

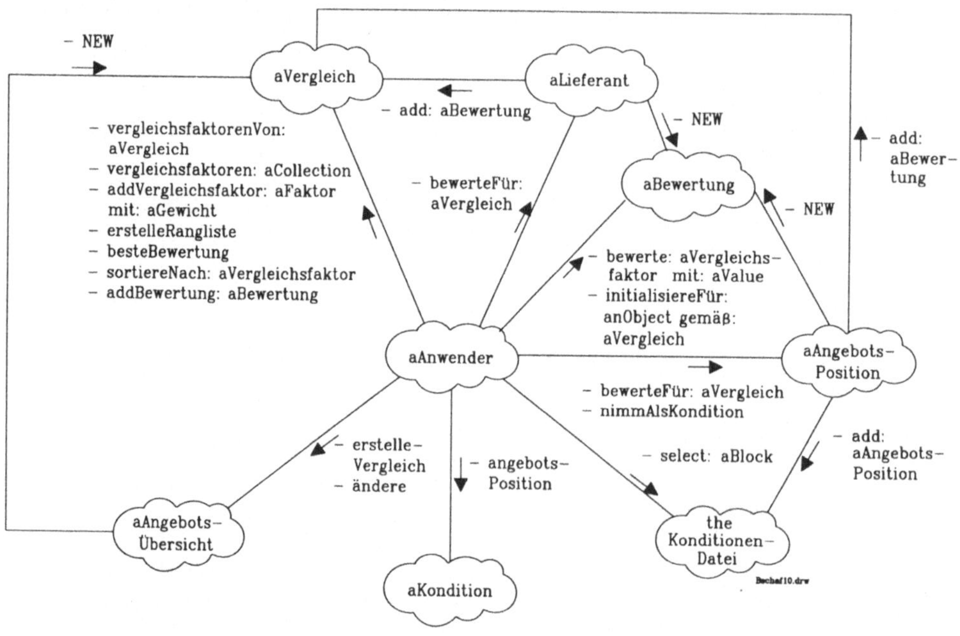

Abb. 5.41:   Object Diagram zur Lieferantenauswahl

Die Nachricht *erstelleVergleich* an eine Instanz der Klasse *AngebotsÜbersicht* führt zur Anlage und Initialisierung einer Instanz der Klasse *Vergleich*. Die einzelnen Vergleichsfaktoren können vom Einkäufer angegeben (*vergleichsfaktoren: aCollection*), mit Gewichten belegt (*addVergleichsfaktor: aVergleichsfaktor mit: aGewicht*) oder auch von anderen Vergleichen übernommen werden (*vergleichsfaktorenVon: aVergleich*). Bewertungen werden instantiiert durch die Nachricht *bewerteFür: aVergleich* an ein zu bewertendes

Objekt (eine Angebotsposition bzw. einen Lieferanten), infolge derer der Einkäufer die einzelnen Vergleichsfaktoren mit Punkten zu beurteilen hat (*bewerte: aVergleichsfaktor mit: aValue*) und diese Bewertungen in den Vergleich mitaufgenommen werden.

Die Auswertung der Bewertung erfolgt durch die Kommunikation des Einkäufers mit der entsprechenden Instanz von *Vergleich*: Er hat die Möglichkeit, sich die beste Bewertung (*besteBewertung*) oder auch die gesamte Rangliste (*erstelleRangliste*) anzuschauen, oder die Bewertungen nach lediglich einem Vergleichsfaktor zu sortieren (*sortiereNach: aVergleichsfaktor*), um die zu treffenden Entscheidungen weiter zu fundieren.

5.3.9   Bestellaufbereitung- und -schreibung

Wenn die - nicht immer notwendige - Schleife Anfragenerstellung, Angebotsverwaltung, Lieferantenauswahl durchlaufen ist, bleibt es Aufgabe der Bestellaufbereitung, die noch fehlenden Angaben der in der Bestellanforderungsdatei verwalteten Anforderungen zu ergänzen, um letztendlich vollständige Bestellungen zu erstellen. Eine Bestellanforderung kann somit als Schnittstelle zwischen Bedarfsdisposition und der Bestellung angesehen werden (vgl. Grupp 1991, 127).

Abb. 5.42 zeigt die wesentlichen Informationen einer Bestellanforderung.

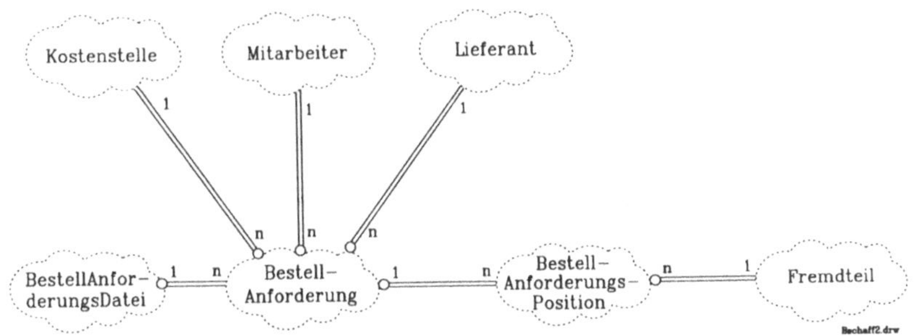

Abb. 5.42:   Class Diagram zur Bestellanforderung

<u>Instanzvariablen der Klasse *BestellAnforderung* (vgl. Grupp 1991, 129):</u>

anforderungsTyp (String)
anforderungsNr (Integer)
datum (Date)
anforderer (Mitarbeiter)
kostenstelle (Kostenstelle)
potentiellerLieferant (Lieferant)

positionen (Dictionary)
bearbeitungsstand (String)
bedarfsQuelle (Object)

Instanzvariablen der Klasse *BestellAnforderungsPosition*:

material (Fremdteil)
positionsNr (Integer)
geplante Menge (Integer)
mengeneinheit (String)
preisvorschlag (Float)
gewünschterLiefertermin (Date)

Eine Bestellanforderung kann entweder direkt aus der maschinellen Disposition stammen oder wird von einem Sachbearbeiter in die Bestellanforderungsdatei eingetragen. Abb. 5.43 zeigt den Nachrichtenaustausch bei der Verwaltung von Bestellanforderungen. Der Einkäufer kann - wie bei anderen Containerklassen auch - nach bestimmten Kriterien (Material, Kostenstelle) suchend auf die Bestellanforderungsdatei zugreifen sowie sich nach dem Bearbeitungsstand einer Anforderung erkundigen oder diese abändern.

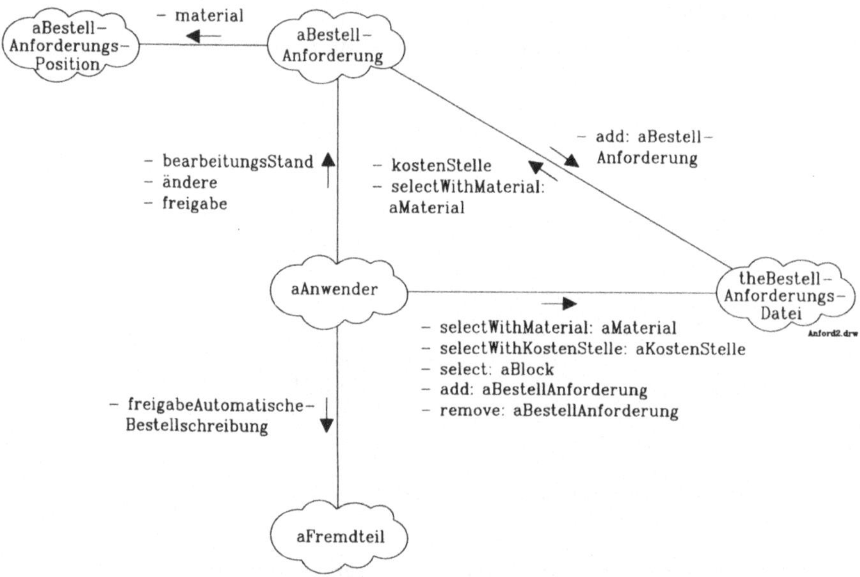

Abb. 5.43:   Object Diagram zur Verwaltung von Bestellanforderungen

Der Aufwand, der im Rahmen einer Bestellaufbereitung zur Vervollständigung der Bestellungen nötig ist, hängt in hohem Maße vom Typ des vorliegenden Bedarfs ab; dieser bestimmt auch den späteren Bestelltyp. Grupp unterscheidet die folgenden Bedarfs-/Bestelltypen (vgl. Grupp 1991, 128):

- Lagerartikel,
- Standardartikel,
- Rahmen- und Abrufverträge,
- Kostenstellenaufträge,
- Vertragsleistungen,
- Barkäufe

C-Teile sollten möglichst für eine automatische Bestellschreibung freigegeben werden, um dem Einkäufer Zeit für die wichtigen Bestellungen zu geben. Auch Lieferabrufe sollten ohne Zutun des Einkäufers erfolgen.

Bei Materialien mit Teilenummer besteht die Aufgabe im wesentlichen in der Ergänzung der Bestellanforderungen um Informationen, wie z.B. Bestellmenge, Liefertermin, Lieferant, Angebotsbezug, Preis, Kontierungsangaben sowie artikel- und lieferantenbezogene Texte, sofern diese Angaben nicht bereits enthalten sind (vgl. Grupp 1991, 139-140).[28]

Abb. 5.44 zeigt die engen Beziehungen, die zwischen Bestellungen und Bestellanforderungen bestehen. Sowohl Bestellanforderungen als auch Bestellungen sind in die Unterklassen der jeweiligen Typen unterschieden. Die Verbindung zwischen beiden Strukturen wird über die n:m-Beziehung zwischen den Klassen *BestellAnforderungsPosition* und *BestellPosition* hergestellt, deren Instanzen sich jeweils auf ein Material beziehen. Eine Bestellposition verweist weiterhin auf eine Angebotsposition, die dieser Position zugrunde liegt. Zur Verwaltung der Strukturen werden zwei Containerklassen, *BestellAnforderungsDatei* und *BestellDatei*, als Unterklassen von *CollectionManager* definiert.

Instanzvariablen der Klasse *Bestellung* (vgl. Grupp 1991, 172):

bestellNr (Integer)
datum (Date)
positionen (Dictionary)
liefertermin (Zeitpunkt)
lieferbedingungen (String)
zahlungsbedingungen (String)
bestellStatus (String)
zahlungsStatus (String)
bestellArt (String)
versandArt (String)
abladeStelle (String)

---

[28] Grupp gibt eine ausführliche Übersicht, wie die Aufgaben bei der Bestellaufbereitung anderer Bedarfs-/Bestelltypen zu behandeln sind (vgl. Grupp 1991, 145-153).

datumAuftragsBestätigung (Date)
datumRechnungseingang (Date)
datumZahlungseingang (Date)

Instanzvariablen der Klasse *BestellPosition*:

material (Fremdteil)
bestellMenge (Integer)
gelieferteMenge (Integer)
bestellPreis (Float)
lagerort (Lagerort)
angebotsPosition (AngebotsPosition)
bestellAnforderungsPositionen (Collection)

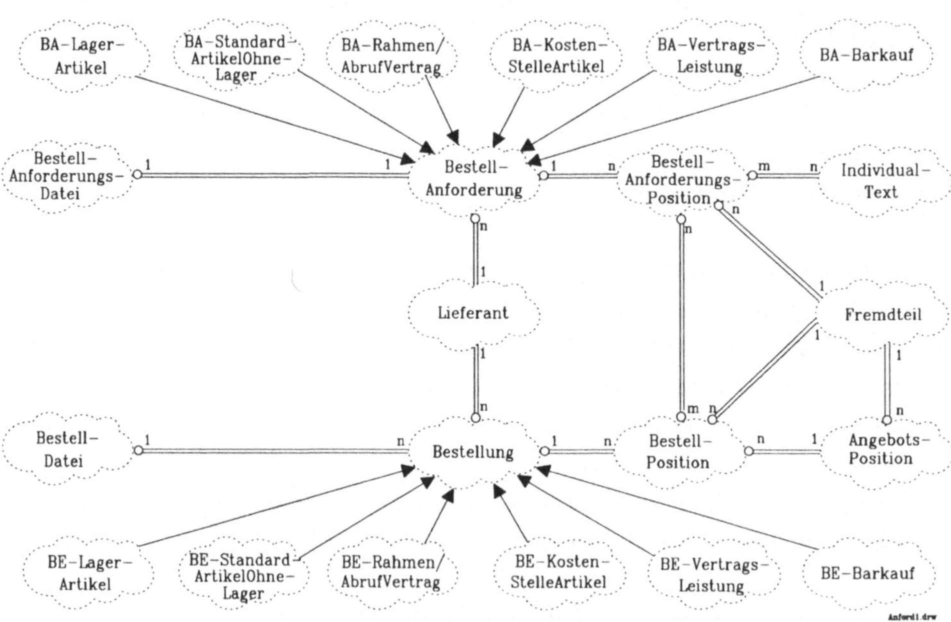

Abb. 5.44:   Class Diagram zu Bestellanforderungen und Bestellungen

Neben den üblichen Verwaltungsfunktionen zeigt Abb. 5.45 den notwendigen Nachrichten-austausch zur Bestellaufbereitung und -schreibung. Bei der interaktiven Aufbereitung erzeugt der Einkäufer mit der Nachricht *bereiteAuf* an eine Instanz von *BestellAnforderung* eine neue Instanz von *Bestellung*, die dann entsprechend geändert, angezeigt, freigegeben, gedruckt oder auch wieder storniert werden kann. Der aktuelle Status einer Bestellung wird fortgeschrieben, indem eingehende Auftragsbestätigungen, Wareneingänge und Lieferantenrechnungen verbucht werden.

Eine automatische Bestellschreibung wird andererseits durch die Nachricht *freigabeAutomatischeBestellschreibung* an ein Material erlaubt. Diese führt dazu, daß ohne Eingriff des Einkäufers aus den vorliegenden Bedarfsanforderungspositionen Bestellpositionen erzeugt werden.

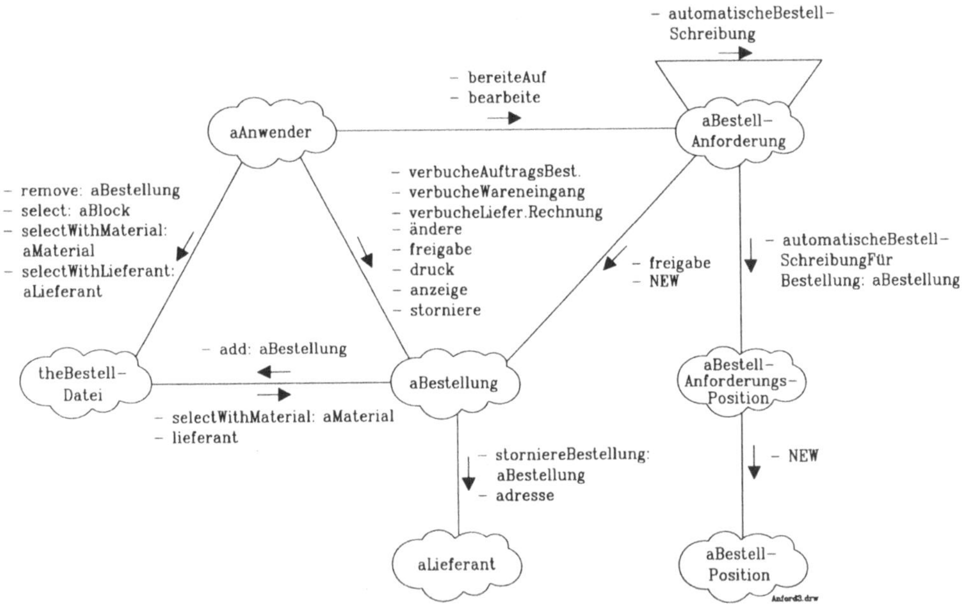

Abb. 5.45:   Object Diagram zur Bestellaufbereitung und -schreibung

5.3.10 Bestellüberwachung

Die Bestellüberwachung testet in regelmäßigen Abständen, ob die Liefertermine einzelner Bestellpositionen überschritten sind. Ist dies der Fall, müssen Mahnungen an den säumigen Lieferanten versandt werden. Häufig werden auch für Bestellungen, die in der nächsten Periode erwartet werden, Fälligkeitsübersichten erstellt, die dem betreffenden Lieferanten übersandt werden, um Versäumnisse zu vermeiden.

Ein aktives Mahnwesen realisiert den Ansatz, Mahnungen nicht innerhalb periodisch ausgeführter Batchprozesse zu erstellen, sondern unterstellt die Überwachung der Verantwortung des Einkäufers, der diese Aufgabe im Dialog mit dem System ausführt. Hiervon wird gelegentlich eine höhere Erfolgsquote erwartet.

Abb. 5.46 zeigt die enge Verknüpfung zwischen den Klassen *Mahnung* und *Bestellung*. Zwischen *Mahnung* und *Bestellung* bzw. zwischen *MahnungsPosition* und *BestellPosition* besteht eine n:1-Beziehung, da einer Bestellung mehrere Mahnungen zugeordnet sein können.

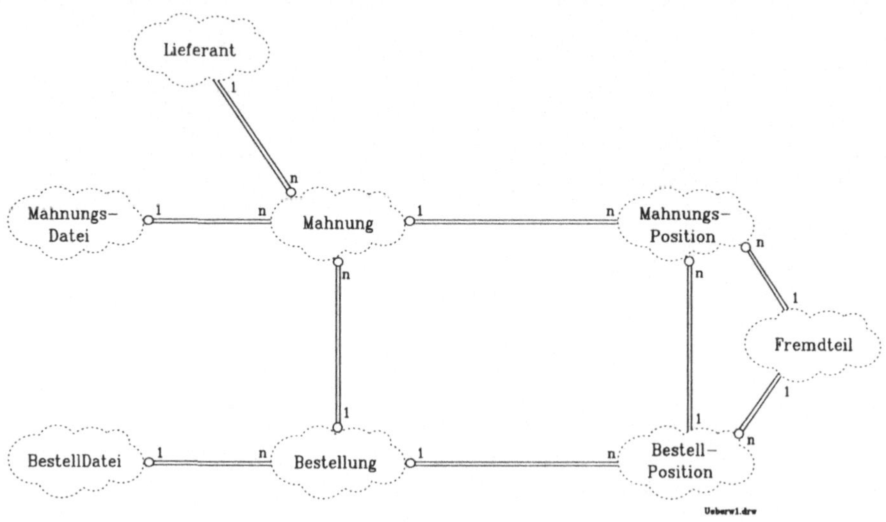

Abb. 5.46:   Class Diagram zur Bestellüberwachung

Instanzvariablen der Klasse *Mahnung*:

datum (Date)
bestellung (Bestellung)
lieferant (Lieferant)
standardtexte (Collection)
individuelleTexte (Collection)
mahnart (String)

Instanzvariablen der Klasse *MahnungsPosition*:

material (Fremdteil)
bestellPosition (BestellPosition)
rückstandsMenge (Integer)
zusageTermin (Zeitpunkt)

Die beiden Formen des periodischen bzw. aktiven Mahnwesens zeigen sich auch in dem zugehörigen Nachrichtenaustausch (vgl. Abb. 5.47). Mahnlisten können entweder in Form einer Task durch den *TaskManager* oder interaktiv durch den Einkäufer mittels Kommunikation mit der Bestelldatei (*erstelleMahnliste*) erstellt werden. Des weiteren ist es möglich, sich Fälligkeitsübersichten, die dann an den Lieferanten übergeben werden (*erinnere: aFälligkeitsÜbersicht*), für eine bestimmte Periode anzuschauen (*erstelleFälligkeits-ÜbersichtFür: aPeriode withLieferant: aLieferant*) oder als Vorbereitung einer interaktiven Mahnung (*erstelleMahnvorschlag*) die offenen Bestellungen nach Liefertermin geordnet zu sortieren.

Die resultierenden Mahnungen können entweder noch nachbearbeitet oder zur Übersendung an den Lieferanten freigegeben werden.

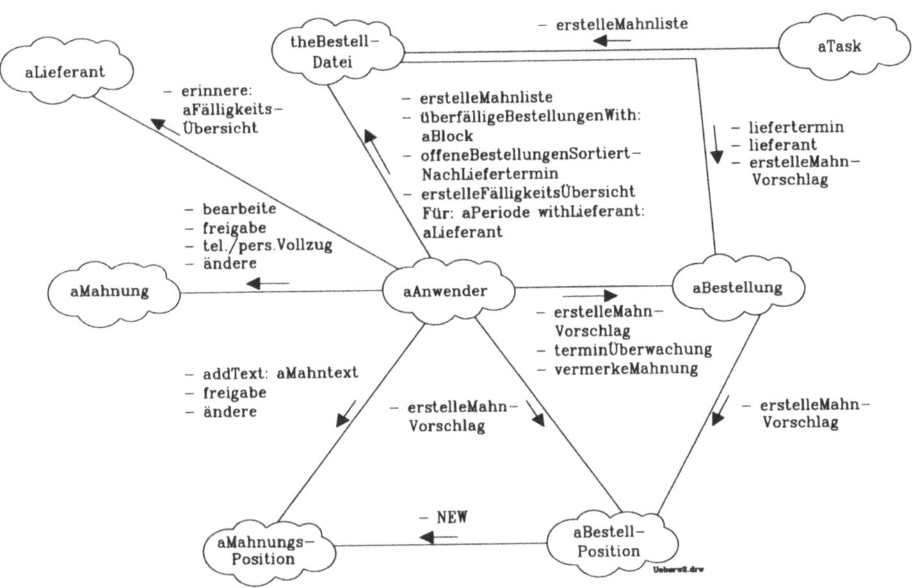

Abb. 5.47:   Object Diagram zur Bestellüberwachung

5.3.11 Wareneingang

Die Wareneingangsfunktion ist eine wichtige Schnittstelle zwischen Unternehmen und Lieferant:

> "Der Wareneingang als organisatorische Stelle hat die Aufgabe, die vom Lieferanten angelieferte Ware in Empfang zu nehmen, zu erfassen, Prüfungen hinsichtlich Menge und Qualität vorzunehmen oder bei einer besonderen Stelle (Qualitätskontrolle) zu veranlassen und die Waren entweder bis zum Vorliegen des Kontrollergebnisses in einem Pufferbereich zu verwahren oder an den Lagerbereich bzw. direkt an die anfordernde Stelle weiterzuleiten." (Scheer 1990a, 332)

Ein Wareneingang(sschein) kennzeichnet die Gesamtzahl der von einem Lieferanten zu einem Zeitpunkt angelieferten Waren, wobei die Mehrzahl der darin enthaltenen Informationen schon im System (i.a. als Bestellung) enthalten ist und somit nicht vom die Ware begleitenden Lieferschein neu eingegeben werden muß. Abb. 5.48 macht die enge Verbindung zwischen den Klassen *WareneingangsPosition* und *BestellPosition* deutlich, die einander in einer n:m-Beziehung zugeordnet sind, um Teil- bzw. Sammellieferungen durch den Lieferanten zu berücksichtigen. Jeder Wareneingangsposition ist ein Reklamationsbericht zugeordnet, der die Ergebnisse negativ ausgefallener Prüfungen genauer spezifiziert.

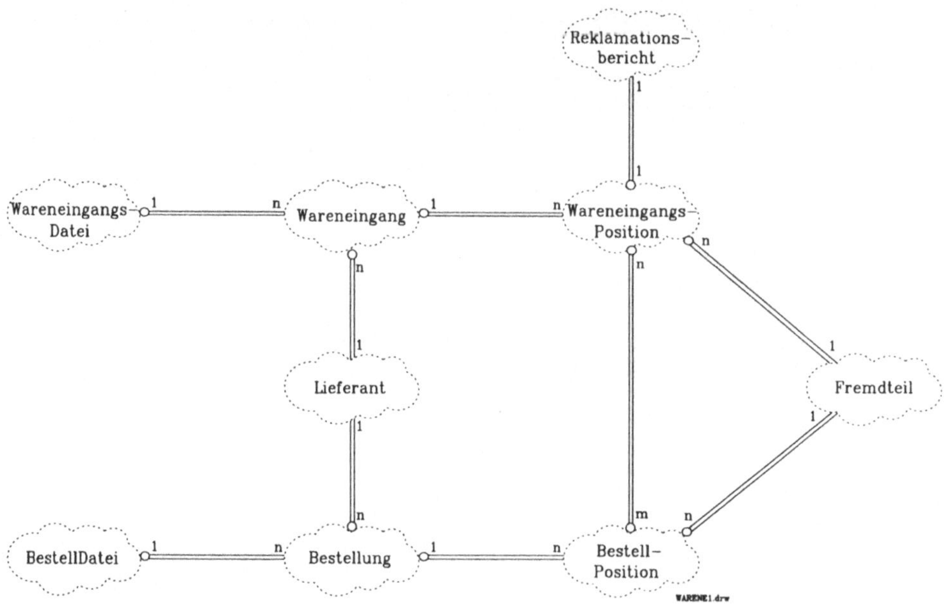

Abb. 5.48:   Class Diagram zum Wareneingang

Instanzvariablen der Klasse *Wareneingang*:

lieferant (Lieferant)
datum (Date)
eingangsNr (Integer)
positionen (Dictionary)
individualTexte (Collection)

Instanzvariablen der Klasse *WareneingangsPosition*:

material (Fremdteil)
bestellPositionen (Collection)
bestellRest (Integer)
reklamationsBericht (ReklamationsBericht)

Abb. 5.49 verdeutlicht die Verwendung bereits abgespeicherter Daten (einer Bestellung) zur Instantiierung eines Wareneingangs (*legeWareneingangAn*). Vom bearbeitenden Mitarbeiter des Wareneingangs können die einzelnen, resultierenden Positionen abgeändert sowie ihre mengen- und qualitätsmäßige Prüfung veranlaßt werden. Das Ergebnis dieser Prüfungen bestimmt den weiteren Verbleib der Ware: Sind die Prüfungen zur Zufriedenheit ausgefallen, wird die Ware an das zugehörige Lager bzw. eine andere Empfangsstelle weitergeleitet und die entsprechende Verbuchung angestoßen (*verbucheLagerbewegung: aLagerbewegung*). Im anderen Fall sind die möglichen Reaktionen vielfältiger: Nach der Erstellung eines Reklamationsberichts kann die Ware auf ein Sperrlager umgebucht, an den Lieferanten zurückgesendet, nachbearbeitet, sofort verschrottet oder aber auch mit einem Preisnachlaß angenommen werden.

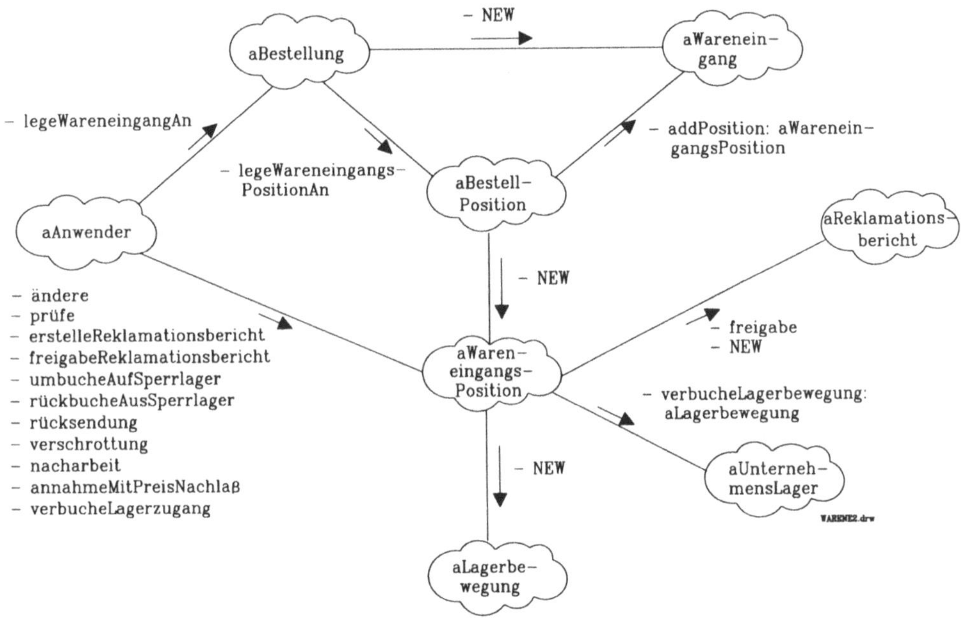

Abb. 5.49:   Object Diagram zum Wareneingang

5.3.12 Rechnungsprüfung

Die Rechnungsprüfung bearbeitet die einkommenden Lieferantenrechnungen. Falls dem Eintreffen der Lieferantenrechnungen auch eine Bestellung vorausging bzw. die Waren schon angeliefert wurden, sind die anfallenden Prüfungen recht unkompliziert durchzuführen, da Vergleichsdaten im Unternehmen bereits vorliegen (vgl. Scheer 1990a, 338-339).

Die Klasse *LieferantenRechnungsPosition* steht daher in n:m-Beziehungen zu den Klassen *BestellPosition* und *WareneingangsPosition* (vgl. Abb. 5.50).

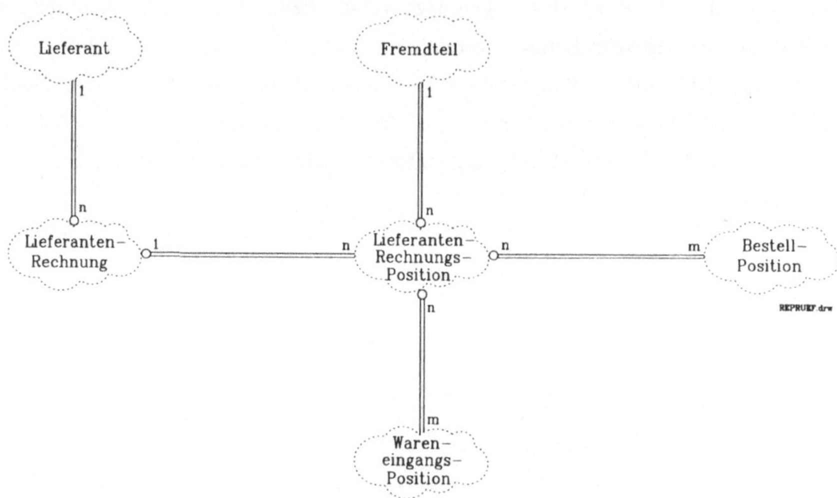

Abb. 5.50:   Class Diagram zur Rechnungsprüfung

<u>Instanzvariablen der Klasse *LieferantenRechnungsPosition*</u>:

material (Fremdteil)
menge (Integer)
preis (Float)
ausmultiplizierterBetrag (Float)
konditionen (String)
bestellPositionen (Collection)
wareneingangsPositionen (Collection)

Die durchzuführenden Überprüfungen der in Rechnung gestellten Menge (*prüfeMenge*), des Preises (*prüfePreis*) und der Qualität (*prüfeQualität*) werden dann für jede Position durch Nachrichtenaustausch mit den in Beziehung stehenden Wareneingangspositionen und Bestellpositionen durchgeführt (vgl. Abb. 5.51).
Nach erfolgreicher Prüfung wird dies als neuer Status der zugehörigen Bestellung(en) vermerkt und die notwendigen Buchungen im Rahmen der Kreditorenbuchführung angestoßen, die allerdings nicht mehr Gegenstand des entwickelten Frameworks sind.

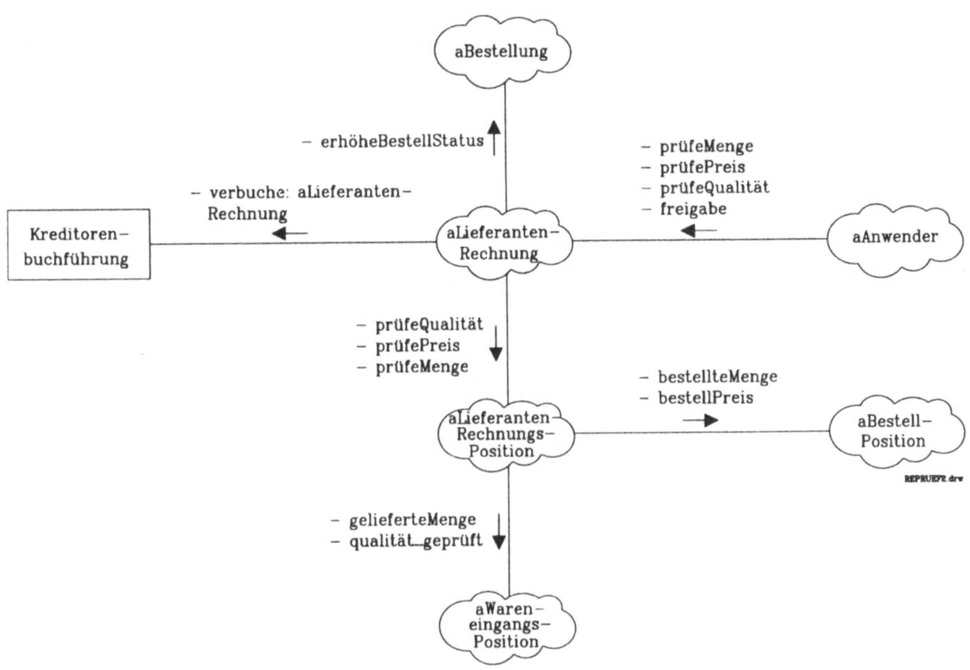

Abb. 5.51:   Object Diagram zur Rechnungsprüfung

5.4   Übersicht über die Gesamtstruktur des Frameworks

In den bisherigen Kapiteln wurde die Struktur des Frameworks nach funktional gegliederten Gesichtspunkten dargestellt, um eine hohe Übersichtlichkeit und Verständlichkeit zu erreichen. An vielen Stellen wurden dabei bereits definierte Klassen noch einmal benutzt und eventuell neue Variablen oder Methoden hinzugefügt. Dieses didaktisch zu begründende Vorgehen entspricht jedoch nicht in vollem Maße der objektorientierten Sichtweise, die nicht auf einer funktionalen Zergliederung aufbaut, sondern die einzelnen Klassen in den Mittelpunkt der Betrachtung rückt und nach der Gesamtmenge der relevanten Methoden und Variablen fragt, ohne sich für deren Ursprung im Rahmen einer funktionalen Zergliederung zu interessieren (vgl. die Diskussion der Vorgehensweise in Kapitel 5.1).

Diese objektorientierte Betrachtungsweise findet ihren Ausdruck in der Gesamtdarstellung des Frameworks, die gewissermaßen als Zusammenfassung der bisherigen Ergebnisse verstanden werden kann. Zu erwarten und auch erwünscht sind bei dieser Gesamtschau einige strukturelle Veränderungen, die die Homogenität des Frameworks verbessern: Als wichtigstes Phänomen stellt sich bei der Durchsicht der Klassen heraus, daß einige Klassen große Ähnlichkeiten aufweisen, die bisher nicht berücksichtigt wurden. Gemäß der objektorientierten Philosophie, Ähnlichkeiten bei der Bildung von Klassenhierarchien auszunutzen, wird diese Erkenntnis verwendet, um die angesprochenen Klassen in einer Ober-/Unterklassenbeziehung anzuordnen bzw. eine gemeinsame, neu zu schaffende Oberklasse zu definieren.

Ein Beispiel veranschaulicht die Mächtigkeit dieser Vorgehensweise: Aufgrund der Anforderungen innerhalb der Beschaffung wurden für den Framework die Klassen *BestellAnforderung*, *Anfrage*, *Angebot*, *Bestellung*, *Wareneingang*, *Mahnung* und *LieferantenRechnung* definiert. Alle diese Beschaffungsstrukturen verweisen auf genau einen Lieferanten und sind selbst noch einmal aus existentiell abhängigen Positionen zusammengesetzt, die sich jeweils auf genau ein Fremdteil beziehen. Die Gesamtzahl der Instanzen jeder Klasse werden in einer zugehörigen Containerklasse verwaltet. Diese strukturellen Übereinstimmungen führen natürlich auch zu einem sich teilweise überdeckenden Methodenprotokoll (z.B. um auf die Instanzvariablen zuzugreifen) und ermöglichen eine Zusammenfassung der skizzierten Ähnlichkeiten durch die Bildung gemeinsamer Oberklassen (vgl. Abb. 5.52).

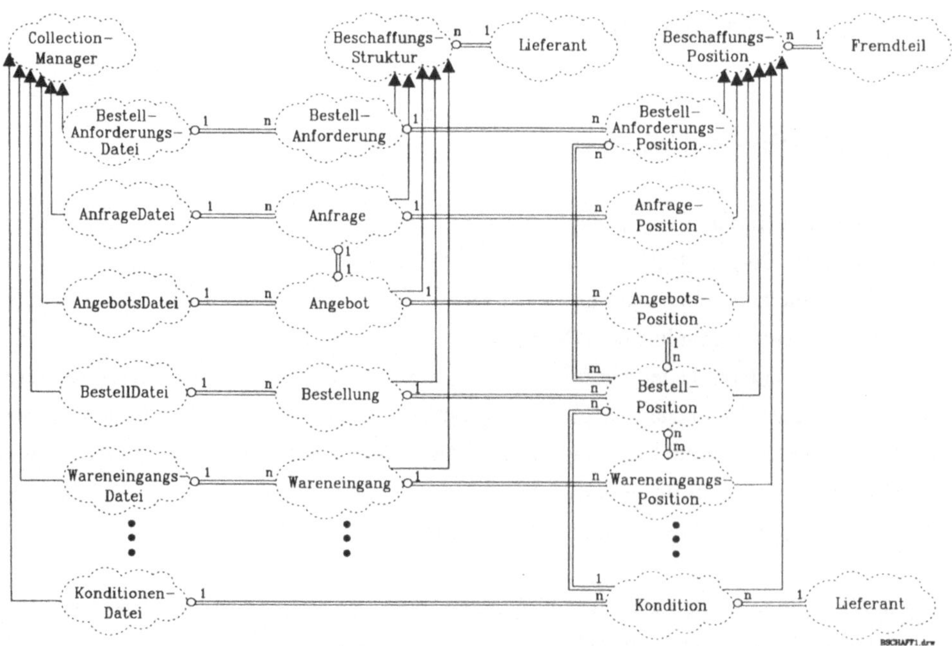

Abb. 5.52:   Bildung gemeinsamer Oberklassen innerhalb der Beschaffung

Die oben genannten Klassen werden als Unterklassen der neu eingeführten Oberklasse *BeschaffungsStruktur* definiert, die in einer n:1-Beziehung zur Klasse *Lieferant* steht. Die schon erkannten engen Beziehungen zwischen Klassen, wie z.B. die zwischen *Anfrage* und *Angebot*, bleiben weiterhin bestehen. Die Gemeinsamkeiten der abhängigen Klassen *BestellAnforderungsPosition*, *AnfragePosition*, *AngebotsPosition*, *BestellPosition*, *WareneingangsPosition*, *LieferantenRechnungsPosition* und *MahnungsPosition* werden unter der Klasse *BeschaffungsPosition* subsumiert, die in einer n:1-Beziehung zur Klasse *Fremdteil* steht. Auch die Klasse *Kondition*, die die enge Verbindung zwischen *Lieferant* und *Fremdteil* kennzeichnet, wird als Unterklasse von *BeschaffungsPosition* aufgenommen. Die Gemeinsamkeiten der zur Verwaltung eingesetzten Containerklassen (*BestellAnforderungsDatei* usw.) sind bereits in der gemeinsamen Oberklasse *CollectionManager* realisiert, so daß diese Beziehungen wie bisher definiert bestehen bleiben.

Als ein Aspekt der Gesamtstruktur des Frameworks soll nun die Klassenhierarchie dargestellt werden. Als allgemeinste Oberklasse wird (wie in Objectworks\Smalltalk üblich) die Klasse *Object* verwendet - Einrückungen kennzeichnen jeweils Ober-/Unterklassenbeziehungen.[29]

```
Object
        ...
        CollectionManager
                TeileStamm
                LieferantenStamm
                        Bezugsquellenverzeichnis
                        Lieferantenregister
                        Anfrageregister
                BestellDatei
                BestellAnforderungsDatei
                AnfrageDatei
                AngebotsDatei
                WareneingangsDatei
                LieferantenRechnungsDatei
                KonditionenDatei
                MahnungsDatei
                StandardTextDatei
                ExistCollectionManager
                        StrukturInformation
                        Stückliste
                                BaukastenStückliste
                                MengenStückliste
                                StrukturStückliste
```

---

[29] Die in Kapitel 5.3.9 eingeführten Unterklassen zu *BestellAnforderung* und zu *Bestellung* wurden in die Darstellung der gesamten Klassenhierarchie nicht aufgenommen, da sie nicht ausführlich spezifiziert wurden und ein unnötiges Aufblähen der Hierarchie vermieden werden sollte.

TeileVerwendungsNachweis
    BaukastenTeileVerwendungsNachweis
    MengenTeileVerwendungsNachweis
    StrukturTeileVerwendungsNachweis
BeschaffungsStruktur
Bestellung
BestellAnforderung
Anfrage
Angebot
AngebotsÜbersicht
Wareneingang
LieferantenRechnung
Mahnung
AuftragsPlanungsSystem
  VerbrauchsGestAuftragsPlanungsSystem
    VerbrauchsGestLosgrößenSystem
    VerbrauchsGestBestellSystem
      BestellrhythmusSystem
      BestellpunktSystem
      OptionalSystem
  ProgrammGestAuftragsPlanungsSystem
    ProgrammGestLosgrößenSystem
    ProgrammGestBestellSystem
Zeitreihe
  ÄquidistanteZeitreihe
    BedarfsReihe
      PrimärBedarfsReihe
      SekundärBedarfsReihe
      VerbrauchsGesteuerteBedarfsReihe
      ZusatzBedarfsReihe
      BruttoBedarfsReihe
      NettoBedarfsReihe
    ReservierungsReihe
    OffeneBestellungsReihe
    BestellAnforderungsReihe
    GeplanteFertigungsAuftragsReihe
    FreigegebeneAuftragsReihe
Verfahren
  ZeitreihenVerfahren
    StatistischesStandardVerfahren
      PrognoseVerfahren
        Mittelwertbildung
          GewichteteMittelwertbildung
          GleitendeMittelwertbildung
        ExponentielleGlättung1.Ordnung
        ExponentielleGlättung1.OrdnungMitTrendkorrektur
        ExponentielleGlättung2.Ordnung
      ZeitreihenAnalyseVerfahren
      Standardabweichung
      Median
      Varianz
    AuftragsMengenVerfahren
      StatischesAuftragsMengenVerfahren
        KlassischeAndlerFormel
        AndlerFormelMitRabatten
        AndlerFormelMitEndlProdGeschwindigkeit

                        DynamischesAuftragsMengenVerfahren
                        StückkostenVerfahren
                        KostenAusgleichsVerfahren
                        Selim-Algorithmus
                        Wagner-Whitin-Verfahren
        Analyse
                AbsoluteAnalyse
                ProzentualKumulierteAnalyse
Vergleich
        LieferantenVergleich
        AngebotsPositionenVergleich
Vergleichsfaktor
Bewertung
        LieferantenBewertung
        AngebotsPositionenBewertung
Teil
        Fremdteil
        EigenfertigungsTeil
                Baugruppe
                Enderzeugnis
BeschaffungsPosition
        BestellPosition
        BestellAnforderungsPosition
        AnfragePosition
        AngebotsPosition
        Kondition
        WareneingangsPosition
        LieferantenRechnungsPosition
        MahnungsPosition
StrukturPosition
        StücklistenPosition
        TeileVerwendungsNachweisPosition
RabattStaffelung
GeschäftsPartner
        Lieferant
Mitarbeiter
        Einkäufer
Text
        Standardtext
        Individualtext
Reklamationsbericht
Kostenstelle
Lager
        Unternehmenslager
        Lagerort
        Lagerplatz
Lagerbewegung
Task
TaskManager
Magnitude
        Time
        Date
                FabrikKalenderDatum
                        DreistelligesFabrikKalenderDatum
                        VierstelligesFabrikKalenderDatum
                        JahresbezogenesFabrikKalenderDatum

```
Zeitangabe
    Zeitdauer
        Zeitintervall
            Periodenangabe
                Periode
                Teilperiode
    Zeitpunkt
```

Neben der Gesamtdarstellung der Klassenhierarchie gibt es weitere interessante Sichten auf die Klassen des Frameworks. Im folgenden soll die Zuordnung der Klassen des Frameworks zu Clustern, die nach inhaltlichen Kriterien gebildet sind, betrachtet werden. Diese werden in Abb. 5.53 dargestellt.

Abb. 5.53:   Inhaltliche Cluster des Frameworks

Im folgenden werden die gebildeten Cluster kurz charakterisiert und wesentliche Vertreterklassen aufgeführt:

☐   Zu den **Verwaltungsklassen** sind im wesentlichen die Unterklassen von *CollectionManager* zu rechnen, die definiert wurden, um die Administration anderer Objekte (z.B. Teile, Lieferanten) zu übernehmen (typische Vertreter: *TeileStamm*, *LieferantenStamm*).

☐   Die **Steuerungsklassen** dienen dazu, bestimmte Abläufe innerhalb des Systems anzustoßen (z.B. *Task*, *TaskManager* (vgl. Kapitel 5.3.2.3)).

- **Vorgangsklassen** beschreiben betriebliche Vorgange innerhalb des Unternenmens (z.B. *Lagerbewegung*).

- **Zeitreihenklassen** wurden insbesondere bei der Materialdisposition verwendet, um die teilperiodengenaue Speicherung von Informationen zu ermöglichen (z.B. *NettoBedarfsReihe*, *ReservierungsReihe*).

- Mit **Zeitinformationsklassen** sind die Unterklassen von *Zeitangabe* und der vordefinierten Klassen *Date* und *Time* gemeint.

- **Lagerklassen** bilden die Hierarchie der Läger des Unternehmens ab (z.B. *Lagerplatz*, *Lagerort*).

- **Auftragsplanungssystemklassen** beschreiben die Strategien des Unternehmens bei der Bildung von Beschaffungs- und Fertigungsaufträgen (z.B. *BestellrhythmusSystem*, *ProgrammGestLosgrößenSystem*).

- **Beschaffungsstrukturklassen** umfassen die in Abb. 5.52 aufgeführten Strukturen (z.B. *Bestellung*, *Angebot*).

- **Dokumentenklassen** beschreiben die innerhalb der Domäne verwendeten Texte und Dokumente (z.B. *Reklamationsbericht*, *Standardtext*).

- **Verfahrens- und Analyseklassen** beschreiben die eher funktional orientierten Verfahrens- und Analyseaspekte der Domäne (z.B. *Standardabweichung*, *ProzentualKumulierteAnalyse*).

- **Klassen organisatorischer Einheiten** beschreiben die organisatorische Strukturierung des Unternehmens (z.B. *Kostenstelle*).

- Zu den **Geschäftspartnerklassen** ist lediglich die Klasse *Lieferant* zu zählen.

- **Mitarbeiterklassen** beschreiben die verschiedenen Arten der an der Materialwirtschaft und Beschaffung beteiligten Mitarbeiter des Unternehmens und somit auch potentielle Anwender des Systems (z.B. *Einkäufer*).

- **Teile- und Strukturklassen** modellieren die unterschiedlichen Teile eines Unternehmens und ihre Beziehungen zueinander (z.B. *Teil*, *Stückliste*).

Die resultierende Klassenhierarchie sowie die inhaltliche Zuordnung der Klassen zu Clustern sind natürlich nur zwei der möglichen Sichten auf einen Framework. Alle anderen Aspekte, wie z.B. Methoden und Variablen jeder Klasse sowie die Verweise und Kommunikationsbeziehungen der Klassen untereinander, sind (für die wesentlichen Klassen) den Darstellungen in Kapitel 5.3 zu entnehmen.

5.5 Erweiterungs- und Spezialisierungsmöglichkeiten des Frameworks

Im folgenden wird am Beispiel der Grunddatenverwaltung und der Materialdisposition aufgezeigt, inwiefern der entwickelte Framework Möglichkeiten bietet, zur Realisierung unterschiedlicher Anforderungen von Unternehmen an EDV-Systeme beizutragen. Ein Framework kann als abstraktes Design einer Anwendung verstanden werden und basiert auf dem Zusammenspiel abstrakter und konkreter Klassen. Der Aufwand, der zu leisten ist, um einen Framework (oder Teile davon) zur Realisierung einer Anwendung einzusetzen, hängt stark von dessen individueller Ausgestaltung ab: Je mehr die oberen abstrakten Klassen bereits durch Spezialisierungen konkretisiert wurden, desto mehr hat sich der Framework schon zu den eigentlichen Applikationen hin entwickelt. Ein ausgereifter Framework, in dem schon sehr viele Spezialfälle vorgedacht wurden und ihren Niederschlag im Design der Klassen gefunden haben, kann als Abstraktion über sehr viele Anwendungen verstanden werden. Falls überhaupt Änderungen und Erweiterungen notwendig sind, um diesen Framework zur Grundlage einer konkreten Anwendungsentwicklung zu machen, werden diese sich als recht einfach herausstellen.

Um diese Aussage im konkret vorliegenden Fall zu belegen, wird in Kapitel 5.5.1 aufgezeigt, welche unterschiedlichen Anforderungen an EDV-Systeme zur Grunddatenverwaltung und Materialdisposition bestehen, um dann in Kapitel 5.5.2 zu demonstrieren, wie diese Vorgaben mit Hilfe des Frameworks realisiert werden können.

5.5.1 Konfigurationsmöglichkeiten eines Materialwirtschaftssystems

Um die denkbaren Ausgestaltungen der Funktionen Grunddatenverwaltung und Materialdisposition eines Materialwirtschaftssystems möglichst allgemein zu fassen, soll die in Kapitel 5.2 formulierte Beschränkung auf ein Unternehmen mit Vorratsbeschaffung nun erweitert werden. Es ist offensichtlich, daß sich die unterschiedlichen Anforderungen an die EDV-Unterstützung der Bereiche auf die jeweiligen Charakteristika eines Unternehmens zurückführen lassen. Von einer Reihe von Autoren wurden Klassifikationskriterien und zugehörige Ausprägungen von Industrieunternehmen mit dem Ziel aufgelistet, diese zu einer Typologie zu bündeln. Die identifizierten Grundtypen werden dann genutzt, um Anforderungen an EDV-Systeme, Sollkonzeptionen oder PPS-Szenarien zu systematisieren.[30] Zu den typischen Charakteristika von Unternehmen, die sehr häufig zur

---

30 Einschlägige Typologien von Industrieunternehmen finden sich bei Schomburg 1980 sowie Glaser, Geiger, Rohde 1992. Scheer zeigt typische Ausgangsszenarien für PPS-Systeme, die auf den Merkmalen

Klassifizierung herangezogen werden, gehören u.a. der Standardisierungsgrad der Produkte, die Art der Auftragsauslösung, die Produktstruktur sowie die Fertigungstiefe.

Da für den nachfolgenden Zusammenhang lediglich interessant ist, wie existierende Anforderungen mit Hilfe des Frameworks realisiert werden können, sollen die zugrundeliegenden Unternehmenstypen weitestgehend vernachlässigt und vornehmlich Merkmalsausprägungen betrachtet werden, die bei der vorangehenden Entwicklung des Frameworks noch nicht berücksichtigt wurden. Die folgenden Auflistungen zeigen abweichende Ausprägungen, wie sie sich für die einzelnen Funktionsbereiche ergeben (vgl. im folgenden Glaser, Geiger, Rohde 1992, 426-509).

Grunddatenverwaltung:

❑ Für kundenindividuelle Produkte kann es sinnvoll sein, lediglich sogenannte Rumpfteilestammsätze anzulegen, die weniger Informationen als normale Teilesätze enthalten und zur Aufwandsreduzierung auf nicht benötigte Attribute, wie z.B. minimale und maximale Auftragsgröße oder ausführliche Teilebezeichnung, verzichten.

❑ Die Form der für das Unternehmen relevanten Produktvarianten legt die Verwendung der einen oder anderen Art von Variantenstücklisten nahe (vgl. Kapitel 5.3.3): Bei kundenspezifischen Produktvarianten bietet sich der Einsatz von Plus-/Minusstücklisten an. Damit kann der Aufwand zur Verwaltung von Varianten, die weniger Komponenten als ein (bei Verwendung einer Gleichteilestückliste zu definierender) Produktgrundtyp aufweisen, reduziert werden. Dagegen sollten Unternehmen, die vorwiegend anbieterspezifische Varianten erstellen, möglichst Gleichteile- oder Mehrfachstücklisten einsetzen, da diese weniger Verwaltungsaufwand als Plus-/Minusstücklisten erfordern. Sind beide Formen von Varianten anzutreffen, sollten aus Gründen der Vereinheitlichung Plus-/Minusstücklisten verwendet werden.

❑ Bei einigen Unternehmenstypen kann es sich als sinnvoll erweisen, mit Lieferanten Rahmenverträge über die Lieferung benötigter Fremdteile abzuschließen. Die notwendigen Daten, wie z.B. Abnahmemengen, Liefertermine, Konventionalstrafen usw., sollten in die Lieferantenstammdatenverwaltung integriert werden.

Wiederholungsgrad der Fertigung, Fertigungstiefe und Anzahl fremdbezogener Teile beruhen (vgl. Scheer 1990a, 248-251).

Programmgesteuerte Materialdisposition:

☐ Ob eine Bedarfsauflösung als Neuaufwurf oder als Net-Change-Rechnung angestoßen wird (vgl. Kapitel 5.3.4.1), hängt i.a. von der Planungshäufigkeit ab. Bei hoher Planungsfrequenz sollten nur bisher nicht berücksichtigte Primärbedarfe in die Rechnung einfließen, um den Aufwand des gesamten Verfahrens zu reduzieren.

☐ Die in Kapitel 5.3 zugrundegelegte Vorgehensweise bei der Bedarfsauflösung kann in vielen Fällen sehr vereinfacht werden, da teilweise einzelne Bedarfsformen nicht von Bedeutung sind und somit nicht in die Rechnung einfließen müssen. Insbesondere bei einer kundenauftragsbezogenen Disposition spielen Ersatzteilbedarfe, Lagerbestände und auch offene Aufträge in der Regel keine Rolle, so daß sich die Nettobedarfe direkt aus den Sekundärbedarfen ergeben.

☐ Auch die Vorgehensweise bei der Losgrößen- bzw. Bestellmengenbestimmung ist stark vom Unternehmenstyp abhängig, da bei einer auf Einzelaufträgen basierenden Unternehmung die Zusammenfassung von Nettobedarfen i.a. keine Bedeutung hat. Ansonsten können die einzusetzenden Verfahren von Charakteristika des betreffenden Teils beeinflußt sein. So macht der Einsatz des Wagner-Whitin-Verfahrens insbesondere bei einem geschlossenen Planungszeitraum (also z.B. bei Auslaufteilen) Sinn, wohingegen sonst Näherungsverfahren verwendet werden sollten.

☐ In vielen Unternehmungen mit kundenindividueller Fertigung besteht die Notwendigkeit, die Verbindung zwischen Kunden- und zugehörigen Fertigungsaufträgen zu jedem Zeitpunkt transparent zu machen, um z.B. Auskunft über den Produktionsstand geben zu können oder Prioritätsziffern zur Steuerung der Fertigung zu berechnen (vgl. Scheer 1990a, 138-139). Auch ein Pushprinzip innerhalb der Materialflußsteuerung kann nur realisiert werden, wenn die übergeordneten Aufträge eines Loses bekannt sind. In der bisherigen Darstellung der programmgesteuerten Disposition sind diese gewünschten Informationen allerdings nicht verfügbar, da durch die Bildung von Losen und die Addition von Bedarfen unterschiedlicher Herkunft die Verbindung zu den ursprünglichen Aufträgen verloren geht.

Verbrauchsgesteuerte Materialdisposition:

☐ In vielen Unternehmen ist eine Zeitreihenanalyse der verbrauchsgesteuerten Bedarfe überflüssig, da von einer unveränderlichen Bedarfsform (häufig sogar von einem konstanten Bedarf) ausgegangen werden kann.

❏ Die Verfahren zur Bedarfsprognose eines Teils müssen nur variiert werden, wenn der Zeitreihentyp des Bedarfsverlaufs sich ändert. Da dies in vielen Unternehmen ausgeschlossen werden kann (siehe oben), kann die Zuordnung eines Teils zu einem Prognoseverfahren als konstant angesehen werden.

❏ Aufgrund der geringen Bedeutung verbrauchsgesteuert disponierter Teile erscheint es in vielen Unternehmen als unangemessener Aufwand, Varianten der Andler-Formel (vgl. Kapitel 5.3.4.2) zur Bestellmengen- bzw. Losgrößenbestimmung heranzuziehen. Man beschränkt sich auf das Grundmodell der Andler-Formel.

Die obige Auflistung kann in Zusammenhang mit weiteren theoretischen Überlegungen zu einer Beschreibung der grundsätzlich denkbaren Konfigurationsmöglichkeiten abstrahiert werden:

❏ Zur Speicherung der gleichen Information können unterschiedliche Strukturen verwendet werden (z.B. unterschiedliche Formen von Variantenstücklisten).

❏ Um unterschiedliche Bedürfnisse zu befriedigen, müssen unterschiedliche Datenstrukturen eingesetzt werden (z.B. Einsatz einer Baukastenstückliste statt einer Mengenstückliste bei der programmgesteuerten Disposition).

❏ Zur Durchführung einer Berechnung sind unterschiedliche Verfahren möglich, die alternativ eingesetzt werden können und entweder die gleichen (z.B. die dynamischen Verfahren der Bestellmengen- bzw. Losgrößenbestimmung) oder andere Eingangsparameter (z.B. Berücksichtigung von Rabattstaffelungen bei einer Variante der Andler-Formel) benötigen.

❏ Attributwerte können als konstant oder variabel definiert sein (z.B. der Zeitreihentyp eines verbrauchsgesteuerten Bedarfs).

❏ Die Ausführungszeitpunkte bestimmter Berechnungen können konstant oder variabel sein.

❏ Teilfunktionen können interaktiv oder als Batchprozeß gestartet werden.

5.5.2 Realisierung der Anforderungen mit Hilfe des Frameworks

Ziel dieses Kapitels ist es, die Möglichkeiten aufzuzeigen, die der Framework bietet, um die skizzierten, variierenden Anforderungen an ein EDV-System zur Materialwirtschaft zu realisieren. Grundsätzlich kann der Framework eingesetzt werden, um sowohl die Entwicklung eines Standardsoftwaresystems als auch eines individuellen Systems zu unterstützen (vgl. Abb. 5.54).

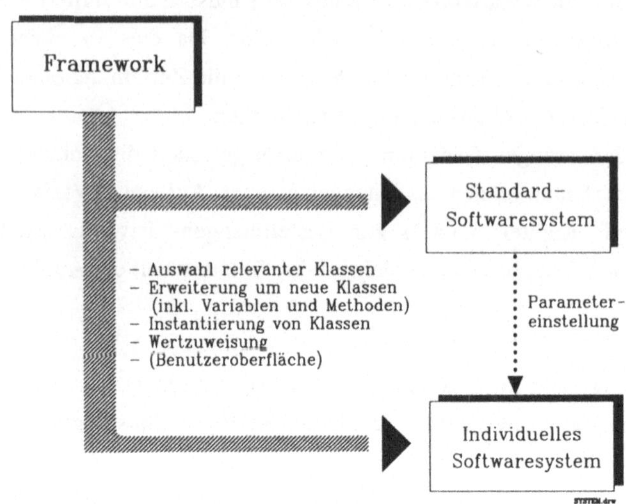

Abb. 5.54:   Aktivitäten bei der Verwendung eines Frameworks

Die dabei durchzuführenden Aktivitäten sind für die Entwicklung eines Standard- bzw. eines Individualsystems identisch. Abgesehen von der Möglichkeit, daß bei entsprechender Allgemeinheit der Anforderungen der Framework selbst erweitert werden kann, hat der Anwendungsentwickler die folgenden Aufgaben bzw. Möglichkeiten:

❑ Als Ausgangspunkt müssen zunächst einmal die für die Anwendung relevanten Klassen des Frameworks identifiziert und ausgewählt werden. I.a. wird nicht der gesamte Framework, sondern nur ein Ausschnitt für die anstehende Anwendungsentwicklung von Bedeutung sein. Kapitel 6.2.2 macht deutlich, welche Hilfestellungen der Anwendungsentwickler erwarten kann, um die für ihn interessanten Klassen ausfindig zu machen.

❑ Die wesentliche Bedeutung erlangt der Framework durch die elegante Möglichkeit der Erweiterung. Benötigte Klassen (inklusive Variablen und Methoden) können in sehr einfacher Weise auf der Basis des abstrakten Designs als Spezialisierungen existierender Klassen definiert werden. Lediglich die Unterschiede zu den vordefinierten Klassen sind zu spezifizieren.

❑ Um ein lauffähiges System zu erhalten, reicht es nicht aus, sich auf der Ebene der Klassen zu bewegen. Die eigentlichen Aktivitäten werden von den Instanzen der Klassen realisiert, die also durch Instantiierung der Klassen erzeugt werden müssen.

❑ Weiterhin müssen, bevor ein System lauffähig ist, in der Regel viele Referenzen zwischen Objekten aufgebaut und Instanzvariablen mit Werten belegt werden.

❑ Die Entwicklung der Benutzerschnittstelle war nicht Gegenstand des vorgestellten, domänenspezifischen Frameworks (vgl. hierzu die Abgrenzung in Kapitel 5.3.1). Bei der konkreten Realisierung stellt sich allerdings auch diese Aufgabe, die dann durch die Definition bzw. Verwendung entsprechender Klassen und deren Verbindung mit den Klassen des Frameworks (siehe hierzu die Ausführungen zum Konzept des Model-View-Controller-Mechanismus von Objectworks\Smalltalk in Kapitel 5.3.1) gelöst werden muß.

Für einige der in Kapitel 5.5.1 aufgelisteten Anforderungen sei die konkrete Realisierbarkeit vorgeführt:

Einige der beschriebenen Ausprägungen eines Materialwirtschaftssystems können in sehr einfacher Form durch eine Einschränkung des Frameworks bzw. durch Weglassen nicht benötigter Klassen realisiert werden. Als Beispiel kann gelten, daß in vielen Unternehmen(sbranchen) spezielle Verfahren (wie z.B. Zeitreihenanalyse verbrauchsgesteuerter Bedarfsreihen) gar nicht eingesetzt werden, da sie für diesen Unternehmenstyp keine Bedeutung haben. Ebenso verhält es sich mit dem Angebot an alternativ einzusetzenden Verfahren (z.B. Verfahren zur dynamischen Auftragsmengenplanung); wenn eine solche Auswahl und Variationsmöglichkeit gar nicht erwünscht ist, kann dies einfach durch Weglassen der dafür vorgesehenen Klassen und Methoden geschehen.

Innerhalb des Frameworks werden viele Zuordnungen (z.B. die Zuordnung einer Instanz der Klasse *AuftragsPlanungsSystem* oder der Klasse *AuftragsMengenVerfahren* zu einer Instanz der Klasse *Teil*) als variabel angesehen. Aus den aufgelisteten Ausprägungen ergibt sich, daß diese Zuordnungen in vielen Fällen durchaus als fix angenommen werden können, beispielsweise wenn bei einer verbrauchsgesteuerten Bedarfsprognose immer das gleiche Verfahren eingesetzt werden soll. Für den Anwendungsentwickler bedeutet dies, die Zuordnung einmal wie gewünscht festzuschreiben, die Methode zur Variierung aber wegfallen zu lassen.

Die Methoden des Frameworks sind in der Regel für den allgemeinsten Fall spezifiziert. Dies kann bedeuten, daß es u.U. Sinn macht, als Erweiterung Unterklassen zu definieren, deren einziger Zweck darin besteht, die Methoden der jeweiligen Oberklasse auf den angestrebten Spezialfall hin zu vereinfachen. Ein typisches Beispiel ist, bei kundenauftragsbezogener Disposition Lagerbestände und offene Aufträge nicht mehr zu berücksichtigen und somit die Vorgehensweise bei der Bedarfsauflösung zu beschleunigen.

Im Gegensatz dazu kann eine notwendige Modifikation natürlich auch in einer echten Erweiterung der existierenden Klassen bestehen. Dies soll an der Realisierung der verschiedenen Formen von Variantenstücklisten verdeutlicht werden: Während die Abspeicherung von Gleichteilestücklisten keiner Änderung der bisherigen Strukturen bedarf, da die als Grundtyp definierte Baugruppe einfach als neue Instanz von *Teil* angelegt werden kann, muß bei einer Plus-/Minusstückliste die Klasse *StrukturPosition* um eine Instanzvariable erweitert werden, die ein Kennzeichen dahingehend enthält, ob das Unterteil zum Oberteil hinzukommt oder davon abgezogen werden muß. Bei einer Mehrfachstückliste wird die Gesamtzahl der Varianten als eine einzige Instanz von *Teil* realisiert, die Instanzvariable *produktionskoeffizient* erhält allerdings einen komplexen Aufbau: Statt einer einfachen Mengenangabe ist hier nun eine Instanz von *Dictionary* abgelegt, die für jeden Variantennamen auf die zugehörige Menge verweist.

Ähnlich verhält es sich bei der Speicherung von Rahmenverträgen mit Lieferanten. Hier sollte eine neue Klasse definiert werden, die als Instanzvariablen die aufgeführten Attribute Abnahmemengen, Liefertermine, Konventionalstrafen usw. enthält. Bei der Klasse *Lieferant* ist eine neue Instanzvariable *rahmenvertrag* aufzunehmen, die auf genau die zugehörige Instanz verweist.

Auch die Realisierung einer Bedarfsverfolgung erfordert eine Erweiterung der bisher beschriebenen Strukturen: Instanzen der Klasse *BedarfsReihe* enthalten bisher lediglich die Zuordnung einer Bedarfsmenge für jede betrachtete Teilperiode. Um die zur Bedarfsverfolgung notwendigen Informationen abzuspeichern, erscheint es als sinnvoll, eine neue Klasse *Bedarf* zu definieren, die zusätzlich zur Menge auch Verweise auf die Aufträge aufnimmt, aus denen der Bedarf resultiert bzw. mit deren Hilfe der Bedarf gedeckt wird. Ebenso sollte sich in den Instanzen der neuen Klasse wiederfinden lassen, welche Lagerbestände zur Deckung des Bedarfs herangezogen werden. Es ist klar, daß zusätzlich zur Erweiterung der strukturellen Beziehungen auch die Methoden modifiziert werden müssen, um die während der Bedarfsauflösung anfallenden Informationen wirklich bei den Instanzen der Klasse *Bedarf* abzuspeichern. Auch muß das Methodenprotokoll der Klasse *Bedarf* die Möglichkeit anbieten, diese Informationen dem Anwender wieder zugänglich zu machen.

5.6   Implementierung des Frameworks

Der entwickelte Framework wurde nicht nur auf Designebene entworfen, sondern in ausgewählten Teilen auch implementiert. Insbesondere die zur Realisierung der Aufgaben einer Materialdisposition definierten Klassen wurden auf der Basis der objektorientierten Entwicklungsumgebung Objectworks\Smalltalk in Programmcode umgesetzt (Kapitel 6.2.2

zeigt, wie die enge Verbindung zwischen Design und Implementierung auch auf Toolebene realisiert werden kann). Die Smalltalk-Klassenbibliothek wurde dabei als Grundlage verwendet, die einige wesentliche Basisklassen (wie z.B. *Collection*, *Dictionary* (vgl. Kapitel 3.3.2.2), *Date*, *Time* u.a.) zur Verfügung stellt. Die Smalltalk-Klasse *Object* wird somit zum Ausgangspunkt der gesamten Klassenhierarchie.

Die Zielsetzung der prototyphaften Implementierung eines Ausschnitts des Frameworks lag in der Validierung des vorgestellten Entwurfs. Insbesondere die Verwendung der Implementierungsergebnisse bei der exemplarischen Entwicklung von Testapplikationen machte deutlich, daß mit dem entwickelten Framework eine wertvolle Ausgangsbasis für die Anwendungsentwicklung vorliegt und insbesondere die Beachtung der in Kapitel 4.2 formulierten Designrichtlinien zu Komponenten führt, die dem Ziel der Wiederverwendbarkeit gerecht werden.

6 Integration der Wiederverwendung in den Softwareentwicklungsprozeß

Nachdem bisher vornehmlich die technischen Aspekte bei der Realisierung der Software-Wiederverwendung und die Frage nach der Entwicklung wiederverwendbarer Komponenten untersucht wurden, sollen nun die eher organisatorischen Gesichtspunkte der Wiederverwendung betrachtet werden. Die alleinige Verfügbarkeit wiederverwendbarer Bausteine garantiert nicht schon deren effizienten Einsatz. Um eine Integration der Wiederverwendung in den Softwareentwicklungsprozeß zu erreichen, ist eine Modifikation wesentlicher Aspekte der Entwicklung unerläßlich. Während im folgenden einerseits untersucht wird, welche Veränderungen auf Seiten der Aufbau- und Ablauforganisation der Entwicklung notwendig werden, soll andererseits auch aufgezeigt werden, wie Methoden des Projektmanagements modifiziert werden müssen, um der Fokussierung auf die Wiederverwendung existierender Komponenten gerecht zu werden.

6.1 Aufbauorganisation der Entwicklungsabteilung

Im folgenden soll der organisatorische Aufbau des betrieblichen Teilbereichs betrachtet werden, der mit der Softwareentwicklung befaßt ist. Die Ausführungen gelten dabei sowohl für Unternehmen, die zur Unterstützung der eigenen betrieblichen Abläufe Individualsoftware entwickeln, als auch für Unternehmen, deren Softwareprodukte die eigentliche betriebliche Leistung darstellen.

6.1.1 Traditionelle Formen der Projektorganisation

Der Bereich Softwareentwicklung ist i.a. neben anderen Unterbereichen (Wartung und Pflege der Hardware, Betrieb des Rechenzentrums u.a.) in eine Datenverarbeitungsabteilung eingegliedert (vgl. Seibt 1990). Auf die Einbettung der DV-Abteilung in die Gesamtstruktur des Unternehmens wird die Ausrichtung auf Wiederverwendung keine großen Auswirkungen haben, daher soll statt dessen der interne Aufbau der Softwareentwicklungsabteilung Gegenstand der nachfolgenden Betrachtung sein.

Softwareentwicklungsabteilungen sind in der Regel nach Prinzipien der Projektorganisation strukturiert. Ein Projekt soll dabei in Zusammenfassung geläufiger Definitionen als ein komplexes, zielgerichtetes und zeitlich abgegrenztes Vorhaben verstanden werden, dessen zur Durchführung verfügbare Mittel i.a. begrenzt und im voraus geplant sind (vgl. Lehner et al. 1991, 464).[1]

Die zur Leistungserstellung anfallenden Aufgaben lassen sich in projektübergreifende und einzelprojektbezogene Aufgaben unterteilen. Für den Teilbereich des Projektmanagements gibt Heilmann Beispiele für diese Zuordnung (vgl. Heilmann 1984, 4-5):

Projektübergreifende Aufgaben:

☐ Unternehmensbezogene Festlegungen zur Projektorganisation,

☐ Unternehmensbezogene Festlegungen zur Projektabwicklung,

☐ Systematische Sammlung und Auswertung von Projekterfahrungen.

Einzelprojektbezogene Aufgaben:

☐ Festlegung der konkreten Projektorganisation und -abwicklung unter Beachtung der vorgegebenen Alternativen,

☐ Planung der zu lösenden Aufgaben inklusive Aufwandsschätzung und darauf aufbauender Ressourcen-, Termin- und Kostenplanung,

☐ Projektsteuerung durch regelmäßige Soll-Ist-Vergleiche von Terminen, Kosten und der Qualität von Zwischenprodukten,

☐ Verwaltung der Produkt- und Projektdaten.

Da Projekte von einer begrenzten Lebensdauer sind, werden zur Erreichung der Projektziele Organisationsformen eingerichtet, die nach Projektende i.a. wieder aufgelöst werden. Die Formen der Projektorganisation beschreiben die Art und Weise der Einbindung des Projektmanagements in die Unternehmenshierarchie. Als wesentliche Ausprägungen lassen sich unterscheiden (vgl. Grochla 1982, 276-283; Heilmann 1984, 6; Lehner et al. 1991, 472-480):

☐ Bei der **reinen Projektorganisation** sind die Projektmitarbeiter aus ihrer funktionalen Hierarchie herausgelöst und dem Projektmanager unterstellt, der die vollen Entscheidungskompetenzen bzgl. der Mitarbeiter und der zur Verfügung stehenden Mittel besitzt. Es ergibt sich eine sehr eigenständige Projektorganisation mit einer klaren Kompetenzzuteilung, die eine rasche Entscheidungsfindung und eine flexible Bewältigung von Schwierigkeiten verspricht. Probleme sind dagegen bei der Auswahl der Projektmitarbeiter zu erwarten, da diese ihrer Abteilung u.U. über einen

---

[1] Kuba sowie Lehner et al. beschreiben charakteristische Merkmale von Projekten, wie z.B. Umfang, Komplexität, Dauer usw., die u.a. zu einer Klassifizierung verwendet werden können (vgl. Kuba 1987, 16; Lehner et al. 1991, 464-468).

längeren Zeitraum nicht zur Verfügung stehen und die somit entstehende Überlast sowie die Wiedereingliederung zu Konflikten führen können. Die reine Projektorganisation wird vornehmlich bei komplexen, langwierigen Projekten eingesetzt werden.

◻ Die **Matrix-Organisation** kann als Mittelweg aufgefaßt werden, da die Mitarbeiter fachlich dem Projektleiter, disziplinarisch aber weiterhin dem Linienvorgesetzten unterstehen. Diese zweidimensional darstellbare Doppelzugehörigkeit ermöglicht eine flexible Personal- und Mittelplanung, z.B. im Hinblick auf den kurzfristigen Einsatz von Spezialisten. Die durch die Aufteilung der Kompetenzen zu erwartenden Probleme sind bis zu einem gewissen Grad (als positive Reibungseffekte) erwünscht, sie können sich jedoch bei mangelnder Kooperation zwischen Projektleiter und Linieninstanz leicht zu produktivitätsbremsenden Konflikten auswachsen.

◻ Bei der **Einfluß-Projektorganisation** ist die Projekteinflußnahme weitaus weniger spürbar, da der Projektleiter nur koordinierende und entscheidungsvorbereitende Funktionen übernimmt, wohingegen alle Entscheidungs- und Weisungsbefugnisse unverändert den funktionalen Hierarchiestellen zugeordnet bleiben. Die Vorteile liegen in dem geringen organisatorischen Aufwand, der diese Form insbesondere für wenig komplexe Projekte geeignet erscheinen läßt.

◻ Neben diesen drei Idealtypen ist die **projektorientierte Teilorganisation** zu nennen, bei der die Mitarbeiter einer einzigen Abteilung in Projektteams eingegliedert werden und gewisse Kompetenzen der Linieninstanz an den ohnehin unterstellten Projektleiter übertragen werden (vgl. Lehner et al. 1991, 479-480; Frese 1991).

Die skizzierten Formen der Projektorganisation gelten ebenfalls für den Bereich der Softwareentwicklung; auch hier hängt die Wahl der speziellen Ausprägung von den Charakteristika des jeweiligen Projektes ab.[2] Daneben existieren einige Mikro-Organisationsformen für Softwareentwicklungsprojekte, die von Balzert als kontrolliert zentralisiert, demokratisch dezentralisiert bzw. kontrolliert dezentralisiert klassifiziert werden (vgl. Balzert 1982, 476-483):

---

[2] Lehner et al. skizzieren eine Vorgehensweise zur Auswahl der Projektorganisationsform auf der Basis von Projektmerkmalen. Die gewichteten Kriterien werden dabei mit Punktzahlen einer 4-stufigen Skala bewertet und die Gesamtpunktzahl als aussagekräftige Kenngröße interpretiert (vgl. Lehner et al. 1991, 480-483).

☐ Das von Mills vorgeschlagene **Chief Programmer Team (CPT)** gehört der erstgenannten Klasse an und verteilt die Entwicklungsaufgaben auf den Teamleiter (Chief Programmer), seinen Assistenten (Backup Programmer), den Sekretär (Programming Secretary) und die Mitarbeiter (Senior Level Programmer). Der Teamleiter ist für alle technischen Aspekte verantwortlich und entwirft alle zentralen und kritischen Teile des Systems selbst. Die Mitarbeiter realisieren die vom Teamleiter spezifizierten (weniger kritischen) Teilkomponenten, die von diesem dann begutachtet und letztlich übernommen werden. Der Assistent ist an allen wichtigen Entscheidungen beteiligt und kann den Chief Programmer wenn nötig vertreten. Der Sekretär übernimmt die gesamte Verwaltungsarbeit inklusive der einheitlichen Erstellung von Berichten zur Kontrolle der Projektfortschritte. Projekte dieser Organisationsform zeigen i.a. kurze Bearbeitungszeiten - unter der Voraussetzung, daß es gelingt, ein Team optimal zusammenzustellen, also z.B. den hohen Anforderungen an die Qualifikation des Teamleiters gerecht zu werden (vgl. Balzert 1982, 478-480).[3]

☐ Von Weinberg stammt das Modell **Egoless Programming Team** als Beispiel einer demokratisch dezentralisierten Organisationsstruktur (vgl. Weinberg 1971). Das Team besteht dabei aus bis zu zehn Mitarbeitern, wobei die Führung jeweils demjenigen zugeteilt ist, dessen Fähigkeiten zur Zeit am meisten benötigt werden. Dem Vorteil der hohen Mitarbeiterzufriedenheit (Ziele werden durch Gruppenkonsens definiert) stehen andererseits der hohe Kommunikationsaufwand und der hohe Normierungs- und Konformitätsdruck gegenüber (vgl. Balzert 1982, 480-481), die bei vielen Experten zu einer Ablehnung dieses Modells führen: "Projektmanagement bedeutet Führung. Ein basisdemokratischer Ansatz ist völlig fehl am Platz." (Raasch 1991, 9)

☐ Eine **kontrollierte dezentralisierte Struktur** kennzeichnet eine in der Praxis häufig eingesetzte Mischform, in der ein Teamleiter die Ziele und Aufgaben der ihm untergeordneten Gruppen bestimmt, die jeweils von einem Teilteamleiter (Senior Programmer) geführt werden und sich aus weiteren Mitarbeitern (Junior Programmers) zusammensetzen (vgl. Mantei 1981). Diese Struktur basiert auf einer hohen Arbeitsteilung, was eine große Zuverlässigkeit der Produkte mit sich bringt und sie geeignet für kurzzeitige Entwicklungen macht. Andererseits verspricht diese Form

---

[3] Baker sowie Hamilton, Zeldin schlagen eine hierarchieartige Erweiterung des Chief Programmer Team Modells für komplexe Projekte vor, bei der wenige, hochqualifizierte Entwickler eine Entwicklungsgruppe bilden, die zu Beginn den übergeordneten Entwurf des Systems vornimmt, und im Anschluß zu Chief Programmern nachgelagerter Entwicklungsteams werden (vgl. Baker 1972; Hamilton, Zeldin 1976).

aber eine geringe Arbeitszufriedenheit und erscheint ungeeignet für schlecht strukturierte Aufgaben (vgl. Balzert 1982, 482-483).

6.1.2 Modifikation der Aufbauorganisation

Die Berücksichtigung der Wiederverwendungsbestrebungen macht eine Differenzierung der Sicht auf die Aufbauorganisation einer Softwareentwicklungsabteilung notwendig. Die konsequente Umsetzung des objektorientierten Paradigmas führt zu einer Zweiteilung der Entwicklungsaufgaben: Die Entwicklung wiederverwendbarer Komponenten (in Form eines Frameworks bzw. zugehöriger Implementierungen) muß als langfristiges Entwicklungsziel verstanden werden, das sich eher an der strategischen Ausrichtung des Unternehmens als an den aktuell anstehenden Entwicklungsaufgaben orientiert. Im Gegensatz dazu steht die Anwendungsentwicklung, deren Aufgabe in der Realisierung der aktuellen Entwicklungsaufgaben (als Individual- oder Standardsoftwaresystem) liegt.[4] Die Beziehungen beider Bereiche macht Abb. 6.1 deutlich. Im Gegensatz zur Integration der Realisierung wiederverwendbarer Komponenten in die normale Projektarbeit vermeidet die Zentralisierung dieser Aufgabe die Schwierigkeiten der Synchronisation und Konsistenz, die sich unweigerlich bei der irgendwann notwendigen Zusammenfassung projektinterner Ergebnisse ergäben. Die primäre Aufgabe des Bereichs Komponentenentwicklung liegt in der Bereitstellung und Verwaltung wiederverwendbarer Softwarebausteine (wobei in der vorliegenden Untersuchung primär Design- und Implementierungsergebnisse betrachtet werden). Die Entwicklung wiederverwendbarer Bausteine orientiert sich natürlich bzgl. des Problembereichs an der Domäne, in der das Unternehmen tätig ist bzw. für die das Unternehmen vorrangig Software entwickelt. Die Anwendungsentwicklung kann als Empfänger dieser Dienstleistung aufgefaßt werden, deren Umfang sich nicht nur auf die

---

[4] Ideen zur Trennung in Komponenten- und Anwendungsprogrammierer sind in Ansätzen auch schon in früheren Arbeiten zu finden: Cox unterscheidet im Zusammenhang mit dem Gedanken der Software-ICs in Class Suppliers und Consumers (vgl. Cox 1986, 13-14); Thomas, Johnson schlagen zur Organisation der Zusammenarbeit mehrerer Smalltalk-Entwickler im Rahmen des Configuration Management Tools *Orwell*, das neben Quell- und Objectcode-Sharing eine Versionskontrolle anbietet, eine Zweiteilung in Class Programmers und Application Programmers vor (vgl. Thomas, Johnson 1988); Bergman führt die Stelle eines Bibliothekars in den Softwareentwicklungsprozeß ein, dessen Aufgaben in der kompetenten Informationserteilung über Komponenten der Bibliothek und der Kontrolle der Weiterentwicklung der Bibliothek liegen (vgl. Bergman 1990); Duff, Howard schlagen vor, die Mitglieder eines Projektteams in die beiden Gruppen der Builders und der Reusers zu unterteilen (vgl. Duff, Howard 1990, 224-228); nach Booch sollten die komplexen Aufgaben objektorientierter Entwicklung auf vier unterschiedliche Gruppen von Entwicklern verteilt werden: System Architects, Class Designers, Class Implementors und Application Programmers (vgl. Booch 1991, 207). Jede Gruppe übernimmt Aufgaben, die entsprechend dem Erfahrungsschatz ihrer Mitarbeiter eher strategische Bedeutung haben oder auf der operativen Ebene angesiedelt sind.

Erstellung der Komponenten (Frameworks bzw. Klassenbibliotheken) beschränkt, sondern ganz wesentlich die Verwaltung dieser miteinbezieht. Dies wird an der Kommunikation zwischen Komponenten- und Anwendungsentwicklung deutlich: Die Komponentenentwicklung informiert über verfügbare Komponenten, deren Entwicklung allerdings nicht nur aufgrund strategischer Planungen, sondern auch über Anforderungen der Anwendungsentwicklung angestoßen werden kann.

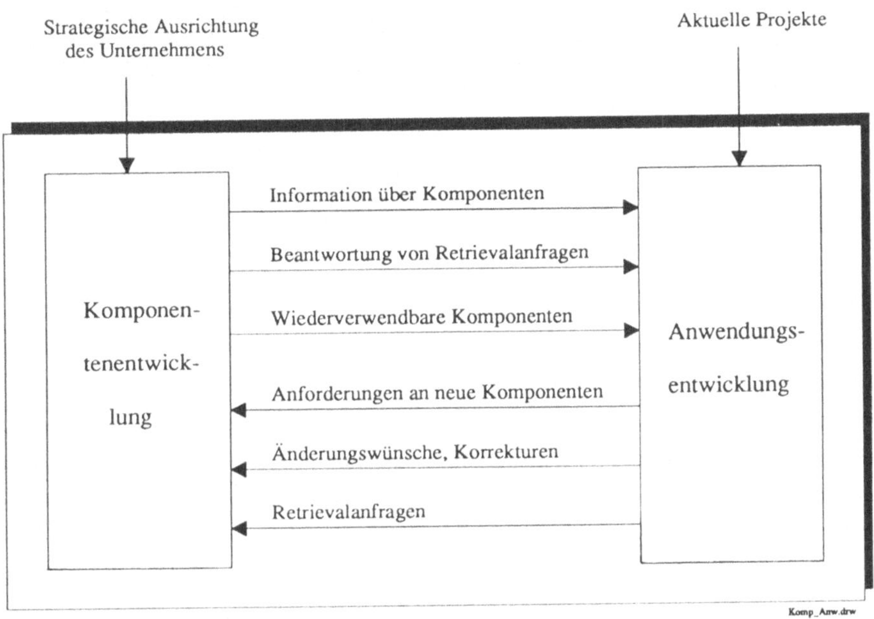

Abb. 6.1:   Beziehungen zwischen Komponenten- und Anwendungsentwicklung

Entscheidend für eine zufriedenstellende Nutzung der Komponenten ist die Möglichkeit, die Anwendungsentwicklern zur Verfügung steht, ein komfortables Retrieval auf den zur Verfügung stehenden Bausteinen zu betreiben (siehe hierzu Kapitel 6.2.2). Die Zielsetzung besteht darin, genau die geeigneten Bausteine zu identifizieren bzw. zu einem Verständnis der Strukturen und Zusammenhänge eines angebotenen Frameworks zu kommen. Die Einbindung der Komponenten in neue Projekte kann zu Erweiterungen führen, die so allgemein zu verwenden sind, daß sie Bestandteil der Bibliothek werden sollten. Die resultierenden Änderungs-, Erweiterungs- und Korrekturwünsche müssen der Abteilung, die für die Komponentenentwicklung zuständig ist, bekannt gemacht werden und ihren Niederschlag in der Weiterentwicklung der Bausteine finden.

Unter der Voraussetzung, daß der Retrievalprozeß EDV-gestützt ohne besondere Einflußnahme der Komponentenentwickler ablaufen kann (vgl. Kapitel 6.2.2), liegen deren
Tätigkeiten primär in der Entwicklung und der Koordination der Evolution wiederzuver-
wendender Bausteine. Aus der Beschreibung der Aufgaben wird deutlich, daß die wesentliche Anforderung an den Framework- bzw. Bausteinentwickler in der Fähigkeit zur Abstraktion liegt:

> "Unter Abstraktion versteht man Verallgemeinerung, das Absehen vom Besonderen,
> Einzelnen... Unter Abstrahieren versteht man dementsprechend das Abgehen vom
> Konkreten, das Herausheben des Wesentlichen aus dem Zufälligen, das Erkennen
> gleicher Merkmale." (Balzert 1982, 27)

Genau diese Fähigkeiten sind es, die im Zusammenspiel mit den Anforderungen der
Anwendungsentwickler zu einem Framework führen, der so allgemein zu verwenden ist,
daß eine hohe Akzeptanz gewährleistet ist.

Zur Beantwortung der Frage nach der geeignetsten Mikrostruktur zur Organisation eines
Teams von Komponentenentwicklern müssen zunächst die damit verbundenen Aufgaben
bewertet werden. Die Entwicklung eines Frameworks muß als langfristiges, schwieriges
Projekt behandelt werden, an dessen Endprodukt hohe Zuverlässigkeitsanforderungen
geknüpft sind. Ein Vergleich mit den von Balzert erstellten Bewertungen der drei
vorgestellten Organisationsstrukturen (vgl. Balzert 1982, 484) legt den Einsatz einer
demokratisch dezentralisierten Organisationsstruktur (Egoless Programming Team) nahe.
Eine genauere Betrachtung zeigt jedoch, daß die mit dieser Struktur verbundenen Nachteile
der ineffizienten Informationsorganisation, des hohen Zeit- und Kommunikationsaufwandes
(jeder kommuniziert mit jedem) und der daraus resultierenden mangelnden Termintreue eine
Modifikation dieses Ansatzes notwendig machen.

Die Schwierigkeit der Definition wiederverwendbarer Komponenten, die die Notwendigkeit
eines dauernden, kreativen Abstraktionsprozesses in sich trägt, erfordert die Zusammenarbeit mehrerer hochqualifizierter Entwickler. Statt der im Modell des Egoless Programming
Team gegebenen, fast völligen Gleichrangigkeit aller Mitarbeiter sollte die eigentliche
Kerngruppe jedoch nur aus ganz wenigen (nicht mehr als drei bis vier) Entwicklern
bestehen. Diese sind allerdings (vergleichbar mit der Rolle des Teamleiters eines Chief
Programmer Teams) für die gesamte Architektur des Frameworks verantwortlich und
stimmen alle Spezifikationen der zentralen Klassen sowie deren Beziehungen untereinander
ab. Auch über alle Änderungsvorschläge, die zentrale Mechanismen und Spezifikationen des
Frameworks betreffen, wird von dieser Instanz entschieden. Für weiterführende Aufgaben,
wie z.B. eine weitere Spezialisierung einer vorgedachten Vererbungshierarchie oder

Implementierungsaufgaben, können bei Bedarf weitere Mitarbeiter herangezogen werden, die dann allerdings nicht zu dieser Kerngruppe gehören, sondern jeweils genau einem Mitglied (gewissermaßen als Assistenten) zugeordnet sind. Es ergibt sich somit ein 2-Schalenmodell für die Organisation der Komponentenentwicklung (vgl. Abb. 6.2).

Abb. 6.2:   2-Schalenmodell zur Organisation der Komponentenentwicklung

Auch die Aufgaben der Anwendungsentwickler sind einem Wandel unterworfen: Vor dem Hintergrund der Verfügbarkeit wiederverwendbarer Komponenten ist es Zielsetzung, die Anwendungsentwicklung als applikationsspezifische Erweiterung eines existierenden Frameworks zu begreifen bzw. von ihr die Einbeziehung der vorliegenden Implementierungen zu fordern. Dies setzt die Bereitschaft zur Kooperation mit den Komponentenentwicklern voraus (wie diese Bereitschaft gefördert werden kann, ist Gegenstand des Kapitels 6.3.2). Von einem Anwendungsentwickler wird nicht nur erwartet, sich der Retrievalmöglichkeiten zu bedienen, um die geeigneten Basisbausteine ausfindig zu machen und seine Entwicklung darauf aufzubauen, sondern auch Änderungswünsche und mögliche Erweiterungen an die Komponentenentwicklung heranzutragen, um eine möglichst optimale Weiterentwicklung des Frameworks zu unterstützen. Diese Anforderungen erfordern ein Umdenken der Anwendungsentwickler, um alle Begleiterscheinungen des "Not Invented

Here Syndroms" (vgl. Kapitel 2.3) aus den Köpfen zu verbannen und die Umstellung von einer in hohem Maße kreativen, mit großen Freiheiten einhergehenden Aufgabenstellung zu einem ingenieurmäßigen, sich an den Vorgaben orientierenden Prozeß zu akzeptieren.

Trotz der geänderten Anforderungen bleibt die interne Organisationsform der Anwendungsentwicklung von der Ausrichtung auf die Wiederverwendung von Software weitgehend unberührt. Es gilt hier weiterhin, daß die zu wählende Struktur primär von den Charakteristika des aktuellen Projektes (und auch des Unternehmens) abhängt und danach bestimmt werden muß.

6.1.3 Erweiterung hin zur überbetrieblichen Wiederverwendung

Die bisher skizzierte Organisationsstruktur basierte auf der Voraussetzung, daß die Wiederverwendung von Software lediglich unternehmensintern stattfindet. Wenn man sich den großen Aufwand sowie das notwendige Fachwissen vergegenwärtigt, dessen es bedarf, einen Framework (inklusive der zugehörigen Implementierungen) zu realisieren, wird augenscheinlich, daß diese Annahme relativiert werden muß. Kleine bis mittlere Unternehmen werden nicht über das finanzielle Potential und das nötige Know-how verfügen, um lediglich zur Unterstützung ihrer Anwendungsentwicklung eine Abteilung zu definieren, deren Aufgabe in der Entwicklung wiederverwendbarer Komponenten liegt. Andererseits ist es vorstellbar, daß Unternehmen einen entwickelten Framework als eigenes Produkt vertreiben. Es erscheint somit als konsequente Folge, die Beschränkung auf **ein** softwareentwickelndes Unternehmen fallen zu lassen und die Beziehungen zwischen Komponenten- und Anwendungsentwicklung in Form einer überbetrieblichen Zusammenarbeit zu untersuchen. Eine nähere Betrachtung deckt jedoch einige grundsätzliche Schwierigkeiten einer solchen Kooperation auf:

❏ Die Beschränkung der beliebigen Duplizierbarkeit von Software ist trotz vielfältiger Bemühungen noch nicht zufriedenstellend gelöst. Dies führt zu Schwierigkeiten, die Wiederverwendung von Softwarekomponenten zu kontrollieren und den Urhebern den ihnen zustehenden Erlös zu sichern.[5] Diese Unsicherheit macht trotz der immer wieder angeführten Analogie (vgl. Rammig 1989; Cox 1986, 26) den Unterschied zur Hardwaretechnologie aus (vgl. Hall 1987, 42-43); ein angemessener "Return on Investment" kann somit nicht gewährleistet werden. Dieser Aspekt sowie die Frage

---

5 Ein Arbeitskreis der Gesellschaft für Informatik (GI) beschäftigt sich mit der damit in Zusammenhang stehenden Fragestellung nach dem rechtlichen Schutz von Software. Endres gibt einen Überblick über die verschiedenen Aspekte dieses Themas und die Ergebnisse des Arbeitskreises (vgl. Endres 1992).

nach der Zielgruppe wiederverwendbarer Komponenten veranlaßt Thomas zu einer negativen Beurteilung der Aussichten des Wiederverwendungsansatzes (allerdings lediglich auf die Wiederverwendung von Programmcode bezogen):

> "... someone must be willing to pay for it. It is clear, given the cost of marketing and sales, the source code class libraries can only be successful if they are sufficiently generic. They must be applicable to a large market. Source code 'goodies' are important educational sources and provide useful starting points, however, the return on investment is simply too small to support a software components industry." (Thomas 1990, 82)

❏ Bisher existieren keine einheitlichen Standards zur Unterstützung der Wiederverwendung von Software. Der Einsatz von programmiersprachenunabhängigen Frameworks und die damit erreichbare Realisierung der Wiederverwendung auf der Designebene sind jedoch Schritte in die richtige Richtung. Doch auch hier wird es zwingend notwendig, sich (z.B. durch die Beschreibung in Form von Metamodellen) auf einheitliche Konstrukte und möglichst auch einheitliche Notationen zu einigen, um eine Austauschbarkeit und Verständlichkeit der Ergebnisse zu erreichen.

Trotz dieser Hindernisse sind Aktivitäten zur Erreichung einer überbetrieblichen Wiederverwendung unbedingt erforderlich. Als mögliche Alternativen werden im folgenden das Angebot wiederverwendbarer Komponenten als Shareware-Software sowie die Etablierung von Software Communities dargestellt und die möglichen Rollen der unterschiedlichen an diesem Prozeß beteiligten Unternehmen diskutiert.

6.1.3.1 Realisierung als Shareware-Software

Das Konzept der Shareware-Software basiert auf einer Kooperation von Anbietern und Nutzern. Der potentielle Nutzer hat die Möglichkeit, die angebotene Software zunächst einmal genau zu testen, bevor er sich als Nutzer registrieren läßt und eine (relativ geringe) Gebühr zu entrichten hat. Dieser mehr oder weniger freiwillige Akt der Registrierung bringt für den Anwender lediglich einige Vorteile, was die Hilfestellung bei auftretenden Problemen oder die Information über neue Versionen betrifft.

Die Möglichkeit, das Shareware-Konzept auf den Vertrieb wiederverwendbarer Komponenten zu übertragen, erscheint nicht besonders vielversprechend, da die eingangs genannten Probleme damit nicht gelöst werden. Die recht unsichere Gewinnerwartung wird in den wenigsten Fällen Unternehmen dazu veranlassen, den (auch finanziell) recht hohen Aufwand zur Entwicklung eines Frameworks bzw. professioneller Klassenbibliotheken zu leisten. Auch Unternehmen, die zur Unterstützung ihrer hausinternen Anwendungsentwicklung die Entwicklung wiederverwendbarer Komponenten betreiben, werden auf der Grundlage dieses Konzeptes keine Veranlassung sehen, das erarbeitete Know-how anderen zur Verfügung zu stellen.

6.1.3.2   Etablierung von Software Communities

Tsichritzis, Gibbs versuchen, die recht anonyme Kooperation bei Shareware-Software durch das Modell der Software Communities mehr zu institutionalisieren (vgl. Tsichritzis, Gibbs 1990). Eine Software Community bezeichnet dabei eine gut organisierte Gemeinschaft von Entwicklern, die gewillt sind, Ideen, Methoden, Tools und auch Programmcode auszutauschen. Im EDV-Bereich haben sich solche Interessensgemeinschaften bisher in erster Linie um Hardware- (z.B. Mac- oder IBM-PC-User) oder spezielle Softwareprodukte (z.B. Unix-Anwender, Lisp-Programmierer) gebildet.

Einige allgemeine Trends lassen eine Veränderung der Struktur dieser Entwickler- bzw. Anwendergruppen erwarten: Zum einen ist eine zunehmende Unabhängigkeit von speziellen Anbietern und Produkten zu beobachten, die mit der Bemühung um offene Systeme verbunden ist und dazu führt, daß der Markt Nischen für immer mehr Anbieter eröffnet. Zum anderen bringt es die fortschreitende Entwicklung der Kommunikations- und Netztechnologie mit sich, daß die geographische Lage der Gruppenmitglieder unwichtig wird, da die Kommunikation innerhalb einer solchen Community mittlerweile fast ausschließlich über elektronische Medien stattfindet.

Tsichritzis, Gibbs schlagen vor, eine solche Struktur (wie sie in anderen Berufssparten (unter Rechtsanwälten, Ärzten oder Steuerberatern) längst üblich ist) auch im Bereich der Softwareentwicklung zum Austausch wiederverwendbarer Softwarekomponenten aufzubauen. Hierzu ist es allerdings notwendig, die Mechanismen, nach denen die Kommunikation und der Austausch abläuft, genau zu definieren und möglichst durch den Einsatz eines Softwareinformationssystems zu unterstützen. Dieses System sollte als Repository verstanden werden, das alle relevanten Informationen, wie Design, Code und Dokumentation der Komponenten, enthält und allen Mitgliedern lesenden Zugriff darauf bietet.

Neben den eher technischen Lösungen zur Strukturierung und Organisation der Komponenten sowie der Kommunikation mit dem System sollen insbesondere die Vorschläge zur Preisgestaltung und Vermarktung der Komponenten näher betrachtet werden (vgl. Tsichritzis, Gibbs 1990): Die Schwierigkeit besteht darin, daß dem potentiellen Nutzer einerseits genügend Informationen zur Verfügung gestellt werden müssen, um ihm die Entscheidung über die Brauchbarkeit der Komponenten zu ermöglichen, andererseits die entscheidenden Design- und Implementierungsdetails aber vorenthalten werden sollen, um Anreiz zum Erwerb der Komponente zu geben. Tsichritzis, Gibbs sehen eine dreistufig gegliederte Beschreibung der Komponenten vor (vgl. Abb. 6.3):

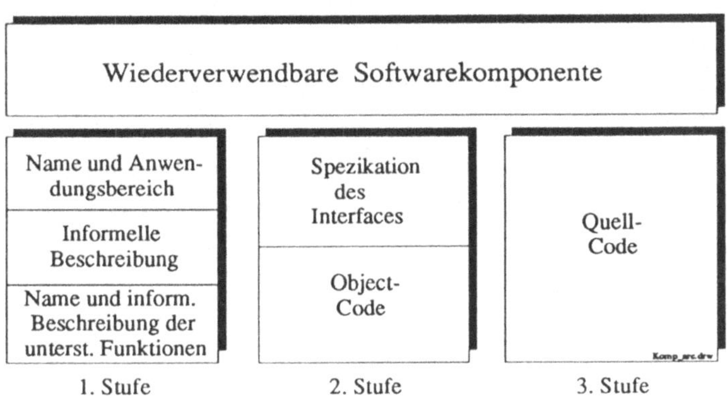

Abb. 6.3:   Dreistufige Beschreibung wiederverwendbarer Komponenten

Die erste Stufe der Beschreibung ermöglicht es dem potentiellen Nutzer, zu entscheiden, ob die angebotene Komponente für ihn von Interesse ist. Ist dies der Fall, liefert die zweite Stufe alle notwendigen Implementierungsdetails, wohingegen die dritte Stufe ausschließlich dem Komponentenentwickler vorbehalten bleibt. Diese Gliederung erlaubt es dem Nutzer nicht, die vollen Vorteile objektorientierter Programmierung auszunutzen, da zur weiteren Verfeinerung i.a. der Quellcode verfügbar sein muß. Auch der Ansatz, das abstrakte Design einer Anwendung (in Form eines Frameworks) als wiederverwendbare Komponente anzubieten, findet keine explizite Berücksichtigung in diesem Vorschlag.

Nichtsdestoweniger liefert die Idee der Software Communities einen wichtigen Beitrag zum Aufbau einer Infrastruktur zur Realisierung der Software-Wiederverwendung, so daß die folgende Einschätzung durchaus geteilt werden kann:

> "In summary, integrated software communities provide an open, competitive market for ideas and products. They increase opportunities for people, companies and products no matter where they are. In addition, well organized regional software communities in Europe, U.S., or Japan can be very helpful in international negotiations as a forum for discussion, consensus building, and political pressure." (Tsichritzis, Gibbs 1990, 9)

6.1.3.3 Marktwirtschaftliche Kooperation von Unternehmen

Die bisher vorgestellten Modelle zur Etablierung der Wiederverwendung von Software basieren alle zu einem mehr oder weniger großen Teil auf der freundschaftlichen Kooperation der Beteiligten. Eine andere, weitaus erfolgversprechendere Möglichkeit zur Organisation der Wiederverwendung besteht darin, daß sich die Beziehungen der beteiligten Komponentenentwickler, Anwendungsentwickler und Anwender ganz automatisch auf der Grundlage der marktwirtschaftlichen Prinzipien von Angebot und Nachfrage ergeben. Voraussetzung hierfür ist, daß die angebotenen, wiederverwendbaren Komponenten die notwendige Qualität aufweisen und somit wesentlich zur Vereinfachung der Anwendungsentwicklung beitragen können. Abb. 6.4 verdeutlicht die mit dieser Konzeption gegenüber einer unternehmensinternen Wiederverwendung forcierte Trennung von Komponenten- und Anwendungsentwicklung:

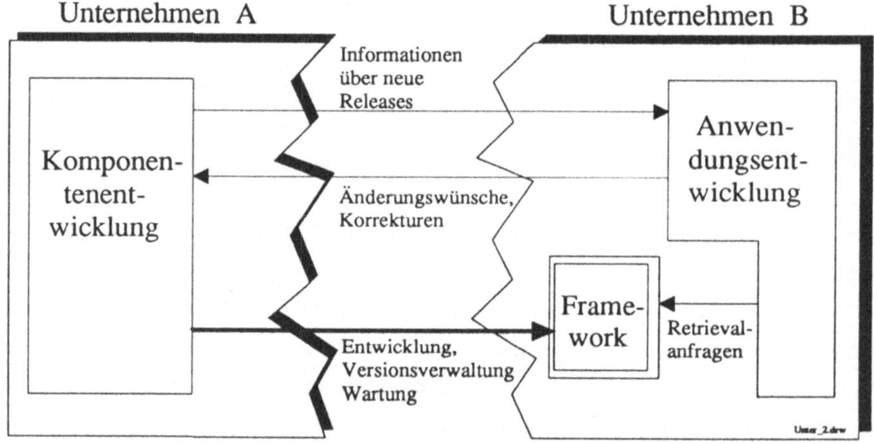

Abb. 6.4:   Lieferant/Kunde-Beziehung bei übertrieblicher Wiederverwendung

Unternehmen A nimmt als Komponentenentwickler die Lieferantenrolle ein, bietet also einen entwickelten Framework als Produkt an und übernimmt entsprechende Wartungsgarantien und Versionsverwaltungen. Unternehmen B als Kunde von A und Nutzer eines Frameworks wird den Framework in seine Anwendungsentwicklung integrieren (vgl. hierzu Kapitel 6.2.2) und hat die Möglichkeit, Änderungs- und Erweiterungswünsche an A heranzutragen, falls man selbst nicht in der Lage ist, diese in den Framework einzubringen. Berücksichtigt man noch die Anwendungsseite, sind vier Szenarien denkbar, die das Verhältnis der beteiligten Partner skizzieren (vgl. Abb. 6.5; eine gleichartige Markierung der Felder kennzeichnet die Übernahme der verschiedenen Rollen durch ein und dasselbe

Unternehmen, meint allerdings nicht den Einsatz der selben Mitarbeiter, so daß die Trennung in Komponenten- und Anwendungsentwickler weiterhin besteht):

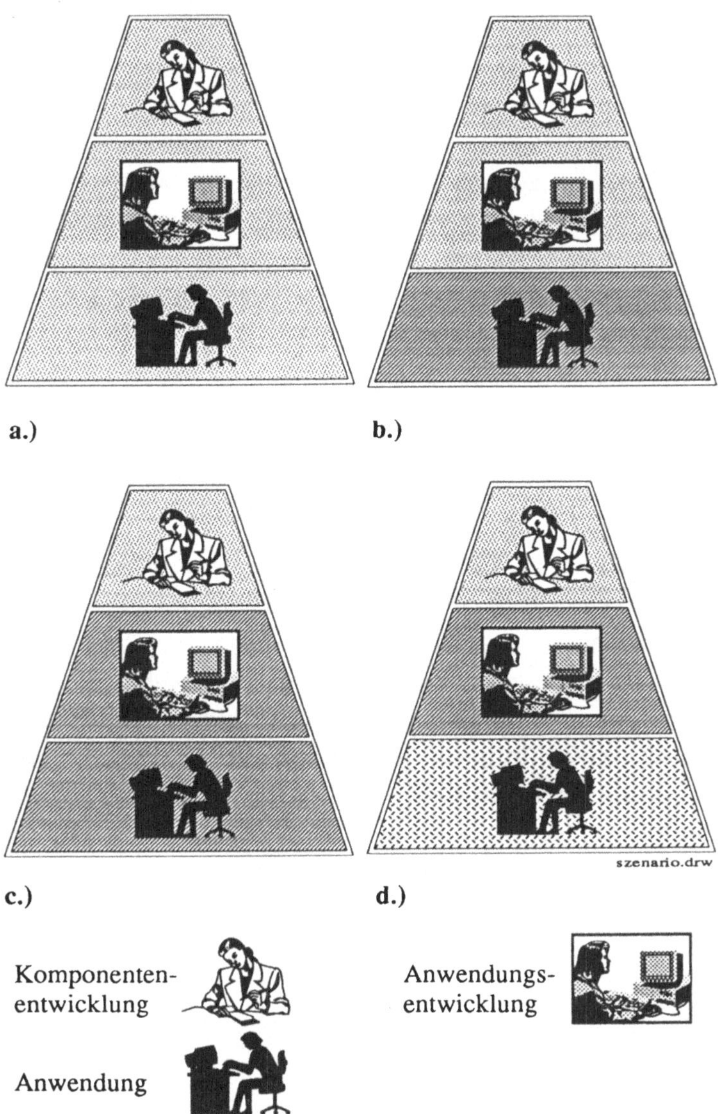

Abb. 6.5:   Szenarien der Beziehungen zwischen Komponenten-, Anwendungsentwicklern und Anwendern

a.) Komponentenentwickler = Anwendungsentwickler = Anwender

Die Möglichkeit, sowohl die Rolle des Komponentenentwicklers (Frameworkentwicklers), des Anwendungsentwicklers als auch des Anwenders zu übernehmen (vgl. Abb. 6.5a), ist aufgrund der notwendigen finanziellen Aufwendungen nur für Großunternehmen gegeben. Dies bedeutet, daß ein Unternehmen sich zunächst einmal entschieden hat, daß die am Markt verfügbaren Standardsoftwareprodukte (für einen Anwendungsbereich) nicht geeignet sind, die gestellten Anforderungen zu erfüllen, so daß eine eigene Individualsoftwareerstellung betrieben werden muß. Zum anderen wird diese Aufgabe sehr grundsätzlich verfolgt und langfristig angelegt: Neben der projektbezogenen Anwendungsentwicklung wird eine eigene Gruppe mit der Entwicklung wiederverwendbarer Komponenten (Framework, Klassenbibliothek) betraut, um die Anwendungsentwicklung langfristig wesentlich effizienter zu gestalten.

Dies führt zu Fragestellungen, wie sie Ott aufwirft:

> "... was zur Frage der internen Verrechnung führt: Was erhält eine Entwicklungs-Abteilung (Hersteller einer Software) von einer anderen Abteilung (Wiederverwender) verrechnet, die das Produkt benutzt? Was wird dem Wiederverwender dafür abgezogen?" (Ott 1991, 79)

Die Ansätze, die Endres zur Lösung der Finanzierungsproblematik vorschlägt, basieren im wesentlichen auf der Vorstellung einer projektinternen Entwicklung wiederverwendbarer Bausteine, der Vorschlag einer zentralen Vorfinanzierung ist jedoch auch auf die hier verfolgte organisatorische Trennung übertragbar (vgl. Endres 1989, 13): Wenn ein fester Prozentsatz eines jeden Projektbudgets für diese projektübergreifenden Aufgaben abgezweigt wird, ist ein erster Schritt zur Anerkennung der Notwendigkeit wiederverwendbarer Bausteine getan. Letztendlich muß jedoch erkannt werden, daß von dieser zentralen Entwicklungsaufgabe alle Projekte in hohem Maße profitieren, so daß das dafür zuzuweisende Budget sich nicht nur aus Einsparungen im Bereich der konventionellen Projekte der Anwendungsentwicklung ergeben sollte.

b.) Komponentenentwickler = Anwendungsentwickler <> Anwender

Diese Form (vgl. Abb. 6.5b) unterscheidet sich von der vorherigen insofern, daß die Anwendungsentwicklung nicht zur Unterstützung eigener Aufgaben betrieben wird, sondern Software als eigentliches Produkt des Unternehmens am Markt angeboten wird. Es handelt sich hier also um ein Softwarehaus, das zur Unterstützung der fallbezogenen Softwareerstellung den Weg der Verwendung wiederverwendbarer Komponenten beschreitet.

c.) Komponentenentwickler <> Anwendungsentwickler = Anwender

Die Ungleichheit zwischen Komponenten- und Anwendungsentwickler (vgl. Abb. 6.5c) formalisiert die Situation, daß ein Softwareanbieter sich entschieden hat, nicht komplette Anwendungen zu liefern, sondern sich auf wiederverwendbare Komponenten zu beschränken. Es handelt sich in der Regel um ein hochspezialisiertes Softwarehaus, das auf umfangreiche Erfahrungen in einer Anwendungsdomäne verweisen kann und somit die Möglichkeit besitzt, Frameworks bzw. Klassenbibliotheken für diese Domäne zu entwickeln. Kunden dieses Anbieters sind Unternehmen, die zur Unterstützung ihrer eigenen Anwendungsentwicklung auf diese Erfahrungen zurückgreifen wollen, um damit wesentliche Zeit- und Kostenreduktionen zu erreichen. Hall sieht die größten hier auftauchenden Schwierigkeiten in der Garantie des Zahlungsverkehrs zwischen den beteiligten Parteien:

> "In this area there is a significant difference between what can be achieved within a company or group of collaborating companies, and what can be achieved in the open market place.
> Preparing software for reuse as a component does require extra effort. This extra effort needs to be rewarded. In the open market this reward would be some form of royalty or licence fee. However there may be problems in enforcing these payments." (Hall 1987, 42)

Jedoch sprechen einige Gründe dafür, daß sich dieses Modell in der Zukunft durchsetzten wird: Wenn der Absatz der wiederverwendbaren Komponenten eine gewisse Schwellgrenze erreicht hat, ergibt sich einerseits für den Anbieter der Vorteil, seine Investitionen eingespielt zu haben, und andererseits für Unternehmen, die Anwendungsentwicklung betreiben, die Möglichkeit, diese dann fast schon als Massenware vertriebenen Bausteine sehr kostengünstig verwenden zu können (vgl. Zöller 1991, 68-69). Dies bedeutet, daß das Erreichen einer kritischen Masse an Absatzzahlen den gesamten Prozeß weiter beschleunigen wird, da die Preise reduziert werden können, und dementsprechend für den Anwendungsentwickler immer mehr Gründe gegeben sein werden, auf diese Bausteine zurückzugreifen.

d.) Komponentenentwickler <> Anwendungsentwickler <> Anwender

Diese Situation (vgl. Abb. 6.5d) entspricht dem vorangehend beschriebenen Fall mit dem Unterschied, daß nun alle drei Rollen von unterschiedlichen Partnern übernommen werden. Dies bedeutet, daß ein Softwarehaus als Anbieter von Anwendungssoftware sich der Leistungen eines spezialisierten Komponentenentwicklers bedient und somit als Mittler zwischen diesem und dem eigentlichen Anwender aufgefaßt werden kann.

Es ist offensichtlich, daß die geschilderten Szenarien i.a. parallel zueinander existieren werden, so daß sich z.B. ein Softwarehaus bei der Anwendungsentwicklung eines selbstentwickelten Frameworks bedient, diesen aber auch zusätzlich als domänenspezifisch wiederverwendbares Produkt vertreibt.

6.2 Ablauforganisation der Entwicklungsabteilung

Unter Ablauforganisation wird die Strukturierung der zur Aufgabenerfüllung notwendigen Arbeitsprozesse bzgl. des Arbeitsinhaltes, der Arbeitszeit und der Zuordnung der Teilaufgaben zu Stellen verstanden (vgl. Kosiol 1973; Wöhe 1990, 194-196). Für die Zielerreichung eines komplexen Vorgangs wie der Softwareentwicklung hat eine solche Strukturierung besondere Bedeutung.

Im folgenden wird dargestellt, welche Änderungen die Ausrichtung auf Wiederverwendung im Bereich der Ablauforganisation mit sich bringt. Neben den Modifikationen von Lifecycle-Modellen, deren Zielsetzung die Strukturierung des gesamten Entwicklungsprozesses ist, liegt der Schwerpunkt der Untersuchung auf den Voraussetzungen und der Realisierung der Verwaltung der wiederverwendbaren Bausteine, die erst eine effiziente Auswahl und Wiederverwendung ermöglicht.

6.2.1 Lifecycle-Modelle zur Strukturierung des Softwareentwicklungsprozesses

Die Einsicht, daß bei der Entwicklung von Software ein ingenieurmäßiges Vorgehen angebracht ist, führte zu der Definition von Lifecycle-Modellen. Diese beschreiben eine Strukturierung der Entwicklungsaufgaben beginnend bei der Anforderungsdefinition bis hin zur Wartung und Pflege des Systems.[6] Die nachfolgende Darstellung traditioneller Lifecycle-Modelle zeigt, daß diese nicht geeignet sind, den Anforderungen objektorientierter Entwicklung, zumal wenn die Wiederverwendung im Vordergrund steht, gerecht zu werden. Eine Übersicht über existierende Ansätze objektorientierter Lifecycle-Modelle schließt sich an.

---

[6] Der häufig synonym gebrauchte Begriff *Phasenmodell* deckt im eigentlichen Sinne nicht den gesamten Lebenszyklus eines Softwaresystems ab; oftmals werden in einer so bezeichneten Vorgehensbeschreibung die Einsatz- und Wartungsphase nur unzureichend miteinbezogen. Lehner skizziert die Chronologie der Übertragung des Konzeptes des Produkt-Lebenszyklus auf die Softwareentwicklung und erläutert die Schwachstellen dieser Analogiebildung (vgl. Lehner 1990).

6.2.1.1 Traditionelle Lifecycle-Modelle

Das **Wasserfall-Modell**, das als Stellvertreter traditioneller Lifecycle-Modelle genauer vorgestellt werden soll, kann im wesentlichen auf zwei Vorläufer verweisen (vgl. Boehm 1988, 61-63):

☐ Das **Code-and-Fix-Modell** kann als primitiver Ursprung der Lifecycle-Modelle verstanden werden. Ihm liegt die Vorgehensweise zugrunde, zunächst einmal zu programmieren und dann die vorhandenen Fehler und Probleme zu identifizieren und in einer zyklenhaften Ausführung dieser beiden Schritte zu beseitigen. Es ist offensichtlich, daß mit diesem Modell die Benutzeranforderungen nur eher zufällig zu treffen waren und in jedem Fall ein äußerst schlecht strukturierter Code resultierte, der zudem in jedem Durchlauf schlechter zu verstehen und somit kostspieliger zu verbessern war.

☐ Ein erstes sukzessiv strukturiertes Modell lag mit dem **Stagewise-Modell** vor, das die gesamten Entwicklungsaufgaben in die Schritte Operational Plan, Operational Specifications, Coding Specifications, Coding, Parameter Testing, Assembly Testing, Shakedown und System Evaluation einteilte, die in streng sequentieller Reihenfolge durchlaufen wurden.

Das Wasserfall-Modell ist das heute bekannteste Modell eines Software-Lifecycles.[7] Es hat seine Wurzeln in dem Stagewise-Modell, fügt jedoch zwei wesentliche Erweiterungen hinzu: Zum einen sind Rücksprünge von einer Stufe in die vorhergehende zugelassen, zum anderen ist hier eine erste Verbindung mit einem Prototyping-Ansatz zu erkennen, da ein "Build it twice"-Vorgehen parallel zur Requirement Analysis- und Design-Phase vorgesehen ist. Abb. 6.6 zeigt die sieben Phasen des Wasserfall-Modells (in der Variante von Boehm); eine sich an jede Phase anschließende Verifikations- bzw. Testaktivität ist die Grundlage der Entscheidung, ob zur nächsten Phase übergegangen wird oder ein Rücksprung notwendig ist. Auf die Beschreibung der in jeder Phase durchzuführenden Aufgaben soll hier verzichtet werden,[8] statt dessen werden die wesentlichen Kritikpunkte aufgeführt:

---

[7] Verschiedene Varianten dieses Modells wurden veröffentlicht; sie unterscheiden sich i.a. lediglich in der Anzahl und der Bezeichnung der Phasen. Ott gibt einen Überblick über die wesentlichen Vertreter (vgl. Ott 1991, 13).

[8] Für eine genaue Beschreibung des Wasserfall-Modells, vgl. Boehm 1981, 35-56.

Ein wesentliches Hemmnis für die effiziente Entwicklung bestimmter Klassen von Software liegt bei diesem Modell darin begründet, daß auch für die frühen Analyse- und Designphasen ein voll ausgearbeitetes Dokument zum erfolgreichen Abschluß gefordert wird (vgl. Boehm 1988, 63). Diese Forderung führt insbesondere bei hochgradig interaktiven Systemen zur Erstellung umfangreicher Spezifikationen, die sich bei der anschließenden Implementierung häufig als wertlos herausstellen.

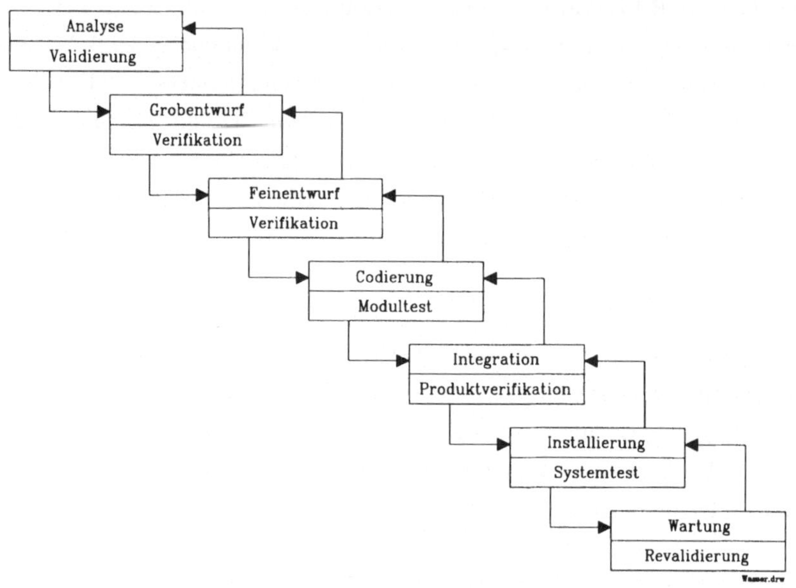

Abb. 6.6:   Wasserfall-Modell für den Softwareentwicklungsprozeß (nach: Boehm 1981, 36)

Fleischer et al. sehen die Mängel des Wasserfall-Modells insbesondere in der streng festgelegten Reihenfolge der Phasen sowie deren scharfer Trennung:

> "Kritisch beim Wasserfall-Modell sind nicht die Tätigkeiten, die in den einzelnen Phasen ausgeführt werden, sondern die Reihenfolge der Phasen und deren scharfe Abgrenzung, die Wechselwirkungen zwischen den Phasen und die Anforderungen an das Aussehen der Zwischenprodukte, die den Abschluß der einzelnen Phasen bilden." (Fleischer et al. 1991, 25)

Das Wasserfall-Modell erlaubt es nicht, flexibel auf Fehler zu reagieren, da ein Rückschritt um mehrere Phasen immer den Verlust aller (also auch sinnvoll zu verwendender) Zwischenergebnisse mit sich bringt. Dem bekannten Problem des dynamischen Verhaltens von Benutzeranforderungen bei Projekten mit langer Laufzeit kann nicht Rechnung getragen werden, da eine nachträgliche Erweiterung des Funktionsumfangs des Systems nicht möglich ist. Wie ein Rücksprung um mehrere Phasen erhebliche Nachteile mit sich bringt, so ist ein Überspringen von Phasen überhaupt nicht vorgesehen. Ebenso ist kein Platz für den Einsatz von Prototypen, um (im Sinne eines explorativen Prototypings) die Benutzeranforderungen genauer zu erheben und somit den Entwicklungsaufwand in die richtigen Bahnen zu lenken.

Die skizzierten Schwierigkeiten, die das Wasserfall-Modell mit sich bringt, führten zur Definition von Lifecycle-Modellen, denen evolutionäre Entwicklungsideen zugrunde lagen. Zielsetzung ist es hier, möglichst früh ein ausführbares System bereitzustellen, dessen Weiterentwicklung vornehmlich durch die direkten Erfahrungen des Benutzers im Umgang mit diesem Prototyp bestimmt wird. Doch hier wurden sehr schnell Probleme bei der Abgrenzung dieser Vorgehensweise vom obengenannten Code-and-Fix-Modell mit den dazugehörigen Nachteilen deutlich. Auch sind die idealtypischen Voraussetzungen eines evolutionären Vorgehens in der Praxis in den wenigsten Fällen anzutreffen, da hier oft auch die Einhaltung von Standards und die Integration zu anderen Systemen eine entscheidende Rolle spielt (vgl. Boehm 1988, 63).

6.2.1.2 Objektorientierte Software-Lifecycle-Modelle

Die aufgeführten Lifecycle-Modelle bieten keinen adäquaten Ansatz zur Strukturierung einer auf dem objektorientierten Paradigma basierenden Softwareentwicklung. Booch sieht jedoch in den notwendigen Modifikationen keine vollständige Abkehr von bewährten Praktiken:

> "Just because object-ortiented design involves an incremental, iterative process does not mean that one must abandon all the good management practices learned from the experience of the waterfall life cycle... However, to the manager and developer with experience only in the waterfall life cycle, the life cycle of object-oriented design seems frightening and foreign, because some of the traditional management techniques simply don't make sense anymore. For example, rather than exhibiting a distinct integration phase, object-oriented design sees integration as an activity that occurs incrementally." (Booch 1991, 199)

Insbesondere die schon in Kapitel 6.1 herausgestellte Unterschiedlichkeit der Aufgaben bei der Komponenten- und Anwendungsentwicklung muß Eingang in die Lifecycle-Beschreibung finden. Dies bedeutet, daß den Aktivitäten des *Design with Reuse* und des *Design for Reuse* (inklusive der Generalisierung von Komponenten) gleichrangige Bedeutung zugestanden wird.

Als Ansätze zur Strukturierung einer objektorientierten Entwicklung werden im folgenden das Spiralenmodell, das Cluster-Modell sowie das Fontain-Modell vorgestellt. Es wird bei der Darstellung angenommen, daß die Aktivitäten jeder Phase auf der Basis des objektorientierten Paradigmas ausgeführt werden.[9]

6.2.1.2.1 Spiralenmodell

Der von Boehm bei der Entwicklung des Spiralenmodells zugrundegelegte Software-Lifecycle läßt sich zweidimensional als Spiralbahn abbilden (vgl. Abb. 6.7).

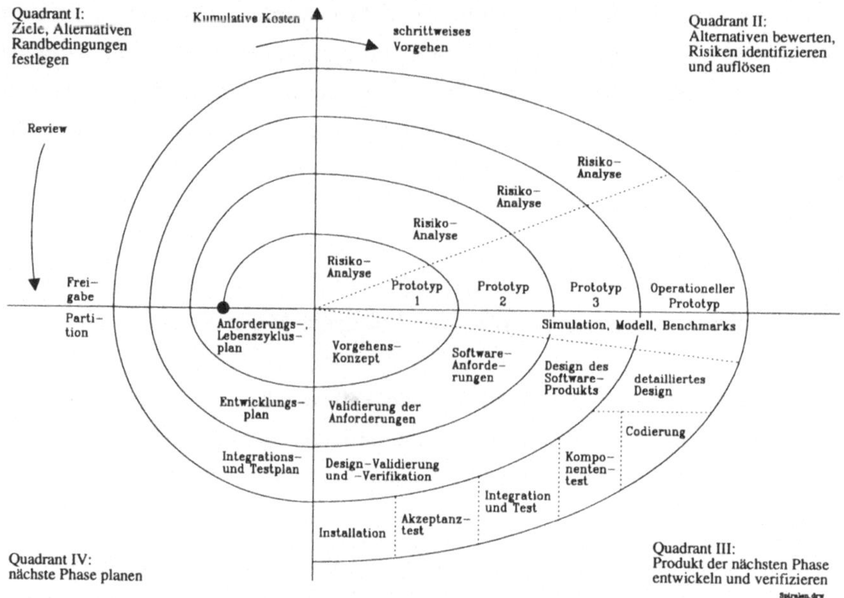

Abb. 6.7:   Spiralenmodell des Software-Lifecycles (Quelle: Boehm 1988)

Die Entwicklung startet im Mittelpunkt der in vier Quadranten unterteilten Ebene und setzt sich spiralförmig nach außen hin fort. Innerhalb eines Quadranten sind grundsätzlich - lediglich für einen anderen Entwicklungsstand des Produkts - die gleichen Tätigkeiten auszuführen:

---

[9] Henderson-Sellers, Edwards untersuchen darüber hinaus, welche Möglichkeiten es gibt, bei der Entwicklung eines Systems für die Phasen Analyse, Design und Implementierung objektorientierte und auf funktionaler Zerlegung beruhende Techniken zu kombinieren, und skizzieren zwei Wege dieses hybriden Ansatzes (vgl. Henderson-Sellers, Edwards 1990, 147-148).

☐ Bei Durchlauf des ersten Quadranten sind jeweils die Ziele der Entwicklung zu bestimmen bzw. zu überprüfen, Alternativen und die die Entwicklung beeinflussenden Randbedingungen festzulegen.

☐ Der zweite Quadrant sieht eine Abwägung der zur Entscheidung anstehenden Alternativen vor, wozu Techniken, wie z.B. Prototyping, Simulation, Benchmarktests oder auch Benutzerbefragungen, eingesetzt werden können.

☐ Der dritte Quadrant schließt eine Weiterentwicklung des Produkts auf der Basis der getroffenen Entscheidungen ein. Hierzu können wiederum verschiedene Vorgehensweisen, wie z.B. Prototyping oder eine Entwicklung entlang eines modifizierten Wasserfall-Modells, eingesetzt werden.

☐ Der vierte Quadrant sieht eine Planung der nächsten Phasen vor und leitet mit einem Review zur Beurteilung der Ergebnisse in einen weiteren Spiralenumlauf über.

Die skizzierte Vorgehensweise ist sehr flexibel zu handhaben, insofern daß eine durchzuführende Simulation oder Prototypenentwicklung nicht in jedem Fall einen vollständigen Spiralenumlauf zu bedeuten hat und andererseits die Spirale auch schon für Teilkomponenten des Systems durchlaufen werden kann und Parallelentwicklungen stattfinden können. Raasch sieht die Praxisnähe dieses Modells insbesondere durch die Einbeziehung von Risikoanalysen und regelmäßig stattfindenden Reviews gegeben:

> "Das Spiralenmodell stellt eigentlich eine längstfällige Anpassung der Theorie an die Realität dar. In seriösen Projekten werden durchaus an jedem Phasenanfang Überlegungen hinsichtlich der Risiken und an jedem Phasenabschluß Sitzungen des Steuerungsgremiums durchgeführt, wenigstens, solange im Projekt ein Phasenende präzise bestimmt werden kann." (Raasch 1991, 414)

Ein wesentlicher Vorteil dieses Modells liegt in dem iterativen und inkrementellen Charakter der beschriebenen Vorgehensweise, die Weiterentwicklungen und Änderungen als integrierte Entwicklungsaufgaben vorsieht (vgl. Fleischer et al. 1991, 30). Dies eröffnet die Möglichkeit, das Modell sowohl zur Entwicklung eines Gesamtsystems als auch zur Entwicklung einzelner Komponenten einzusetzen. Des weiteren erzwingt die regelmäßig durchgeführte Risikoanalyse einen ständigen Abgleich zwischen Projektergebnissen und Benutzeranforderungen.

6.2.1.2.2   Cluster-Modell

Das von Meyer vorgeschlagene Cluster-Modell unterteilt die zur Realisierung eines Systems benötigte Menge von Klassen in Gruppen (Cluster), die jeweils eng zusammenhängende Klassen umfassen (vgl. Meyer 1989, 27-28). Für die Entwicklung der einzelnen Cluster wird ein modifiziertes Wasserfall-Modell empfohlen, das mit einer Spezifikationsphase (SPEC) startet. Die semantische Nähe zwischen Design und Implementierung wird durch die Zusammenfassung dieser beiden Phasen (DESIMPL) ausgedrückt. Die abschließende Phase (VALGEN) der Entwicklung jedes Clusters beinhaltet in Zusammenfassung der Aktivitäten Validierung und Generalisierung ganz explizit den Vorgang der Verallgemeinerung von Komponenten mit dem Ziel der Bereitstellung zur Wiederverwendung (vgl. Abb. 6.8).

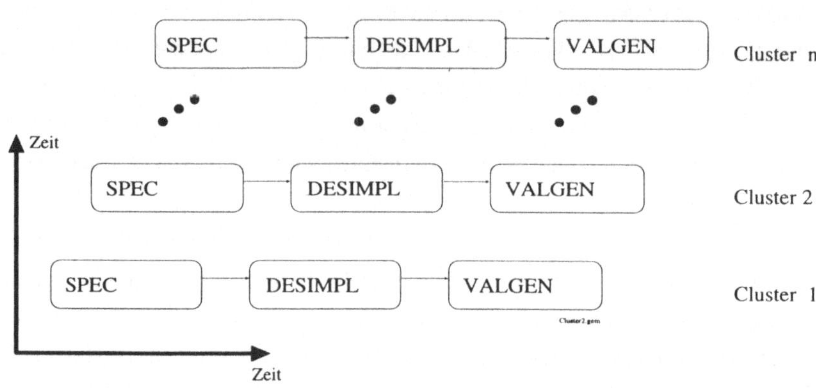

Abb. 6.8:   Cluster-Modell des Software-Lifecycles (Quelle: Meyer 1989, 28)

Die Cluster selbst sind nicht unabhängig voneinander, sondern stehen in einer Client-Beziehung zueinander. Dies bedeutet, daß die Cluster in einer bottom-up diktierten Reihenfolge entwickelt werden und sich die anwendungsspezifischen Cluster der allgemein zu verwendenden Klassen bedienen können:

> "The best order for starting cluster development is bottom-up from the most general clusters, providing utility functions, to the most application-specific ones." (Meyer 1989, 28)

Die vorgeschlagene Vorgehensweise bringt eine hohe Flexibilität sich mit: Unter der Voraussetzung, daß die Cluster vom Allgemeinen zum Speziellen hin entwickelt werden, bleibt es möglich, sowohl ein Cluster nach dem anderen zu realisieren, als auch diesen Vorgang zu parallelisieren und im Extremfall alle Cluster zeitversetzt, aber dennoch gleichzeitig in Bearbeitung zu halten. Auch alle Zwischenformen sind denkbar, wobei die letztlich zu wählende Alternative vom konkreten Projekt abhängt.

6.2.1.2.3   Fontain-Modell

Statt einer einfachen sequentiellen Aneinanderreihung der einzelnen Phasen zeichnet sich objektorientierte Entwicklung durch eine hochgradige Überlappung aus. Dieser Notwendigkeit versuchen Henderson-Sellers, Edwards mit der Entwicklung des Fontain-Modells gerecht zu werden (vgl. Henderson-Sellers, Edwards 1990, 151-155). Die Entwicklung startet mit der Requirements Analysis - alle nachfolgenden Aktivitäten haben nicht zum Ziel, einen einmal erreichten Zustand festzuschreiben, sondern ganz im Gegensatz dazu das Zwischenergebnis ständig mit den anfangs erhobenen Anforderungen abzugleichen (vgl. Abb. 6.9). Es ergibt sich eine dem Prototyping sehr ähnliche Vorgehensweise:

> "... so there is no longer a need to freeze the overall systems requirement specification at an early stage of the system life cycle..." (Henderson-Sellers, Edwards 1990, 152)

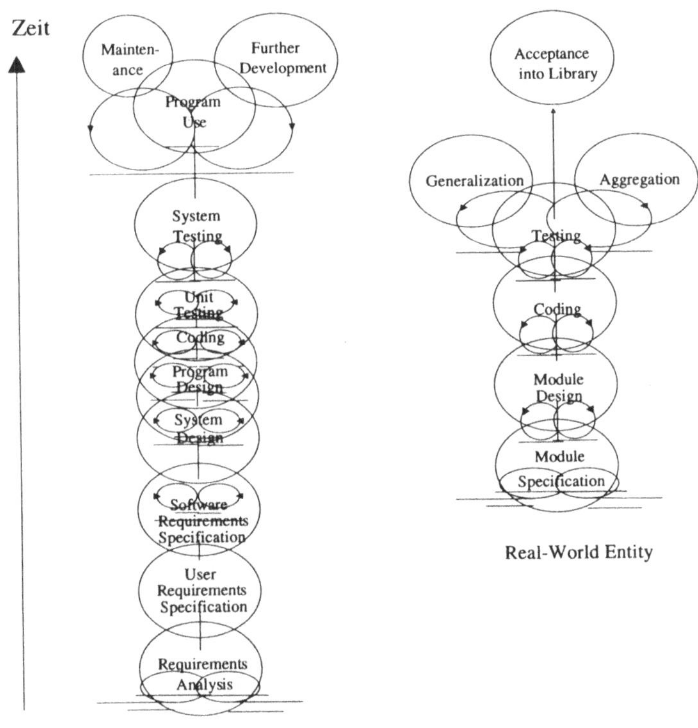

Abb. 6.9:   Fontain-Modell des Software-Lifecycles (Quelle: Henderson-Sellers, Edwards 1990, 152)

Bedeutung erhält dieses Modell dadurch, daß es nicht nur als relevant für die Entwicklung des Gesamtsystems, sondern auch einzelner Cluster oder individueller Klassen angesehen werden kann. Die nach der Testphase angeordneten Aktivitäten der Generalisierung und Aggregation verdeutlichen den Allgemeinheitsanspruch, der an wiederverwendbare Komponenten gestellt wird und machen den Langzeitaspekt einer solchen Entwicklung deutlich.

Eine optimale Beschreibung objektorientierter Entwicklung unter Einbeziehung der Wiederverwendungsbestrebungen sehen Henderson-Sellers, Edwards in der Kombination des Cluster- und des Fontain-Modells gegeben (vgl. Henderson-Sellers, Edwards 1990, 152-155). Abb. 6.10 verdeutlicht die Weiterentwicklungen des globalen Designs des Systems, während einzelne Cluster und Klassen eine ganz individuelle Entwicklung durchlaufen, die durch die Beschreibung mit Hilfe des Fontain-Modells angenähert werden kann und zu einer bottom-up-orientierten Entwicklungsweise führt. Die Zusammenfassung beider Modelle kombiniert die Idee einer separaten Entwicklung von Clustern mit der Vorgehensweise des Fontain-Modells, die für diese Zielsetzung geeigneter erscheint als das von Meyer zugrundegelegte, modifizierte Wasserfall-Modell.

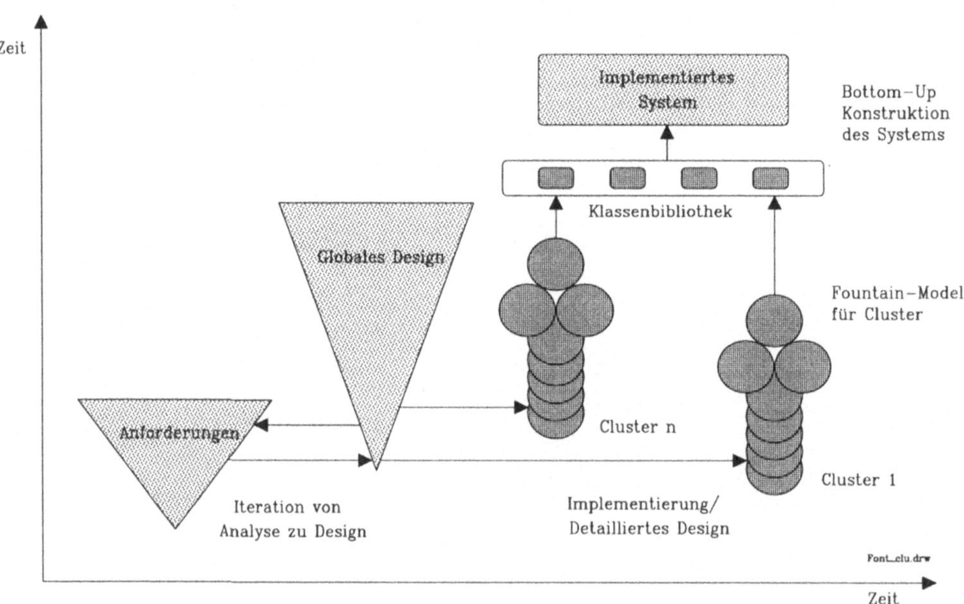

Abb. 6.10:   Verbindung zwischen Cluster- und Fontain-Modell (Quelle: Henderson-Sellers, Edwards 1990, 153)

6.2.2   Verwaltung wiederverwendbarer Komponenten

Die in Abb. 6.1 dargestellten Kommunikationsbeziehungen zwischen Anwendungs- und Komponentenentwicklung machen deutlich, daß die Akzeptanz der Wiederverwendung in hohem Maße davon abhängen wird, daß die Anforderungen der Anwendungsentwickler in effizienter Weise erfüllt werden können. Neben dem Anstoß der Entwicklung neuer Komponenten bedeutet dies im wesentlichen, daß der Anwendungsentwickler die Möglichkeit erhalten muß, ein Retrieval auf der Bibliothek der Softwarebausteine durchzuführen, um geeignete Komponenten zu identifizieren, und auch Änderungs- und Korrekturwünsche äußern kann. In mindestens ebenso hohem Maße wie durch den eigentlichen Inhalt wird die Akzeptanz einer Bibliothek dadurch geprägt, daß eine Dokumentation und Werkzeuge zur Verfügung stehen, die dem Anwendungsentwickler ein Verständnis für die Zusammenhänge innerhalb der Bibliothek vermitteln:[10]

> "Abstraction producers must provide sound guidance in the appropriate application of their work or users will resolve their own problems, not out of perversity, but because it is truly easier to understand and solve a problem than try to second guess someone else's solution." (Cunningham, Beck 1989, 17)

Diese Anforderungen an die Verwaltung von wiederverwendbaren Bausteinen decken sich mit den von Gibbs et al. identifizierten Aufgaben beim Einsatz eines Verwaltungssystems für objektorientierte Softwarekomponenten (vgl. Gibbs et al. 1990):

- *Class Packaging* bezeichnet das Problem einer geeigneten Repräsentation der Komponenten, um sie ohne Schwierigkeiten wieder ausfindig zu machen und in der Applikationsentwicklung zu verwenden.

- *Class Organization* beschäftigt sich mit der Darstellung der Beziehungen und Abhängigkeiten der Klassen untereinander.

- *Class Selection und Exploration* fragt danach, wie ein Retrieval auf der Menge der verfügbaren Klassen auszusehen hat.

- *Class Evolution* behandelt die Fragestellung der Weiterentwicklung abgespeicherter Klassen.

---

[10]   Neben den zur Verfügung stehenden Dokumentationen und Werkzeugen spielt natürlich auch die Ausbildung der Entwickler eine entscheidende Rolle beim Erfolg der Wiederverwendung. Woodfield, Embley, Scott stellen hierzu die Ergebnisse eines Experiments dar, das zeigt, daß in Wiederverwendung untrainierte Entwickler in vielen Fällen nicht fähig sind, die Eignung wiederverwendbarer Bausteine (hier: abstrakter Datentypen) zur Implementierung ihrer aktuellen Anforderungen zu erkennen (vgl. Woodfield, Embley, Scott 1987).

Kapsner faßt die Aufgaben bei der Verwaltung objektorientierter Bausteine zusammen:

> "Die Aufgabe eines Verwaltungssystems ist es, die Menge von Klassen, die untereinander in verschiedenen Beziehungen stehen, zu verwalten, sie dem Entwickler zur Wiederverwendung anzubieten und im Bedarfsfall zur Verfügung zu stellen." (Kapsner 1991, 59)

6.2.2.1 Anforderungen an die Verwaltung objektorientierter Bausteine

In Kapitel 2.2.2 wurden bereits Ansätze zur Verwaltung wiederverwendbarer Komponenten vorgestellt. Diese beruhten im wesentlichen auf dem Mechanismus, (mittels verschiedener Techniken) aktuelle Anforderungen mit den abgespeicherten Spezifikationen der Komponenten abzugleichen und eine mehr oder weniger große Kandidatenmenge zurückzuliefern. Die Zielsetzungen und Strukturen objektorientierter Bibliotheken verlangen jedoch eine differenziertere Betrachtung dieser Aufgabenstellung (vgl. im folgenden Heß, Scheer 1992b):

Wie schon bei der Unterscheidung in Klassenbibliotheken und Frameworks angedeutet, haben die in Bibliotheken verfügbaren, objektorientierten Klassen keinen einheitlichen Charakter. Zum einen finden sich hier eine Reihe von (Basis-)Klassen, die unabhängig voneinander in Anwendungsprogrammen verwendet werden können. Beispiele hierfür sind etwa vordefinierte Klassen, die den Umgang mit Zeitinformationen erleichtern (z.B. die Klassen *Date* und *Time* in Objectworks\Smalltalk), oder die verschiedenen Arten von Containerklassen, die die Verwaltung einer Ansammlung von Objekten unterstützen (vgl. die Darstellung der Hierarchie unter der Klasse *Collection* in Kapitel 3.3.2.2). Wie schon in der Motivation der Weiterentwicklung von Klassenbibliotheken zu Frameworks verdeutlicht, bringt erst das auf einer abstrakten Ebene vordefinierte Zusammenspiel vieler Klassen einen besonderen Produktivitätsgewinn. Ein solch hoher Zusammenhang von Klassen zieht eine Änderung des Retrievalverhaltens nach sich: Der Anwendungsentwickler erwartet als Ergebnis eines Suchprozesses nicht die **eine** für ihn passende Klasse, sondern hat zum Ziel, die Art und Weise des Zusammenwirkens von Klassen eines Frameworks zu erforschen, um dann die Möglichkeit zu nutzen, mittels Erweiterung und Spezialisierung der vordefinierten Klassen ein gewünschtes Anwendungssystem mit deutlich reduziertem Aufwand abzuleiten.

Um die Frage beantworten zu können, wie eine Architektur zur Verwaltung wiederverwendbarer Komponenten aussehen soll, werden zunächst die Anforderungen zusammengetragen, wie sie sich insbesondere aus Sicht des Anwendungsentwicklers stellen:

- **Integration der Retrievalfunktionalität in die Programmierumgebung des Anwendungsentwicklers:**
  Da Softwareentwicklung in der Regel unter Zeitdruck stattfindet, ist es entscheidend, den Aufwand zur Erforschung der Bibliothek möglichst zu reduzieren. Dies bedeutet zum einen, den einmaligen Aufwand zur Einarbeitung in den Umgang mit der Bibliothek und zum anderen die Zeit für die eigentliche Recherche zu minimieren. Für beide Aspekte ist es sinnvoll, eine Integration der Retrievalfunktionalität in die Programmierumgebung anzustreben, da damit die Einarbeitung reduziert wird und die Recherche quasi-simultan zur Entwicklung stattfinden kann.

- **Repräsentation der Komponenten sowohl auf der Ebene des Programmcodes als auch des Designs:**
  Bei praxisrelevanten Softwarebibliotheken (d.h. Bibliotheken, die eine gewisse Mindestgröße überschreiten) ist der Anwendungsentwickler überfordert, wenn er lediglich mit dem Programmcode konfrontiert wird. Da ein Framework als abstraktes Design einer Anwendung verstanden werden kann, stellt sich die Aufgabe, die Komponenten auf dieser Ebene dem Entwickler zugänglich zu machen. Es sollte eine graphische Notation verwendet werden, um das Design der Bausteine darzustellen.

- **Retrievalfunktionalitäten auf allen Abstraktionsebenen:**
  Wenn die Verwendung eines Frameworks die Verwaltung von Komponenten auf der Designebene erfordert, müssen natürlich auch hier entsprechende Retrievalfunktionalitäten verfügbar sein, die es dem Entwickler erlauben, die dargestellten Designergebnisse zu erforschen, d.h. Anfragen bzgl. aller Designaspekte zu stellen und Querverbindungen zu folgen, um somit zu einem vollständigen Verständnis der Komponenten auf Code- und Designebene zu kommen.

- **Erweiterbarkeit der Retrievalfunktionalitäten, um eine benutzerindividuelle Konfiguration des Suchvorgangs zu ermöglichen:**
  Die unterschiedlichen Arbeitsstile von Entwicklern sollten auch bei der Verwaltung der Komponenten ihre Berücksichtigung finden können. Dies bedeutet, daß ein Entwickler die Möglichkeit hat, den Retrievalvorgang sehr individuell zu gestalten, sowohl was die Reihenfolge und Aspekte der Anfragen, aber auch eigendefinierte Queries angeht.

- **Unabhängigkeit des Architekturmodells von einer speziellen Programmiersprache und Designnotation:**
  Das zu entwickelnde Architekturmodell für die Verwaltung wiederverwendbarer Komponenten sollte nicht auf eine spezielle Programmiersprache und Designnotation maßgeschneidert sein, sondern möglichst in seiner allgemeinen Form auf beliebige Sprachen und Notationen übertragbar sein.

6.2.2.2 Architekturmodell zur Verwaltung wiederverwendbarer Komponenten

Sehr viele objektorientierte Entwicklungsumgebungen (z.B. Actor, Objectworks\Smalltalk) bieten nicht nur die Möglichkeit, mit Hilfe einer objektorientierten Sprache EDV-Systeme zu implementieren, sondern unterstützen auch die Verwaltung von (vordefinierten oder selbst entwickelten) Klassen. I.a. wird hierzu ein generelles Tool, der sogenannte Browser, verwendet. Abgesehen von spezifischen Unterschieden wird hiermit dem Entwickler die Möglichkeit geboten, die Menge der existierenden Klassen zu durchstöbern und weitere, für ihn interessante Informationen, wie z.B. die Methoden und Variablen jeder Klasse, aber auch zusätzliche Kommentare oder etwa die Einbindung einer Klasse in die Hierarchie des Gesamtsystems, ausfindig und zugänglich zu machen. Abb. 6.11 zeigt das typische Aussehen eines Browsers unter einer Window-Oberfläche am Beispiel des System-Browsers von Objectworks\Smalltalk.

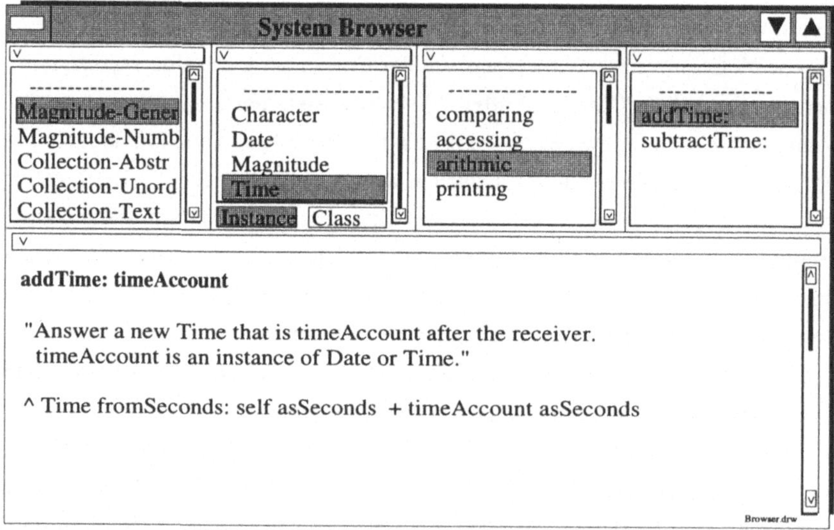

Abb. 6.11:   Oberfläche des System-Browsers von Objectworks\Smalltalk

Hier sind in der oberen Hälfte die Klassen des Systems und die Methoden jeder Klasse zusätzlich zu inhaltlichen Clustern gebündelt, die dem Benutzer eine bessere Orientierung auch bei einer größeren Anzahl von Klassen erlauben. In der unteren Hälfte des Fensters werden der Quellcode von Methoden (hier der Instanzmethode *addTime: timeAccount* der Klasse *Time*), die Definition einer Klasse auf Programmcodelevel oder sonstige Ausgaben der in den oberen Teilen verfügbaren Menüpunkte angezeigt.

Vielfach wird jedoch die starke Ausrichtung auf die Vererbungsbeziehungen eines Systems bzw. einer Bibliothek bei der Verwendung eines solchen Browsers als nicht ausreichend empfunden:

> "This approach has proved quite appropriate as a programming support tool when the number of classes is small and the user is reasonably acquainted with their functionality. However, the approach shows some limitations with respect to guidance provided to a user exploring the functionality of the classes. The semantics of inheritance is not sufficiently constrained in order for it to give appropriate insight into the functionality of classes." (Pintado 1990, 80)

Als Folge davon gibt es zahlreiche Bemühungen, die Funktionalität eines Browsers auszudehnen - der Ansatz von Pintado sei nachfolgend beispielhaft skizziert (vgl. Pintado 1990): Dem Affinity-Browser liegt die Idee zugrunde, die darstellbaren Beziehungen zu verallgemeinern und beliebig definierbare Beziehungen der Nähe zwischen Klassen (Affinitätsbeziehungen), die in ihrer Gesamtzahl ein Netz über den Klassen definieren, zur Grundlage der Auswertungen des Browsers zu machen. Es ist somit eine Funktion für die Affinität je zweier Klassen zu definieren. Es wird möglich, z.B. den Anteil identischer Methoden an der Gesamtzahl der Methoden zweier Klassen oder auch den Anteil der Nachrichten zwischen Objekten zweier Klassen an der Gesamtsumme der Nachrichten innerhalb des Systems mit Hilfe des Browsers auszuwerten:

$$A_1(X, Y) = \text{card(Durchschnitt } M(X) \text{ und } M(Y)) \quad / \quad \text{card(Vereinigung } M(X) \text{ und } M(Y))$$

mit:

X, Y	-	Klassen des Systems
M(X)	-	Menge der Methoden des Protokolls der Klasse X
card(M)	-	Anzahl der Elemente der Menge M

oder

$$A_2(X, Y) = (\text{card(send}(X, Y)) + \text{card(send}(Y, X))) \quad / \quad ((\text{card(send}(O_1)) + \ldots + \text{card(send}(O_n)))$$

mit:

X, Y, O_i	-	Objekte des Systems
send(X, Y)	-	Menge der Nachrichten, die von X an Y geschickt werden

Als graphisches Mittel der Auswertung kann man sich z.B. vorstellen, die Klassen in einem zweidimensionalen Diagramm anzuordnen, wobei der Abstand den ermittelten Wert der Affinitätsbeziehung veranschaulicht.

Gibbs stellt einen grundsätzlich programmiersprachenunabhängigen Ansatz zur Unterstützung des Retrievals in Sammlungen objektorientierter Klassen vor, der auf dem Einsatz des objektorientierten Datenmodells Xos basiert, und demonstriert die Möglichkeiten dieses Modells anhand der Verwaltung von Strukturen von C++ - Programmen (vgl. Gibbs 1990). Xos kann als datenbankähnliche Verwaltungsmöglichkeit gesehen werden; das definierte Metamodell macht umfangreiche Queries möglich. Als Nachteile sind jedoch zu erkennen, daß sich keine einfache Lösung zur Integration der Retrieval- und der Programmierumgebung anbietet und auch die graphische Darstellung der Strukturen nicht ohne weiteres möglich erscheint.

Auch Kapsner sieht die Notwendigkeit, Meta-Informationen, wie z.B. "Beziehungen der Klassen aufgrund der Vererbung" oder "sematische Beschreibungen der Funktionalität einer Klasse", innerhalb eines Klassenverwaltungssystems abzulegen, um dem Benutzer komplexe Abfragen - ähnlich eines Literaturrecherchesystems - zu erlauben (vgl. Kapsner 1991). Ebenso wird die Möglichkeit angedacht, die Meta-Informationen nicht allein vom (Komponenten-)Entwickler einzufordern, sondern auch mit Hilfe einer automatischen Analyse des Quellcodes zu gewinnen. Die Frage allerdings, wie - in absehbarer Zeit hoffentlich als Quasi-Standard akzeptierte - objektorientierte Designnotationen mit konkreten Metamodellen objektorientierter Programmiersprachen in Einklang zu bringen sind, wird von diesem konzeptionellen Vorschlag nicht beantwortet.

Die von Scheer definierte, bereits in Kapitel 4.1.2 vorgestellte ARIS-Architektur verfolgt das grundsätzliche Ziel, mit Hilfe von Metamodellen ein Rahmenkonzept zur Beschreibung von Softwaresystemen vorzugeben (vgl. Scheer 1992). Daß damit auch objektorientierte Systeme zu spezifizieren sind, wird durch die explizite Angabe eines objektorientierten Metamodells, das den Zusammenhang zwischen sichten- und objektorientierten Entwurf abbildet, belegt. Das im folgenden entwickelte Architekturmodell kann als in mehrere Richtungen spezialisierte Fortentwicklung dieses Grundmodells verstanden werden. Es werden insbesondere für die Verwaltung der Komponenten auf Design- und Implementierungslevel Metamodelle entwickelt und untersucht, wie diese Metamodelle miteinander in Verbindung zu bringen sind.

Abb. 6.12 stellt die grundsätzliche Architektur zur Verwaltung der wiederverwendbaren Komponenten dar.

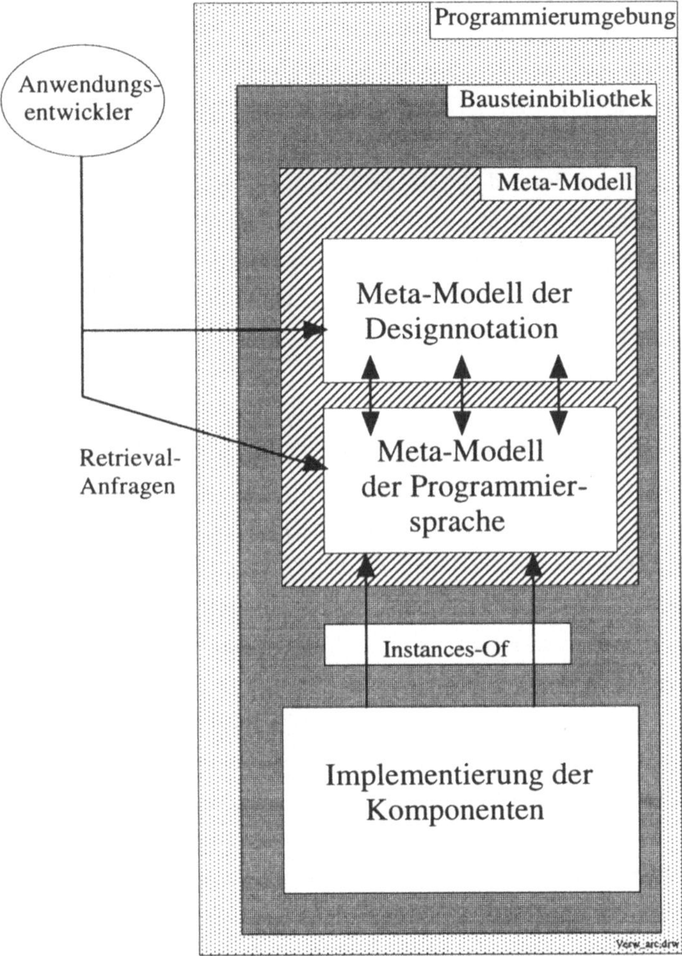

Abb. 6.12:   Architekturmodell zur Verwaltung der Softwarekomponenten

Als unterste Abstraktionsstufe der Bibliotheksinhalte kann der Quellcode der Komponenten verstanden werden. Diesem übergeordnet ist ein Metamodell, das zur Verwaltung eingesetzt wird und u.a. zur Beantwortung von Retrievalanfragen dient. Dieses Metamodell ist wiederum zweigeteilt, da die meisten objektorientierten Programmiersprachen selbst schon Metastrukturen in einer mehr oder weniger ausführlichen Form anbieten, um die im System existierenden Klassen (mit den zugehörigen Details) zu verwalten. Welche Metastrukturen innerhalb von Objectworks\Smalltalk vordefiniert sind und welche Retrievalmöglichkeiten sich daraus ergeben, wird exemplarisch in Kapitel 6.2.2.1 dargestellt. Der eigentliche Programmcode der Komponenten kann somit als Instanz dieses Metamodells der Codeebene aufgefaßt werden. Daß ein solches Metamodell zu einer hinreichenden Verwaltung der Bausteine i.a. nicht ausreicht, hat im wesentlichen zwei Gründe: Zum einen können damit, da das Metamodell programmiersprachenspezifisch ist, lediglich implementierungsnahe Strukturen abgebildet werden. Eine implementierungsunabhängige Darstellung von Entwurfsideen (inklusive entsprechender Retrievalmöglichkeiten) ist damit nicht möglich. Dies führt zum anderen dazu, daß ein Austausch von programmiersprachenunabhängigen Entwurfsideen - wie es Zielsetzung der Wiederverwendungsbestrebungen sein sollte - nicht unterstützt wird. Dieser Mangel führt zu der Notwendigkeit, ein übergeordnetes Metamodell (Design-Metamodell) einzuführen, das mit dem programmiersprachenspezifischen Metamodell in enger Verbindung steht.

In den folgenden Kapiteln wird anhand der objektorientierten Programmierumgebung Objectworks\Smalltalk und der objektorientierten Designmethode Object-Oriented Design (vgl. Kapitel 4.1.4) exemplarisch gezeigt, wie ein solches zweigeteiltes Metamodell aussehen kann. Die Notation der Methode Object-Oriented Design wird dabei noch einmal verwendet, um die Strukturen und den Nachrichtenaustausch der Metaebene graphisch darzustellen. Zielsetzung sollte es sein, das Design-Metamodell hin zu einem Framework zu abstrahieren, der als notationsunabhängige Verallgemeinerung eines solchen Modells verstanden werden kann.

6.2.2.2.1   Verwaltung des Programmcodes

Die innerhalb Objectworks\Smalltalk verwendeten Strukturen zur Verwaltung der definierten Klassen (inklusive aller Details, wie z.B. Methoden und Variablen) sind in Abb. 6.13 dargestellt. Das System selbst ist vollständig gemäß des objektorientierten Paradigmas strukturiert, was bedeutet, daß Klassen - unabhängig, ob sie vordefiniert oder durch den Anwender erzeugt sind - auch wieder als Objekte aufgefaßt und als Instanzen der vordefinierten Klasse *Class* definiert werden. Jeder Klasse sind damit durch die hier definierten Instanzvariablen ihre Oberklasse (Smalltalk unterstützt nur Einfachvererbung), ihre Unterklassen, ihre Instanzvariablen und die augenblicklich existierenden Instanzen zugeordnet. Weiterhin ist die Verbindung zwischen Klassen und ihrer Metaklasse (vgl. Kapitel 3.1.2) aufgebaut, die als Instanz von *Metaclass* abgelegt ist. *Class* ist als Unterklasse der Vererbungshierarchie *Object - Behavior - ClassDescription* angelegt und erbt somit den eigentlich bei *Behavior* definierten Verweis auf eine Instanz der Klasse *MethodDictionary*.

Jedes solche Dictionary speichert die für eine Klasse definierten Methoden; diese sind wiederum unter Benutzung der Klasse *ClassOrganizer* nach inhaltlichen Kriterien zu Methodenkategorien gebündelt.

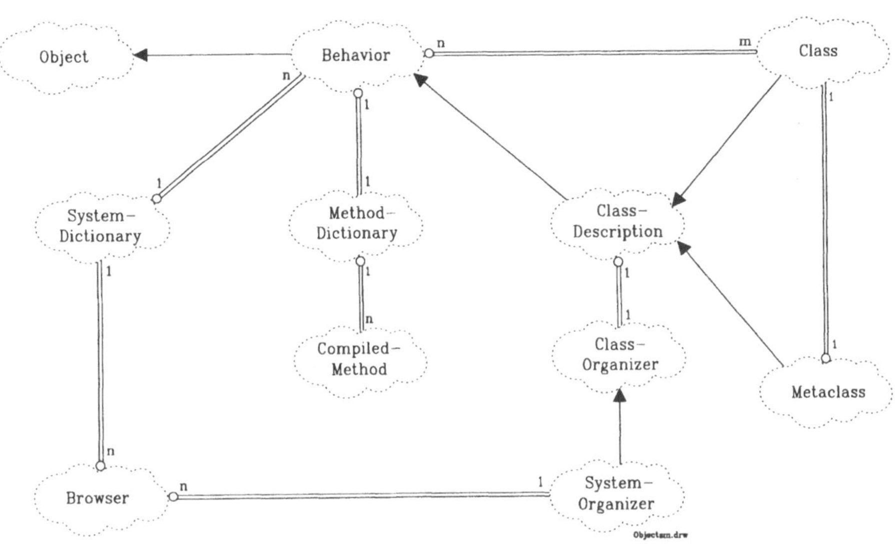

Abb. 6.13:   Metamodell innerhalb Objectworks\Smalltalk

Nicht nur die Methoden einer Klasse, sondern auch die Klassen des Gesamtsystems sind zu Kategorien zusammengefaßt, um einen besseren Überblick zu erlauben. Diese Aufgabe wird von der Klasse *SystemOrganizer* (als Unterklasse zu *ClassOrganizer*) übernommen. Instanzen der Klasse *Browser* (inklusive deren Unterklassen) sind die universellen Werkzeuge, derer der Smalltalk-Entwickler sich bedient, um die Gesamtzahl der Klassen zu durchforsten bzw. bestimmte Aspekte des Systems zu untersuchen. Jeder Browser nutzt dabei die Klasse *SystemDictionary*, deren einzige Instanz, das Objekt mit Namen *Smalltalk*, als Containerobjekt die Zuordnung von Klassennamen zu den eigentlichen Klassen verwaltet und somit Zugriff auf alle Klassen des Systems gewährt.

Instanzvariablen der Klasse *Behavior*:

superclass (Behavior) (Verweis auf die Oberklasse)
methodDictionary (MethodDictionary) (Verbindung der Methodennamen mit Methoden)
format (Integer)
subclass (Bag) (Verweise auf die Unterklassen)

Instanzvariablen der Klasse *ClassDescription*:

instanceVariables (Array of String)   (Name der Instanzfelder)
organization (ClassOrganizer)   (Organisation des Methodenprotokolls)

Instanzvariablen der Klasse *Class*:

name (String)
classPool (Dictionary)   (Verzeichnis der Klassenvariablen)
sharedPools (Collection of Dictionary)   (Verzeichnis der Shared Variablen)

Instanzvariablen der Klasse *ClassOrganizer*:

globalComment (RemoteString)
categoryArray (Array of String)   (Verzeichnis der Kategorienamen)
categoryStops (Array of Integer)   (Hilfsvariable zur Zuordnung der Methoden zu Kategorien)
elementArray (Array of Symbol)   (Verzeichnis der Message Selektoren)

Klassenvariablen der Klasse *SystemDictionary*:

CachedClassNames (SortedCollection | nil)   (Verzeichnis aller Klassennamen)
ImagePrefix (String)   (laufender Prefixname des Image-Files)
SnapshotErrorSignal (Signal)   (Snapshot Primitive Failed)
SystemChanges (ChangeSet)   (Verzeichnis aller Systemänderungen)

Instanzvariablen der Klasse *Metaclass*:

thisClass (Class)   (Verweis auf die Instanz der Metaklasse)

Das Metamodell von Objectworks\Smalltalk dient vornehmlich dazu, statische Informationen zu verwalten, die allerdings schon umfangreiche Retrievalmöglichkeiten erlauben. Nicht alle interessanten Details lassen sich jedoch schon in dieser Struktur abspeichern; für einige vordefinierte Arten von Queries ist daher eine explizite Untersuchung des Methodencodes durch das System notwendig. Der Entwickler hat die Wahl, den Smalltalk-Browser als universelles Werkzeug zum Retrieval zu benutzen und hier auf die angebotenen Standardmenüpunkte zuzugreifen oder Anfragen direkt an die skizzierten Metaklassen zu richten. Das Objekt *Smalltalk* (als einzige Instanz der Klasse *SystemDictionary*) bietet die Möglichkeit, direkten Zugriff auf alle Klassen des Systems und alle daran gebundenen Informationen zu erhalten. Abb. 6.14 verdeutlicht diese beiden Alternativen der Informationsbeschaffung.

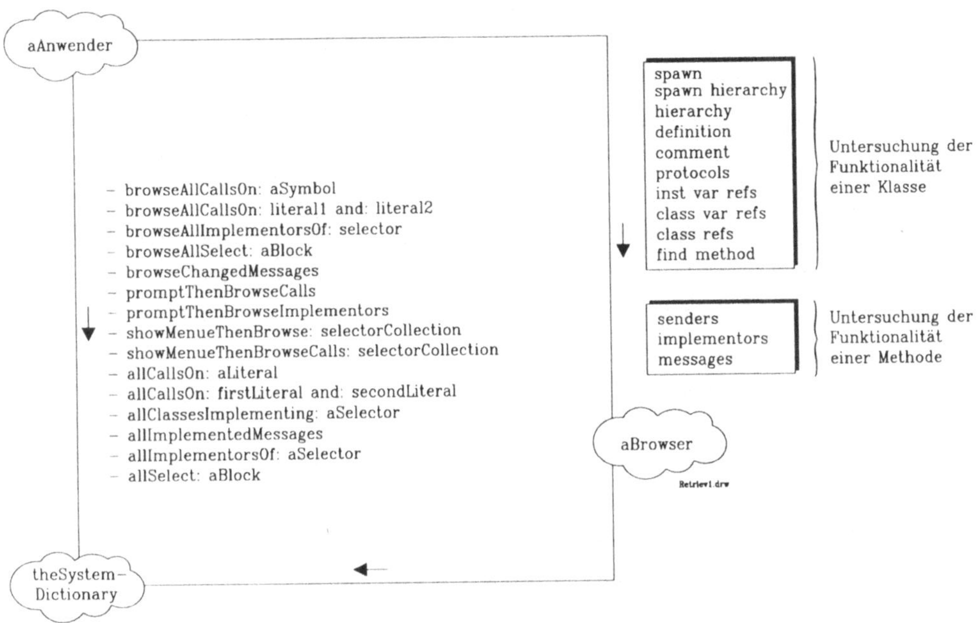

Abb. 6.14:   Retrievalmöglichkeiten innerhalb Objectworks\Smalltalk

Der Smalltalk-Browser bietet (in den Windows, in denen die Klassenkategorien, die Klassen, die Methodenkategorien sowie die Methoden jeder Klasse aufgelistet sind) folgende Menüpunkte zur Information über die Struktur und Funktionalität von Klassen bzw. Methoden an (vgl. Heß, Scheer 1992b, 196-197):

Funktionalität von Klassen:

❑ Darstellung der Zusammenfassung inhaltlich zusammengehörender Klassen zu Klassenkategorien

❑ Darstellung der Zusammenfassung inhaltlich zusammengehörender Methoden einer Klasse zu einer Methodenkategorie (*protocols*)

❑ Anzeige der Vererbungshierarchie (*hierarchy*)

❑ Anzeige der Definition von Klassen (*definition*)

❑ Anzeige von Zusatzinformationen zu Klassen (*comment*)

☐ Anzeige aller Instanzvariablen einer Klasse (*inst var refs*) (inklusive der von Superklassen geerbten); Message-Set-Browser[11] für alle Methoden, die auf eine dieser
Variablen zugreifen

☐ Anzeige aller Klassenvariablen einer Klasse (*classvar refs*) (inklusive der von
Superklassen geerbten); Message-Set-Browser für alle Methoden, die auf eine dieser
Variablen zugreifen

☐ Anzeige aller Methoden des Gesamtsystems, die eine ausgewählte Klasse
verwenden; Message-Set-Browser für diese Methoden (*class refs*)

☐ Anzeige aller Methoden einer Klasse (*find method*)

Funktionalität von Methoden:

☐ Anzeige des Quellcodes von Methoden

☐ Anzeige aller Methoden, in denen ein ausgewählter Methodenname verwendet wird;
Message-Set-Browser für diese Methoden (*senders*)

☐ Anzeige aller Methoden, die einen ausgewählten Methodennamen implementieren;
Message-Set-Browser für diese Methoden (*implementors*)

☐ Anzeige aller Methoden, die in einer ausgewählten Methode gesendet werden;
Message-Set-Browser für diese Methoden (*messages*)

Weiterhin ist es möglich, den Browser auf einzelne Klassenkategorien, Klassen, Methodenkategorien und Methoden bzw. auf einen Teilbaum der Vererbungshierarchie zu beschränken (*spawn*).

6.2.2.2.2 Verwaltung der Designergebnisse

Da die Grenze zwischen Design und Implementierung bei objektorientierter Entwicklung
recht schwer zu ziehen ist, können einige der Retrievalangebote des Smalltalk-Systems
durchaus schon auf der Designebene angesiedelt werden. Wie in Kapitel 6.2.2.1 gefordert,
ist es jedoch wünschenswert, dem Entwickler die Designergebnisse noch expliziter und
insbesondere programmiersprachenunabhängig zugänglich zu machen. Dies bedeutet auch,
daß eine graphische Darstellung des Komponentendesigns mit entsprechenden
Suchmöglichkeiten angeboten werden sollte. Im folgenden wird exemplarisch beschrieben,

---

[11] Der Message-Set-Browser ist eine Variante des System-Browsers von Objectworks\Smalltalk, die nicht
Zugriff auf alle Systeminformationen, sondern lediglich auf eine eingeschränkte Menge von Methoden
bietet.

wie dies bei Verwendung der Notation der Methode Object-Oriented Design (vgl. Kapitel 4.1.4) geschehen kann.

Auch der Verwaltung der Designergebnisse wird ein Metamodell zugrundegelegt (vgl. Abb. 6.15).

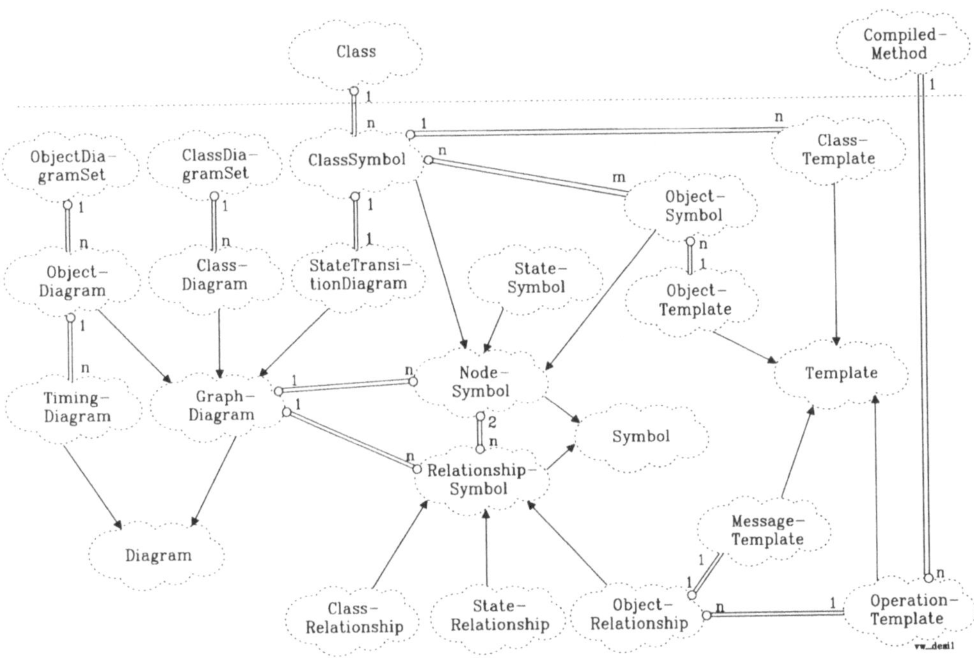

Abb. 6.15:   Metamodell zur Notation der Methode Object-Oriented Design

Das Metamodell berücksichtigt vier Arten von Diagrammen der Notation: Object-, Class-, State Transition- und Timing Diagram (Module- und Process Diagrams sind eher dem physikalischen Design zuzurechnen). Diese vier sind jeweils als Unterklasse der abstrakten Oberklasse *Diagram* definiert. Die Menge der Object- und Class Diagrams werden in eigenen Containerklassen (*ObjectDiagramSet, ClassDiagramSet*) verwaltet, wohingegen Timing Diagrams jeweils genau einem Object Diagram zugeordnet sind und auch State Transition Diagrams über Klassensymbole zu erreichen sind (1:1-Beziehung zur Klasse *ClassSymbol*). Mit Ausnahme der Timing Diagrams können die Diagramme als gerichtete Graphen verstanden werden, so daß sich eine Beschreibung durch eine Menge von Knoten (*NodeSymbol*) und die sie verbindenden Kanten (*RelationshipSymbol*) anbietet. Diese Klassen werden weiter in die verschiedenen Arten von Symbolen (*Class-, Object-, StateSymbol*), die in den verschiedenen Arten von Diagrammen auftauchen, spezialisiert.

Auch die der Notation eigenen Templates, in denen Zusatzinformationen in strukturierter Form abgelegt werden, finden sich in diesem Metamodell. So sind Class- und Object Templates über die zugehörigen Class- bzw. Object Symbols zugreifbar, Message- und Operation Template sind Instanzen der Klasse *ObjectRelationship* zugeordnet.

Instanzvariablen der Klasse *ClassSymbol*:

template (ClassTemplate)
stateTransitionDiagram (StateTransitionDiagram)
objects (Collection)
class (Class)

Instanzvariablen der Klasse *ObjectSymbol*:

classes (Collection)
template (ObjectTemplate)

Instanzvariablen der Klasse *NodeSymbol*:

diagram (GraphDiagram)
relationships (Collection)

Instanzvariablen der Klasse *RelationshipSymbol*:

startsymbol (NodeSymbol)
endsymbol (NodeSymbol)

Instanzvariablen der Klasse *GraphDiagram*:

nodes (Collection)
relationships (Collection)

Diese Struktur wird nun dazu genutzt, dem Entwickler eine graphische Darstellung des Designs der wiederzuverwendenden Komponenten zu präsentieren. Die selbständige Berechnung eines vernünftigen Layouts der Diagramme ist möglich, allerdings sehr zeitaufwendig. Eine Möglichkeit, die in diesem Fall vorzuziehen ist, besteht daher darin, alle Diagrammsymbole mit zusätzlichen Layoutinformationen auszustatten. Für den Komponentenentwickler bedeutet dies, nicht mehr nur den Programmcode der Bausteine abzuliefern, sondern die Software auch auf Designebene zu dokumentieren und dies in die Bausteinbibliothek einzustellen. Als Unterstützungswerkzeug hierzu kann man sich vorstellen, die Programmierumgebung hin zu einem Designeditor zu erweitern. Mit dessen Hilfe können die Diagramme der Designnotation erzeugt und modifiziert werden. Die Ergebnisse des Entwurfsprozesses werden als Ausprägungen des Metamodells inklusive der Layoutinformationen abgespeichert.

Dieses Vorgehen scheint nicht nur sinnvoll für eigene Komponentenentwicklungen, sondern kann auch ein erfolgversprechender Weg zum besseren Verständnis objektorientierter Standardbibliotheken oder kommerziell angebotener Frameworks sein. Komplexe Bibliotheken werden bisher in vielen Fällen nicht in vollem Umfang genutzt, da sie für den Anwendungsentwickler oftmals schwer zu durchschauen sind, und die Bedeutung vieler vordefinierter Spezialisierungen recht unzugänglich ist. Die nachträgliche Dokumentation der Bibliotheken mit Hilfe einer objektorientierten Designnotation (im Sinne eines Reverse Engineering) kann hier Abhilfe schaffen.

Die vorgestellte Metastruktur kann aber nicht nur Hilfestellung bei der graphischen Repräsentation der Komponenten leisten, sondern ist auch geeignet, die Retrievalmöglichkeiten auf die Designebene auszudehnen. Die normale Vorgehensweise beim Retrieval wird so aussehen, daß der Anwendungsentwickler sich zunächst einmal auf dieser noch implementierungsunabhängigen Ebene über das Angebot und die Struktur der Komponenten informiert. Basierend auf der Metastruktur können einige sinnvolle Querymöglichkeiten vordefiniert werden. Darüberhinaus hat der Entwickler jedoch die Möglichkeit, durch die Offenheit des Metamodells individuelle Retrievalfunktionalitäten hinzuzufügen, indem er neue Methoden bei den Klassen des Metamodells definiert. Abb. 6.16 stellt exemplarisch eine Menge sinnvoller Queries zur Unterstützung der Analyse der Struktur dar und zeigt den Nachrichtenfluß zur Beantwortung dieser Anfragen auf.

Die Menüpunkte können sich sowohl auf einzelne Diagramme als auch ihre Gesamtheit beziehen und erlauben das strukturierte Durchsuchen bzw. das Verfolgen von hypertextähnlichen Links zwischen Diagrammen. Folgende Fragestellungen sind z.B. von Interesse:

- Welche Klassen senden eine Nachricht an die Query-Klasse (*isUsedForImplementation*)?
- In welchen Class- und Object Diagrams kommt eine Klasse noch vor (*objectDiagrams, otherClassDiagrams*)?
- Wie sieht das zugehörige State Transition Diagram eines Objektes aus (*stateTransitionDiagram*)?
- Wie sehen Message- und Operation Template einer Nachricht aus (*messageTemplate, operationTemplate*)?

Die Offenheit des Metamodells geht nicht nur soweit, daß der Entwickler die Möglichkeit hat, eigene Methoden auf den vordefinierten Klassen zur Erweiterung der Retrievalmöglichkeiten zu spezifizieren, grundsätzlich sollte ihm auch die Freiheit gegeben werden, das Modell selbst um für ihn interessante Strukturen (z.B. zusätzliche Links zwischen Klassen,

Schlüsselwörter zur Unterstützung einer Klassifizierung) zu erweitern. Dies bedeutet, daß die Vorteile objektorientierter Entwicklung (Erweiterbarkeit, Änderbarkeit, vgl. Kapitel 3.2) auch auf die Metaebene übertragen werden können.

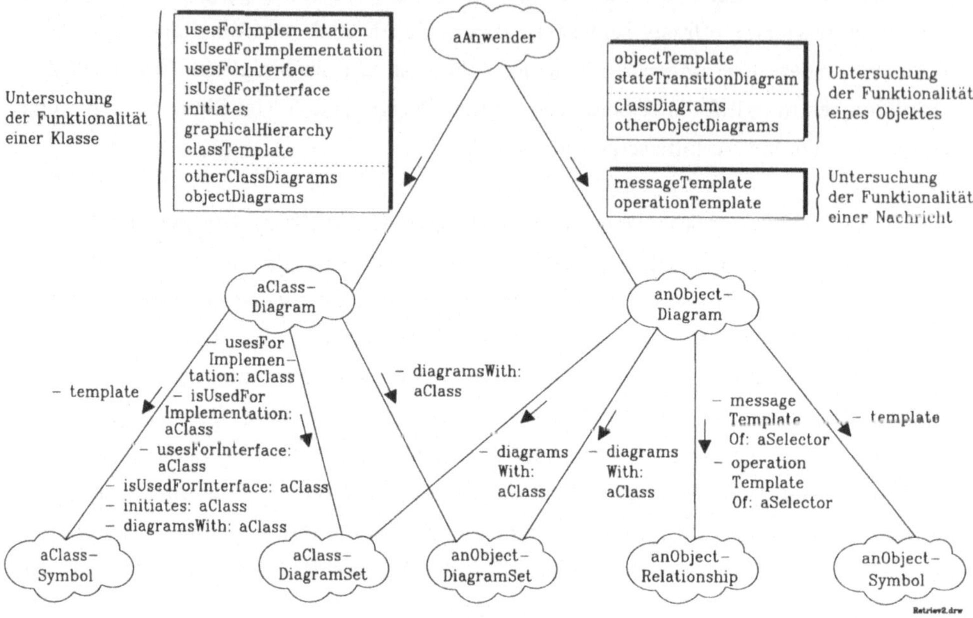

Abb. 6.16:   Retrievalmöglichkeiten auf Designebene

Der Forderung nach Unabhängigkeit kommt der vorgestellte Ansatz nach, da es grundsätzlich möglich ist, für jede Designnotation ein solches Metamodell zu erstellen. Wie der Zusammenhang zum Metamodell der Programmiersprache hergestellt werden kann, muß im Einzelfall entschieden werden; im gewählten Beispiel (vgl. Abb. 6.15) wurde dies durch die Verbindung zu den Klassen *Class* und *CompiledMethod* des Smalltalk-Metamodells realisiert. Diese Verbindungen sind auch die Schnittstellen, die eine Überprüfung der Konsistenz zwischen den Abstraktionsebenen bis zu einem gewissen Grad möglich machen. Das in Abb. 6.15 dargestellte Metamodell ist auf die Notation der Methode Object-Oriented Design ausgerichtet, es ist jedoch möglich, auch in diesem Punkt zu einer weiteren Verallgemeinerung zu kommen. Hierzu muß dieses Metamodell weiter abstrahiert und zu einem "objektorientierten Metamodell-Framework" erweitert werden, der es erlaubt, Metamodelle einer beliebigen (jedoch sinnvollen), objektorientierten Designnotation als Spezialisierung dieses Frameworks zu erhalten. Die Bildung der abstrakten Klassen *Diagram*, *Symbol* und *Template* sind ein Schritt in diese Richtung.

6.2.2.2.3 Implementierung des Verwaltungssystems

Die beschriebene Konzeption des Verwaltungssystems für wiederverwendbare Bausteine wurde innerhalb der Objectworks\Smalltalk-Entwicklungsumgebung realisiert, die damit eine wesentliche Erweiterung erfährt, um auch das Design von Komponenten einem Retrieval zugänglich zu machen. Mit dieser Integration sind alle in Kapitel 6.2.2.1 aufgestellten Anforderungen an die Verwaltung von Softwarebausteinen erfüllt.

Zwei miteinander verzahnte Teile des Systems sind zu unterscheiden: Zum einen resultierten die Entwicklungen in einem Autorensystem, das sich an den Komponentenentwickler richtet. Dieser hat über die normale Codierung mit Hilfe einer Programmiersprache hinaus die Möglichkeit, auch schon das Design innerhalb der Entwicklungsumgebung zu entwerfen. Hierzu wird ein Diagrammeditor für die ausgewählte Notation angeboten, der es erlaubt, die verschiedenen Diagrammformen in sehr effizienter Art und Weise zu erstellen sowie formale Konsistenzprüfungen durchzuführen. Darüberhinaus wird es dem Komponentenentwickler ermöglicht, zu jedem Diagramm eine Reihe weiterer textueller Informationen, die für den Anwendungsentwickler von Interesse sein können, abzulegen.

Der Anwendungsentwickler als eigentliche Zielgruppe des Verwaltungssystems erhält umfangreiche Unterstützung bei seinen Retrievalaktivitäten. Abb. 6.17 zeigt, daß die oberste Ebene der Benutzeroberfläche des Systems funktional gegliedert ist, da davon erwartet wird, daß es so dem Anwendungsentwickler leichter fällt, einen geeigneten Startpunkt für seine Retrievalsitzung zu finden. Zu jedem Icon ist ein Startdiagramm abgelegt, das vom Komponentenentwickler als optimaler Einstiegspunkt angesehen wird. Alle weiteren Diagramme, die dazu in inhaltlichem Zusammenhang stehen, sind über hypertextähnliche Links miteinander verbunden, so daß der Anwendungsentwickler die Möglichkeit hat, sich durch diese netzartige Struktur hindurch zu navigieren, um alle für ihn interessanten Diagramme und die damit beschriebenen Klassen kennenzulernen. Neben dieser Navigationsmöglichkeit existieren natürlich in jedem Diagramm Menüpunkte, die typische Fragestellungen, wie sie beim Retrieval auftauchen (und in Kapitel 6.2.2.2.2 veranschaulicht sind), beantworten helfen. Auch die Integration zwischen Design- und Implementierungsebene ist in hohem Maße vollzogen: Es besteht jederzeit die Möglichkeit, von einer in einem Diagramm auftauchenden Klasse implementierungsspezifische Informationen zu erhalten. Dies geschieht, indem z.B. ein Menüpunkt angestoßen wird, der ein neues Window öffnet, das einen Browser für die ausgewählte Klasse enthält und innerhalb dessen weitere Informationen, wie z.B. die programmiersprachenspezifische Definition der Klasse, erreicht werden können.

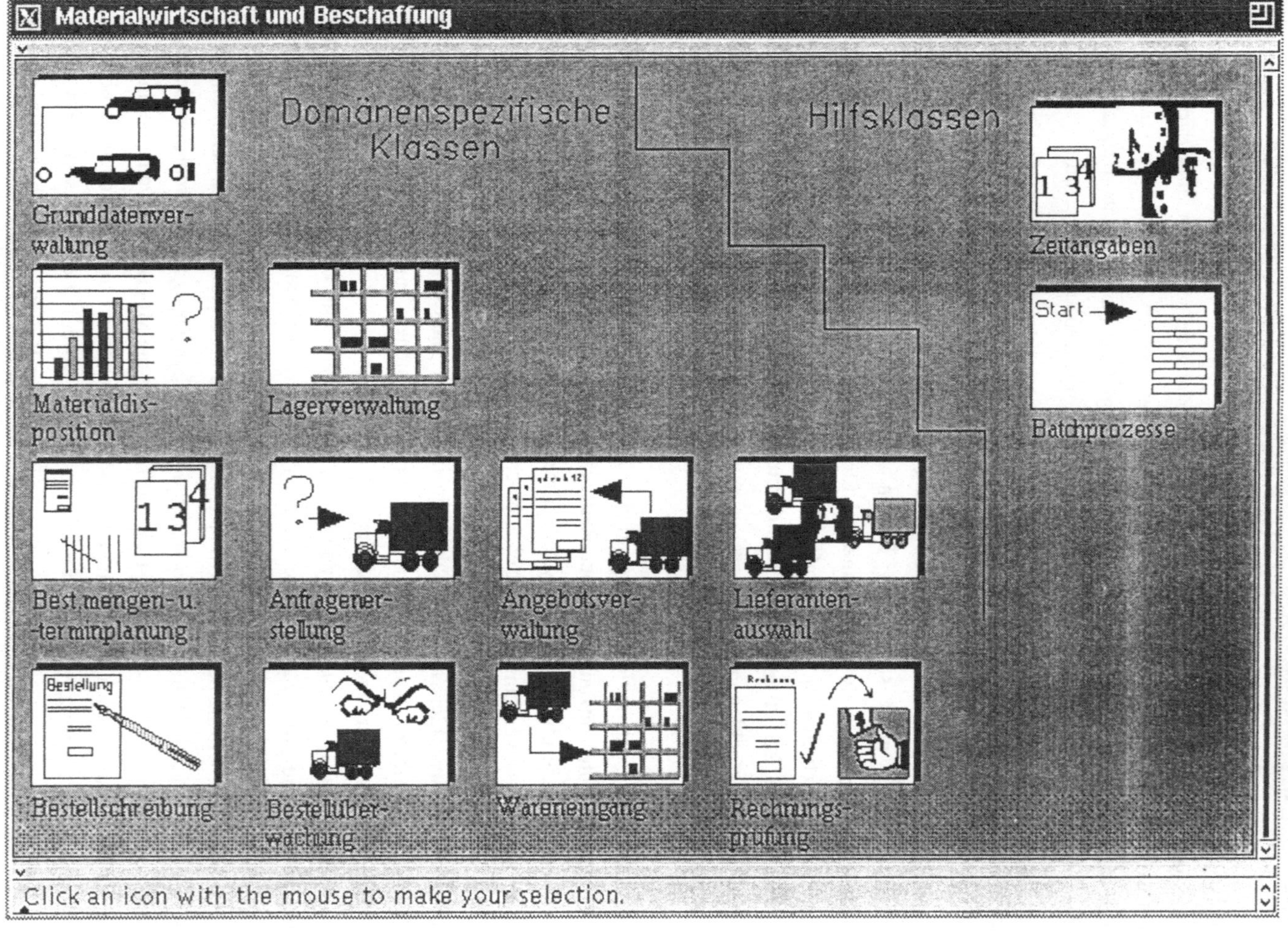

Abb. 6.17: Benutzeroberfläche des Verwaltungssystems

6.2.2.3   Evolution wiederverwendbarer Komponenten

Es kann nicht davon ausgegangen werden, daß objektorientierte Systeme in jedem Fall in der einmal entworfenen Form bis ans Ende ihrer Nutzung unverändert bleiben werden. Insbesondere für Komponenten, die mit der Zielsetzung der Wiederverwendung entwickelt werden, kann als sicher angenommen werden, daß die erste Version nicht schon eine perfekte Wiederverwendung unterstützt, da hier besondere Anforderungen bzgl. Allgemeinheit und Korrektheit erfüllt werden müssen. Spätestens die Einsatzerfahrungen der Anwendungsentwickler werden die noch bestehenden Schwachstellen aufzeigen.

Für den Komponentenentwickler ergibt sich aus dieser Überlegung allerdings der Wunsch, schon selbst eine Qualitätsbeurteilung seiner Ergebnisse durchzuführen und eventuelle Mängel zu beseitigen. Ein möglicher Weg hierzu ist die Beachtung der in Kapitel 4.2 aufgeführten Designregeln, die in Form von Heuristiken Gestaltungsrichtlinien für den objektorientierten Entwurfsprozeß vorgeben. Viele dieser Regeln sind jedoch so informell gehalten, daß es der persönlichen Einschätzung des Entwicklers obliegt, ihre Erfüllung festzustellen, und der Weg zur Beseitigung der Schwachstellen nicht in jedem Fall klar vorgezeichnet ist:

> "All these guidelines are of course very general. They provide no accurate criteria to drive the restructuring process: the software maintainer is left on his own to detect the situations warranting a reorganization of the hierarchy and the best way to accomplish it." (Casais 1990, 158)

Andererseits bieten einige der Vorschläge jedoch Ansatzmöglichkeiten zur Automatisierung der Qualitätsprüfung und einer sich u.U. anschließenden Reorganisation: Das in Kapitel 4.2 erläuterte "Law of Demeter" ist der Versuch, unnötige Kopplungen zwischen Klassen eines Systems zu beseitigen. Lieberherr, Holland, Riel geben einen Algorithmus (für eine der vorgeschlagenen Reorganisationstechniken) an, der es erlaubt, eine automatische Transformation eines objektorientierten Systems in eine (gemäß dieser Gestaltungsrichtlinie) legale Form vorzunehmen (vgl. Lieberherr, Holland, Riel 1988). Eine analoge Zielsetzung verfolgt Casais, der den Zeitpunkt des Einfügens einer neuen Klasse als optimalen Termin einer Reorganisation sieht (vgl. Casais 1990). Sein Algorithmus versucht, die anhand einer Unterklassenbildung erkennbaren Mängel einer Klassenhierarchie in einer dreistufigen Vorgehensweise zu beseitigen: Zunächst wird die ursprünglich einstufige Unterklassenbildung in verschiedene Phasen zerlegt, die die einzelnen logischen Überlegungen bei der Redefinition deutlich machen. In einem zweiten Schritt wird durch Einfügen neuer Klassen sichergestellt, daß nicht erwünschte Ober-/Unterklassenbeziehungen innerhalb der

Vererbungshierarchie beseitigt werden, um dann in einem abschließenden Säuberungslauf redundante Klassen wiederum aus dem Vererbungsgraphen zu entfernen.

Trotz der zweifellos vorhandenen Automatisierungsmöglichkeiten bleibt es offen, ob Komponentenentwickler bereit sein werden, ihre i.a. in langwierigen Diskussionen entstandenen Strukturen einem solchen, nicht in jedem Fall intuitiv leicht begreifbaren Reorganisationsprozeß zu unterwerfen.

Natürlich sind nicht nur die Komponenten-, sondern auch die Anwendungsentwickler von Modifikationen der zugrundegelegten, wiederverwendbaren Bausteine betroffen. Falls eine Applikation auf der Basis eines Frameworks bzw. eincr Klassenbibliothek entstanden ist, bedeuten Änderungen oder neue Versionen Anpassungsaufwand für den Anwendungsentwickler - vorausgesetzt, daß die neue Version überhaupt Berücksichtigung finden soll. Sollte eine Neucompilierung und ein Neustart der Applikation unumgänglich sein oder in Kauf genommen werden, ergeben sich keine großen Probleme der Inkonsistenz. Schwierigkeiten tauchen allerdings auf, wenn Objekte persistent verwaltet werden (z.B. innerhalb einer objektorientierten Datenbank), da diese dann u.U. nicht mehr mit der neuen Definition ihrer Klasse in Einklang stehen. Casais sieht drei Wege der Behandlung dieses Problems (vgl. Casais 1990, 182-183):

☐   Entweder wird sichergestellt, daß keine Änderungen an Klassen vorgenommen werden, zu denen persistente Instanzen existieren, oder

☐   Instanzen müssen in eine Darstellung transformiert werden, die konsistent zur neuen Definition der Klasse ist, wobei es gilt, einen Verlust an Informationen zu vermeiden, oder

☐   der Zugriff auf die Instanzen geschieht über eine spezielle Schnittstelle, die für die Konsistenz zur neuen Definition der Klasse sorgt.

Wie dieses Problem auch gelöst wird, es wird sich in der Praxis doch deutlich die Schwierigkeit zeigen, daß die Anwendungsentwickler ihre eigene Versionsverwaltung für die entwickelten Applikationen mit den Versionen, die die zugrundegelegten, wiederverwendbaren Komponenten durchlaufen, koordinieren müssen. Trotz der theoretischen Ansätze zur Lösung dieses Problems gilt es hier für jedes Unternehmen, Erfahrungen zu sammeln, welche Schwierigkeiten diese Synchronisationsaufgaben im Einzelfall mit sich bringen.

6.3 Modifikationen des Projektmanagements

Die vorangegangene Diskussion hat schon gezeigt, daß es bei weitem nicht ausreicht, wiederverwendbare Komponenten zur Verfügung zu stellen und auf deren Nutzung zu hoffen. Unter dem Oberbegriff des Projektmanagements - das natürlich in enger Verbindung zu der Aufbauorganisation und zugrundegelegten Lifecycle-Modellen steht - sollen weitere Aspekte untersucht werden, deren Ausgestaltung modifiziert werden muß, um der Ausrichtung auf Wiederverwendung gerecht zu werden. Neben geeigneten Modellen zur Aufwands- und Kostenschätzung ist von Interesse, wie die Bereitschaft zur Wiederverwendung bei den Entwicklern durch den Einsatz neuer Lohn- und Anreizsysteme auf der Basis modifizierter Produktivitätsbeurteilungen gefördert werden kann. Hierzu ist es wichtig, den von vielen Autoren definierten Qualitätsbegriff um das Kriterium der Wiederverwendbarkeit zu erweitern und insbesondere Möglichkeiten zur Operationalisierung dieses Merkmals aufzuzeigen. Nur wenn es gelingt, akzeptierbare Metriken in die Beurteilung der Wiederverwendbarkeit einzubringen, wird die notwendige Ausrichtung auf die geänderte Zielsetzung der Softwareentwicklung Erfolg versprechen.

6.3.1 Aufwands- und Kostenschätzung

Trotz des ständig steigenden Softwareanteils an EDV-Lösungen (vgl. Kapitel 1) werden zur Kalkulation auch umfangreicher Softwareprojekte häufig immer noch sehr primitive Verfahren eingesetzt. Im Gegensatz zur Produktion materieller Güter wird bei der Softwareentwicklung in vielen Fällen die Chance vergeben, im Hinblick auf die Personal- und Terminplanung sowie Investitionsentscheidungen aussagekräftige Planungsdaten zu erhalten:

> "Kein Hardwarehersteller könnte es sich z.B. auf Dauer leisten, seine Produktionskosten mit Hilfe eines einzigen Verrechnungssatzes auf der Basis der geschätzten Fertigungsstunden zu kalkulieren." (Knöll, Busse 1991, 14)

Der Begriff *Aufwand* soll dabei sehr allgemein verstanden werden, so daß der Abgrenzung nach Bons, van Megen gefolgt werden kann:

> "Zielgrößen der Aufwandsschätzung können Zeit- und Kostengrößen sein. Die Art der Zielgröße ist vom Zweck der Aufwandsschätzung abhängig. So wird zur Durchführung eines Projektes i.a. eine Kostengröße zu ermitteln sein, während zur Bereitstellung von Plangrößen primär Zeitgrößen bestimmt werden." (Bons, van Megen 1984, 26)

Es sind die Eigenschaften der Software selbst, die eine Genauigkeit der Prognoseverfahren erschweren und damit zu einer Abneigung führen, diesen Kapital- und Zeitaufwand zu leisten (vgl. Knöll, Busse 1991, 22): Zum einen macht es der hohe Innovationsgrad der Softwareentwicklung schwierig, Parallelen zu vergangenen Projekten zu ziehen und im Vergleich zu dem dort notwendigen Aufwand exakte Ergebnisse zu erhalten. Zum anderen sind die ursprünglichen Anforderungen an ein Softwareprodukt auch häufiger Veränderung unterworfen, so daß eine anfängliche Schätzung immer wieder revidiert werden muß. Hinzu kommt die Tatsache, daß sehr viele Eingangsparameter von Schätzverfahren beim Projektstart noch gar nicht verfügbar sind und häufig erst nach der Entwurfsphase oder noch später vorliegen.[12]

Um zu einem Verständnis der grundlegenden Methoden zur Aufwandsschätzung zu kommen, ist es sinnvoll, zunächst einmal die relevanten Einflußfaktoren auf die Kosten der Softwareentwicklung zu betrachten, da diese zu beachtenden Eingangsparametern entsprechen. Herrmann gibt eine Klassifizierung der Einflußfaktoren an und kommt zu folgender Zuordnung (vgl. Herrmann 1983, 139):

◻ Einflußfaktoren, die die Software beschreiben:
 Leistungsumfang, Komplexität, Qualität
◻ Einflußfaktoren, die den Entwicklungsprozeß beschreiben:
 Ablauforganisatorische Maßnahmen, Entwicklungsmethoden
◻ Einflußfaktoren, die die eingesetzten Ressourcen beschreiben:
 Qualität des eingesetzten Personals, Hardwareverfügbarkeit, Softwareverfügbarkeit

Das bekannte "Teufelsquadrat" von Sneed dagegen setzt die Kosten der Softwareentwicklung in Abhängigkeit zu den vier Größen Quantität, Qualität, Produktivität und Projektdauer. Die wesentliche Aussage liegt hier im engen Zusammenhang der verschiedenen Aspekte, so daß Verbesserungen bzgl. eines Merkmals stets zu Lasten anderer Kriterien gehen (vgl. Sneed 1987).

Die grundsätzliche Vorgehensweise aller Schätzverfahren sieht so aus, die aktuellen Ausprägungen als relevant erkannter Faktoren zu quantifizieren und aus diesen Größen einen Prognosewert abzuleiten. Eine wichtige Aufgabe besteht somit in der Definition

---

[12] Aufgrund der Schwierigkeiten, mit denen eine sehr frühe Aufwandsschätzung behaftet ist, differenzieren Bons, van Megen Aufwandsschätzungen nach den Zeitpunkten, zu denen sie durchgeführt werden: nach der Projektidee, nach dem fachlichen Grob-/Feinkonzept, nach dem DV-Grob-/Feinkonzept (DV-Entwurf) bzw. nach der Bereitstellung des Programmsystems (vgl. Bons, van Megen 1984, 25).

geeigneter Maßgrößen der verschiedenen Parameter. Im folgenden werden zunächst einige Methoden und Verfahren zur Aufwandsschätzung traditioneller Entwicklung vorgestellt, um dann zu zeigen, wie diese Aufgabe bei Berücksichtigung der Wiederverwendung von Software gelöst werden kann.

6.3.1.1 Traditionelle Methoden der Aufwands- und Kostenschätzung

Als Beispiele einer Vielzahl bekannter Methoden zur Aufwandsschätzung sollen die Analogie-, die Gewichtungsmethode sowie die Methode der Parametrischen Gleichungen vorgestellt werden, deren Grundideen sich oftmals auch in konkreten Verfahren wiederfinden. Des weiteren werden das Function-Point- und das COCOMO-Verfahren (COnstructive COst MOdel) exemplarisch erläutert.[13]

Die **Analogie-Methode** zählt zu den in der Praxis am häufigsten eingesetzten Vorgehensweisen und basiert auf einem Vergleich mit den Erfahrungen ähnlich gelagerter Projekte der Vergangenheit. Die aktuelle Entwicklung wird anhand einer Reihe von Ähnlichkeitskriterien bzw. Einflußfaktoren klassifiziert, um dann in einer wenig formalisierten Weise gleich komplexe Projekte der Vergangenheit zu identifizieren. Der Schätzvorgang beruht ausschließlich auf Erfahrungswerten und bedient sich Vergleichskriterien, wie z.B. Schwierigkeitsgrad des Projektes, Schnittstellen zu anderen Programmen, Anwendungsgebiet, Programmiersprache oder auch der Qualifikation der Projektmitarbeiter (vgl. Bons, van Megen 1984, 27; Stahlknecht 1983, 180).

Der Ansatz der **Gewichtungs-Methode** hat Eingang in viele andere Verfahren zur Aufwandsschätzung gefunden. Hier werden objektive (z.B. Art der Eingabe) und subjektive Einflußfaktoren (z.B. Komplexität der Prüfungen) für das aktuelle Projekt bewertet. Der Prognosewert ergibt sich dann aus einer Addition dieser Beurteilungen, wobei die dazu notwendigen Gewichtungsfaktoren entweder der Literatur entnommen werden können oder unternehmensspezifisch ermittelt wurden. Als Einsatzzeitpunkt der Gewichtungs-Methode ergibt sich vornehmlich die Phase des Grob- und Feinentwurfs, da die benötigten Informationen i.a. zu einem sehr frühen Entwicklungszeitpunkt nicht verfügbar sind (vgl. Bons, van Megen 1984, 27-28).

---

[13] Neben den näher dargestellten Methoden und Verfahren sind eine Reihe weiterer Methoden im Einsatz bzw. in der Literatur beschrieben, wie z.B. Multiplikator-Methode, Prozentsatz-Methode, Relations-Methode; Noth, Kretzschmar geben eine Übersicht über weitere Verfahren sowie die ihnen zugrundeliegenden Methoden, ihren Einsatzpunkt und die berücksichtigten Einflußgrößen (vgl. Noth, Kretzschmar 1986).

Grundlage der Anwendung der **Methode der Parametrischen Gleichungen** ist die Durchführung von Korrelationsanalysen, um die aussagekräftigsten Einflußfaktoren auf den notwendigen Aufwand eines Projektes zu ermitteln. Es gilt dann, eine Gleichung aufzustellen, in der der zu bestimmende Aufwand in Abhängigkeit dieser Faktoren (die durch Koeffizienten gewichtet werden) dargestellt wird:

z.B. Aufwand $= 10{,}75 + 2{,}3 * X_1 - 4{,}6 * X_2 + 14{,}7 * X_3 + 5{,}3 * X_4$

Der gesuchte Aufwand ergibt sich dann im konkreten Fall durch Einsetzen der aktuellen Ausprägungen in diese Gleichung. Es ist klar, daß eine solche Abhängigkeit unternehmensspezifisch bestimmt werden sollte, und daß die Güte der Schätzung stark davon abhängt, welcher Aufwand bei der Bestimmung der Einflußfaktoren getrieben wurde. Hierzu kann eine umfangreiche Datensammlung und -auswertung erforderlich sein (vgl. Knöll, Busse 1991, 38; Bons, van Megen 1984, 29-30).

Als Beispiele für Verfahren (die nach Knöll, Busse sehr viel konkreter als Methoden einen festdefinierten Weg zur Lösung eines bestimmten Problems beschreiben (vgl. Knöll, Busse 1991, 18)) sollen Function-Point und COCOMO vorgestellt werden, da diese alle wesentlichen Einflußfaktoren der Softwareentwicklung (Quantität, Qualität, Projektdauer, Produktivität) berücksichtigen (vgl. Noth, Kretzschmar 1986).

Das **Function-Point-Verfahren** wurde 1979 von Albrecht bei IBM entwickelt und wird seit 1981 auch in Deutschland eingesetzt (vgl. Albrecht, Gaffney 1983). Der Grundgedanke besteht darin, den Aufwand zur Realisierung eines Systems vom Schwierigkeitsgrad und Umfang des Projektes abhängig zu machen. Diese Aspekte spiegeln sich in den voraussichtlich zu implementierenden Anweisungen wider. Das zu entwickelnde System wird dazu nach fünf Funktionstypen beurteilt: Komplexität der Dateneingabe, der Datenausgabe, der Pflege von Datenbeständen, der Realisierung von Datenabfragen sowie von Referenzdateien, die zur Bereitstellung von Zusatzinformationen benötigt werden. Für die verschiedenen Funktionstypen wird der zu realisierende Umfang durch Zählen der benötigten Datenein- und -ausgaben, der zu pflegenden Datenbestände, der Online-Abfragen und der zu pflegenden Tabellen und Read-Only-Dateien bestimmt. Die auftretenden Funktionstypen werden weiterhin nach ihrem Schwierigkeitsgrad als leicht, mittel oder komplex eingestuft, wobei diesen drei Ausprägungen Gewichtungsfaktoren (zwischen 3 und 15) zugeordnet sind, die jeweils mit dem zuvor ermittelten Umfang multipliziert werden. Die resultierende Summe (Function Points) ist noch nicht das Endergebnis, da weitere generelle Einschätzungen berücksichtigt werden sollen: Sieben Faktoren (bzw. 14 wie ursprünglich von Albrecht definiert), die die Anwendung als Ganzes gesehen betreffen (z.B. Verflechtung mit anderen

Verfahren, Transaktionsrate, Absicht der Wiederverwendung der Programme in anderen Anwendungen), werden (jeweils mit einem Wert zwischen 0 und 5 (mit Ausnahme eines Faktors, für den eine größere Spanne vorgesehen ist)) quantifiziert. Die Summe dieser Einflußfaktoren (Degree of Influence) ergibt einen prozentualen Zu- oder Abschlag auf die vorher ermittelte Summe der Function Points. Diese ermittelte Kennzahl muß letztendlich noch unternehmensspezifisch interpretiert werden, in dem sie ins Verhältnis gesetzt wird zu Function-Point-Kennzahlen vergangener Projekte (die im Rahmen einer Nachkalkulation ermittelt wurden) (vgl. Seibt 1987; Low, Jeffery 1990; Knöll, Busse 1991, 45-68). Als besonderer Vorteil folgt aus der Vorgehensweise des Function-Point-Verfahrens, daß eine Schätzung bereits zu einem sehr frühen Zeitpunkt möglich wird. Trotz der schon umfangreichen Berücksichtigung zahlreicher Einflußfaktoren ergibt sich die Möglichkeit, das Verfahren individuell um zusätzliche Faktoren zu erweitern.[14]

Eine Schwierigkeit bei der Übertragung des Function-Point-Verfahrens auf objektorientierte Entwicklung liegt darin, daß die Entscheidungen über die konkrete Form von Datenstrukturen aufgrund des Geheimhaltungsprinzips der Klassen und Objekte in der Regel erst sehr spät innerhalb des Entwicklungsprozesses getroffen wird, so daß es problematisch ist, frühzeitig aus den Charakteristika der einzelnen Funktionstypen die Function Points abzuleiten. Zum anderen ist nicht klar, wie bestimmte Features objektorientierter Entwicklung, so z.B. generische Bausteine, berücksichtigt werden sollen, die die eigentlichen Ausgangswerte des Function-Point-Verfahrens, wie z.B. die Komplexität des Input-Output-Verhaltens, als ziemlich irrelevant erscheinen lassen (vgl. Rains 1991).

Mit Hilfe empirischer Untersuchungen wurde im Rahmen des **COCOMO-Verfahrens** versucht, einen Zusammenhang zwischen der Größe eines Systems (gemessen in Anzahl der Anweisungen) und dem dazu benötigten Zeitaufwand (gemessen in Mitarbeiter-Monaten) aufzustellen (vgl. Boehm 1981, 57-73):

$$MM = a * KDSI^b$$

mit:	MM -	Mitarbeitermonate
	a -	Komplexitätskoeffizient
	b -	Komplexitätsexponent
	KDSI -	Geschätzte Anzahl der Verarbeitungs- und Beschreibungsanweisungen in Tausend (Kilo of Delivered Source Instructions)

---

[14] Oriolo erweitert das Function-Point-Verfahren hin zur Object-Point-Methode, um eine Differenzierung nach der Entwicklungsumgebung des Projektes zuzulassen und unterscheidet nach 3GL-, 4GL- und CASE-Umgebungen (vgl. Oriolo 1990).

Für die Größen a und b gibt Boehm empirisch ermittelte Werte an, die nach der Art des zu entwickelnden Systems differenziert sind (vgl. Boehm 1981, 75):

Für einzelne Systeme (Organic Mode):	a	=	2,4
	b	=	1,05
Für halbintegrierte Systeme (Semidetached Mode):	a	=	3,0
	b	=	1,12
Für integrierte Systeme (Embedded Mode):	a	=	3,6
	b	=	1,20

Später wurde diese Formel erweitert, um einen Qualitäts- und Produktivitätsfaktor miteinzubeziehen (vgl. Knöll, Busse 1991, 68):

$$MM = a * (KDSI * Qual * Prod)^b$$

mit:

Qual	-	Qualitätsfaktor
Prod	-	Produktivitätsfaktor

Als Produktivitäts- und Qualitätsfaktoren können die Ergebnisse der Arbeiten von Sneed verwendet werden, der diese Kriterien in eine Reihe von Unterkriterien unterteilt und diesen je nach Ausprägung entsprechende Faktoren (zwischen 0,8 und 1,5) zuordnet (vgl. Sneed 1987).

6.3.1.2 Aufwands- und Kostenschätzung unter Berücksichtigung der Wiederverwendung von Software

Es ist offensichtlich, daß die vorgestellten Modelle zur Aufwandsschätzung keine vernünftigen Ergebnisse mehr liefern, wenn die Entwicklung des angestrebten Produktes nicht in jedem Fall bei Null ansetzt, sondern u.U. auf wiederverwendbare Bausteine zurückgegriffen wird. Dieser Aspekt sollte in die Methoden und Verfahren einfließen, da von der Wiederverwendung eine deutliche Produktivitätssteigerung der Anwendungsentwicklung erwartet wird. Ott sieht einige Schwierigkeiten bei der Lösung dieses Prognoseproblems:

"Das Problem liegt hierbei darin, daß der Änderungsaufwand wesentlich schwerer abschätzbar ist als der Aufwand zur Neuprogrammierung; es existieren keine etablierten Aufwandschätz-Methoden wie bei der Neuentwicklung... systematische Wiederverwendung ist noch nicht so etabliert als daß solche Erfahrungswerte existieren könnten. Weiterhin ist der Aufwand für die Modifikation vorhandener Lösungen nicht nur von den neuen Anforderungen abhängig (wie bei der

Neuentwicklung), sondern von der Qualität, Verständlichkeit und Brauchbarkeit der vorhandenen Lösung... Dieses Problem der asynchronen Schätzbarkeit (Neuentwicklung: gut schätzbar; Wiederverwendbarkeit: schlecht schätzbar) führt auch dazu, daß der Aufwand für Wiederverwendbarkeit im Vergleich eher überschätzt wird, was die Bereitschaft zur Wiederverwendung herabsetzt." (Ott 1991, 77-78)

Zum anderen muß in den Modellen zur Kostenabschätzung beachtet werden, daß die Entwicklung einer Komponente mit dem Ziel der Wiederverwendbarkeit deutlich höheren Aufwand erfordert, da die damit einhergehenden Qualitäts- und Allgemeinheitsanforderungen berücksichtigt werden müssen. Ebenso wie für die Komponenten- und Anwendungsentwicklung unterschiedliche Organisationsformen vorgeschlagen wurden, so erscheint es auch hier nötig, für die Aufwands- und Kostenschätzung dieser beiden Entwicklungsaufgaben vollkommen unterschiedliche Modelle zu verwenden.

Balda, Gustafson versuchen dennoch, als Weiterentwicklung des COCOMO-Modells eine Formel zu entwickeln, die sowohl die Entwicklung als auch die Verwendung wiederverwendbarer Komponenten umfaßt (vgl. Balda, Gustafson 1990). Balda, Gustafson modifizieren die allgemeine Ausgangsformel des COCOMO-Verfahrens,

$$MM = a * KDSI^b,$$

um die verschiedenen Arten des Umgangs mit wiederverwendbarem Code - sowohl Entwicklung als auch Verwendung - zu erfassen:

$$MM = a_1 * N_1^b + a_2 * N_2^b + a_3 * N_3^b + a_4 * N_4^b$$

mit: MM, a_i, b analog zum COCOMO-Verfahren

N_1	-	KDSI einmalig entwickelten Codes
N_2	-	KDSI wiederverwendbar entwickelten Codes
N_3	-	KDSI unverändert wiederverwendeten Codes
N_4	-	KDSI verändert wiederverwendeten Codes

Weiterhin wird versucht, die recht komplexe, auf viele Eingangsparameter zurückgreifende Formel zu vereinfachen. So wird die Annahme getroffen, daß die Kosten für unverändert bzw. verändert wiederverwendeten Codes zusammengefaßt und somit N_3 und N_4 unter N_3 subsumiert werden können. Die Frage nach der Bestimmung der Komplexitätsfaktoren a_i wird empirisch angegangen: Hier zeigt sich, daß der Aufwand zur Erstellung wiederverwendbaren Codes 20fach höher gegenüber dem Aufwand zur Wiederverwendung von Code ist (vgl. Card et al. 1986).

$$a_2 \quad = \quad 20 * a_3$$

Die Variable c wird benutzt, um das Verhältnis des Aufwands der einmaligen Entwicklung einer Komponente gegenüber der Verwendung einer Komponente zu beschreiben. In die Berechnung von c fließt das empirische Ergebnis ein, daß die Entwicklung einer wiederverwendbaren Komponente sich erst ab der dritten Wiederverwendung gegenüber einer Neuentwicklung auszahlt.

$$a_3 \quad = \quad c * a_1$$
$$a_2 \quad = \quad 20 * c * a_1$$

Die Untersuchung zweier Fälle führt zur genaueren Bestimmung von c:

- Falls eine wiederverwendbare Komponente in einem Projekt entwickelt, aber nur zweimal wiederverwendet wird, ist eine jeweilige (also dreifache) Neuentwicklung kostengünstiger:

$$3 * a_1 \quad < \quad a_2 + 2 * a_3$$
$$3 * a_1 \quad < \quad 20 * c * a_1 + 2 * c * a_1$$
$$3 * a_1 \quad < \quad 22 * c * a_1$$
$$c \quad > \quad 0,1364$$

Falls eine weitere Wiederverwendung zustande kommt, wird eine ständige Neuentwicklung teurer:

$$4 * a_1 \quad > \quad 23 * c * a_1$$
$$c \quad < \quad 0,1739$$

- Auch wenn die wiederverwendbare Komponente bereits vorliegt, ist bei nur zweimaliger Benutzung die Neuentwicklung vorzuziehen:

$$2 * a_1 \quad < \quad 22 * c * a_1$$
$$c \quad > \quad 0,0909$$

Erst die dritte Wiederverwendung bringt eine Senkung der Kosten:

$$3 * a_1 > 23 * c * a_1$$
$$c < 0{,}1304$$

Insgesamt gilt somit:

$$0.0909 < c < 0{,}1739 \quad \text{bzw.} \quad 1{,}818 < 20 * c < 3{,}478$$

Es folgt daraus, daß der Aufwand zur Entwicklung einer wiederverwendbaren Komponente sich gegenüber dem Aufwand einer Entwicklung ohne Berücksichtigung der Wiederverwendung um den Faktor 1,818 bis 3,478 vergrößert. Die obige Formel läßt sich unter Einsetzung der getroffenen Annahmen vereinfachen zu:

$$MM = a * N_1^b + 20 * c * a * N_2^b + c * a * N_3^b,$$

wobei die Werte für a und b aus der Formel des COCOMO-Grundmodells übernommen werden können.[15]

Als Kritikpunkte an diesem Vorgehen von Balda, Gustafson sind anzumerken, daß die Formel zum einen auf einer recht groben Vereinfachung der Zusammenhänge basiert, da die wesentlichen Schlußfolgerungen allein aus den Ergebnissen einiger empirischer Erhebungen gezogen werden, wobei die Frage gestellt werden muß, ob die dabei erkannten Zusammenhänge in jedem Fall zutreffen. Zum anderen geht (wie beim COCOMO-Verfahren auch) eine Abschätzung der *Lines-of-Code* als Parameter in die Formel ein, was aufgrund der allgemein anerkannten Unzulänglichkeit dieser Maßgröße zu sehr großen Ungenauigkeiten führen wird. Booch unterstreicht diese Einschätzung:

> "Perhaps the most dreadful way a mananger can measure progress is by measuring the lines of code produced. The number of line feeds in a fragment of source code has absolutely no correlation to its completeness or complexity." (Booch 1991, 208-209)

---

[15] Balda, Gustafson geben darüber hinaus weitere Modifikationen der Formel des COCOMO-Modells an, die die Abhängigkeit zwischen Aufwand (gemessen in Mitarbeiter-Monaten) und Umfang des Quellcodes bei evolutionärer Entwicklung beschreiben (vgl. Balda, Gustafson 1990, 47-49).

Insbesondere ein Verallgemeinerungsvorgang, der u.U. zu einer Verringerung der Codegröße führen kann, ist mit der Messung der Programmzeilenanzahl überhaupt nicht zu bewerten (vgl. Meyer 1990c, 79).

Die spezifische Form der Wiederverwendung, wie sie bei objektorientierter Entwicklung auftaucht - insbesondere der in der vorliegenden Untersuchung beschrittene Weg der Ableitung einer Applikation aus einem abstrakten Framework - findet in dem Modell von Balda, Gustafson keine explizite Berücksichtigung. Eine Möglichkeit der Abschätzung des Aufwands einer solchen Vorgehensweise soll nun beschrieben werden:

Ausgangspunkt ist die sehr allgemeine Gleichung von Endres, der - geplante Wiederverwendung vorausgesetzt - die Kosten der Wiederverwendung K_W als die Summe aus den aufgeteilten Kosten der Verallgemeinerung einer Komponente K_G und den Kosten zur Anpassung K_A ansetzt (n bezeichnet dabei die Häufigkeit der Verwendung einer Komponente):

$$K_W = (K_G / n) + K_A \quad \text{(vgl. Endres 1988, 87)}$$

Da der Aufwand zum Verständnis eines Frameworks schon bei durchschnittlicher Komplexität nicht zu vernachlässigen ist, sollen diese Kosten K_V mitaufgenommen werden.

$$K_W = (K_G / n) + K_A + K_V$$

Dieser Kostenanteil K_V ist sowohl framework- als auch mitarbeiterspezifisch und hängt davon ab, wieviel Erfahrung im Umgang mit diesem Framework vorauszusetzen ist. Der Framework, auf dessen Grundlage die Entwicklung stattfinden soll, sei vorgegeben. Eine Möglichkeit, die Komplexität eines Frameworks auszudrücken, besteht darin, die Anzahl der Klassen sowie die Anzahl der Methoden und Variablen jeder Klasse aufzusummieren:

$$K_V = KF * (a * \text{Anzahl der Klassen des Frameworks} + b * \text{Anzahl der Methoden des Frameworks} + c * \text{Anzahl der Instanz- und Klassenvariablen des Frameworks})$$

mit: KF - Kostenfaktor, der charakteristisch für die Erfahrung der Anwendungsentwickler mit diesem Framework ist

a, b, c - Gewichtungsfaktoren, die empirisch zu bestimmen sind

Es ist augenscheinlich, daß mit dieser Bestimmungsgleichung eine grobe Richtzahl gegeben ist, die im Einzelfall durchaus um eventuell relevante, weitere Faktoren, wie z.B. die Komplexität des Zusammenhangs der Klassen untereinander, ergänzt werden kann.

Die interessante Frage besteht nun aber darin, wie der Kostenanteil K_A, der den Aufwand zur Ableitung der gewünschten Applikation A aus dem vorliegenden Framework F kennzeichnet, näher bestimmt werden kann. Es soll dabei vorausgesetzt werden, daß Klassen des Frameworks oder einer Klassenbibliothek nicht direkt abgeändert bzw. überschrieben werden, sondern eine gewünschte Modifikation stets durch Unterklassenbildung geschieht. Eine Anpassung ist ja nur deshalb überhaupt noch nötig, da der Framework bzgl. einiger Aspekte die Anforderungen des Benutzers an die Anwendung noch nicht vollständig erfüllt. Dies kann darin begründet liegen, daß der Framework an einigen Stellen noch zu abstrakt spezifiziert ist, Funktionalitäten nicht in der gewünschten Art und Weise abbildet oder auch nun relevante Sonderfälle nicht berücksichtigt. Die Kosten, die zur Realisierung der Anwendung aufzuwenden sind, haben sehr wenig mit der Komplexität der Anwendung selbst zu tun, sondern hängen im wesentlichen von der Differenz zwischen der Funktionalität des Frameworks und der Anwendung ab. Es ist also notwendig, diese Unterschiedlichkeiten als Kostenbestimmungsfaktoren in das Modell einzubringen. Diese inhaltliche Differenz soll nicht als ein globaler Wert Eingang finden, vielmehr wird nach verschiedenen Aspekten der Erweiterung und Änderung differenziert.

$$K_A = f_1 * [Asp_1 (F - A)] +$$
$$... +$$
$$f_k * [Asp_k (F - A)]$$

$Asp_j (F - A)$ $(j = 1, ..., k)$ ist dabei eine Funktion zur Quantifizierung der Unterschiedlichkeit zwischen Framework und gewünschter Applikation bzgl. des Aspektes j. Die relevanten Aspekte sind dabei frameworkspezifisch zu bestimmen und sollten sich jeweils auf einzelne Cluster der Klassenstruktur beziehen. Die Gewichtungsfaktoren f_1, ..., f_k machen es möglich, die unterschiedlichen Schwierigkeitsgrade der einzelnen Aspekte zu berücksichtigen (so könnte es am Beispiel des in Kapitel 5 vorgestellten Frameworks wünschenswert sein, eine Erweiterung der Benutzerschnittstelle als recht schwierig, eine Erweiterung um eine neue Stücklistenform als einfach zu charakterisieren).

Es stellt sich die Frage, wie die Funktion $Asp_j (F - A)$ genauer bestimmt werden kann. Hierzu sind die Aktivitäten zu untersuchen, die bei der Ableitung einer Anwendung aus einem Framework anfallen (vgl. Kapitel 5.5). Es bietet sich an, die Komplexität dieser Aktivitäten quantitativ auszudrücken, so daß sich folgende Berechnung ergibt:

$$\text{Asp}_j \, (\text{F - A}) \quad = \qquad \text{(k * Anzahl neu zu definierender Klassen} \qquad +$$
$$\text{m * Anzahl neu zu definierender Methoden} \qquad +$$
$$\text{v * Anzahl neu zu definierender Variablen} \qquad +$$
$$\text{ü * Anzahl zu überschreibender Methoden} \qquad +$$
$$\text{o * Anzahl neu zu erzeugender Objekte)}$$

Die Faktoren k, m, v, ü, o dienen zur Widerspiegelung der Tatsache, daß der Aufwand für die einzelnen Aktivitäten nicht als gleichrangig angesehen werden kann - sie sollten allgemein bestimmt werden können. Aufgrund der möglichen engen Beziehung zwischen objektorientierter Analyse und Design ist es realistisch, anzunehmen, daß die in die Bestimmungsgleichung eingehenden Parameter, die die Komplexität des Änderungsaufwands erfassen, schon zu einem recht frühen Zeitpunkt der Entwicklung bestimmbar sind.

Das vorgestellte Modell wurde bisher noch nicht in der Praxis eingesetzt, es erscheint allerdings als erfolgversprechend, da damit zum ersten Mal der spezifische Vorgang der Ableitung einer gewünschten Applikation aus einem abstrakten Framework quantifizierbar gemacht wird.

Was die Komponentenentwicklung angeht, so fand bisher der Gesichtspunkt der Wiederverwendbarkeit lediglich (mit Ausnahme der Formel von Balda, Gustafson) beim Function-Point-Verfahren Erwähnung: Einer der Einflußfaktoren (ursprünglich Faktor 10 in der Auflistung nach Albrecht, nun Faktor 5 im modifizierten Modell), deren Bewertung den *Degree of Influence* bestimmt, fragt danach, ob das zu entwickelnde System für eine Wiederverwendung in anderen Anwendungen vorgesehen ist. Je nach dem sich hieraus ergebenden Prozentanteil wird dieser Faktor mit einem Wert zwischen 0 und 5 belegt (bis 10%: 0, 10-20%: 1, ... , über 50%: 5) (vgl. Knöll, Busse 1991, 52). So lobenswert dieser Versuch ist, so ist doch offenbar, daß eine Berücksichtigung in dieser Form - einer von 7 bzw. 14 Faktoren, die dazu noch lediglich verwendet werden, um die ermittelte Summe der Function Points zu relativieren - zu gering ist und der Bedeutung der Ausrichtung einer Komponente auf Wiederverwendbarkeit, wie sie hier verstanden wird, bei weitem nicht gerecht wird.

Eine andere Möglichkeit zur Abschätzung des Aufwands einer Komponenten- bzw. Frameworkentwicklung besteht darin - wenn die in die Formel von Balda, Gustafson eingehende *Lines-of-Code*-Abschätzung vermieden werden soll - den aus dieser Abschätzung stammenden Faktor (zwischen 1,818 und 3,478), der das Verhältnis des

Aufwands der Entwicklung einer wiederverwendbaren Komponente gegenüber einer Entwicklung ohne Berücksichtigung der Wiederverwendung beschreibt (Endres gibt statt dessen einen Mehraufwand von 30 - 70% an (vgl. Endres 1989, 13)), zu übernehmen und in traditionelle Kostenschätzungsmodelle einzusetzen. Dies bedeutet, daß der Aufwand zur Erstellung einer wiederverwendbaren Komponente zunächst einmal mit Hilfe eines traditionellen Vorgehens (siehe Kapitel 6.3.1.1) abgeschätzt wird und dann der Gesichtspunkt der Wiederverwendbarkeit einfach durch Multiplikation des erzielten Ergebnisses mit obigem Faktor berücksichtigt wird.

Bei der Verteilung der ermittelten Kosten auf die verschiedenen Phasen der Entwicklung ergibt sich bei objektorientierter Entwicklung gegenüber traditioneller Entwicklung eine deutliche Veränderung. Eine signifikante Verschiebung wird sich i.a. von den späten Phasen Codierung, Test und Integration hin zum Design des Systems zeigen, da durch die inkrementelle Vorgehensweise eine eigentliche Integrationsphase immer mehr verschwindet und auch Testaktivitäten durch das Ableiten des Produkts aus erprobten Klassen reduziert werden können. Booch zeigt die Veränderung der Ressourcenverteilung gegenüber einer traditionellen, sich am Wasserfall-Modell orientierenden Entwicklung auf (vgl. Abb. 6.18):

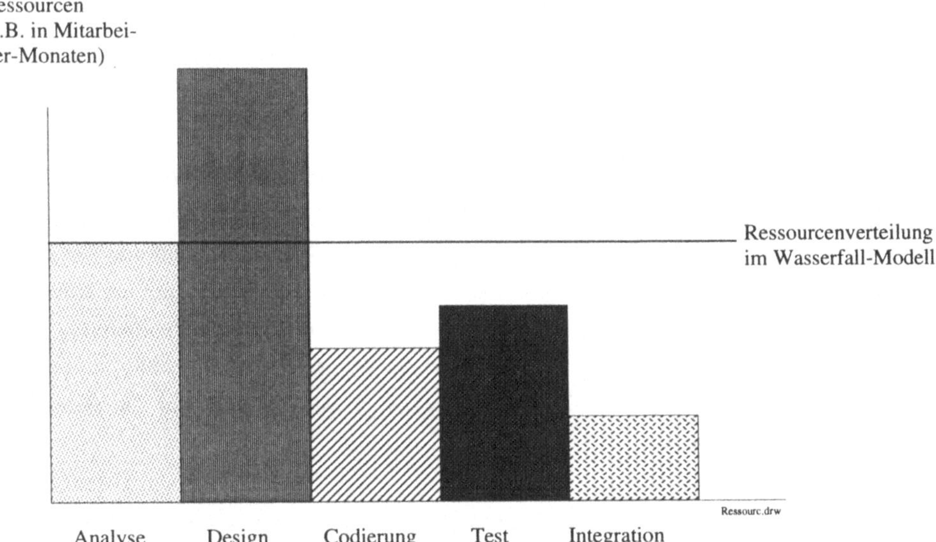

Abb. 6.18: Vergleich der Ressourcenverteilung bei objektorientierter und traditioneller Entwicklung (Quelle: Booch 1991, 207)

6.3.2 Lohn- und Anreizsysteme auf der Basis modifizierter Produktivitätsmaße

Zu den in Kapitel 2 identifizierten Problemen bei der Realisierung der Wiederverwendung von Software zählten auch einige Schwierigkeiten, die dem persönlichen Umfeld der an der Entwicklung beteiligten Mitarbeiter zuzurechnen sind. Diese lassen sich (auf Basis der in Kapitel 6.1.2 geforderten Trennung in Anwendungs- und Komponentenentwicklung) in folgenden Fragestellungen zusammenfassen:

❒ Wie können Anwendungsentwickler dazu angehalten werden, wirklich auf wiederverwendbare Komponenten zurückzugreifen?

❒ Wie können Komponentenentwickler motiviert werden, Bausteine bzw. Frameworks zu entwickeln, die so allgemein zu verwenden und qualitativ hochwertig sind, daß sie einen wertvollen Beitrag zur Anwendungsentwicklung leisten können?

Die Probleme bei der Realisierung der ersten Zielsetzung rühren zum einen daher, daß die Neuentwicklung in den meisten Fällen als kreativer Akt verstanden wird, der mit vielen Freiheiten verbunden ist, die durch den Zwang zur Wiederverwendung eingeschränkt werden:

> "Statt den Programmierer, nachdem die grundsätzliche Entwurfsarbeit gemacht ist, dann das machen zu lassen, was er gerne tut, nämlich Algorithmen zu codieren, wird erwartet, daß er sich umsieht, ob nicht jemand anderes dieses Problem bereits gelöst hat." (Endres 1989, 12)

Neben dieser grundsätzlichen Einschränkung sind mit der Betonung der Wiederverwendung u.U. auch projektinterne Restriktionen verbunden. So kann es geschehen, daß das Budget des Projektes gekürzt wird, da von der Wiederverwendung eine Reduzierung der Kosten erwartet wird, was in einem Rückkopplungseffekt wiederum die Motivation der Entwickler beeinträchtigen kann (vgl. Ott 1991, 79). Eine andere negative Begleiterscheinung ist das Gefühl, sich in die Abhängigkeit anderer (nämlich der Komponentenentwickler) zu begeben, sowohl was die Einhaltung von Terminen, aber auch die Qualität der zu erstellenden Software angeht (vgl. Endres 1989, 12).

Ein Ausweg aus dieser Problematik ist in einer Änderung der organisatorischen Rahmenbedingungen zu suchen. Diese sollten so beschaffen sein, daß der Anwendungsentwickler aus eigenem Antrieb darum bemüht ist, die oben beschriebenen Zielsetzungen zu erreichen. Dies bedeutet zum einen, daß trotz der Trennung in Anwendungs- und Komponentenentwickler (die bei Szenario a. und b. des Kapitels 6.1.3.3 (vgl. Abb. 6.5) in **einem** Unternehmen miteinander konfrontiert sind) die erste Gruppe sich nicht als "Entwickler zweiter

Klasse" versteht. Dazu bedarf es einer Aufklärung über die mit dieser Trennung verbundenen Vorteile und erwarteten Zielsetzungen sowie einer klaren Kompetenzfestlegung. Ganz wichtig wird es aber sein, daß auch die Verfahren zur Produktivitätsmessung, die ja häufig Grundlage einer Leistungsbewertung (und damit verbundener finanzieller Zuwendungen) sind, aufgrund der geänderten Arbeitsweise modifiziert werden (vgl. Barnes, Bollinger 1991, 16). Es ist offensichtlich, daß der Umfang der Arbeiten bei der Ableitung einer Applikation aus einem Framework bzw. auf der Basis einer Klassenbibliothek völlig unzureichend mit dem Produktivitätsmaß *Lines-of-Code* pro Zeiteinheit zu bemessen sind.[16] Der Forderung von Endres, die Funktionalität in den Mittelpunkt der Produktivitätsbetrachtung zu stellen ("Ein Gewinn wird nur dann sichtbar, wenn man nicht Programmzeilen zählt, sondern sich auf die ausgelieferte Funktionalität bezieht." (Endres 1988, 94)), muß in jedem Fall zugestimmt werden. Diese Überlegung allein (die auch Basis des Function-Point-Verfahrens ist) reicht allerdings nicht aus, Wiederverwendung zu fördern.

Auch wenn ein Framework oder eine Klassenbibliothek als Basis der Entwicklung vorgegeben ist, besteht die Möglichkeit, daß ein Entwickler, der der Wiederverwendung unwillig gegenübersteht, sein System parallel zur bereits bestehenden Klassenhierarchie entwirft und implementiert. Dies sollte verhindert werden. Neben der Erfassung der bei der Entwicklung durchzuführenden Aktivitäten (analog zum im vorherigen Kapitel beschriebenen Kostenmodell, also der Berücksichtigung des Umfangs an neu- bzw. umdefinierten Klassen, Methoden und Variablen sowie neu angelegten Objekten) ist es daher sinnvoll, Metriken zur Kennzeichnung des Integrationsgrades neuer Klassen in den vordefinierten Strukturen in die Bestimmungsgleichung der Produktivität mitaufzunehmen. Zwei Möglichkeiten dazu werden nachfolgend skizziert:

◻ Eine mögliche Maßzahl kann die Tiefe der Vererbungshierarchie sein, in der eine neue Klasse *K* angesiedelt ist (vgl. Abb. 6.19). Die Berücksichtigung dieses Wertes trägt zusätzlich dem Bestreben Rechnung, die Klassenhierarchie eher schmal und tief als breit anzulegen. Eine weitere Verfeinerung wäre denkbar, wenn die Anzahl der "Brüder" der Oberklasse von *K* in die Berechnung einfließen würde, da dies ein Maß für die Größe der Kandidatenmenge ist, die sich der Anwendungsentwickler bei der Entscheidung über eine mögliche Verfeinerung zumindest anschauen wird.

---

[16] Trotz dieser Unzulänglichkeiten sind in der Literatur eine Reihe von Tabellen und Übersichten zu finden, die die durchschnittliche Produktivität von Entwicklern in Lines-of-Code angeben (vgl. Elzer 1989b, 187).

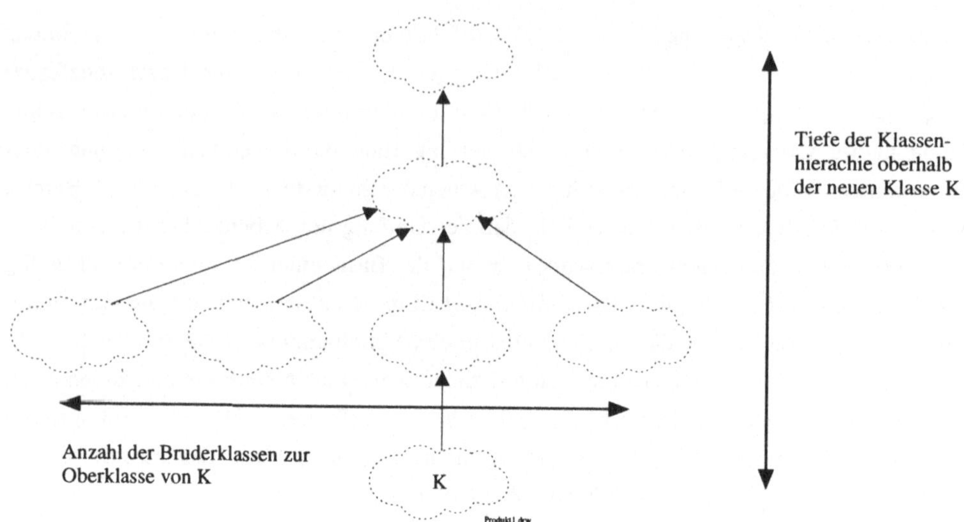

Abb. 6.19: Berücksichtigung der Tiefe der Vererbungshierarchie einer Klasse *K*

❏ Eine weitere sinnvoll zu beachtende Größe ist die Anzahl der Klassen, zu denen die neu definierte Klasse *K* Kundenbeziehungen eingeht (vgl. Abb. 6.20). Damit ist also eine Maßzahl für die Enge der nicht auf Vererbung beruhenden Kopplung der Klasse *K* mit anderen Klassen gegeben. Eine positive Bewertung dieser Größe ist zwar durch den Wunsch nach ausgiebiger Verwendung der Ergebnisse der Komponentenentwicklung zu rechtfertigen, andererseits muß beachtet werden, daß die Belohnung einer hohen Kopplung zwischen Klassen dem in Kapitel 4.2 erläuterten Bemühen um die Modularität eines Systems zuwiderläuft. Diese Metrik sollte daher mit weitaus größerer Zurückhaltung als die erste eingesetzt werden.

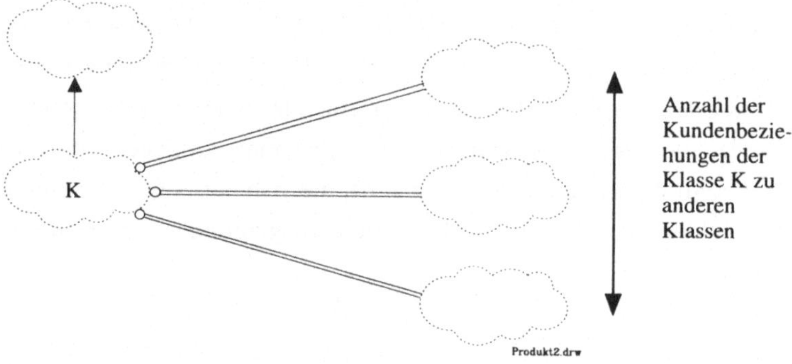

Abb. 6.20: Berücksichtigung der Anzahl der Kundenbeziehungen der neuen Klasse *K* zu Klassen des Frameworks bzw. der Klassenbibliothek

Die Berücksichtigung des Integrationsgrades neu entworfener Klassen bzw. neu geschriebenen Codes bzgl. des basierenden Frameworks in obiger Form kann somit als eine Art Prämiensystem verstanden werden, das die Wiederverwendung existierender Komponenten belohnt. Zu welchem Anteil dieser Aspekt in die Produktivitätsbeurteilung einfließt, hängt jedoch von vielen Faktoren ab und muß unternehmensspezifisch entschieden werden.

Der zweite Teil der Eingangsfragestellung, wie die Motivation der Komponentenentwickler zu Qualität und Allgemeinheit zu steigern ist, scheint hinreichend durch die aufbauorganisatorische Trennung zwischen Anwendungs- und Komponentenentwicklern beantwortet. Es ist offensichtlich, daß der Arbeit der zweiten Gruppe eine vollständig andere Zielsetzung zugrunde liegt und daß der schon oben quantifizierte Mehraufwand bei der Erstellung wiederverwendbarer Komponenten (1,3 - 1,7 bei Endres, 1,818 - 3,478 bei Balda, Gustafson) in die Bewertung der Produktivität einfließen muß.

6.3.3 Bestimmung des Grads der Wiederverwendung

Die Diskussion über die Berücksichtigung der Wiederverwendung innerhalb von Produktivitätsberechnungen führt sehr schnell zu Überlegungen, wie der Grad der Wiederverwendung eines Systems generell bestimmt werden kann. Die in Kapitel 4.2 erörterten Designrichtlinien geben dem objektorientierten Entwickler zwar zahlreiche Hilfestellungen auf dem Weg zu einem gut strukturierten System; um zu einer objektiven Beurteilung zu gelangen, wird es jedoch nötig sein, Metriken zu entwickeln, die den Grad der Wiederverwendung exakt quantifizieren helfen. Die mit Hilfe dieser Metriken ermittelten Auswertungen werden verwendet werden können, um die Richtlinien objektorientierten Designs weiter zu verbessern und zu verfeinern.

Nicht primär die Bewertung des Grads der Wiederverwendung, sondern zunächst der generellen Güte eines objektorientierten Designs haben die von Chidamber, Kemerer vorgeschlagenen Metriken im Sinn (vgl. Chidamber, Kemerer 1991). Sie stellen insgesamt sechs unterschiedliche Bestimmungsgleichungen vor, die verwendet werden können, um für eine Klasse eines objektorientierten Systems eine Maßzahl zu berechnen, die als quantitatives Kriterium für die Güte des objektorientierten Entwurfs anzusehen ist. Im einzelnen werden folgende Metriken vorgestellt:

❏ **Weighted Methods per Class (WMC):** Für eine Klasse wird die statische Komplexität ihrer Methoden (d.h. i.a. die Anzahl der Methoden) ermittelt. Dies ist ein Indikator für den Aufwand zur Entwicklung und Wartung; Klassen mit vielen

Methoden sind i.a. sehr applikationsspezifisch und wenig geeignete Ausgangspunkte zur Verfeinerung.

☐ **Depth of Inheritance Tree (DIT):** Die Anzahl der Oberklassen einer Klasse wird ermittelt. Je tiefer eine Klasse in der Vererbungshierarchie angesiedelt ist, umso komplexer ist sie wahrscheinlich, da Methoden von zahlenmäßig mehr Klassen geerbt werden.

☐ **Number of Children (NOC):** Die Anzahl der direkten Unterklassen einer Klasse wird ermittelt. Diese Maßzahl ist geeignet, die Form der Vererbungsstruktur zu bestimmen.

☐ **Coupling between Objects (CBO):** Es besteht eine Kopplung zwischen Klassen, wenn ihre Instanzen über Nachrichtenaustausch miteinander kommunizieren oder Instanzvariablen auf Instanzen der anderen Klasse verweisen. Eine hohe Kopplung zieht komplexe Test- und Wartungsaufgaben nach sich.

☐ **Response for a Class (RFC):** Die Anzahl der Methoden einer Klasse sowie die Anzahl der darin aufgerufenen Methoden werden summiert. Dies ergibt eine Maßzahl für die Komplexität einer Klasse.

☐ **Lack of Cohesion in Methods (LCOM):** Für jede Methode M_i der Klasse wird die Menge I_i der darin benutzten Instanzvariablen bestimmt. Die gesuchte Maßzahl ergibt sich dann als Anzahl der paarweise disjunkten Mengen $I_1, \dots, I_n$. Dies ist ein Indikator für die Ähnlichkeit von Methoden und kann Hinweise auf eine u.U. sinnvolle Splittung von Klassen geben.

Die Mehrzahl der in der Vergangenheit vorgeschlagenen Metriken zur Wiederverwendung zieht die Größe des Codes zur Beurteilung heran und vergleicht die Menge wiederverwendeten Codes mit der Menge neu geschriebenen Codes, um eine Kennzahl der Wiederverwendung abzuleiten. Bei den meisten Autoren wird die Möglichkeit der Änderung bei der Wiederverwendung nicht berücksichtigt.[17]

Lediglich Bieman versucht, eine Metrik zu entwickeln, die speziell auf die Charakteristika objektorientierter Entwicklung zugeschnitten ist, und unterscheidet hierzu in drei unterschiedliche Aspekte (vgl. im folgenden Bieman 1991, 6-9):

☐ In welchem Ausmaß wird eine Klasse von anderen Klassen des Systems wiederverwendet (*Server Reuse Profile*)?

---

[17] Selby stellt eine Untersuchung des Wiederverwendungsgrads von 25 Softwareprojekten der NASA vor und klassifiziert für jedes Projekt die wiederverwendeten Module nach dem Grad ihrer Änderung, um daraus Charakteristika von Modulen abzuleiten, die ohne Anpassung wiederverwendet werden konnten (vgl. Selby 1989).

❏ In welchem Ausmaß greift eine Klasse auf andere Klassen des Systems zurück (*Client Reusing Profile*)?

❏ Wie kann die generelle Wiederverwendung von Klassen einer Bibliothek (bzw. eines Frameworks) innerhalb eines neuen Systems gemessen werden (*System Reuse Profile*)?

Es wird jeweils unterschieden in Wiederverwendung mit der Möglichkeit der Änderung (Leveraged Reuse), wobei der Vererbungsgraph (Inheritance Hierachy Graph), der Ober-/Unterklassenbeziehungen darstellt, zugrundegelegt wird, und in Wiederverwendung ohne Änderung (Verbatim Reuse), deren Beurteilung auf dem Call Multigraph basiert, der den Nachrichtenaustausch zwischen Klassen veranschaulicht.

Der Grad der Wiederverwendung einer ausgewählten Klasse A (ohne Änderung) kann anhand der erzeugten Instanzen von A sowie der Anzahl der Referenzen auf diese Instanzen gemessen werden. Eine mögliche Kennzahl für die Wiederverwendung mit Anpassung ist die Anzahl der Unterklassen von A, wobei nochmal unterschieden werden kann, ob die Klasse lediglich erweitert wird oder auch Methoden überschrieben werden. Des weiteren liefern die Größe und Form des gesamten Vererbungsgraphen unterhalb von A Hinweise auf die Art der Wiederverwendung dieser Klasse, die sich dann als indirekte Wiederverwendung darstellt.

Um zu quantifizieren, wie sich eine Klasse A einer Bibliothek bedient (Client Reusing Profile), sind z.B. die Anzahl der Instantiierungen von Bibliotheksobjekten und die Anzahl der Referenzen auf solche zu beachten. Auf der Grundlage des Call Multigraphs ergibt sich wie oben auch die Möglichkeit, die indirekte Verwendung von Bibliotheksobjekten durch die Klasse A zu bestimmen. Die Untersuchung der Wiederverwendung mit der Möglichkeit der Anpassung wertet wiederum den Vererbungsgraphen - und hier insbesondere die bei Mehrfachvererbung durchaus signifikante Struktur der Oberklassen - aus, um die Anzahl der direkten und indirekten Server zu bestimmen.

Mehrere Größen sind denkbar, um den Grad der Wiederverwendung eines gesamten Systems (System Reuse Profile) zu bestimmen:

❏ der Prozentsatz von Quellcode eines neuen Systems, der aus einer Bibliothek importiert wird,

❏ der Prozentsatz der Klassen eines neuen Systems, die unverändert aus einer Bibliothek stammen,

❐	der Prozentsatz der Klassen eines neuen Systems, die aus einer Bibliothek stammen und angepaßt werden,

❐	die durchschnittliche Zahl von Server (auch indirekt) für Client-Klassen und umgekehrt,

❐	die durchschnittliche Pfadlänge in den Graphen zwischen Server und indirekten Clients.

Trotz der sehr konkreten Maßgrößen zur Bestimmung des Wiederverwendungsgrads eines Systems scheint sich abzuzeichnen, daß deren Auswertung für reale Systeme nicht in der Ableitung ebenso konkreter Designrichtlinien münden wird, sondern daß diese weiterhin die Form von Heuristiken behalten werden. Nichtsdestotrotz wird es eine sehr interessante Aufgabe sein, diese Metriken beim praktischen Einsatz des in Kapitel 5 vorgestellten Frameworks auszutesten und die Wiederverwendungsrate der damit erstellten Systeme zu ermitteln.

7 Zusammenfassung und Ausblick

7.1 Zusammenfassung

Das vorliegende Buch liefert einen Beitrag zur Realisierung der Wiederverwendung von Software, insbesondere innerhalb der Domäne betrieblicher Informationssysteme. Der Überblick über die existierenden Ansätze zur Wiederverwendung offenbarte, daß zahlreiche - sowohl technische als auch organisatorische - Probleme bestehen, um die von dem Bestreben nach Wiederverwendung erwarteten Produktivitäts- und Qualitätssteigerungen auch in die Praxis umzusetzen. Die am Ende von Kapitel 2 vorgestellte Struktur des verfolgten Wiederverwendungsansatzes berücksichtigt die daraus abgeleiteten Rahmenbedingungen und wurde in den nachfolgenden Kapiteln in all ihren Facetten detailliert erläutert.

Kapitel 3 machte deutlich, daß objektorientierte Entwicklung das geeignete Paradigma ist, um die Wiederverwendbarkeit von Komponenten zu erreichen. Insbesondere die damit verbundenen Konzepte der Datenkapselung und der Vererbung ermöglichen es, zum einen die Funktionalität der Komponenten ohne Kenntnis ihrer internen Strukturen zu verwenden und zum anderen auch die geforderte Möglichkeit der Änderung und Anpassung sehr effizient - durch Spezifizierung lediglich der Unterschiede - zu realisieren. Als weiteres wesentliches Ergebnis muß festgehalten werden, daß die Realisierung der Wiederverwendung bereits beim Entwurf und nicht erst bei der Implementierung eines Systems einsetzen muß, um die erhofften Produktivitätssprünge zu erreichen. Dieser Anforderung wurde mit der Gegenüberstellung von Klassenbibliothek und Framework Rechnung getragen: Während Klassenbibliotheken als Sammlungen vorgefertigter Implementierungen eher eigenständiger Klassen verstanden werden können, liegt einem Framework das abstrakte, objektorientierte Design eines Anwendungsbereichs zugrunde. Ein Framework ist damit das geeignete Konzept, um die Fachinhalte einer Domäne programmiersprachenunabhängig zu repräsentieren und dieses Wissen einer Wiederverwendung unter Ausnutzung aller Features objektorientierter Entwicklung verfügbar zu machen. Der Einsatz eines Frameworks spielt innerhalb der objektorientierten Softwaretechnologie eine ähnliche Rolle, wie sie Referenzdatenmodellen beim Datenbankentwurf zukommt. Allerdings sind durch das Konzept der Vererbung die Möglichkeiten zur Anpassung eines Frameworks an projektspezifische Anforderungen in weitaus höherem Maße gegeben. Abb. 7.1 verdeutlicht die analogen Stufen der Entwicklung dieser Konzepte, beginnend bei systemtechnischen Fortschritten (Datenbanken, Programmiersprachen) über die methodische Fundierung der Implementierung vorgelagerter Phasen bis hin zur Entwicklung und zum Einsatz dieser Referenzmodelle. Es kann jedoch erwartet werden, daß sich in Zukunft durch die Weiterentwicklung und Etablierung objektorientierter Datenbankmanagementsysteme die beiden Bereiche Datenbankentwurf und Softwareentwurf (im eigentlichen Sinne) in verstärktem Maße aufeinander zu bewegen werden. Dies bedeutet, daß die in Abb. 7.1 skizzierte Trennung einer Vorgehensweise Platz machen wird, die einheitliche (objektorientierte) Analyse- und Designmethoden für beide Bereiche einsetzen wird. Damit wird dann auch eine wesentliche Forderung der eingangs vorgestellten Architekturmodelle erfüllt, die mit der Zielsetzung formuliert wurden, die Vielfalt der innerhalb der Softwareentwicklung eingesetzten Methoden auf ein notwendiges Maß zu beschränken.

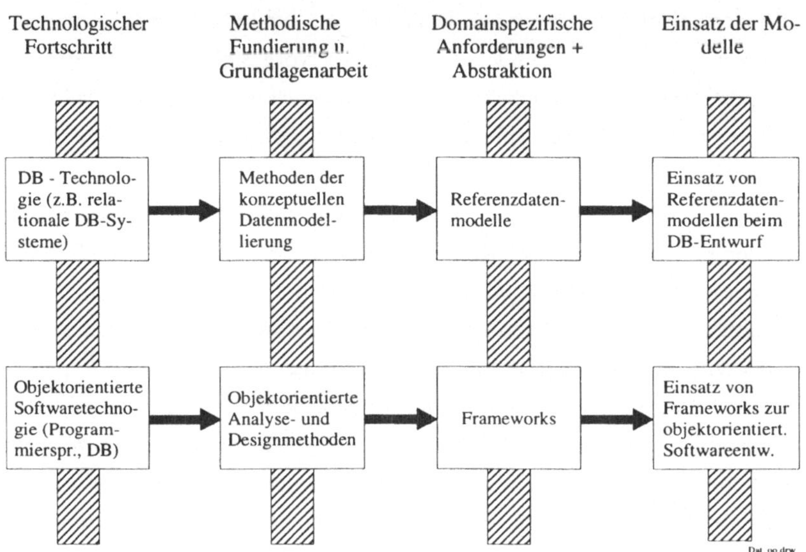

Abb. 7.1:   Analogie zwischen Referenzdatenmodellen und Frameworks

Die Notwendigkeit einer Repräsentationsform zur Darstellung eines Frameworks brachte im ersten Teil von Kapitel 4 die Erkenntnis, daß die Notationen objektorientierter Designmethoden grundsätzlich geeignet sind, diese Aufgabe zu übernehmen. Diese Designnotationen unterscheiden sich in der Ausgestaltung der ihnen zugrundeliegenden Konzepte sowie der Vollständigkeit der darstellbaren Aspekte. Die Gegenüberstellung der untersuchten Notationen führte zur Auswahl der Notation des Object-Oriented Design.

Die Übersicht in Kapitel 3 machte deutlich, daß die zur Zeit verfügbaren objektorientierten, wiederverwendbaren Komponenten sich auf wenige Anwendungsbereiche beschränken. Neben Sammlungen allgemeiner Klassen wird (mit der Ausnahme einiger Exotenframeworks) vornehmlich die Entwicklung graphischer Benutzeroberflächen unterstützt. Insbesondere im Bereich betrieblicher Informationssysteme lassen sich - abgesehen von einigen ersten Ansätzen - keine wiederverwendbaren Komponenten finden, auf deren Basis eine Entwicklung aufgebaut werden könnte. Zu zeigen, daß aber genau diese Domäne ein geeigneter und wegen des hohen Bedarfs auch vielversprechender Anwendungsbereich für wiederverwendbare Komponenten ist, war eine der wesentlichen Zielsetzungen der vorliegenden Untersuchung. Im zweiten Teil von Kapitel 4 wurden die grundlegenden Designrichtlinien bei der Entwicklung wiederverwendbarer, objektorientierter Komponenten erarbeitet, um darauf aufbauend dann in Kapitel 5 exemplarisch einen Framework für die Bereiche Materialwirtschaft und Beschaffung von Industrieunternehmen zu entwickeln. Es wurde gezeigt, wie die innerhalb dieses Anwendungsbereichs benötigten Strukturen und Funktionalitäten objektorientiert zu repräsentieren sind und welche Klassen sich daraus ergeben. Dem Charakter eines Frameworks folgend spiegeln sich die Fachinhalte in den Beziehungen der Klassen untereinander wider; der Nachrichtenaustausch, die Vererbungsbeziehungen und die Referenzen zwischen Klassen sind die wesentlichen Konstrukte, die das abstrakte Design der Domäne repräsentieren. Konkrete betriebswirtschaftliche Applikationen werden sich auf der Basis eines solchen Frameworks sehr effizient entwickeln lassen, auch abweichende Anforderungen können - wie in Kapitel 5.5 demonstriert - unter Ausnutzung primär der Vererbungsbeziehungen sehr einfach eingebracht werden.

Die alleinige Existenz wiederverwendbarer Komponenten ist allerdings wertlos, wenn nicht die Organisation der softwareentwickelnden Unternehmen an die Zielsetzung der Wiederverwendung angepaßt wird und generell alle Aspekte berücksichtigt werden, die die Integration der Wiederverwendung in den Softwareentwicklungsprozeß betreffen. In Kapitel 6 wurde zur Aufbauorganisation der Entwicklungsabteilungen eine Trennung in Komponenten- und Anwendungsentwickler vorgeschlagen, die den Aufgaben *Design for Reuse* bzw. *Design with Reuse* entspricht. Die grundsätzlich geänderten Aufgaben bei der Komponentenentwicklung führten zur Entwicklung eines 2-Schalenmodells zur Organisation dieser Abteilung. Als wesentlicher Vorteil der Zweiteilung der Softwareentwicklung ergibt sich der Aspekt, diese Arbeitsteilung auf die überbetriebliche Zusammenarbeit von Unternehmen ausdehnen zu können, wobei in einem Vergleich der möglichen Formen der Zusammenarbeit insbesondere eine marktwirtschaftliche Kooperation der Unternehmen als besonders erfolgversprechend bewertet wird.
Neben der Darstellung der Ablauforganisation anhand von Lifecycle-Modellen wurde insbesondere die Frage nach der geeigneten Verwaltung der wiederverwendbaren Komponenten genauer untersucht. Es wurde deutlich gemacht, wie die Verwaltung der Designergebnisse, die aus der Abstraktionsebene des Frameworks resultieren, in die Entwicklungsumgebung eines Anwendungsentwicklers integriert werden sollte, da nur von dieser engen Kopplung eine hohe Effizienz des Suchens nach wiederverwendbaren Baustei-

nen bzw. des Einarbeitens in die Zusammenhänge und Strukturen eines Frameworks erwartet werden kann.

Die Untersuchung endet mit den nicht zu unterschätzenden, notwendigen Modifikationen des Projektmanagements, um die Änderungen, die das Streben nach Wiederverwendung mit sich bringt, zu berücksichtigen. Es wurde die Eignung traditioneller Kosten- und Aufwandsschätzungsmodelle für die mit der Wiederverwendung verbundenen Aufgaben untersucht, um in Erkenntnis ihrer Schwächen ein eigenes Modell zu erstellen, mit dessen Hilfe der Aufwand zur Ableitung einer konkreten Applikation aus einem Framework abgeschätzt werden kann. Die Beantwortung der Frage nach der Motivation von Anwendungs- und Komponentenentwicklern schloß sich an, wozu im wesentlichen geänderte Produktivitätsbeurteilungen vorgeschlagen wurden. In engem Zusammenhang dazu steht die Vorstellung einer Reihe von Metriken, die es erlauben, die Güte eines objektorientierten Designs und insbesondere den Grad der Wiederverwendung eines Systems bzw. einer Komponente zu quantifizieren und damit einer objektiven Beurteilung zugänglich zu machen.

7.2 Ausblick

Im vorliegeden Buch wurden alle Aspekte des zugrundegelegten Wiederverwendungsansatzes untersucht; offenstehende Fragen sind im wesentlichen Problemstellungen, die aus der Erweiterung an der einen oder anderen Stelle resultieren.

So wurde bei der Entwicklung des Frameworks bisher nur die Einfachvererbung berücksichtigt. Dies hatte seinen Grund darin, daß eine hohe Allgemeingültigkeit der Ergebnisse angestrebt wurde und Mehrfachvererbung nicht bei allen objektorientierten Programmiersprachen realisiert ist. Es bietet sich daher an, zu untersuchen, ob Mehrfachvererbung überhaupt notwendig ist und welche Domänen insbesondere davon profitieren können. Damit zusammen hängt auch die Fragestellung, ob allgemeine Vorgehensweisen auszumachen sind, die bei der Überführung eines auf Einfachvererbung basierenden Frameworks hin zur Mehrfachvererbung eingesetzt werden können.

Ein weiterer Aspekt, der bei der exemplarischen Entwicklung des Frameworks nicht berücksichtigt wurde, um die Komplexität nicht zu groß werden zu lassen, betrifft die Parallelität von Prozessen. In der Realität werden sehr viele der beschriebenen Abläufe parallel zueinander stattfinden - dies bedeutet für das zu entwickelnde System, daß die Synchronisation dieser Abläufe beachtet werden muß. Die verwendete Notation erlaubt die Darstellung verschiedener Synchronisationsverfahren als Teil des Nachrichtenaustauschs zwischen den Objekten, so daß es zu einer inhaltlichen Aufgabe wird, die zeitliche Steuerung und Belegung von Ressourcen eines Anwendungsbereichs zu berücksichtigen.

Eine elementare Aufgabe eines betrieblichen Informationssystems ist es natürlich, die Persistenz der behandelten Daten zu gewährleisten, da die Daten ein wesentliches Kapital eines Unternehmens darstellen und ihre Sicherheit garantiert werden muß. Zu diesem Punkt wurden in dieser Betrachtung keine ausführlichen Aussagen gemacht, da die Objekte bisher lediglich als zur Laufzeit eines Systems existent betrachtet wurden. Zur Erreichung der Persistenz sind mehrere Lösungen denkbar: Zum einen existieren mittlerweile objektorientierte Programmiersprachen, die auch die Persistenz von Daten versprechen. Der geeignete Weg wird aber darin bestehen, objektorientierte Datenbanken einzusetzen, die die bekannten Vorteile von Datenbankmanagementsystemen (Konsistenzsicherung, Mehrbenutzerbetrieb/Synchronisation, Datensicherheit u.a.) mit den Features objektorientierter Entwicklung kombinieren. Die verschiedenen Konzepte und Klassen objektorientierter Datenbanken erlauben es, sowohl eigendefinierte, komplexe Strukturen aufzubauen als auch typspezifische Operationen (Methoden) zu definieren (vgl. Thomas 1989b; Dittrich 1990; Bertino, Martino 1991). Dies bedeutet, daß die Kopplung zwischen Programmiersprachen und Datenbanksystemen recht einfach zu realisieren ist und insbesondere die semantische Lücke zwischen beiden Darstellungsformen geschlossen werden kann (vgl. hierzu z.B. die Kopplung zwischen Objectworks\Smalltalk und dem GemStone-Datenbankmanagementsystem (vgl. Bretl et al. 1989; Ziegler, Kelle 1992)). Die ersten kommerziell angebotenen objektorientierten Datenbanksysteme sind bereits auf dem Markt verfügbar[1] und werden in absehbarer Zeit die üblichen Anfangsschwierigkeiten überwunden haben, so daß ihrer Integration in die auf einem Framework basierende Anwendungsentwicklung nichts mehr im Wege stehen wird.

Interessant ist die Frage, wie das Potential der Wiederverwendung von Software für die Zukunft eingeschätzt werden kann. Um zu wirklichen Produktivitätssteigerungen zu kommen, muß das Bemühen um offene Systeme, wie es bzgl. systemtechnischer Voraussetzungen (Betriebssystem, Benutzeroberfläche u.a.) zu erkennen ist, ausgedehnt werden auch auf die domänenspezifischen Inhalte: So wie heute bei professioneller Softwareentwicklung in der Regel eine Benutzeroberfläche nicht jedesmal neu entworfen wird, sondern auf Standardbibliotheken (z.B. X-Windows) und Look-and-Feel-Standards (z.B. Motif, Open Look bzw. noch mächtigere Erweiterungen dazu) zurückgegriffen wird und das Attribut "basierend auf X-Windows" als Qualitätsmerkmal in Richtung hin auf offene Systeme

---

[1]   Schreiber gibt einen Überblick über objektorientierte Datenbanksysteme und charakterisiert diese insbesondere durch die Beschreibungskonstrukte der ihnen jeweils zugrundeliegenden Datenmodelle (vgl. Schreiber 1990, 14-22).

verstanden wird, so wird es sich durchsetzen, daß auch bei der Realisierung der eigentlichen Inhalte der Applikation domänenspezifische Standards verwendet werden, wenn diese die notwendige Qualität aufweisen. Hier muß nochmals die Notwendigkeit betont werden, auch eine Standardisierung der zur Repräsentation der Komponenten verwendeten Notationen herbeizuführen, wenn ein überbetrieblicher Austausch angestrebt wird. Auch die Frage, wie eine Homogenität (und damit Integrierbarkeit) von unterschiedlichen Frameworks und Klassenbibliotheken zu erreichen ist, gilt es zu beachten.

Es wurde am Konzept des Frameworks aufgezeigt, wie wiederverwendbare Komponenten aussehen und welche Charakteristika sie aufweisen sollten. Zum anderen wurde deutlich gemacht, welche Aspekte zu beachten sind, um diese Basismodelle in den Softwareentwicklungsprozeß zu integrieren. Auf dieser Basis gilt es nun, die Startinvestitionen zu leisten, um Frameworks für die verschiedenen Bereiche auf hohem Qualitätslevel zu entwickeln, auf dem Markt anzubieten, und somit die Vision der Wiederverwendung von Software zum Vorteil aller Beteiligten endlich Wirklichkeit werden zu lassen.

Literaturverzeichnis

Abbot, R. 1983:
Program Design by Informal English Description. In: Communications of the ACM, 26 (1983) 11, S. 882-894.

Ackroyd, M.; Daum, D. 1991:
Graphical Notation for Object-Oriented Design and Programming. In: Wiener, R.S. (Hrsg.): Journal of Object-Oriented Programming, Focus on Analysis and Design. New York 1991, S. 24-34.

Alabiso, B. 1988:
Transformation of Data Flow Analysis Models to Object-Oriented Design. In: Proceedings of OOPSLA '88, San Diego 1988, S. 335-353.

Albrecht, A.J.; Gaffney, J.E. 1983:
Software Functions, Source Lines of Code, and Development Effort Prediction: A Software Science Validation. In: IEEE Transactions on Software Engineering, 9 (1983) 11, S. 639-648.

Alexander, J.H. 1987:
Painless Panes for Smalltalk Windows. In: Proceedings of OOPSLA '87, Orlando 1987, S. 287-294.

Andexer, H. 1991:
AD/Cycle - Das IBM-Softwareentwicklungs-Konzept ...und wie geht es weiter? In: Wirtschaftsinformatik, 33 (1991) 1, S. 26-32.

Arnold, P. et al. 1991:
An Evaluation of Five Object-Oriented Development Methods. HP Laboratories Bristol, Technical Report (HPL-91-52). Bristol 1991.

Arnolds, H.; Heege, F.; Tussing, W. 1990:
Materialwirtschaft und Einkauf. 7. Aufl., Wiesbaden 1990.

Baker, F.T. 1972:
Chief Programmer Team Management of Production Programming. In: IBM Systems Journal, 11 (1972) 1, S. 56-73.

Balda, D.M.; Gustafson, D.A. 1990:
Cost Estimation Models for the Reuse and Prototype Software Development Life-Cycle. In: ACM Software Engineering Notes, 15 (1990) 3, S. 42-50.

Balzert, H. 1982:
Die Entwicklung von Software-Systemen. Mannheim-Wien-Zürich 1982.

Barnes, B.H.; Bollinger, T.B. 1991:
Making Reuse Cost-Effective. In: IEEE Software, 8 (1991) 1, S. 13-24.

Barth, G.; Welsch, C. 1988:
Objektorientierte Programmierung. In: it - Informationstechnik, 30 (1988) 6, S. 404-421.

Bear, S. et al. 1990:
Graphical Specification of Object Oriented Systems. In: Proceedings of ECOOP/OOPSLA '90, Ottawa 1990, S. 28-37.

Beck, K. et al. 1988:
Experiences with Reusability (PANEL). In: Proceedings of OOPSLA '88, San Diego 1988, S. 372-376.

Becker, H. 1992:
Objektorientierte Softwareentwicklung. In: it - Informationstechnik, 34 (1992) 2, S. 92-101.

Behdjati, A. et al. 1991:
Objektorientierte Sprachen im Vergleich. In: Softwaretechnik-Trends, Mitteilungen der GI-Fachgruppe 'Software-Engineering', 11 (1991) 4, S. 11-31.

Bergman, N. 1990:
Class Librarians. In: Computer Language, 7 (1990) 6, S. 113-116.

Bertino, E.; Martino, L. 1991:
Object-Oriented Database Management Systems: Concepts and Issues. In: IEEE Computer, 24 (1991) 4, S. 33-47.

Beutler, K. 1989:
Auswertung von quantitativen Ähnlichkeitsmaßen bei der Suche nach wiederverwendbarer Software. In: Haas, R. (Hrsg.): Softwaretechnik in Automatisierung und Kommunikation - Wiederverwendbarkeit von Software. Tagungsband der ITG/GI/GMA-Fachtagung in Ulm/Neu-Ulm 1989. Berlin-Offenbach 1989, S. 173-184.

Bichler, K. 1990:
Beschaffungs- und Lagerwirtschaft. 5. Aufl., Wiesbaden 1990.

Bieman, J.M. 1991:
Deriving Measures of Software Reuse in Object Oriented Systems. Colorado State University, Technical Report #CS-91-112. Fort Collins 1991.

Biggerstaff, T.J.; Perlis, A.J. 1984:
Foreword. In: Transactions on Software Engineering, 10 (1984) 5, S. 474-476.

Biggerstaff, T.J.; Perlis, A.J. (Hrsg.) 1989:
Software Reusability, Volume I. Reading et al. 1989.

Biggerstaff, T.J.; Richter, C. 1987:
Reusability Framework, Assessment, and Directions. In: IEEE Software, 4 (1987) 2, S. 41-49.

Bischoff, R.; Krallmann, H. 1992:
Reengineering - Mit alten Zutaten zu neuen Konzepten. In: Wirtschaftsinformatik, 34 (1992) 2, S. 125-126.

Blake, E.; Cook, S. 1987:
On Including Part Hierarchies in Object-Oriented Languages, with an Implementation in Smalltalk. In: Proceedings of ECOOP '87, Paris 1987, S. 41-50.

Blaschek, G.; Pomberger, G.; Stritzinger, A. 1989:
Programmiersprachen zur objektorientierten Systementwicklung - ein Vergleich. In: HMD - Handbuch der modernen Datenverarbeitung, 26 (1989) 145, S. 80-93.

Boehm, B.W. 1976:
Software Engineering. In: IEEE Transactions on Computers, 25 (1976) 12, S. 1226-1241.

Boehm, B.W. 1981:
Software Engineering Economics. Englewood Cliffs 1981.

Boehm, B.W. 1987:
Improving Software Productivity. In: IEEE Computer, 20 (1987) 9, S. 43-57.

Boehm, B.W. 1988:
A Spiral Model of Software Development and Enhancement. In: IEEE Computer, 21 (1988) 5, S. 61-72.

Bons, H.; van Megen, R. 1984:
Aufwandsschätzung in der DV-Anwendungsentwicklung - Probleme und Lösungen. In: HMD - Handbuch der modernen Datenverarbeitung, 21 (1984) 116, S. 23-36.

Booch, G. 1986:
Object-Oriented Development. In: IEEE Transactions on Software Engineering, 12 (1986) 2, S. 211-221.

Booch, G. 1987:
Software Components with Ada. Menlo Park et al. 1987.

Booch, G. 1991:
Object-Oriented Design with Applications. Redwood City 1991.

Booch, G.; Vilot, M. 1990:
The Design of C++ Booch Components. In: Proceedings of ECOOP/OOPSLA '90, Ottawa 1990, S. 1-11.

Booch, G.; Vilot, M. 1991:
Object-Oriented Design. In: Wiener, R.S. (Hrsg.): Journal of Object-Oriented Programming, Focus on Analysis and Design. New York 1991, S. 136-149.

Börstler, J. 1989:
Wiederverwendbarkeit und Softwareentwicklung - Probleme, Lösungsansätze und Bibliographie. Fachgruppe Informatik der RWTH Aachen (Hrsg.): Aachener Informatik-Berichte, Nr. 89-5, Aachen 1989.

Bretl, R. et al. 1989:
The GemStone Data Management System. In: Kim, W.; Lochovsky, F. (Hrsg.): Object-Oriented Concepts, Databases, and Applications. Reading et al. 1989, S. 283-308.

Budde, R. et al. 1989:
Der Entwurf objektorientierter Systeme. In: HMD - Handbuch der modernen Datenverarbeitung, 26 (1989) 145, S. 13-23.

Budde, R. et al. 1992:
Objektorientierte Analyse und Entwurf von Anwendungssystemen. In: Scheer, A.-W. (Hrsg.): Datenbanken 1992. Tagungsband der 4. Fachtagung Praxis und Tendenzen relationaler Datenbanken, Saarbrücken 1992, S. 231-251.

Buhr, R.J.A. 1984:
System Design with Ada. Englewood Cliffs 1984.

Burton, B.A. et al. 1987:
The Reusable Software Library. In: IEEE Software, 4 (1987) 4, S. 25-33.

Caldiera, G.; Basili, V.R. 1991:
Identifying and Qualifying Reusable Software Components. In: IEEE Computer, 24 (1991) 2, S. 61-70.

Campbell, B.; Goodman, J. 1988:
HAM: A General Purpose Hypertext Abstract Machine. In: Communications of the ACM, 31 (1988) 7, S. 856-861.

Card, D. et al. 1986:
An Empirical Study of Software Design Practices. In: IEEE Transactions on Software Engineering, 12 (1986) 2, S. 264-271.

Casais, E. 1990:
Managing Class Evolution in Object-Oriented Systems. In: Tsichritzis, D.C. (Hrsg.): Object Management. Centre Universitaire d'Informatique, Genf 1990, S. 133-195.

Chen, P.P. 1976:
The Entity-Relationship Model - Towards a Unified View of Data. In: ACM Transactions on Database Systems, 1 (1976) 1, S. 9-36.

Chidamber, S.R.; Kemerer, C.F. 1991:
Towards a Metrics Suite for Object Oriented Design. In: Proceedings of OOPSLA '91, Phoenix 1991, S. 197-211.

Clementini, E.; Di Felice, P. 1991:
An Extensible Class Library for Geographic Applications. In: Proceedings of TOOLS '91, Paris 1991, S. 613-623.

Coad, P. 1991a:
OOA & OOD: a Continuum of Representation. In: Journal of Object-Oriented Programming, 3 (1991) 6, S. 55-56.

Coad, P. 1991b:
OOA/OOD und OOP. In: Journal of Object-Oriented Programming, 4 (1991) 1, S. 74-81.

Coad, P. 1991c:
OOD Criteria, Part 1. In: Journal of Object-Oriented Programming, 4 (1991) 3, S. 67-70.

Coad, P. 1991d:
OOD Criteria, Part 2. In: Journal of Object-Oriented Programming, 4 (1991) 4, S. 64-66.

Coad, P.; Yourdon, E. 1991:
    Object-Oriented Analysis. 2. Aufl., Englewood Cliffs 1991.

Coleman, D.; Hayes, F.; Bear, S. 1992:
    Introducing Objectcharts or How to Use Statecharts in Object-Oriented Design. In:
    IEEE Transactions on Software Engineering, 18 (1992) 1, S. 9-18.

Conte, S.D.; Dunsmore, H.E.; Shen, V.Y. 1986:
    Software Engineering Metrics and Models. Menlo Park 1986.

Cox, B.J. 1986:
    Object Oriented Programming. Reading et al. 1986.

Crasemann, C.; Krasemann, H. 1992:
    Objektorientierung und Software-Halbzeuge. In: ist - Intelligente Software-
    Technologien, 1 (1992) 1, S. 7-17.

Cunningham, W.; Beck, K. 1986:
    A Diagram for Object-Oriented Programs. In: Proceedings of OOPSLA '86, Portland
    1986, S. 361-367.

Cunningham, W.; Beck, K. 1989:
    Constructing Abstractions for Object-Oriented Applications. In: Journal of Object-
    Oriented Programming, 2 (1989) 2, S. 17-19.

Dami, L. et al. 1988:
    Temporal Scripts for Objects. In: Tsichritzis, D.C. (Hrsg.): Active Object
    Environment. Centre Universitaire d'Informatique, Genf 1988, S. 144-161.

de Champeaux, D. et al. 1990:
    Structured Analysis and Object Oriented Analysis (PANEL). In: Proceedings of
    ECOOP/OOPSLA '90, Ottawa 1990, S. 135-139.

de Champeaux, D. et al. 1991:
    Formal Techniques for OO Software Development (PANEL). In: Proceedings of
    OOPSLA '91, Phoenix 1991, S. 166-170.

DeMarco, T. 1979:
    Structured Analysis and System Specification. Englewood Cliffs 1979.

Deutsch, L.P. 1987:
    Reusability in the Smalltalk-80 Programming System. In: Freeman, P. (Hrsg.): IEEE
    Tutorial: Software Reusability. Washington 1987, S. 91-95.

Deutsch, L.P. 1989a:
    The Past, Present, and Future of Smalltalk. In: Proceedings of ECOOP '89,
    Nottingham 1989, S. 73-87.

Deutsch, L.P. 1989b:
    Design Reuse and Frameworks in the Smalltalk-80 System. In: Biggerstaff, T.J.;
    Perlis, A.J. (Hrsg.): Software Reusability, Volume II. Reading et al. 1989, S. 57-71.

Devanbu, P. et al. 1991:
    LaSSIE: A Knowledge-Based Software Information System. In: Communications of
    the ACM, 34 (1991) 5, S. 34-49.

Dittrich, K.R. 1990:
Objektorientierte Datenmodelle als Basis komplexer Anwendungssysteme. In: Wirtschaftsinformatik, 32 (1990) 3, S. 228-237.

Duff, C.; Howard, B. 1990:
Migration Patterns. In: Byte, 15 (1990) 10, S. 223-232.

Elzer, P. 1989a:
Wiederverwendung von Softwareentwürfen in der industriellen Automatisierungstechnik. In: Softwaretechnik-Trends, Mitteilungen der GI-Fachgruppe 'Software-Engineering', 9 (1989) 2, S. 77-82.

Elzer, P. 1989b:
Management von Softwareprojekten. In: Informatik-Spektrum, 12 (1989) 4, S. 181-197.

Endres, A. 1988:
Software-Wiederverwendung: Ziele, Wege und Erfahrungen. In: Informatik-Spektrum, 11 (1988) 2, S. 85-95.

Endres, A. 1989:
Einige Grundprobleme der Software-Wiederverwendung und deren Lösungsmöglichkeiten. In: Haas, R. (Hrsg.): Softwaretechnik in Automatisierung und Kommunikation - Wiederverwendbarkeit von Software. Tagungsband der ITG/GI/GMA-Fachtagung in Ulm/Neu-Ulm 1989. Berlin-Offenbach 1989, S. 1-18.

Endres, A. 1992:
Der rechtliche Schutz von Software: Aktuelle Fragen und Probleme. In: Informatik-Spektrum, 15 (1992) 2, S. 89-100.

Fenton, N. 1991:
Software Metrics: A Rigorous Approach. London 1991.

Ferrel, P.J.; Meyer, R.F. 1989:
VAMP: The Aldus Application Framework. In: Proceedings of OOPSLA '89, New Orleans 1989, S. 185-189.

Ferstl, O.K.; Sinz, E.J. 1990:
Objektmodellierung betrieblicher Informationssysteme im Semantischen Objektmodell (SOM). In: Wirtschaftsinformatik, 32 (1990) 6, S. 566-581.

Ferstl, O.K.; Sinz, E.J. 1991:
Ein Vorgehensmodell zur Objektmodellierung betrieblicher Informationssysteme im Semantischen Objektmodell (SOM). In: Wirtschaftsinformatik, 33 (1991) 6, S. 477-491.

Fischer, G. 1987:
Cognitive View of Reuse and Redesign. In: IEEE Software, 4 (1987) 4, S. 60-72.

Fleischer, P. et al. 1991:
Der objektorientierte Software-Entwicklungsprozeß und seine Unterstützung durch Werkzeuge. In: Softwaretechnik-Trends, Mitteilungen der GI-Fachgruppe 'Software-Engineering', 11 (1991) 1, S. 23-53.

Franzen, B. 1989:
Sprachunterstützung zur Wiederverwendbarkeit. In: Haas, R. (Hrsg.): Softwaretechnik in Automatisierung und Kommunikation - Wiederverwendbarkeit von Software. Tagungsband der ITG/GI/GMA-Fachtagung in Ulm/Neu-Ulm 1989. Berlin-Offenbach 1989, S. 31-42.

Frese, E. 1991:
Grundlagen der Organisation. 5. Aufl., Wiesbaden 1991.

Gane, C.; Sarson, T. 1979:
Structured Systems Analysis: Tools and Techniques. Englewood Cliffs 1979.

Gaube, W.; Lockemann, P.C.; Mayr, H.C. 1986:
Wiederfinden zum Wiederverwenden: Rechnergestützter Modul-Nachweis auf der Basis formaler Spezifikationen. In: Wippermann, H.W. (Hrsg.): Software-Architektur und modulare Programmierung. Berichte des German Chapter of the ACM, No. 26, Tagungsband Kaiserslautern 1986, S. 66-80.

Gebhardt, R.; Ameling, W. 1989:
Aspekte und Perspektiven zur Anwendung der objektorientierten Programmierung bei der Entwicklung großer Software-Systeme. In: Angewandte Informatik, 31 (1989) 10, S. 429-435.

Geppert, A.; Dittrich, K.R. 1991:
Objektstrukturen in Datenbanksystemen *oder:* Auf der Suche nach voller Objektorientierung. In: Appelrath, H.-J. (Hrsg.): Datenbanksysteme in Büro, Technik und Wissenschaft. Proceedings der GI-Fachtagung, Kaiserslautern 1991. Informatik-Fachberichte 270. Berlin et al. 1991, S. 421-429.

Gibbs, S. 1990:
Querying Large Class Collections. In: Tsichritzis, D.C. (Hrsg.): Object Management. Centre Universitaire d'Informatique, Genf 1990, S. 63-77.

Gibbs, S. et al. 1990:
Class Management for Software Communities. In: Communications of the ACM, 33 (1990) 9, S. 90-103.

Glaser, H.; Geiger, W.; Rohde, V. 1992:
PPS - Produktionsplanung und -steuerung. 2. Aufl., Wiesbaden 1992.

Glassey, C.R.; Adiga, S. 1989:
Conceptual Design of a Software Object Library for Simulation of Semiconductor Manufacturing Systems. In: Journal of Object-Oriented Programming, 2 (1989) 4, S. 39-43.

Glassey, C.R.; Adiga, S. 1990:
Berkeley Library of Objects for Control and Simulation of Manufacturing (BLOCS/M). In: Pinson, L.J.; Wiener, R.S. (Hrsg.): Applications of Object-Oriented Programming. Reading et al. 1990, S. 1-27.

Goguen, J.A. 1984:
Parametrized Programming. In: IEEE Transactions on Software Engineering, 10 (1984) 5, S. 528-543.

Goldberg, A.; Robson D. 1989:
   Smalltalk-80: The Language. Reading et al. 1989.

Gorlen, K.E. 1987:
   An Object-Oriented Class Library for C++ Programs. In: Software - Practice and
   Experience, 17 (1987) 12, S. 899-922.

Gossain, S.; Anderson, D.B. 1989:
   Designing a Class Hierarchy for Domain Representation and Reusability. In:
   Proceedings of TOOLS '89, Paris 1989, S. 201-210.

Griss, M.L. et al. 1991:
   The Economics of Software Reuse (PANEL). In: Proceedings of OOPSLA '91,
   Phoenix 1991, S. 264-270.

Grochla, E. 1978:
   Grundlagen der Materialwirtschaft. 3. Aufl., Wiesbaden 1978.

Grochla, E. 1982:
   Grundlagen der organisatorischen Gestaltung. Stuttgart 1982.

Grupp, B. 1991:
   Der richtige Weg zum Online-Einkauf. 3. Aufl., Wiesbaden 1991.

Gryczan, G.; Wegge, D. 1990:
   Subjektorientierte Arbeitsformen - Objektorientierte Softwareentwicklung. In:
   Reuter, A. (Hrsg.): Tagungsband der 20. GI-Fachtagung, Stuttgart 1990, Band II.
   Berlin et al. 1990, S. 444-453.

Guimaraes, N. 1991:
   HOT: A Generic Hypermedia Toolkit. In: Proceedings of TOOLS '91, Paris 1991, S.
   581-588.

Hackstein, R. 1989:
   Produktionsplanung und -steuerung (PPS). 2. Aufl., Düsseldorf 1989.

Halbert, D.C.; O'Brien, P.D. 1987:
   Using Types and Inheritance in Object-Oriented Programming. In: IEEE Software, 4
   (1987) 5, S. 71-79.

Hall, P.A.V. 1987:
   Software Components and Reuse - Getting More Out of Your Code. In: Information
   and Software Technology, 29 (1987) 1, S. 38-43.

Hamilton, M.; Zeldin, S. 1976:
   Higher Order Software - A Methodology for Defining Software. In: IEEE
   Transactions on Software Engineering, 2 (1976) 1, S. 9-32.

Härtig, M.; Dittrich, K.R. 1991:
   An Object-Oriented Framework for Building Heterogeneous Database Systems. In:
   Tagungsband der GI-Datenbanktagung, Karlsruhe 1991, S. 1-12.

Hartmann, H. 1990:
   Materialwirtschaft. 5. Aufl., Gernsbach 1990.

Heilmann, H. 1984:
	Das Management von Softwareprojekten. In: HMD - Handbuch der modernen Datenverarbeitung, 21 (1984) 116, S. 3-22.

Henderson-Sellers, B.; Constantine, L.L. 1991:
	Object-Oriented Development and Functional Decomposition. In: Wiener, R.S. (Hrsg.): Journal of Object-Oriented Programming, Focus on Analysis and Design. New York 1991, S. 18-23.

Henderson-Sellers, B.; Edwards, J.M. 1990:
	The Object-Oriented Systems Life Cycle. In: Communications of the ACM, 33 (1990) 9, S. 142-159.

Herrmann, O. 1983:
	Analyse der Einflußfaktoren auf die Kosten von Softwareentwicklungen. In: Angewandte Informatik, 25 (1983) 4, S. 139-148.

Hesse, W. 1990:
	Objektorientierte Anwendungsmodellierung ein Weg zur (Re-)Strukturierung von Software-Anwendungssystemen. In: Thurner, R. (Hrsg.): Reengineering: ein integrales Wartungskonzept zum Schutz von Software-Investitionen; Strategien, Methoden, Werkzeuge. Halbergmoos 1990, S. 45-64.

Heß, H. 1989:
	Objektorientierter Systementwurf. In: Information Management, 4 (1989) 3, S. 76-77.

Heß, H.; Scheer, A.-W. 1992a:
	Methodenvergleich zum objektorientierten Design von Softwaresystemen. In: HMD - Theorie und Praxis der Wirtschaftsinformatik, 29 (1992) 165, S. 117-137.

Heß, H.; Scheer, A.-W. 1992b:
	Retrieval wiederverwendbarer Softwarebausteine. In: Wirtschaftsinformatik, 34 (1992) 2, S. 190-200.

Hopkins, J.; Knolle, N. 1990:
	A Framework for Reusability. In: Journal of Object-Oriented Programming, 3 (1990) 3, S. 75-78.

Jaffe, D.; Boynton, L. 1989:
	An Overview of the Sound and Music Kits for the NeXT Computer. In: Computer Music Journal, 13 (1989) 2, S. 48-55.

Jiang, Z.; Bourne, J.R. 1991:
	A Visual Programming Environment for Building Smalltalk-80 Views. In: Journal of Object-Oriented Programming, 4 (1991) 2, S. 32-37.

Johnson, R.E.; Foote, B. 1988:
	Designing Reusable Classes. In: Journal of Object-Oriented Programming, 1 (1988) 2, S. 22-35.

Jones, T.C. 1984:
	Reusability in Programming: A Survey of the State of the Art. In: IEEE Transactions on Software Engineering, 10 (1984) 5, S. 488-493.

Jones, T.C. 1986:
The Impact of Reusable Modules and Functions. In: Jones, T.C. (Hrsg.): Programming Productivity. New York et al. 1986, S. 151-160.

Kappel, G. et al. 1989:
An Object-Based Visual Scripting Environment. In: Tsichritzis, D.C. (Hrsg.): Object-Oriented Development. Centre Universitaire d'Informatique, Genf 1989, S. 123-142.

Kapsner, F. 1991:
Software-Wiederverwendung und deren Unterstützung durch ein Klassenverwaltungssystem. In: Softwaretechnik-Trends, Mitteilungen der GI-Fachgruppe 'Software-Engineering', 11 (1991) 1, S. 54-67.

Kleine, K. 1986:
A Catalogue of Data Types. IBM Böblingen, Technischer Report GTR 05.371. Böblingen 1986.

Knöll, H.-D.; Busse, J. 1991:
Aufwandsschätzung von Software-Projekten in der Praxis. Mannheim-Wien-Zürich 1991.

Koenig, A. 1991a:
Library Design is Language Design. In: Journal of Object-Oriented Programming, 4 (1991) 3, S. 57-60.

Koenig, A. 1991b:
Language Design is Library Design. In: Journal of Object-Oriented Programming, 4 (1991) 4, S. 51-54.

Korson, T.; McGregor, J.D. 1990:
Understanding Object-Oriented: A Unifying Paradigm. In: Communications of the ACM, 33 (1990) 9, S. 40-60.

Kosanke, K.; Vlietstra, J. 1989:
CIM-OSA: Its Goals, Scope, Contents and Achievements. In: Proceedings of ESPRIT '89. Brüssel 1989, S. 661-673.

Kosiol, E. 1973:
Bausteine der Betriebswirtschaftslehre, Band I. Berlin 1973.

Krasner, G. (Hrsg.) 1983:
Smalltalk-80: Bits of History, Words of Advice. Reading et al. 1983.

Krasner, G.E.; Pope, S.T. 1988:
A Cookbook for Using the Model-View-Controller User Interface Paradigm in Smalltalk-80. In: Journal of Object-Oriented Programming, 1 (1988) 3, S. 26-49.

Kreutzer, W. 1990:
Grundkonzepte und Werkzeugsysteme objektorientierter Systementwicklung. In: Wirtschaftsinformatik, 32 (1990) 3, S. 211-227.

Kuba, R.W. 1987:
Computergestützte Projektorganisation. Köln 1987.

LaLonde, W.R.; Pugh, J.R. 1991:
Inside Smalltalk, Volume II. Englewood Cliffs 1991.

Lanergan, R.G.; Grasso, C.A. 1989:
Software Engineering with Reusable Design and Code. In: Biggerstaff, T.J.; Perlis, A.J. (Hrsg.): Software Reusability, Volume II. Reading et al. 1989, S. 187-195.

Lauber, R. 1991:
Rechnerunterstützung für die Wiederverwendung vorhandener Projektergebnisse und -Erfahrungen für Folgeprojekte. In: it - Informationstechnik, 33 (1991) 3, S. 143-149.

Lazarev, G.L. 1991:
Reusability in Smalltalk: A Case Study. In: Journal of Object-Oriented Programming, 4 (1991) 2, S. 11-20.

Lehner, F. 1990:
Wiederverwendbarkeit aus der Sicht des Lebenszyklus-Modells. In: Softwaretechnik-Trends, Mitteilungen der GI-Fachgruppe 'Software-Engineering', 10 (1990) 1, S. 43-56.

Lehner, F. et al. 1991:
Organisationslehre für Wirtschaftsinformatiker. München-Wien 1991.

Lehrmann Madsen, O.; Moller-Pedersen, B. 1988:
What Object-Oriented Programming may be - and what it does not have to be. In: Proceedings of ECOOP '88, Oslo 1988, S. 1-20.

LeJacq, J.P. 1991:
Semantic-based Design Guidelines for Object-Oriented Programs. In: Wiener, R.S. (Hrsg.): Journal of Object-Oriented Programming, Focus on Analysis and Design. New York 1991, S. 86-97.

Lewis, J.A. et al. 1991:
An Empirical Study of the Object-Oriented Paradigm and Software Reuse. In: Proceedings of OOPSLA '91, Phoenix 1991, S. 184-196.

Li, X. 1991:
Integration of Structured and Object-Oriented Programming. In: Wiener, R.S. (Hrsg.): Journal of Object-Oriented Programming, Focus on Analysis and Design. New York 1991, S. 54-60.

Lieberherr, K.J.; Holland, I.M; Riel, A. 1988:
Object-Oriented Programming: an Objective Sense of Style. In: Proceedings of OOPSLA '88, San Diego 1988, S. 323-334.

Lindskov Knudsen, J.; Lehrmann Madsen, O. 1988:
Teaching Object-Oriented Programming is more than Teaching Object-Oriented Programming Languages. In: Proceedings of ECOOP '88, Oslo 1988, S. 21-40.

Linton, M.A.; Vlissides, J.M.; Calder, P.R. 1989:
Composing User Interfaces with InterViews. In: IEEE Computer, 22 (1989) 2, S. 8-22.

Litvintchouk, S.D.; Matsumoto, A.S. 1984:
Design of Ada Systems Yielding Reusable Components: An Approach Using Structured Algebraic Specification. In: IEEE Transactions on Software Engineering, 10 (1984) 5, S. 544-551.

Loomis, M.E.S.; Shah, A.V.; Rumbaugh, J.E. 1987:
An Object Modeling Technique for Conceptual Design. In: Proceedings of ECOOP '87, Paris 1987, S. 192-202.

Loos, P. 1992:
Datenstrukturierung in der Fertigung. München-Wien 1992.

Low, G.C.; Jeffery, D.R. 1990:
Function Points in the Estimation and Evaluation of the Software Process. In: IEEE Transactions on Software Engineering, 16 (1990) 1, S. 64-71.

Maarek, Y.S.; Berry, D.M.; Kaiser, G.E. 1991:
An Information Retrieval Approach for Automatically Constructing Software Libraries. In: IEEE Transactions on Software Engineering, 17 (1991) 8, S. 800-813.

Madany, P.W. et al. 1989:
A Class Hierarchy for Building Stream-Oriented File Systems. In: Proceedings of ECOOP '89, Nottingham 1989, S. 311-328.

Mantei, M. 1981:
The Effect of Programming Team Structures on Programming Tasks. In: Communications of the ACM, 24 (1981) 3, S. 106-113.

Marty, R. 1991:
Objektorientierte Systementwicklung - Strategische Perspektiven. In: Scheibl, H.-J. (Hrsg.): Software-Entwicklungs-Systeme und -Werkzeuge. Technische Akademie Esslingen 1991, S. 1.3-1 - 1.3-4.

Melzer-Ridinger, R. 1991:
Materialwirtschaft. 2. Aufl., München-Wien 1991.

Menga, G.; Lorusso, G. 1991:
G++: An Environment for Object Oriented Design and Prototyping. In: Proceedings of TOOLS '91, Paris 1991, S. 565-580.

Meyer, B. 1987:
Reusability: The Case for Object-Oriented Design. In: IEEE Software, 4 (1987) 2, S. 50-64.

Meyer, B. 1989:
From Structured Programming to Object-Oriented Design: The Road to Eiffel. In: Structured Programming, 10 (1989) 1, S. 19-39.

Meyer, B. 1990a:
Objektorientierte Softwareentwicklung. München-Wien 1990.

Meyer, B. 1990b:
Lessons Learned from the Design of the Eiffel Libraries. In: Communications of the ACM, 33 (1990) 9, S. 68-88.

Meyer, B. 1990c:
   The New Culture of Software Development. In: Journal of Object-Oriented Programming, 3 (1990) 4, S. 76-81.

Micallef, J. 1988:
   Encapsulation, Reusability, and Extensibility in Object-Oriented Programming Languages. In: Journal of Object-Oriented Programming, 1 (1988) 1, S. 12-34.

Myers, G.J. 1978:
   Composite/Structured Design. New York 1978.

Nagl, M. 1990:
   Softwaretechnik: Methodisches Programmieren im Großen. Berlin et al. 1990.

Neunast, K.W.; von Helden, J. 1990:
   Objektorientierte Programmentwicklung mit C++ und OOPS. In: it - Informationstechnik, 32 (1990) 4, S. 255-265.

Nierstrasz, O. 1989:
   A Survey of Object-Oriented Concepts. In: Kim, W.; Lochovsky, F. (Hrsg.): Object-Oriented Concepts, Databases, and Applications. Reading et al. 1989, S. 3-21.

Nierstrasz, O. et al. 1990:
   Visual Scripting: Towards Interactive Construction of Object-Oriented Applications. In: Tsichritzis, D.C. (Hrsg.): Object Management. Centre Universitaire d'Informatique, Genf 1990, S. 315-331.

Noth, T.; Kretzschmar, M. 1986:
   Aufwandschätzungen von DV-Projekten. 2. Aufl., Berlin et al. 1986.

Novobilski, A.J. 1990:
   Pictorial Design Notation for Software-ICs. In: Journal of Object-Oriented Programming, 3 (1990) 2, S. 9-14.

Oeldorf, G.; Olfert, K. 1987:
   Materialwirtschaft. 5. Aufl., Ludwigshafen 1987.

Oelfke, T. 1991:
   Glockenspiel CommonView und C++. Die Plattform für eine neue Ära im Systemdesign. In: Scheibl, H.-J. (Hrsg.): Software-Entwicklungs-Systeme und -Werkzeuge. Technische Akademie Esslingen 1991, S. 16.2-1 - 16.2-12.

Olivier, G. 1977:
   Material- und Teiledisposition. Bonn 1977.

Oriolo, M. 1990:
   Schätzverfahren in 4GL- und CASE-Umgebungen. In: Reuter, A. (Hrsg.): Tagungsband der 20. GI-Jahrestagung, Stuttgart 1990, Band II. Berlin et al. 1990, S. 475-485.

Ott, H.-J. 1991:
   Software-Systementwicklung. München-Wien 1991.

o.V. 1990:
   User's Guide, Objectworks Smalltalk, Release 4. Mountain View 1990.

o.V. 1992:
Ada und DoD - Scheidung wegen C++? In: Informatik-Spektrum, 15 (1992) 2, S. 88.

Page-Jones, M.; Constantine, L.L.; Weiss, S. 1990:
Modeling Object-Oriented Systems: the Uniform Object Notation. In: Computer Language, 7 (1990) 10, S. 69-87.

Parnas, D.L. 1972:
On the Criteria to be Used in Decomposing Systems into Modules. In: Communications of the ACM, 5 (1972) 12, S. 1053-1058.

Pepper, P. 1989:
Neue Ansätze zur Wiederverwendbarkeit von Software. In: Haas, R. (Hrsg.): Softwaretechnik in Automatisierung und Kommunikation - Wiederverwendbarkeit von Software. Tagungsband der ITG/GI/GMA-Fachtagung in Ulm/Neu-Ulm 1989. Berlin-Offenbach 1989, S. 99-116.

Pintado, X. 1990:
Selection and Exploration in an Object-Oriented Environment: The Affinity Browser. In: Tsichritzis, D.C. (Hrsg.): Object Management. Centre Universitaire d'Informatique, Genf 1990, S. 79-88.

Prieto-Diaz, R. 1989:
Classification of Reusable Modules. In: Biggerstaff, T.J.; Perlis. A.J. (Hrsg.): Software Reusability, Volume I. Reading et al. 1989, S. 99-123.

Prieto-Diaz, R. 1991:
Implementing Faceted Classification for Software Reuse. In: Communications of the ACM, 34 (1991) 5, S. 88-97.

Pun, W.W.Y.; Winder, R.L. 1989:
A Design Method for Object-Oriented Programming. In: Proceedings of ECOOP '89, Nottingham 1989, S. 225-240.

Pun, W.W.Y.; Winder, R.L. 1991:
A Design Method for Object-Oriented Programming. In: Wiener, R.S. (Hrsg.): Journal of Object-Oriented Programming, Focus on Analysis and Design. New York 1991, S. 61-73.

Raasch, J. 1991:
Systementwicklung mit Strukturierten Methoden. München-Wien 1991.

Rains, E. 1991:
Function Points in an Ada Object-Oriented Design? In: OOPS Messenger, 2 (1991) 4, S. 23-25.

Rammig, F.J. 1989:
Neuere Tends der Hardwareentwurfsmethodik als Richtschnur für die Softwareentwicklung. In: Haas, W.R. (Hrsg.): Softwaretechnik in Automatisierung und Kommunikation - Wiederverwendbarkeit von Software. Tagungsband der ITG/GI/GMA-Fachtagung, Ulm 1989. Berlin-Offenbach 1989, S. 53-64.

Richter, L. 1992:
Wiederbenutzbarkeit und Restrukturierung *oder* Reuse, Reengineering und Reverse Engineering. In: Wirtschaftsinformatik, 34 (1992) 2, S. 127-136.

Riebisch, M. 1992:
Halbformale Beschreibung von Softwarekomponenten zum Zweck ihrer Wiederverwendung. In: Softwaretechnik-Trends, Mitteilungen der GI-Fachgruppe 'Software-Engineering', 12 (1992) 1, S. 30-41.

Ross, R. 1987:
Entity Modeling: Techniques and Application. Boston 1987.

Rosson, M.B.; Gold, E. 1989:
Problem-Solution Mapping in Object-Oriented Design. In: Proceedings of OOPSLA '89, New Orleans 1989, S. 7-10.

Roth, M. 1990:
Materialbedarf und Bestellmenge. Wiesbaden 1990.

Rumbaugh, J. et al. 1991:
Object-Oriented Modeling and Design. Englewood Cliffs 1991.

Russo, V.; Johnston, G.; Campbell, R. 1988:
Process Management and Exception Handling in Multiprocessor Operating Systems Using Object-Oriented Design Techniques. In: Proceedings of OOPSLA '88, San Diego 1988, S. 248-258.

Russo, V.F.; Campbell, R.H. 1989:
Virtual Memory and Backing Storage Management in Multiprocessor Operating Systems Using Object-Oriented Design Techniques. In: Proceedings of OOPSLA '89, New Orleans 1989, S. 267-278.

Sakkinen, M. 1988:
Comments on the Law of Demeter and C++. In: SIGPLan Notices, 23 (1988) 12, S. 38-44.

Sakkinen, M. 1989:
Disciplined Inheritance. In: Proceedings of ECOOP '89, Nottingham 1989, S. 39-56.

Saunders, J.H. 1989:
A Survey of Object-Oriented Programming Languages. In: Journal of Object-Oriented Programming, 1 (1989) 6, S. 5-11.

Scharenberg, M.E.; Dunsmore, H.E. 1991:
Evolution of Classes and Objects during Object-Oriented Design and Programming. In: Wiener, R.S. (Hrsg.): Journal of Object-Oriented Programming, Focus on Analysis and Design. New York 1991, S. 14-17.

Schaschinger, H.; Sikora, H.; Bäuchler, I. 1991:
Objektorientierte Analyse- und Designmethoden - Überblick und kritische Betrachtung. In: Softwaretechnik-Trends, Mitteilungen der GI-Fachgruppe 'Software-Engineering', 11 (1991) 4, S. 32-43.

Scheer, A.-W. 1988:
Entwurf eines Unternehmensdatenmodells. In: Information Management, 3 (1988) 1, S. 14-23.

Scheer, A.-W. 1989:
Unternehmensdatenmodell - Voraussetzung integrierter Informationsverarbeitung der 90er Jahre. In: Scheer, A.-W. (Hrsg.): Rechnungswesen und EDV, 10. Saarbrücker Arbeitstagung. Heidelberg 1989, S. 3-29.

Scheer, A.-W. 1990a:
Wirtschaftsinformatik. 3. Aufl., Berlin et al. 1990.

Scheer, A.-W. 1990b:
EDV-orientierte Betriebswirtschaftslehre - Grundlagen für ein effizientes Informationsmanagement. 4. Aufl., Berlin et al. 1990.

Scheer, A.-W. 1991:
Koordinierte Planungsinseln: Ein neuer Lösungsansatz für die Produktionsplanung. Veröffentlichungen des Instituts für Wirtschaftsinformatik, Heft 86. Saarbrücken 1991.

Scheer, A.-W. 1992:
Architektur integrierter Informationssysteme - Grundlagen der Unternehmensmodellierung. 2. Aufl., Berlin et al. 1992.

Schlageter, G.; Stucky, W. 1983:
Datenbanksysteme: Konzepte und Modelle. 2. Aufl., Stuttgart 1983.

Schlüter, P. et al. 1990:
Objektorientierte Softwareentwicklung: Konzepte und Terminologie. In: Softwaretechnik-Trends, Mitteilungen der GI-Fachgruppe 'Software-Engineering', 10 (1990) 2, S. 22-44.

Schmidt, G. 1992:
Fertigungsleitstände - ein Überblick. In: Scheer, A.-W. (Hrsg.): PPS-Software der 90er Jahre. IWi-AWF-Fachtagung 1992, Saarbrücken 1992.

Schmidt, G.; Frenzel, B. 1990:
Anforderungen an Leitstände für die flexible Fertigung. In: CIM Management, 6 (1990) 4, S. 33-37.

Schomburg, E. 1980:
Entwicklung eines betriebstypologischen Instrumentariums zur systematischen Ermittlung der Anforderungen an EDV-gestützte Produktionsplanungs- und -steuerungssysteme im Maschinenbau. Diss., RWTH Aachen 1980.

Schreiber, D. 1990:
Einsatz objektorientierter Konzepte beim Datenbankentwurf für betriebliche Anwendungen. Universität Siegen, Fachbereich Wirtschaftswissenschaften, Lehrstuhl Wirtschaftsinformatik, Arbeitsbericht Nr. 3, Siegen 1990.

Seckler, J. 1989:
Das Verfahren der umfeldorientierten Suche zur Ermittlung wiederverwendbarer Entwurfsspezifikationen. In: Haas, R. (Hrsg.): Softwaretechnik in Automatisierung und Kommunikation - Wiederverwendbarkeit von Software. Tagungsband der ITG/GI/GMA-Fachtagung in Ulm/Neu-Ulm 1989. Berlin-Offenbach 1989, S. 161-172.

Seibt, D. 1987:
Die Function-Point-Methode: Vorgehensweise, Einsatzbedingungen und Anwendungserfahrungen. In: Angewandte Informatik, 29 (1987) 1, S. 3-11.

Seibt, D. 1990:
Aufbau- und Ablaufstrukturen der Datenverarbeitung. In: Mertens, P. et al. (Hrsg.): Lexikon der Wirtschaftsinformatik. 2. Aufl., Berlin et al. 1990, S. 47-50.

Seidewitz, E. 1989:
General Object-Oriented Software Development: Background and Experience. In: Journal of Systems and Software, 9 (1989) 9, S. 95-108.

Seidl, K. 1992:
Konzeption eines integrierten EDV-gestützten Systems zur verbrauchsgebundenen Materialdisposition. Diss., Universität des Saarlandes, Saarbrücken 1992.

Selby, R.W. 1989:
Quantitative Studies of Software Reuse. In: Biggerstaff, T.J.; Perlis, A.J. (Hrsg.): Software Reusability, Volume II: Applications and Experience. Reading et al. 1989, S. 213-233.

Shlaer, S.; Mellor, S. 1988:
Object-Oriented Systems Analysis: Modeling the World in Data. Englewood Cliffs 1988.

Shlaer, S.; Mellor, S.J.; Hywari, W. 1991:
OODLE: a Language-Independent Notation for Object-Oriented Design. In: Wiener, R.S. (Hrsg.): Journal of Object-Oriented Programming, Focus on Analysis and Design. New York 1991, S. 98-106.

Sinz, E.J. 1988:
Das Strukturierte Entity-Relationship-Modell (SER-Modell). In: Angewandte Informatik, 30 (1988) 5, S. 191-202.

Sinz, E.J. 1991:
Objektorientierte Analyse (OOA). In: Wirtschaftsinformatik, 33 (1991) 30, S. 31-33.

Sneed, H.M. 1987:
Softwaremanagement. Köln 1987.

Snyder, A. 1986:
Encapsulation and Inheritance in Object-Oriented Programming Languages. In: Proceedings of OOPSLA '86, Portland 1986, S. 38-45.

Sonnemann, K. 1988:
Beschaffung, Teil 1. 2. Aufl., Wiesbaden 1988.

Stahlknecht, P. 1983:
Methoden der Aufwandsschätzung bei komplexen Software-Projekten. In: CW/CSW (Hrsg.): Effizientes Software Management. Tagungsband zum Software Forum '83. München 1983, S. 169-199.

Stahlknecht, P.; Appelfeller, W. 1992:
Objektorientiertes Design (ooD). In: Wirtschaftsinformatik, 34 (1992) 2, S. 249-252.

Standish, T.A. 1984:
    An Essay on Software Reuse. In: IEEE Transactions on Software Engineering, 10 (1984) 5, S. 494-497.

Stefik, M.; Bobrow, D.G. 1986:
    Object-Oriented Programming: Themes and Variations. In: The AI Magazine, 6 (1986) 4, S. 40-62.

Stoyan, H. 1989:
    Objektorientierte Systementwicklung. In: HMD - Handbuch der modernen Datenverarbeitung, 26 (1989) 145, S. 3-12.

Strobel, R. 1992:
    Objektorientierte Software-Entwicklung: Bestandsaufnahme und Ausblick. In: ist - Intelligente Software-Technologien, 1 (1992) 1, S. 34-42.

Stroustrup, B. 1987:
    What is "Object-Oriented Programming"? In: Proceedings of ECOOP '87, Paris 1987, S. 51-70.

Taenzer, D.; Ganti, M.; Podar, S. 1989:
    Problems in Object-Oriented Software Reuse. In: Proceedings of ECOOP '89, Nottingham 1989, S. 25-38.

Tempelmeier, T. 1991:
    Eine Übersicht über die Software-Entwurfsmethode HOOD. In: Softwaretechnik-Trends, Mitteilungen der GI-Fachgruppe 'Software-Engineering', 11 (1991) 1, S. 12-22.

Thomas, D. 1989a:
    What's in an Object? In: Byte, 14 (1989) 3, S. 231-240.

Thomas, D. 1989b:
    Object-Oriented Databases and Persistent Objects. In: Journal of Object-Oriented Programming, 2 (1989) 2, S. 59-60.

Thomas, D. 1990:
    The Software Components Industry. In: Journal of Object-Oriented Programming, 3 (1990) 1, S. 82-83.

Thomas, D.; Johnson, K. 1988:
    Orwell - A Configuration Management System for Team Programming. In: Proceedings of OOPSLA '88, San Diego 1988, S. 135-141.

Thompson, T. 1989:
    The NeXT Step. In: Byte, 14 (1989) 3, S. 265-271.

Tonndorf, M. 1989:
    Das ADA Software Repository. Eine öffentliche Sammlung wiederverwendbarer Software. In: Haas, R. (Hrsg.): Softwaretechnik in Automatisierung und Kommunikation - Wiederverwendbarkeit von Software. Tagungsband der ITG/GI/GMA-Fachtagung in Ulm/Neu-Ulm 1989. Berlin-Offenbach 1989, S. 185-196.

Tracz, W. 1990:
: Where Does Reuse Start? In: ACM SIGSoft Software Engineering Notes, 15 (1990) 2, S. 42-46.

Tsichritzis, D.C. 1989:
: Object-Oriented Development for Open Systems. In: Tsichritzis, D.C. (Hrsg.): Object-Oriented Development. Centre Universitaire d'Informatique, Genf 1989, S. 1-13.

Tsichritzis, D.C.; Gibbs, S. 1990:
: Towards Integrated Software Communities. In: Tsichritzis, D.C. (Hrsg.): Object Management. Centre Universitaire d'Informatique, Genf 1990, S. 3-11.

Tsichritzis, D.C.; Nierstrasz, O.M. 1989:
: Directions in Object-Oriented Research. In: Kim, F.H. (Hrsg.): Object-Oriented Concepts, Databases, and Applications. Reading et al. 1989, S. 523-536.

Vickery, B.C. 1969:
: Facettenklassifikation. München 1969.

von Zimmermann, P. 1990:
: Einsatz objektorientierter Softwaretechnologie im Rechnungswesen. In: Scheer, A.-W. (Hrsg.): Rechnungswesen und EDV, Tagungsband der 11. Saarbrücker Arbeitstagung 1990. Heidelberg 1990, S. 235-264.

Wagner, J. 1992:
: Das Re-Engineering von Software: Plädoyer zur Ausbildung für ein Paradigma des permanenten Redesigns. In: Wirtschaftsinformatik, 34 (1992) 2, S. 168-174.

Ward, P.T.; Mellor, S.J. 1985:
: Structured Development for Real-Time Systems, Volume I-II. Englewood Cliffs 1985.

Wasserman, A.I. 1991:
: Object-Oriented Software Development: Issues in Reuse. In: Journal of Object-Oriented Programming, 4 (1991) 2, S. 55-57.

Wasserman, A.I.; Pircher, P.A. 1991:
: Object-Oriented Structured Design and C++. In: Computer Language, 8 (1991) 1, S. 41-52.

Wasserman, A.I.; Pircher, P.A.; Muller, R.J. 1990:
: The Object-Oriented Structured Design Notation for Software Representation. In: IEEE Computer, 23 (1990) 3, S. 50-63.

Wedekind, H. 1990:
: Objektorientierung und Vererbung. In: it - Informationstechnik, 32 (1990) 2, S. 79-86.

Wegner, P. 1986:
: Classification in Object-Oriented Systems. In: ACM SIGPLan Notices, 21 (1986) 10, S. 173-182.

Wegner, P. 1987:
: Varieties of Reusability. In: Freeman, P. (Hrsg.): IEEE Tutorial: Software Reusability. Washington 1987, S. 24-38.

Wegner, P. 1989:
    Learning the Language. In: Byte, 14 (1989) 3, S. 245-253.

Wegner, P. 1990:
    Concepts and Paradigms of Object-Oriented Programming. In: OOPS Messenger, 1 (1990) 1, S. 7-87.

Wegner, P.; Zdonik, S.B. 1988:
    Inheritance as an Incremental Modification Mechanism *or* What Like Is and Isn't Like. In: Proceedings of ECOOP '88, Oslo 1988, S. 55-77.

Weinand, A.; Gamma, E.; Marty, R. 1988:
    ET++ - An Object Oriented Application Framework in C++. In: Proceedings of OOPSLA '88, San Diego 1988, S. 46-57.

Weinand, A.; Gamma, E.; Marty, R. 1989:
    Design and Implementation of ET++, a Seamless Object-Oriented Application Framework. In: Structured Programming, 10 (1989) 2, S. 63-87.

Weinberg, G. 1971:
    The Psychology of Computer Programming. New York 1971.

Wilson, D.A. 1990:
    Class Diagrams: A Tool for Design, Documentation, and Teaching. In: Journal of Object-Oriented Programming, 2 (1990) 5, S. 38-44.

Wirfs-Brock, A. et al. 1990:
    Designing Reusable Designs - Experiences Designing Object-Oriented Frameworks (PANEL). In: Proceedings of ECOOP/OOPSLA '90, Ottawa 1990, S. 234.

Wirfs-Brock, A.; Wilkerson, B. 1989a:
    Variables Limit Reusability. In: Journal of Object-Oriented Programming, 2 (1989) 1, S. 34-40.

Wirfs-Brock, R.; Wilkerson, B. 1989b:
    Object-Oriented Design: A Responsibility-Driven Approach. In: Proceedings of OOPSLA '89, New Orleans 1989, S. 71-75.

Wirfs-Brock, R.J.; Johnson, R.E. 1990:
    Current Research in Object-Oriented Design. In: Communications of the ACM, 33 (1990) 9, S. 105-124.

Wirfs-Brock, R.J.; Wilkerson, B.; Wiener, L. 1990:
    Designing Object-Oriented Software. Englewood Cliffs 1990.

Witt, J. 1989:
    Software-Wiederverwendung - einleitende Betrachtungen. In: Softwaretechnik-Trends, Mitteilungen der GI-Fachgruppe 'Software-Engineering', 9 (1989) 2, S. 57-61.

Wöhe, G. 1990:
    Einführung in die Allgemeine Betriebswirtschaftslehre. 17. Aufl., München 1990.

Wolf, P.F.; Schmid, H.A. 1985:
   Zur Wiederverwendbarkeit von Software. In: Pröbster, W.E.; Remshardt, R.; Schmid, H.A. (Hrsg.): Methoden und Werkzeuge zur Entwicklung von Programmsystemen. München-Oldenburg 1985, S. 155-170.

Woodfield, S.N.; Embley, D.W.; Scott, D.T. 1987:
   Can Programmers Reuse Software? In: IEEE Software, 4 (1987) 4, S. 52-59.

Wu, C.T. 1991:
   Benefits of Abstract Superclasses. In: Journal of Object-Oriented Programming, 3 (1991) 6, S. 57-62.

Yoshida, N.; Hino, K. 1988:
   An Object-Oriented Framework of Pattern Recognition Systems. In: Proceedings of OOPSLA '88, San Diego 1988, S. 259-266.

Yourdon, E.; Constantine, L.L. 1979:
   Structured Design: Fundamentals of a Discipline of Computer Program and Systems Design. Englewood Cliffs 1979.

Ziegler, M.; Kelle, W. 1992:
   Configuration Management für das Weltraumprojekt COLUMBUS. In: Scheer, A.-W. (Hrsg.): Datenbanken 1992, Tagungsband der Fachtagung Praxis und Tendenzen relationaler Datenbanken. Saarbrücken 1992, S. 252-272.

Zimbel, R.; Weber, P. 1989:
   Ein Expertensystem zur Auswahl von wiederverwendbaren Programmodulen. In: Informatik - Forschung und Entwicklung, 4 (1989) 4, S. 174-192.

Zöller, H. 1991:
   Wiederverwendbare Software-Bausteine in der Automatisierung. Düsseldorf 1991.